ASSURANCE VIE

Robin Cook

ASSURANCE VIE

ROMAN

Traduit de l'américain
par Pierre Reignier

Albin Michel

Prologue

KRASNOÏARSK, RUSSIE
14 MARS 2011
16 H 22

Du bout de l'index, Prek Vlasi toucha la cicatrice du bec-de lièvre, au-dessus de sa lèvre supérieure, qui avait été si grossièrement opéré quand il était gamin. Il faisait ce geste machinal de nombreuses fois par jour, surtout quand il était stressé. Et là, tout de suite, dans cette pièce répugnante de saleté au dixième étage d'un immeuble abandonné de l'époque soviétique, il se sentait de plus en plus nerveux.

Prek regarda sa montre, puis se tourna vers son collègue. Une fesse posée sur le coin d'une table pliante, Genti Hajdini se taillait patiemment les ongles avec son cran d'arrêt. De temps en temps, il bâillait. Prek baissa les yeux. Ça ne ratait jamais : quand il observait Genti, l'extrême finesse de son nez en bec d'aigle le mettait un peu mal à l'aise. Vu de profil, en particulier, ce nez ressemblait à une lame de hachette. Non, les Tchétchènes ne tarderaient plus, venait de lui répéter Genti. Des gens de confiance, là-bas, en Albanie, sur la terre natale de Prek et de Genti, avaient dit que cette équipe était fiable. Prek porta la main derrière son dos pour tâter son pistolet, un Makarov, et le sentit bien en place sous sa ceinture. Le sac Puma contenant les cinq cent mille euros était à ses pieds. Genti avait amené les armes et l'argent planqués dans un chargement de fruits d'origine turque qu'il avait lui-même conduit jusqu'ici, en plein cœur de la Sibérie. Il ne fallait pas s'étonner qu'il soit fatigué.

Ils n'avaient rien d'autre à faire que d'attendre.

Prek pelait de froid. La température était déjà à moins trente et descendrait davantage au coucher du soleil, dans une heure et demie. Le ciel était de la même couleur marron gris que les immeubles et les bâtiments industriels qu'il apercevait par la fenêtre. Il se mit à marcher de long en large dans la vaste pièce – sans doute une ancienne salle commune de cette longue barre d'appartements située en bordure de la ville. Méticuleux et organisé, il n'avait pas manqué de se renseigner au sujet de Krasnoïarsk avant de faire le voyage. À une quarantaine de kilomètres d'ici, en suivant le fleuve Ienisseï, on trouvait la ville de Jeleznogorsk, plus connue sous le nom qu'elle avait à l'époque soviétique : Krasnoïarsk-26, une cité ultrasecrète qui abritait des usines où l'on avait autrefois manipulé Dieu seul savait quels matériaux dangereux et toxiques pour fabriquer Dieu seul savait aussi quelles armes de destruction massive. Du plutonium de qualité militaire avait été notamment produit à K-26, dans trois réacteurs dont le dernier encore en état de fonctionnement venait tout juste d'être arrêté. Pendant des décennies, les Soviétiques avaient balancé les déchets radioactifs des centrales dans le fleuve, puis, se ravisant, ils avaient creusé des centaines de puits pour les enterrer. Prek savait que le sous-sol de la région était contaminé par la radioactivité d'une centaine de Tchernobyl ; une raison de plus pour laquelle il avait hâte de se tirer de cet endroit.

Deux hommes apparurent sur le seuil de la salle. Très maigres, l'air farouche, ils portaient le même pardessus noir. Genti redressa la tête et rangea le cran d'arrêt dans sa poche.

– Arthur ? Nikolaï ?

L'un d'eux s'avança et s'immobilisa à trois pas de Prek.

– Oui, je m'appelle Arthur Zakoïev, dit-il, et il désigna son collègue qui entrait à son tour dans la pièce. Lui, c'est Nikolaï Doudaïev.

Prek regarda Genti, qui hocha la tête. Il s'agissait bien des noms qu'on lui avait donnés.

– Un demi-million d'euros, c'est beaucoup d'argent, dit Prek en russe. Vous demandez…

– Cette marchandise est très difficile à trouver, l'interrompit Arthur. Sinon, est-ce que vous auriez eu besoin de nous ? Pourquoi vous voulez ce truc, d'ailleurs ? Vous avez l'intention de vous offrir une grosse explosion quelque part ?

Un large sourire fendit son visage. Il faisait allusion au fait que le produit qu'il leur apportait entrait dans la composition des détonateurs d'armes atomiques.

Prek eut du mal à ne pas grimacer : le Tchétchène avait deux vilaines rangées de dents jaunes, cassées, de traviole.

– Ce qu'on va en faire, ça nous regarde, répliqua-t-il. Mais comment nous sommes sûrs que la marchandise est authentique ? Il faut qu'elle soit bonne. Pas une vieille camelote que vous nous avez ressortie du fin fond d'un entrepôt.

– Là, faut nous faire confiance. C'est pour ça que vous nous payez. Vous avez l'argent ?

Prek se déporta vers le sac Puma et le poussa du pied en direction d'Arthur. En même temps, il jeta un coup d'œil vers Nikolaï, qui se tenait à droite de son collègue, trois pas en retrait. *C'est la deuxième fois qu'il regarde sa montre*, pensa-t-il.

Arthur tendit les mains en avant et s'accroupit calmement devant le sac. Les quatre hommes connaissaient les règles du jeu : chacun devait garder les mains hors de ses poches, bien visibles de tout le monde. Arthur tira la fermeture à glissière du sac ; il en tira une brique de billets de cent euros qu'il feuilleta avec le pouce.

Prek s'aperçut que Nikolaï regardait une fois de plus sa montre. *Il attend quelqu'un*, se dit-il. Il tourna brièvement la tête vers Genti, qui observait Arthur compter l'argent. *Les Tchétchènes attendent quelqu'un*, pensa-t-il encore. *Et ce quelqu'un est en retard.*

– Bon ! dit Prek, soudain pressé de déguerpir. Là, ça va être à vous de nous faire confiance. Le compte y est, ne craignez rien. Maintenant, il me faut la marchandise.

Arthur se redressa, les mains de nouveau en avant.

– O. K. !

Gardant le bras droit tendu comme s'il allait prêter serment, Arthur glissa la main gauche dans la poche de son manteau pour en sortir quelque chose. Prek se balança nerveusement d'avant en arrière sur ses talons. Il avait à peine eu le temps de réagir. Il se rassura en se disant que Genti aurait pu abattre les deux Tchétchènes en un clin d'œil, si nécessaire, d'une balle dans la tête. L'objet sur la paume d'Arthur n'était pas une arme, cependant, mais une petite capsule oblongue, en aluminium, d'environ six centimètres de hauteur et de deux ou trois centimètres de diamètre. Prek fit un pas en avant, la saisit, la retourna un instant entre ses doigts et la glissa dans sa poche de pantalon. Nikolaï dit quelque chose que ni Prek ni Genti ne comprirent, sans doute en tchétchène. Arthur hocha la tête et saisit les anses du sac de sport avant de suivre son collègue vers la porte.

– Allons-y, dit Prek en albanais dès que les deux hommes eurent disparu.

À la sortie de la grande salle, il partit du côté opposé à celui par lequel ils étaient arrivés.

– La voiture est par là, protesta Genti.

Il désigna du pouce Arthur et Nikolaï, qui avaient déjà atteint le bout du couloir. Prek secoua la tête et se mit à courir en direction de la cage d'escalier de l'autre extrémité de l'immeuble. Derrière eux, ils entendirent soudain des éclats de voix et des bruits de bottes à semelles cloutées. Plusieurs hommes, de toute évidence, qui montaient les étages précipitamment. C'étaient eux que les Tchétchènes avaient attendus – et ils n'étaient pas envoyés par la chambre de commerce russe pour remercier les Albanais de leur négoce. Heureusement, la ponctualité russe ne s'était pas améliorée depuis la chute du communisme.

Prek et Genti dévalèrent les escaliers, l'arme au poing, jusqu'au rez-de-chaussée. À la porte, ils virent plusieurs voitures de police stationnées en tout sens, portières ouvertes, au bout de l'immeuble. Prek partit au pas de charge vers l'arrière du bâtiment, talonné par Genti. Ils aperçurent alors les Tchétchènes, juste devant eux, qui se précipitaient vers une voiture garée dans une petite cour fermée sur trois côtés par un muret. *Putain d'amateurs*, se dit Prek. Décidant de saisir l'occasion qui se présentait à lui, il fit signe à Genti.

Les Tchétchènes embarquèrent dans la voiture. Arthur, au volant, engagea la marche arrière et recula en braquant pour orienter la voiture vers la rue. Avant qu'il ait pu terminer sa manœuvre et passer la première vitesse, Prek et Genti fondirent sur le véhicule et tirèrent chacun trois balles à travers le pare-brise. Arthur, touché le premier, fut projeté en arrière contre le dossier de son siège. Son pied écrasa l'accélérateur et le moteur se mit à rugir. Prek et Genti ouvrirent les portières et tirèrent les deux hommes à l'extérieur du véhicule pour prendre leurs places. Arthur était déjà mort, le crâne pulvérisé. Nikolaï avait reçu deux balles dans le cou ; le sang jaillissait de sa trachée et la vie l'abandonnait rapidement.

Prek démarra pied au plancher, cherchant des yeux une issue qui leur permettrait de s'éloigner du complexe d'immeubles sans passer devant les voitures de police. Son cœur battait si vite et si fort, après leur course dans les escaliers, qu'il avait l'impression que sa poitrine allait exploser. Prenant garde à se tenir contre le volant, pour éviter de toucher la matière cérébrale d'Arthur qui maculait le dossier et l'appuie-tête du siège, il s'exclama :

– Putain de merde ! C'était quoi, ce bordel ?

– Ces enfoirés nous ont vendus, dit Genti, puis il ajouta d'un ton pressant : Par là !

Il désigna un chemin de terre perpendiculaire à la ruelle qui longeait l'arrière de l'immeuble. Prek hocha la tête. S'ils partaient sur la route principale dans cette voiture au pare-brise percé de six balles de pistolet, ils ne feraient pas deux kilomètres sans être arrêtés.

– Hé, regarde un peu ça…, fit Genti tandis que Prek, engagé sur le chemin, ralentissait pour se donner le temps de reprendre son souffle.

Genti s'était tourné pour examiner la banquette arrière. Prek jeta un coup d'œil derrière lui. Le sac de sport était là. Éclaboussé de sang, mais intact. Prek regarda Genti et frappa du poing sur le volant. Les deux hommes éclatèrent de rire.

PREMIÈRE PARTIE

1

CENTRE MÉDICAL DE L'UNIVERSITÉ COLUMBIA
NEW YORK
28 FÉVRIER 2011
07 H 23

La jeune fille, âgée d'une douzaine d'années, se réveille en sursaut. Allongée sur un lit étroit au matelas inconfortable, elle est cernée par une meute de filles plus vieilles – seize ou dix-sept ans –, qui tournent lentement autour d'elle en la dévisageant. Il est clair qu'elles ont de mauvaises intentions à son égard. Certaines pouffent de rire, d'autres sourient, mais pas parce qu'elles sont heureuses : perverses, elles se réjouissent d'avance du mal dont elles sont capables. Le jour n'est pas encore levé. Les occupantes des autres lits du long dortoir sont réveillées et savent ce qui est sur le point de se produire, mais aucune n'osera intervenir.

Paralysée de terreur, la jeune fille est incapable de réagir quand le groupe l'assaille. À l'instant où dix mains l'arrachent du lit, elle aperçoit une grimace de possédée sur le visage de la chef de la bande – sa principale persécutrice. Quoi qu'il advienne, elle sait qu'elle n'a pas intérêt à crier à l'aide. Soudain, un martèlement sonore emplit la salle : une fois, deux fois, trois fois...

Pia Grazdani se réveilla totalement paniquée, en sueur, et ne sut pas, pendant quelques secondes, où elle se trouvait. Elle poussa un soupir de soulagement quand elle se rendit compte qu'elle était dans sa chambre, en sécurité, à la résidence universitaire du Centre médical de l'université Columbia.

Quelqu'un frappait du poing sur la porte.

Elle prit une profonde inspiration, quitta le lit en remettant en place, sur ses épaules, sa veste de pyjama en flanelle, puis traversa la chambre en trois enjambées et tourna le verrou de la porte. Comme elle s'y attendait, c'était George. George Wilson, âgé de vingt-six ans comme elle et, comme elle, étudiant en quatrième et dernière année de médecine.

– Pia ! Bon sang, tu sais l'heure qu'il est ? Aujourd'hui, ce n'est vraiment pas le bon jour pour te mettre en retard !

L'intonation de sa voix n'était pas aussi véhémente que ses propos auraient pu le laisser croire. Avec son mètre quatre-vingt-cinq, George faisait quinze bons centimètres de plus que Pia – mais en sa présence, bizarrement, il se sentait toujours plus petit qu'elle. Comme il se l'expliquait à lui-même, Pia était une femme de tête, très indépendante, courageuse et tenace dans ses opinions, qui pouvait aussi parfois se montrer assez tranchante.

Pia ouvrit le battant en grand. George entra dans la petite chambre. Pia claqua la porte, fit volte-face et s'éloigna en retirant son haut de pyjama, par-dessus sa tête, sans le déboutonner. George contempla le dos de la jeune femme – les saillies de ses omoplates et sa peau mate sans défaut. Elle ouvrit les tiroirs de sa commode pour en tirer les vêtements dont elle avait besoin pour la journée. Quand elle se redressa, elle surprit le regard de George dans le miroir de la coiffeuse.

– Excuse-moi, dit-elle. J'ai eu une insomnie. Et puis quand j'ai enfin réussi à m'endormir, j'ai fait des cauchemars horribles. Pars devant. On se verra plus tard, d'accord ?

Ceci étant dit, Afrodita Pia Grazdani n'accorda plus d'attention qu'à ses préparatifs. Quand elle baissa son pantalon de pyjama, George se tourna vers la fenêtre. Il aurait préféré continuer à la regarder, mais il n'osait pas. Derrière la vitre, il contempla l'immense pont George-Washington qui relie l'île de Manhattan au New Jersey. Il se concentra sur ce paysage spectaculaire dont, comme tant d'autres étudiants de la résidence, il avait fini par ne plus faire grand cas. Comme chaque matin à l'heure de pointe, les innombrables véhicules qui remplissaient les voies de circulation du pont étaient à l'arrêt dans les deux sens.

– Ce n'est pas grave, dit-il. Je t'attends.

Il laissa ses yeux glisser sur la falaise boisée du New Jersey, de l'autre côté du fleuve Hudson. Ne sachant trop quoi dire, il ajouta :

– Je suppose que tu n'as pas encore trouvé le temps de mettre en route le réveil que je t'ai acheté. Mais tu sais, Pia, je ne peux quand même pas te réveiller tous les jours. Tu dois trouver une solution pour arriver à l'heure au boulot. Tu n'as qu'à te servir de la fonction réveil de ton téléphone, si tu préfères !

George se détourna de la fenêtre et fut saisi par le spectacle de Pia qui, assise devant la coiffeuse, peignait ses longs cheveux noirs. Un accablant sentiment de tristesse l'envahit alors. Chaque fois – chacune des *quatre* fois – qu'ils avaient couché ensemble, Pia lui avait demandé de s'en aller avant qu'il ne s'endorme. Et, à chaque occasion, elle avait dit cela assise au même endroit, devant cette coiffeuse, le peigne à la main, avec cet air lointain qu'elle avait maintenant. Avec le temps, George avait dû se résoudre à considérer qu'ils n'avaient pas du tout « couché ensemble » lors de ces quatre précieux épisodes. L'affaire avait été purement sexuelle : *Bam, boum, merci mademoiselle* – mais dans l'autre sens.

George avait un physique de sportif, un visage viril aux traits fins – peut-être un peu stéréotypé, mais non moins séduisant –, une épaisse crinière de cheveux blonds et le sourire facile. Pendant ses années de premier cycle, à l'université d'État de l'Arizona, il avait souvent entendu dire que les femmes, surtout les B.C.-B.G., le trouvaient « vraiment beau gosse ». Et il n'avait jamais manqué de petites amies prêtes à se donner à lui. Comme il avait décidé que le premier objectif de son existence était de devenir médecin, cependant, il n'avait jamais voulu s'engager dans une relation sérieuse avec une fille. Pendant plusieurs années, par conséquent, sa vie « amoureuse » avait été une succession de parties de jambes en l'air et d'amourettes très brèves qui ne présentaient aucun danger pour lui sur le plan affectif. Il avait blessé des femmes : il s'en rendait d'autant mieux compte, aujourd'hui, que les rôles étaient inversés et qu'il avait le rôle du « blessé » plutôt que celui du « blesseur ». Avec Pia, la situation était très, très différente. Elle le rendait fou, car elle semblait n'attacher aucune importance à ce qui se passait entre eux. À plusieurs reprises, déjà, elle lui avait dit de ne pas rester avec elle, et même de l'oublier. Elle avait aussi déclaré qu'elle était « tarée », « détraquée », « inapte ». Mais George n'arrivait pas à l'oublier. Au contraire, il pensait à elle tout le temps. Il rêvait de vivre une vraie histoire d'amour avec cette femme. Hélas, il essayait depuis trois ans et demi qu'ils étaient ensemble en fac de médecine et les choses n'avançaient pas à proprement parler dans le bon sens. Il ne savait toujours pas ce qu'elle voulait et il ne comprenait pas pourquoi ils n'arrivaient pas à se rejoindre.

– Allez, viens ! Qu'est-ce que tu fiches ? s'exclama Pia d'un ton autoritaire.

Après s'être coiffée, elle était passée quelques instants dans la salle de bains pour appliquer sur ses lèvres un rouge très pâle qu'elle utilisait davantage comme baume protecteur que pour sa couleur. Elle enfila sa blouse blanche de labo, passa la sangle de sa plaque d'identification d'étudiante autour de son cou, puis ouvrit la porte de la chambre et tint le battant ouvert, l'air agacé, comme si c'était elle qui était obligée d'attendre.

Plus décontenancé que jamais, George cligna des yeux comme s'il revenait d'une crise d'épilepsie partielle et suivit Pia dans le couloir. Il dut presque se mettre à courir pour la rattraper avant qu'elle n'atteigne les ascenseurs.

Pia franchit la porte de la résidence universitaire et prit à droite, à grands pas, sur le trottoir de la 168e Rue. Le Centre médical de l'université Columbia se trouve dans le quartier de Washington Heights, presque à l'extrémité nord de Broadway qui traverse Manhattan comme une colonne vertébrale. En dépit de l'heure matinale, il y avait déjà du monde dans les rues. Les piétons les plus déterminés, parmi tous ceux qui entouraient Pia et George, étaient les médecins, les étudiants et les divers employés de l'hôpital et des centres de recherche – à peu près tous vêtus de blouses blanches. Les patients et leurs familles semblaient plus hésitants ; ils essayaient de s'orienter et de déterminer vers quel bâtiment de l'immense complexe ils devaient se diriger ; il était également visible que leur arrivée à l'hôpital, et les interrogations qu'ils nourrissaient quant à l'issue de la journée, les rendaient anxieux.

George remonta le col de sa veste pour se protéger du vent cinglant qui, venu du fleuve Hudson, accélérait en direction de la 168e Rue dans le virage de Haven Avenue. Il ne faisait pas particulièrement froid, mais ce vent suffisait à rappeler que l'hiver n'avait pas encore déposé les armes. C'était aujourd'hui le 28 février. Demain débutait le mois de mars – le mois de l'année qui pouvait aussi bien offrir des journées de grand soleil à vingt degrés que des journées de blizzard et de neige.

George et Pia allaient bientôt se séparer et entrer dans des bâtiments différents pour entamer leur mois de stage préférentiel de quatrième année. Tout au long de l'année, les étudiants en médecine effectuaient des stages d'un mois, en rotation, dans divers pôles de l'hôpital, et pour l'un d'entre eux ils pouvaient choisir une spécialité ou une activité qui les intéressait particulièrement. Pia devait consacrer le mois de mars à faire de la recherche – comme l'année précédente à la même période. George passerait les prochaines semaines au service de radiologie, lui aussi comme il l'avait fait l'année précédente. Ces choix allaient dans le sens des orientations qu'ils prenaient l'un et l'autre pour leurs futures carrières. Trois semaines plus tôt, ils avaient découvert leurs classements à l'internat, dernière phase de leur formation qu'ils entameraient l'année suivante. Grâce à leurs exceptionnels résultats aux examens et grâce aux recommandations de leurs mentors, Pia et George s'étaient vu accorder des places ici même, au Centre médical de l'université Columbia : Pia en médecine interne et George en radiologie. Par dérogation spéciale, Pia entamerait aussi en même temps un doctorat en génétique moléculaire qui lui permettrait de continuer son travail en laboratoire tout en satisfaisant aux exigences du programme de qualification des internes.

Ce matin, Pia était attendue au Centre de recherche William Black par le Dr Tobias Rothman. En plus d'être célèbre pour ses travaux scientifiques, qui lui avaient valu un prix Nobel et un prix Lasker[1], Rothman était considéré, dans le Centre médical de l'université Columbia, comme un chercheur excessivement difficile à côtoyer. Il manquait totalement de civilité et il n'avait aucune patience pour les imbéciles. À vrai dire, il n'avait aucune patience pour personne à l'exception de son assistant, le Dr Junichi Yamamoto. À cause de cette réputation, George avait commencé par se faire du souci pour Pia quand elle avait choisi de travailler, dès les stages de première année, dans son labo. D'un autre côté, il s'était

1. Les prix Albert Lasker sont attribués, depuis 1946, aux personnes ayant apporté une importante contribution à la recherche médicale. (*Toutes les notes sont du traducteur.*)

rassuré en se disant qu'il était bien placé pour savoir qu'elle n'avait pas une personnalité des plus facile. Il lui faisait confiance pour garder la tête haute dans à peu près n'importe quelle situation, et face à n'importe qui. Quoi qu'il en soit, à la surprise de George et de Pia elle-même, elle s'était tout de suite extrêmement bien entendue avec le redouté chercheur. À tel point qu'il avait récemment suggéré qu'elle fasse un doctorat à Columbia, une fois son diplôme de médecin en poche, en travaillant avec lui à son laboratoire. Jamais, auparavant, le Dr Rothman n'avait accepté de prendre la responsabilité d'un étudiant de thèse. Pendant quelque temps, cette histoire avait été un des principaux sujets de commérages du centre médical, les uns et les autres se perdant en conjectures sur la nature de la relation qui unissait la séduisante jeune femme au physique de déesse et le grincheux bonhomme, détesté mais éminemment respecté, qui était le chercheur le plus célèbre de Columbia.

– Pia ! Attends un peu ! cria George.

Lancée à grands pas et enfermée comme d'habitude dans son monde intérieur, Pia l'avait largué au milieu de la foule. Slalomant entre les groupes d'étudiants en blouse blanche qui convergeaient vers l'immeuble du Centre de recherche William Black, que tout le monde appelait la tour Black, George réussit à la rattraper juste avant qu'elle n'en franchisse la porte. Il la prit par le bras pour l'entraîner à l'écart. Elle leva vers lui ses grands yeux noirs comme si elle était toute surprise de le voir devant elle – alors qu'elle était tout de même censée faire le trajet avec lui.

– Tu veux qu'on déjeune ensemble ? demanda-t-il. Comme c'est le premier jour, ils ne vont peut-être pas nous mettre trop la pression. De mon côté, je sais qu'à partir de demain le planning sera sans doute assez dingue.

– Je ne sais pas, George. Rothman... Tu sais, Rothman..

– Rothman est un connard asocial, voilà ce que je sais.

– Ne nous disputons pas, s'il te plaît ! Je sais ce que tout le monde pense, toi y compris, mais cet homme a toujours été bon avec moi. Je ne sais pas ce qu'il prévoit de me faire faire aujourd'hui. Ni dans tout le mois à venir, d'ailleurs. Par contre, je sais que je ne peux pas envisager de te retrouver pour déjeuner tant que je n'aurai pas plus d'infos sur le déroulement de la journée.

– Je peux te dire ce que la plupart des gens pensent qu'il prévoit de te faire faire…

– Oh, je t'en prie ! Ne revenons pas là-dessus. Je t'ai dit je ne sais plus combien de fois qu'il ne m'a jamais fait la moindre avance, ni la moindre remarque un tant soit peu déplacée. Le fond de l'affaire, c'est que Rothman est un génie qui croit être entouré de crétins. Et il a peut-être bien raison, en tout cas comparativement parlant. Il n'y a qu'une seule chose qui l'intéresse, c'est son travail. Et moi aussi, je m'intéresse à ses recherches. Je sais très bien qu'il a la réputation d'être asocial, mais je m'en fiche. J'ai la chance qu'il me tolère. Maintenant, George, j'ai hâte d'y aller. Si j'ai un moment de libre dans la journée, je t'appelle sur ton portable.

Pendant quelques secondes, George éprouva une colère violente. Une flambée de jalousie absurde domina ses pensées. Tout le monde détestait ce mec, et voilà que la femme pour qui il avait une véritable obsession amoureuse lui disait, en gros, d'aller se faire voir parce qu'elle avait hâte – *hâte* – d'aller à son petit rendez-vous avec le vieux ronchon. Elle préférait ça que d'envisager de le retrouver, lui, George, pour ce qui risquait bien d'être leur dernier déjeuner en tête à tête d'ici un mois. Il inspira profondément, se força à affronter le regard clairement dédaigneux de Pia et se demanda, une fois de plus, pourquoi il était assez stupide pour continuer de poursuivre cette femme de ses assiduités alors qu'elle ne semblait qu'à peine supporter sa compagnie.

Son instinct lui murmurait qu'il n'avait aucune raison d'accorder tant d'importance à ce déjeuner et à l'attitude de Pia, mais… c'était plus fort que lui. Cette scène s'ajoutait à la longue liste des moments de dépit et des déceptions qu'il avait déjà encaissés à cause d'elle. La dernière fois qu'ils avaient fait l'amour – il préférait cette expression, plutôt que de parler, comme Pia, de « coucheries » –, il avait essayé de lui expliquer franchement ce qu'il ressentait quand elle se débarrassait de lui aussitôt après qu'ils avaient terminé leur petite affaire. Elle avait alors réagi exactement comme à l'instant à propos du déjeuner : par une manifestation d'agacement teinté de mépris. Et lui, bien sûr, avait quitté sa chambre une boule dans la gorge. Au lieu d'éprouver la moindre satisfaction à l'idée d'avoir exprimé ses sentiments, il avait commencé à redouter de l'avoir dégoûtée de lui pour de bon. Mais ce n'était pas ce qui s'était passé. Deux jours plus tard, à vrai dire, il avait trouvé un étonnant e-mail de Pia dans sa boîte de réception : une seule phrase, « Tu devrais peut-être appeler Sheila Brown », suivie d'un numéro de téléphone portable. Lorsqu'il avait contacté cette femme, il avait appris davantage de choses au sujet du passé et de la psychologie de Pia, en quelques minutes d'une conversation des plus étrange, que Pia elle-même ne lui en avait révélé depuis plus de trois ans qu'ils se connaissaient.

– Bonjour, je m'appelle George Wilson. C'est Pia Grazdani qui m'a conseillé de vous appeler.

– Bonjour, George. Elle m'a prévenue que vous deviez téléphoner, en effet. Je suis psychologue et assistante sociale. Je m'occupe de Pia depuis plusieurs années et elle m'a autorisée à vous révéler certaines choses.

– Heu, d'accord…

Assistante sociale ? George ne s'était pas du tout attendu à ça.

– Bien sûr, il est tout à fait inhabituel qu'un psychologue s'entretienne d'un de ses patients avec une personne de l'extérieur, mais… c'est Pia elle-même qui m'a demandé de vous parler.

Psychologue ? s'était répété George, de plus en plus perplexe.

– Normalement, je dois vous le dire, avoir cette conversation avec vous m'est interdit. C'est contraire à notre déontologie. Mais Pia m'a persuadée. Et si cela peut l'aider à surmonter tout ce qu'elle a dû affronter au cours de son enfance et de son adolescence, je suis d'accord pour satisfaire sa requête. Dans les limites du raisonnable.

– Heu…

– J'ai suivi Pia pendant de longues années. Depuis l'époque où elle vivait dans un foyer jusqu'au moment où elle a pu être placée dans une famille d'accueil, en passant par un séjour très pénible dans ce que l'on n'ose plus appeler une maison de redressement. Conséquence de cette vie décousue, sans attaches familiales, Pia a toujours eu beaucoup de difficultés à nouer de vraies relations avec les personnes de son entourage. Elle a énormément de mal à faire confiance à quiconque. Et aujourd'hui… Bon, elle ne m'a pas dit grand-chose à votre sujet, mais le simple fait qu'elle m'ait demandé de vous parler me paraît très positif. Encourageant. Je crois qu'elle veut que vous sachiez quelque chose à son sujet, mais elle est incapable de vous parler elle-même. Elle a donc demandé à la personne qui, selon elle, la connaît le mieux, de s'en charger. En matière d'intimité et d'attachement à autrui, Pia a dans la tête des conceptions très différentes de celles de la plupart d'entre nous.

Ça, George en avait fait douloureusement l'expérience.

Sans entrer dans les détails, la psychologue l'avait encouragé à « continuer d'essayer » avec Pia, car elle était convaincue que ce serait « bien » pour la jeune femme. Elle avait conclu la conversation en lui donnant le numéro de téléphone de son bureau, en plus de son numéro de portable qu'il avait déjà, au cas où il voudrait la rappeler. George ne l'avait jamais fait, car, en dépit des précautions verbales qu'elle avait prises au début de leur entretien, il doutait un peu du professionnalisme de son attitude. En même temps, bien sûr, il appréciait d'avoir eu ces renseignements. Il n'avait jamais reparlé directement de la chose avec Pia – en lui disant, par exemple, qu'il savait qu'elle avait grandi en foyer et en famille d'accueil –, mais il avait essayé, deux ou trois fois, de l'inciter à s'ouvrir à lui au sujet de son enfance en général. Elle avait toujours catégoriquement répondu qu'elle ne voulait pas discuter de ces choses-là. C'était un domaine interdit. George avait accepté cet état de fait et avait même mis ce problème de côté dans un coin de sa tête, pour ne plus y penser. Il voulait donner à Pia tout le temps dont elle avait besoin.

George expira profondément, les lèvres pincées. Ce petit délai lui donna l'occasion de se ressaisir et d'éviter de lâcher des propos qu'il aurait regrettés par la suite. Il s'efforça même de dissimuler son désenchantement.

– Bon, d'accord, dit-il. J'espère que ta journée se passera comme tu voudras. Je sais que tu n'as personne à craindre, Pia. D'un autre côté, je ne comprends toujours pas comment tu peux supporter de travailler avec lui.

– Je n'ai pas besoin de bien m'entendre avec lui, George. Nous ne sommes pas à la maternelle. S'il me tolère, si j'apprends quelque chose dans son labo et s'il m'aide dans ma carrière, ça me suffit tout à fait. Nous sommes adultes. Nous n'avons pas besoin d'être copains.

Cette phrase-là, ce n'était pas la première fois qu'elle la lui envoyait dans les dents. Et il se demanda à nouveau si elle disait cela en pensant réellement à Rothman. Ou à lui ? La peur qu'il éprouvait si souvent d'être rejeté par Pia lui laboura la poitrine.

– O. K. ! dit-il, levant une main pour signifier qu'il abandonnait la discussion. Excuse-moi d'avoir parlé de ça.

– Arrête de t'excuser ! répliqua Pia d'un ton sec – tout en regardant sa montre. Tu fais ringard, quand tu t'excuses comme ça. Bon, je vais finir par être carrément en retard.

Elle tourna les talons et disparut dans le bâtiment. George se demanda à quelle heure elle se serait levée s'il n'était pas passé à sa chambre pour la réveiller. Il ne pouvait s'empêcher de remarquer, en outre, qu'elle ne s'était même pas donné la peine de le remercier. Et encore moins de lui promettre d'essayer de déjeuner avec lui. C'était horripilant – et désespérément habituel.

Ayant montré sa plaque d'identification à l'agent de sécurité, Pia suivit le flot d'étudiants qui envahissaient le hall de la tour Black – essentiellement des première et deuxième année qui avaient cours à huit heures. Au quatorzième étage, elle longea le couloir jusqu'à la porte métallique anonyme qui marquait l'entrée du laboratoire de Rothman – plus vaste que celui de n'importe quel autre chercheur du centre. Dès qu'elle y pénétra, elle comprit que la journée de travail avait déjà bien démarré. Les trois principaux techniciens, Panjit Singh, Nina Brockhurst et Mariana Herrera, bavardaient devant la cafetière commune, le mug à la main ; sans doute avaient-ils déjà calibré les instruments voulus pour les chercheurs. Rothman, très difficile sur tout ce qu'il mangeait et buvait, disposait dans son bureau d'une cafetière Nespresso que lui seul et son assistant, le Dr Junichi Yamamoto, avaient le droit d'utiliser.

– Bonjour, mademoiselle Grazdani, dit Marsha Langman, la secrétaire de Rothman, assise derrière sa table de travail.

L'un de ses sourcils trop parfaitement taillés sembla se hisser sur son front tandis qu'elle jetait un coup d'œil en direction de la pendule murale. Et elle ajouta :

– Ce n'est pas une habitude que vous avez intérêt à prendre.

Pia, qui traversait la salle, regarda la pendule. L'aiguille des secondes passa à cet instant sur le chiffre douze : il était exactement sept heures quarante-neuf. Elle s'immobilisa devant la secrétaire ultra-loyale et ultra-dévouée de Rothman, qui dit alors d'un ton nettement réprobateur :

– Vous savez qu'il apprécie que tout le monde soit ici de bonne heure.

– Je ne suis pas en retard, objecta Pia.

Tous les étudiants étaient censés être à leurs postes à huit heures, sauf s'ils avaient été de garde la veille au soir à cause des exigences particulières des services où ils travaillaient.

– Ah, mais vous n'êtes pas non plus en avance ! Ce mois-ci, essayons tout de même de partir du bon pied. Et je dois vous prévenir que vous avez de la compagnie dans votre bureau. Il y a un monsieur de la maintenance qui vient d'arriver pour essayer de trouver l'origine d'un problème dans le schéma électrique du labo, ou je ne sais quoi. Le système de sécurité est en panne.

– Ça va durer combien de temps ?

Marsha, une femme noire d'une cinquantaine d'années, portait tous les jours une blouse de labo que sa fonction ne nécessitait absolument pas. Elle regarda Pia avec une expression qui disait : *Qu'est-ce que je peux en savoir, moi ?*

À présent, Pia était agacée. Cette pièce que la secrétaire qualifiait généreusement de « bureau » était déjà à peine assez grande pour elle ; l'idée de la partager avec un électricien ne lui plaisait pas du tout.

– Le grand homme aura-t-il le temps de me voir, ce matin ?

Pia faisait partie de la toute petite minorité de gens qui ne se prosternaient pas devant Rothman et qui n'avaient pas pour unique réflexe d'attendre qu'il daigne s'adresser à eux. Lorsqu'elle eut posé sa question à la secrétaire, elle prit conscience que les trois techniciens de laboratoire ne bavardaient plus entre eux. Tournant la tête, elle s'aperçut qu'ils regardaient l'intérieur de leurs mugs avec des mines faussement détachées. Elle se demanda s'ils avaient fait exprès de prendre leur pause-café *maintenant*, à cette heure pas tout à fait assez avancée où ils se doutaient de la voir arriver, afin d'avoir de nouveaux cancans à se mettre sous la dent.

– Vous savez comme il court toujours après le temps, répondit Marsha avec un sourire pincé. Et il est particulièrement sous pression en ce moment, puisqu'il doit boucler très vite la toute dernière recherche sur *salmonella typhi* qu'il a réalisée avec le Dr Yamamoto. Nous avons prévu d'envoyer l'article au *Lancet* d'ici un jour ou deux.

Marsha évoquait toujours le travail de Rothman comme si elle y participait activement. C'était une des stratégies qu'elle utilisait pour repousser les quémandeurs – pour dresser des barrières entre Rothman et tous ceux qui cherchaient à lui faire perdre son temps. Elle le protégeait comme un vrai chien de garde.

– Il est là-dedans depuis six heures du matin, ajouta-t-elle avec un petit geste de la main.

« Là-dedans », cela voulait dire dans l'unité de sécurité biologique de niveau 3, ou NSB3, un petit laboratoire à l'intérieur du grand laboratoire dans lequel Rothman travaillait sur différentes souches de *salmonella*.

– Mais bon, je vais faire tout mon possible pour le prévenir que vous souhaitez lui parler, conclut Marsha d'un air magnanime.

– Merci, dit Pia.

Mais elle avait de la peine à dissimuler son irritation. *Faire tout son possible pour prévenir Rothman*, cela consistait à appuyer sur un bouton pour lui parler par l'interphone de l'unité NSB3. Pia avait déjà bouclé le dernier projet qu'il lui avait confié et elle avait horreur de perdre son temps ; elle avait donc besoin de le voir pour savoir ce qu'il voulait lui faire faire au cours du prochain mois. Mais là… Pia soupira. Histoire de compliquer les choses, il y avait un électricien dans son bureau.

Elle savait qu'elle avait pourtant de la chance d'avoir son propre bureau. Peu de membres du personnel du labo avaient un tel privilège. Quand l'ancien premier technicien de laboratoire avait été mis à la porte après s'être fâché avec Rothman à cause d'un différend absurde sur leurs méthodes de travail, son successeur, Arthur Spaulding, avait refusé de prendre le « placard à balais » qui lui revenait normalement comme bureau. Pia s'y était installée tandis qu'il investissait une pièce voisine de l'unité NSB3.

Elle traversa la salle principale du labo et poussa un grognement irrité quand elle s'aperçut que la porte de son bureau était grande ouverte. Certes, seule une poignée de gens dans le monde étaient capables de les déchiffrer, mais elle avait tout de même là quelques documents scientifiques très confidentiels. S'immobilisant sur le seuil de la minuscule pièce sans fenêtres, elle remarqua tout d'abord que la paillasse de labo qui lui servait de table de travail disparaissait sous un immense schéma électrique maintenu déroulé par divers outils et rouleaux de câble répartis sur son pourtour. Elle vit ensuite un escabeau en aluminium, dans l'angle, sur la plus haute marche duquel se tenait un homme en salopette bleu marine dont la tête et les épaules disparaissaient à l'intérieur du faux plafond. Trois dalles de faux plafond étaient posées à la verticale au pied du mur.

– Excusez-moi ! lança Pia.

Le bonhomme ne réagit pas.

– Hé ! Vous, là-haut ! cria-t-elle.

Cette fois, il sursauta et se cogna la tête sur quelque chose dans le faux plafond. Il poussa un juron qu'elle ne comprit pas, puis se baissa lentement : sa tête apparut dans l'ouverture. Quand il aperçut Pia, il écarquilla les yeux et descendit aussitôt les marches de l'escabeau. Il avait environ quarante-cinq ans, les cheveux poivre et sel et un chaume de barbe grisonnante sur les joues. De profondes rides parcouraient son front et il avait les joues creuses et le teint pâle du fumeur au long cours. Il était mince, mais visiblement musclé. D'après son badge, il s'appelait Vance Goslin.

Les mains sur les hanches, Pia demanda sans préambule :

– Vous en avez pour combien de temps, au juste ?

Vance était frappé par l'exceptionnelle beauté de la jeune femme : ses traits méditerranéens, sa peau sans défaut, ses lèvres charnues et ses immenses yeux noirs. L'assurance et le franc-parler dont elle semblait faire preuve ajoutaient à son pouvoir de séduction. Dans le monde de Vance, les filles qui avaient son physique ne se comportaient pas du tout comme elle. Il se sentit d'emblée plus que vaguement attiré par la jeune femme. Il la trouva fascinante.

– Ça dépend du temps qu'il me faudra pour détecter l'origine du problème, répondit-il.

Il fit un pas vers la paillasse et désigna le schéma électrique. Il parlait avec un accent très particulier que Pia était d'autant plus sûre de reconnaître qu'il s'appelait Goslin.

– Si le problème est par ici, ce sera facile à régler, dit-il, sa main allant et venant au-dessus du papier. Si c'est de ce côté, par contre, le boulot sera plus compliqué. Mais bon, d'une façon ou d'une autre nous trouverons la solution. Peut-être même d'ici ce soir.

Goslin conclut son explication par un vigoureux hochement de tête, dévorant des yeux le corps de Pia comme il l'avait fait à peu près sans arrêt depuis qu'il était descendu de l'escabeau. Il la reluquait ouvertement, comme si c'était sa prérogative. Enfin, son regard se posa sur la plaque d'identification d'étudiante qu'elle avait autour du cou.

– « Grazdani », lut-il, et il haussa les sourcils. Ça, mademoiselle, c'est pas un nom courant !

Pia ne réagit pas. Goslin se demanda si elle n'était pas un peu dure d'oreille.

– Vous avez un nom peu commun ! dit-il, élevant la voix. C'est italien ?

Il lui offrait à présent un sourire complice – pour montrer qu'il savait très bien que Grazdani n'était pas un nom italien. C'était sa façon à lui de flirter.

– Non, ce n'est pas italien, répliqua-t-elle. Et pourquoi vous vous mettez à hurler comme ça ?

Pia avait évoqué ses origines albanaises peut-être deux fois, en tout et pour tout, au cours de son existence, et elle n'avait aucune intention de s'y remettre avec ce type. Plusieurs milliers d'Albanais vivaient à New York et elle avait conservé suffisamment de souvenirs de la langue de sa petite enfance pour en identifier l'accent chez certaines personnes, voire pour suivre quelques conversations simples. Un jour, alors qu'elle allait commander une part de pizza dans un fast-food, elle avait entendu deux jeunes Albanais, derrière le comptoir, se lancer dans une description très crue de ses attributs physiques ; elle leur avait alors demandé en anglais s'ils souhaitaient qu'elle se plaigne à leur employeur de leur impolitesse.

– À vrai dire, je pense que c'est albanais, reprit Goslin sans se départir de son sourire niais. Je suis d'origine albanaise, moi aussi, et j'ai des tas d'amis albanais à New York. Ils sont ouvriers, électriciens, agents de maintenance. Comme moi. Nous avons plus ou moins repris toutes ces affaires, vous savez...

Pia ne l'écoutait pas. Elle était de plus en plus irritée. Moins d'une heure plus tôt, elle avait fait un rêve atroce lié à son enfance, et voilà que ce bonhomme lui rappelait un autre sujet de cauchemar : son père. Alors que, par-dessus le marché, elle n'offrait aucun signe d'encouragement à cet électricien, il continuait d'essayer de lui faire la conversation.

– Alors ? demanda-t-il. Vous êtes d'où, vous ?

Il plissa les yeux et inclina la tête sur le côté comme s'il réfléchissait à la question. La situation n'était guère inhabituelle pour Pia. Les gens – les hommes, en particulier – tentaient souvent de déterminer ses origines d'après son physique. Et ils proposaient en général de lui donner un héritage génétique grec, libanais ou iranien. Mais elle n'avait aucune intention de supporter ce petit jeu avec Vance Goslin, même s'il avait correctement interprété son nom. Son père était bel et bien albanais. Sa mère, toutefois, était italienne.

– Je suis américaine, dit-elle. Dépêchez-vous de terminer ce que vous avez à faire ! J'ai besoin de mon bureau au plus tôt.

Goslin essaya pitoyablement de la retenir :

– Et c'est quoi, votre boulot ?

Pia ne répondit pas. Elle sortit de la pièce après avoir pris deux dossiers dont elle pensait avoir besoin rapidement.

À la plus complète surprise des trois techniciens, qui avaient quitté la cafetière pour reprendre place devant leurs paillasses dans la salle principale du labo, Rothman émergea tout à coup de l'unité NSB3. Ils étaient étonnés, car ils s'attendaient à ce qu'il y reste cloîtré jusqu'au soir, comme il le faisait à peu près chaque jour depuis plusieurs semaines. Très à cheval sur les règles de sécurité, il avait retiré sa combinaison protectrice dans le sas et remis ses vêtements de ville. Sans blouse blanche, il ressemblait davantage à un élégant banquier qu'à un généticien qui venait tout juste de travailler sur des souches de *salmonella typhi* extraordinairement dangereuses. Bien qu'asocial à l'excès, en effet, il s'habillait toujours avec grand soin. Cette caractéristique était assez remarquable puisqu'elle pouvait donner à penser qu'il se souciait de l'opinion de son entourage sur son apparence, alors que ce n'était pas le cas. Ces vêtements, il ne les portait que pour son plaisir personnel. L'habit était d'ailleurs le même jour après jour : un complet italien de coupe classique avec veste à trois boutons, une chemise blanche, une cravate bleu marine avec pochette assortie, des mocassins noirs. Rothman n'était pas un homme de très haute taille, mais il avait tant de prestance qu'il paraissait bien plus grand qu'il ne l'était. Ses gestes et ses déplacements étaient vifs et énergiques et il se tenait toujours très droit, dans une posture intimidante pour ses interlocuteurs – et avec une expression qui ne les encourageait pas à lui faire la conversation. Ses cheveux châtain foncé étaient coupés court, sans recherche particulière. Unique concession à la mode de son époque, il portait des lunettes à monture de titane presque invisible.

Les techniciens le suivirent des yeux tandis qu'il traversait le laboratoire en direction de son bureau. Ils devinaient déjà pourquoi il avait quitté l'unité NSB3 et ils n'avaient pas tort : apercevant Pia sur le seuil de son cagibi, Rothman lui fit signe de le suivre. Quand la porte se referma sur le chercheur et l'étudiante, ils échangèrent des regards entendus qui cachaient mal le pincement de jalousie qu'ils éprouvaient tous les trois. Ils savaient très bien que jamais, jamais Rothman n'aurait quitté l'unité NSB3 pour avoir une discussion privée avec l'un d'eux – surtout en ce moment où il était sous pression pour la préparation de l'article à publier dans *The Lancet*. Pour eux, Pia était une sorte de chouchou du prof qu'ils aimaient d'autant moins qu'elle ne faisait aucun effort pour leur être sympathique. Comme Rothman, elle paraissait assez solitaire et toujours trop occupée pour bavarder. De plus, ils la considéraient comme un peu trop belle pour être étudiante en médecine ; ils poussaient même la médisance jusqu'à penser qu'ils l'auraient plutôt vue *jouer* une étudiante en médecine dans une série télé. Pia était une véritable énigme pour le personnel du laboratoire – et une énigme d'autant plus fascinante que, d'après la rumeur, elle avait envisagé, à une époque, de se faire nonne.

Si les techniciens avaient pu assister à la scène qui commençait à se jouer dans le bureau de Rothman, ils auraient vite oublié leur jalousie. Le chercheur et l'étudiante paraissaient moins avoir une conversation qu'être engagés dans quelque rituel ésotérique à deux acteurs dont le maître-mot était l'évitement : tout au long de leur échange, ils ne devaient pas se regarder une seule fois. Après avoir annoncé à Pia qu'il voulait qu'elle se charge le jour même des révisions finales de leur dernière étude sur les salmonelles, celle qui devait être prochainement publiée dans *The Lancet*, Rothman saisit une des deux impressions de l'article posées sur son bureau et se plongea dans sa lecture. Pia, les bras croisés sur la poitrine, les yeux sur ses chaussures, semblait tout aussi peu disposée que lui à poursuivre la conversation. Un observateur profane aurait pu déduire du silence qui se prolongeait que les deux protagonistes de la scène étaient socialement inadaptés. Un psychologue clinicien, avec un minimum de temps, aurait pu établir un diagnostic plus précis avec les mots de sa profession.

Enfin, Rothman se leva à moitié de son fauteuil, se pencha par-dessus sa table et tendit un exemplaire de l'article à Pia.

– Faites en sorte que ce papier soit impeccable. Il me le faut demain matin. Demain, nous parlerons aussi de votre programme de travail du mois prochain.

Il ne la regardait toujours pas.

– Pour le moment, disons juste que je sais que vous avez toujours été plus intéressée par mes recherches sur les cellules souches que par les salmonelles, reprit-il. Et ça ne m'ennuie absolument pas. Vous êtes très méritante, d'autant que vous avez enfin des connaissances utiles en génétique à la place des imbécillités qu'on vous assène en cours magistral. Autre chose, maintenant : cette enquiquineuse de doyenne m'impose de prendre deux étudiants de troisième année en stage, ici au labo, pendant le mois de mars. Je veux que vous réfléchissiez à ce qu'ils pourraient faire pour nous pendant ces quelques semaines. Ce ne sera pas facile. Bien entendu, ils seront lamentables.

– Où sont-ils ? Comment vais-je les rencontrer ?

– Ils sont censés commencer demain matin. Le Dr Yamamoto vous les présentera. Vous savez qu'il aime bien ce genre de bêtise – avoir des gens nouveaux au labo, tout ça. Mais je ne veux pas qu'il perde son temps avec eux. J'ai besoin qu'il reste concentré sur notre travail.

– Je ne peux pas faire grand-chose tant que j'ai cet électricien dans mon bureau.

– On me dit qu'il devrait avoir terminé ce soir. À demain, donc.

Rothman ne s'intéressait pas beaucoup aux détails du fonctionnement quotidien de son énorme laboratoire. Subitement, il se replongea dans le brouillon de l'article destiné au *Lancet*.

Pia ignora le fait qu'il l'avait congédiée et dit :

– Je veux vous parler de quelque chose. Le classement des résultats, pour les places d'internat, a été publié. Je reste ici comme prévu, à Columbia, et je suis autorisée à suivre un double programme. Pour faire mon doctorat en biologie cellulaire avec vous, comme vous avez eu la générosité de me le proposer, et pour faire l'internat, en médecine interne, à l'hôpital. J'espère que vous êtes aussi satisfait que moi…

– Sûrement pas ! l'interrompit Rothman avec la voix vibrante de colère et d'exaspération pour laquelle il était bien connu. Je suis très déçu ! Je vous ai dit une fois, et une fois pour toutes, que vous perdriez complètement votre temps à faire l'internat de médecine interne – comme moi, j'ai perdu mon temps avec ces idioties quand j'avais votre âge. Je crois qu'il est évident, aujourd'hui, que vous êtes taillée pour la recherche, pas pour la médecine clinique. Nous sommes pareils, vous et moi ! L'année prochaine, vous devriez être ici, au labo, à temps complet. Point final. J'ai écrit ça noir sur blanc dans la lettre de recommandation que j'ai rédigée pour votre dossier d'admission en doctorat.

L'atmosphère était tendue. Pendant de longues secondes, ni Pia ni Rothman ne reprirent la parole. Et ils ne se regardèrent pas davantage qu'auparavant.

– Je dois pourtant penser aux sœurs, dit enfin Pia.

L'éducation de Pia avait été en partie assurée par les Sœurs du Sacré-Cœur, un ordre de religieuses, missionnaires en Afrique, dont le couvent se trouvait dans le comté de Westchester au nord de New York. Pia s'était réfugiée chez ces nonnes, qui lui avaient apporté une immense sécurité sur le plan émotionnel, après avoir été libérée, à dix-huit ans, par les services sociaux qui l'avaient prise en charge pendant son enfance et son adolescence. Pendant une brève période, elle avait envisagé de devenir elle-même nonne et de rejoindre les Sœurs du Sacré-Cœur. Mais elle avait changé d'avis après avoir terminé le programme d'équivalence d'éducation secondaire qui lui avait permis d'entamer des études à l'université de New York. À ce moment-là, elle avait conclu une sorte d'accord tacite avec les sœurs, et en particulier avec la mère supérieure du couvent : elle ne deviendrait pas novice, mais elle poursuivrait ses études de médecine dans le but de se rendre un jour en Afrique pour aider les missions.

Pia avait reçu des bourses d'étude, d'abord de l'université de New York, puis de l'université Columbia, mais elle savait que la contribution des sœurs à son éducation était considérable. Elle se sentait logiquement redevable de leur générosité.

– Je ne pense pas pouvoir revenir sur la promesse que j'ai faite il y a bientôt dix ans, dit-elle. Je suis d'accord avec vous, oui, je suis davantage faite pour la recherche que pour tout autre chose, mais je crois que je dois suivre le programme que je me suis fixé.

Devenir médecin et, au moins pendant un certain temps, rendre service aux sœurs.

Rothman marmonna une volée de jurons et secoua la tête d'un air incrédule.

– Je vous propose d'entrer dans l'histoire médicale en participant à mes recherches sur les cellules souches, et voilà que je suis obligé de me soucier du sort d'une brochette de bonnes sœurs. Incroyable !

Il marqua une pause, soupira et sembla rassembler ses idées. Puis il demanda :

– Et ça irait chercher dans les combien ?

– Je ne vois pas ce que vous voulez dire.

– Allons ! Ne faites pas exprès de ne pas comprendre. À votre avis, combien leur devez-vous en espèces sonnantes et trébuchantes ?

– Je ne suis pas sûre de pouvoir aborder le problème en ces termes.

– Ne faisons pas trop les difficiles, voulez-vous ? Donnez-moi un chiffre, aussi imaginaire soit-il.

Pia réfléchit. La tâche n'était pas facile. Elle n'avait jamais mis de chiffre, justement, sur le réconfort que lui avaient apporté les sœurs, sur le bien-être qu'elle avait trouvé parmi elles après ses longues et pénibles années de foyers et de familles d'accueil. Elle haussa les épaules.

– Je ne sais pas. Peut-être… cinquante mille dollars. Quelque chose comme ça.

– Parfait, dit Rothman. Ma banque vous accordera un prêt de cinquante mille dollars pour lequel je me porterai garant.

Pia se retrouva momentanément sans voix. Jamais, de toute sa vie, personne ne l'avait aidée financièrement – surtout pas à hauteur de cinquante mille dollars.

– Je… Je ne sais pas quoi dire, marmonna-t-elle.

– Alors ne dites rien ! Nous reparlerons de cette question mais, aujourd'hui, il est impératif que vous vous atteliez à l'article du *Lancet*. Il a besoin d'un autre regard. Et il faut vérifier toutes les statistiques. Je sais que vous êtes un as des statistiques.

Ayant dit cela, Rothman se leva, les yeux sur le document qu'il avait à la main, et sortit de la pièce. Pia était stupéfaite. Le chercheur venait de lui prêter une énorme somme d'argent et de lui demander son aide pour la finalisation d'un article extrêmement important.

– Bon, dit-elle pour elle-même. Au boulot, alors. Maintenant, il faut juste que je me débarrasse de cet électricien.

Quittant à son tour le bureau de Rothman, elle gagna la paillasse, dans la salle principale du labo, sur laquelle elle avait provisoirement installé ses affaires.

2

COUVENT DES SŒURS DU SACRÉ-CŒUR
COMTÉ DE WESTCHESTER, ÉTAT DE NEW YORK
28 FÉVRIER 2011
19 H 20

Forte du soutien financier dont l'avait assuré le Dr Rothman, Pia avait pris rendez-vous pour le soir même avec la mère supérieure du couvent des Sœurs du Sacré-Cœur. Mais elle appréhendait cette rencontre. Elle n'oublierait jamais comment cette femme l'avait trouvée un soir, adolescente, assise sur le muret du couvent après qu'elle avait fui sa famille d'accueil du moment, dont la maison se trouvait à quelques kilomètres de là, à la suite d'une énième dispute. La mère supérieure l'avait invitée dans le réfectoire et elles avaient bavardé un moment. Pia était revenue le week-end suivant, avec la permission de la famille d'accueil, pour passer du temps avec les sœurs et donner un coup de main aux menus travaux du couvent. Ensuite, l'histoire s'était écrite d'elle-même – jusqu'à ce que Pia décide d'entrer au couvent, à sa majorité, pour peut-être devenir un jour novice.

Pia savait qu'elle serait éternellement reconnaissante à la mère supérieure de tout ce qu'elle avait fait pour elle. D'autant plus reconnaissante qu'elle avait connu des conditions de vie, pendant toutes ces années, extraordinairement supérieures à tout ce que le système de l'aide sociale avait pu lui offrir auparavant. Au couvent, Pia s'était sentie en paix et en sécurité. Elle avait découvert, grâce à la compassion et à la gentillesse des sœurs, qu'elle pouvait non seulement s'adapter à la vie communautaire, mais aussi apprendre à naviguer dans les eaux tumultueuses du monde extérieur. C'était sur l'insistance de la mère supérieure qu'elle s'était tournée vers l'université ; c'était grâce à ses encouragements qu'elle avait réussi à devenir une étudiante de premier plan. Pendant qu'elle travaillait à ses équivalences d'études secondaires et durant sa première année de fac, elle avait cependant appris beaucoup de choses sur elle-même – au point de comprendre qu'elle n'était pas taillée pour la vie de nonne. Elle avait alors décidé de s'orienter vers la médecine, un domaine dans lequel elle avait senti qu'elle pourrait à la fois exceller et trouver la même paix intérieure qu'au couvent. Elle se souvenait que, tout au long de la pénible expérience qu'elle avait vécue dans le monde des foyers d'accueil pour orphelins, le médecin lui avait toujours fait l'effet d'un individu absolument maître de sa propre destinée. Mais sa décision de postuler à Columbia n'avait pas été sans conséquence, en particulier sur sa relation avec la mère supérieure.

Un jour, cinq ans plus tôt, Pia avait pris rendez-vous avec elle de la même façon qu'aujourd'hui pour lui annoncer qu'elle ne deviendrait pas sœur, mais médecin. La discussion avait été assez pénible, car la mère supérieure ne lui avait pas caché sa déception. En même temps, elle s'était montrée encourageante et avait même félicité Pia de son choix, précisant que les missions d'Afrique de l'Est des Sœurs du Sacré-Cœur avaient désespérément besoin de médecins. En entrant ce soir dans le bureau de la mère supérieure, Pia savait qu'elle se trouvait dans une situation au moins aussi difficile que celle qu'elle avait connue quand elle avait renoncé à devenir nonne. Plus elle réfléchissait aux objectifs qu'elle souhaitait atteindre, néanmoins, plus elle était d'accord avec Rothman pour dire qu'elle avait une prédisposition unique pour le métier de chercheur.

– Ma chère Pia, te voir aujourd'hui est une véritable bénédiction. Tu nous as tellement manqué. Toutes les sœurs me demandent très souvent de tes nouvelles.

– Et vous m'avez toutes beaucoup manqué, ma mère.

Pia gardait les yeux rivés sur ses mains. Ses doigts s'entortillaient nerveusement sur ses cuisses. Elle espérait que la grande anxiété qu'elle éprouvait ne s'entendait pas dans sa voix. Elle s'était habillée très simplement : une robe noire qui lui descendait aux genoux, des chaussures plates. Quand elle avait pénétré dans le bureau de la mère supérieure, celle-ci lui avait fait la même impression que la première fois qu'elle l'avait vue, dix ans plus tôt. Elle ne semblait pas avoir changé. L'habit monacal contribuait à cet effet. Mais Pia se rendait compte qu'elle avait beaucoup vieilli. Ses mouvements étaient lents ; il lui avait fallu de longues secondes pour se lever et faire le tour de sa table de travail pour venir la saluer. Et la main qu'elle avait posée sur son épaule avait paru plus maigre et plus fragile que lors de la précédente visite de Pia, un mois plus tôt seulement.

Pia avait profité du court trajet en train de Manhattan jusqu'au comté de Westchester pour réfléchir à ce qu'elle devait dire à la mère supérieure. Elle voulait être très claire, pour qu'il n'y ait aucun malentendu. Elle était sûre de sa décision – plus encore qu'elle ne l'avait été dans le bureau de Rothman. Mais elle savait que la mère supérieure avait un certain talent pour ignorer les propos de ses interlocuteurs et réorienter la conversation dans le sens de ses propres intérêts.

Pendant qu'elles continuaient d'échanger des civilités, Pia passa mentalement en revue les extraordinaires changements qu'avait connus son existence depuis qu'elle était entrée pour la première fois dans ce couvent – un événement qui, en ce moment même, lui semblait appartenir à une vie antérieure. Elle était en quatrième année de médecine à Columbia. Quelque part, elle avait elle-même encore du mal à y croire. Elle n'oubliait pas la difficulté qu'elle avait eue à convaincre cette université de l'accepter. Il lui avait notamment fallu expliquer pourquoi elle avait décidé, à l'âge de dix-huit ans, d'entrer dans un couvent de sœurs catholiques missionnaires en Afrique. À l'université de New York, quelques années plus tôt, elle n'avait pas eu ce problème. Dès le début de l'entretien, les membres du conseil d'admission avaient été convaincus que Pia, en tant que jeune femme recueillie et élevée par l'État, avait parfaitement sa place dans la communauté estudiantine très diversifiée de leur université.

Les membres du comité d'admission de Columbia, par contre, n'avaient manifesté que de l'inquiétude vis-à-vis du passé de Pia : ils n'y voyaient que des effets potentiellement délétères sur son autonomie et sa capacité à éprouver de l'empathie pour les patients. Ils n'avaient pas exprimé leurs doutes de façon si abrupte, bien sûr, mais elle avait parfaitement capté le message – surtout quand on lui avait intimé l'ordre d'avoir un entretien avec un psychiatre du centre médical. Elle ne s'était pas laissée démonter. Considérant que le comité d'admission n'aurait pas exigé cet examen s'il n'avait pas eu un minimum d'intérêt pour sa candidature, elle avait même joué le jeu de bonne grâce. Et, à sa grande surprise, l'entretien s'était révélé beaucoup plus agréable qu'elle ne l'avait craint. Le psychiatre connaissait bien l'univers de l'aide sociale aux orphelins dans l'État de New York : il lui avait exprimé sa sympathie quand il avait appris qu'elle avait été sous l'égide de ce système injuste et brutal de six à dix-huit ans. Malheureusement pour elle, Pia n'avait jamais connu ni l'expérience de l'adoption, ni même celle d'un placement durable en famille d'accueil.

La loi interdisant au psychiatre de consulter son dossier de l'aide sociale, Pia avait décidé de se montrer très franche. Elle ne lui avait caché que les incidents les plus violents de ses divers séjours en foyer et en famille d'accueil. Elle avait admis qu'elle savait, avec le recul, qu'elle avait été une enfant maltraitée et qu'elle avait dû grandir sans modèles parentaux positifs – mais elle estimait qu'au lieu de le handicaper, son passé lui permettrait sans doute d'être une excellente médecin. Elle avait aussi minimisé les symptômes de ses troubles psychologiques : la brève phase d'anorexie qu'elle avait connue pendant l'adolescence et les cauchemars qui hantaient encore régulièrement ses nuits.

Sa sincérité l'avait bien servie, car le psychiatre avait réagi très favorablement. Il avait dit être impressionné par la grande résilience dont elle avait fait preuve tout au long de son enfance et de son adolescence. Il avait convenu que ce vécu très particulier pouvait faire d'elle un excellent médecin, surtout si elle se tournait vers une spécialité comme la pédiatrie. Il avait aussi dit être épaté par ses résultats exceptionnels à l'université de New York, puis aux examens d'entrée de la fac de médecine, ainsi que par le fait qu'elle avait joué – avec succès – sur la scène du théâtre de la fac de New York. Tous ces éléments, d'après lui, prouvaient qu'elle était déterminée à devenir médecin et qu'elle avait réussi à apprendre à mener une vie normale en dépit des problèmes qu'elle avait connus. Il avait conclu l'entretien en lui promettant de recommander au comité d'admission de Columbia de la prendre comme étudiante.

Dès lors, Pia avait été aux anges – et très optimiste. Mais, quelques mois plus tard, elle avait découvert que l'opinion du psychiatre n'avait pas suffi à convaincre le comité d'admission. Plusieurs de ses membres considéraient encore que Columbia ne pouvait risquer de former au métier de médecin une jeune femme avec le profil de Pia. Il avait fallu l'intervention inattendue, et de dernière minute, de deux personnes, pour lui ouvrir enfin les portes de cette université. La mère supérieure, d'abord, s'était invitée dans le débat : elle avait envoyé à la commission une série d'e-mails magnifiques, aux arguments aussi pertinents que convaincants. La seconde personne, c'était le Dr Rothman, qui siégeait à l'époque au comité d'admission – bien malgré lui, évidemment. Pia avait appris beaucoup plus tard, en troisième année, quand elle était en stage dans son laboratoire, qu'il avait pour ainsi dire fini par taper du poing sur la table devant ses collègues du comité d'admission. Rothman lui avait raconté cela au détour d'une de ces conversations embarrassées qu'ils avaient parfois. Ce jour-là, il lui avait aussi révélé une chose qu'aucun de ses collègues de Columbia, avait-il précisé, ne savait : lui aussi, il avait pâti du système de l'aide sociale aux orphelins, car il avait été un petit garçon hyperactif et très, très difficile à gérer. Il avait ajouté qu'il lui avait fallu attendre l'âge adulte pour découvrir, par lui-même, qu'il souffrait du syndrome d'Asperger, un trouble du développement relevant du spectre autistique. Pia avait été stupéfaite qu'il lui fasse ces confidences – et elle n'en avait bien sûr jamais parlé à quiconque.

– La dernière fois que tu as pris rendez-vous avec moi comme aujourd'hui, tu avais de mauvaises nouvelles pour nous. C'était le jour où tu m'as annoncé que tu ne souhaitais plus devenir novice. Mon intuition me dit que tu es ici ce soir pour une raison similaire. J'espère que ce n'est pas le cas. Nous t'aimons beaucoup, ici, au couvent, et nous sommes toutes très fières de toi et de ce que tu fais.

Pia redressa la tête, mais elle fut incapable de soutenir le regard pénétrant de la mère supérieure. Elle fixa les yeux sur le crucifix accroché au mur, derrière son épaule, et songea un instant aux idées de douleur, de sacrifice et de trahison que cet objet évoquait. Elle prit une grande inspiration pour se donner du courage. Comme d'habitude, la mère supérieure était d'une perspicacité inouïe.

– Demain, j'entame un nouveau mois de stage dans le laboratoire du Dr Rothman.

– C'est un homme très doué. Le Seigneur a été bon avec lui.

– Il va entrer dans l'histoire en donnant à lui seul le coup d'envoi de la médecine régénérative. Ses travaux sur les cellules souches vont avoir une portée considérable. Je veux y être associée.

– Telles que je vois les choses, Pia, tu y es *déjà* associée. D'après ce que tu m'as raconté, le Dr Rothman t'apprécie beaucoup. Et cela ne me surprend pas. Mais en quoi puis-je t'aider dans cette affaire ?

Pia regarda à nouveau ses mains. Elle se sentait extrêmement coupable après tout ce que la mère supérieure avait fait pour elle, et voilà qu'elle parlait encore de l'aider !

– Je pense que je vais choisir de faire de la recherche à plein temps. Cela veut dire que je ne crois pas que j'irai en Afrique.

Voilà, c'est dit, songea-t-elle. Elle éprouva aussitôt un profond soulagement. Pendant quelques instants, le silence régna sur le bureau. Pia se rendit compte qu'il y faisait très froid.

– Je sais que c'est un changement de programme très important, dans la mesure où je vous avais proposé d'aller en Afrique pour vous rendre toute l'aide que vous m'avez apportée au fil des années passées.

– Tu devais aller en Afrique pour toi-même, pas pour nous, dit calmement la mère supérieure. Mais Pia, je t'en prie, sois prudente. Je sais que je vais peut-être te paraître très démodée, mais… y a-t-il un homme, dans cette affaire ? Cela semble presque inévitable. Ta beauté exceptionnelle est une lourde charge. Mon Dieu, j'espère que le Dr Rothman se comporte de façon honorable envers toi.

Pia ne réagit pas. L'hypothèse de la mère supérieure était tellement loin de la réalité qu'elle ne méritait même pas un sourire. Rothman et elle avaient de la peine à se regarder droit dans les yeux – ils ne risquaient sûrement pas de se lancer dans quoi que ce soit de plus intime !

– Je peux vous assurer que le Dr Rothman se comporte de façon éminemment honorable envers moi.

– Dieu a d'innombrables façons de nous mettre à l'épreuve.

– Ma mère, il est possible que Dieu me mette à l'épreuve, mais je vous assure qu'il n'y a pas d'homme dans cette histoire. J'ai pris cette décision parce qu'elle me convient et parce que Dieu m'a donné un don pour la recherche scientifique. Mais j'aimerais rendre quelque chose au couvent. Grâce à la générosité du Dr Rothman, je dispose de cinquante mille dollars dont je voudrais vous faire don.

– Je suis prête à accepter toute donation. Mais pas comme remboursement, Pia. Pour les services que nous t'avons rendus, tu ne nous dois rien. Ta seule présence ici fut un cadeau du ciel.

– Je serais heureuse, alors, de faire don de cet argent au couvent.

– À ta convenance. Mais j'ai une chose à te demander. Ne nous oublie pas, s'il te plaît. J'espère que tu te donneras toujours la peine de nous rendre visite de temps en temps. Si tu nous oublies, nous prendrons cela comme une trahison.

Pia, qui fixait de nouveau le crucifix derrière l'épaule de son interlocutrice, eut tout à coup la gorge nouée. Elle baissa les yeux sur ses chaussures. Son armure était ébréchée ; elle avait l'impression d'être de nouveau une petite fille. *Trahison*. *Trahir*. Quand elle avait découvert ces mots dans un roman, à l'âge de onze ans, elle en avait cherché la définition dans le dictionnaire du foyer. Ils lui avaient paru coller parfaitement à sa propre histoire. Sa famille l'avait *trahie*. La *trahison*, c'était la tragédie de son existence depuis qu'elle avait six ans – depuis le jour où la police avait fait irruption dans l'appartement où elle vivait avec son père et son oncle pour la déposer entre les griffes des services sociaux de la ville de New York.

3

CENTRE MÉDICAL DE L'UNIVERSITÉ COLUMBIA
NEW YORK
1ER MARS 2011
07 H 30

L'adolescente sait que cet homme a du pouvoir, mais elle est incapable de se souvenir de son nom. Elle se tient devant sa table de travail le dos voûté, les coudes plaqués contre les hanches, les mains jointes sur le ventre. Elle porte une robe grise mal ajustée, laide, que lui a fournie le foyer. L'homme est très impressionnant. Même assis, il paraît immense. Maintenant il se penche en avant pour lui parler. Il ne regarde pas son visage, mais sa poitrine. Elle ne comprend pas ses propos. Elle a été vilaine, elle s'est mal conduite, elle va devoir être punie, c'est tout ce qu'elle sait.

Tout à coup, elle l'entend clairement. Il est encore plus grand, plus menaçant qu'avant. Il lui ordonne de lever le menton, de se tenir droite. Pourquoi porte-t-elle cette robe informe ? Pia se souvient qu'elle a quinze ans, seize ans tout au plus. Et cet homme est le directeur du foyer. Elle a l'impression de se tenir au fond de la pièce et d'observer cette adolescente qui est elle, mais qui n'est pas elle. Le fauteuil grince quand l'homme se met debout. Il fait le tour de la table pour s'approcher d'elle. Un sourire cruel, vicieux, lui vient aux lèvres. Il dit d'une voix autoritaire : « Pia... Pia... »

– Pia ! Pia !

Pia se redressa en sursaut dans le lit – et poussa un profond soupir de soulagement. Elle était en sueur ; quand elle se tourna pour se lever, elle sentit son tee-shirt adhérer à son dos. Derrière la porte, dans le couloir, George continuait de l'appeler. Elle lui ouvrit et se précipita à la salle de bains pour commencer à se préparer pour la journée. En pensée, elle se jura qu'elle se souviendrait, le soir même et tous les soirs suivants, de mettre son réveil à sonner. Son horloge interne la réveillait d'habitude sans faillir à six heures tapantes. Depuis une quinzaine de jours, hélas, elle avait de sérieuses difficultés à s'endormir et, quand le sommeil venait, elle était la proie des horribles cauchemars qui la hantaient périodiquement depuis des années. Elle était épuisée. D'autant plus épuisée, ce matin, qu'elle avait à peine dormi. Après son rendez-vous avec la mère supérieure, elle était retournée au labo de Rothman pour travailler sur l'article du *Lancet*. Quand elle avait enfin regagné sa chambre pour s'écrouler sur son lit, il était quatre heures et demie du matin.

Pendant qu'elle s'habillait, elle repensa à sa rencontre avec la mère supérieure. Elle en parla à George quand ils sortirent dans la rue pour gagner le centre médical. La journée était fraîche, mais s'annonçait ensoleillée.

– Je suis content que tu aies fait cette démarche, dit George. Entrer au couvent, ça ne t'irait carrément pas. C'est évident. Et je ne te vois pas non plus en Afrique dans le rôle d'une missionnaire. Même si je ne sais pas vraiment ce que ça signifie, aujourd'hui, être « missionnaire ». En tout cas, je n'ai jamais connu de nonne, mais je ne pense pas que tu sois le genre à te faire bonne sœur.

Surgie du souvenir de l'une des quatre fois où ils avaient fait l'amour, l'image puissamment érotique de la jeune femme étendue nue sur le lit, rassasiée de sexe, envahit l'esprit de George. Il s'aperçut alors que Pia lui jetait un regard sévère et baissa les yeux. Avait-elle lu dans ses pensées ? Ce n'était pas la première fois qu'il se posait cette question inquiétante.

– Je ne pense pas que j'aurais eu le moindre problème à devenir nonne, George. Je ne dis d'ailleurs pas que je ne le ferai jamais. J'ai vu la vie que les sœurs mènent au couvent. C'est une vie très paisible, tu sais. Bien différente de ce que le monde extérieur a à offrir. Les sœurs se soutiennent mutuellement. Elles sont en sécurité.

George regrettait les propos qu'il venait de tenir à Pia : il avait l'impression de l'avoir traitée avec condescendance. Sachant ce qu'il savait désormais au sujet de son enfance, il ne pouvait lui reprocher de vouloir se sentir en sécurité. D'un autre côté, se faire nonne… Cela paraissait un peu extrême.

– Ce que je veux dire, je crois, c'est que… la vie au couvent, c'est un peu une façon d'éviter la vie. Il n'y a pas besoin de se planquer dans un couvent pour être en sécurité.

– Je ne pense pas que les sœurs se « planquent », comme tu dis, rétorqua Pia. Bien au contraire. Les femmes qui deviennent nonnes doivent se donner tout entières au monde qu'elles ont choisi.

Et elles ne se trahissent pas les unes les autres, ajouta-t-elle en pensée.

Ils arrivaient devant la tour Black. George en désigna les étages supérieurs d'un geste de la main.

– Franchement, je pense que tu te planquerais un peu de la même façon si tu finissais par passer toute ta carrière à bosser là-haut avec Rothman.

Pratiquer la médecine, pour lui, cela voulait dire aider directement les malades en étant en *contact* avec eux. Il voulait avoir un effet sur les vies d'êtres humains qu'il pouvait voir et toucher. La recherche était une activité froide, abstraite, peuplée de gens aussi agréables à fréquenter et chaleureux qu'un fichier d'algorithmes – et de petits dictateurs asociaux dans le genre de Rothman.

– On déjeune ensemble, aujourd'hui ? demanda-t-il pour changer de sujet.

La veille, comme il l'avait craint, ils ne s'étaient pas vus. Depuis plus de trois ans qu'ils se connaissaient, à vrai dire, pas une seule fois ils ne s'étaient officiellement donné rendez-vous pour déjeuner. Ils avaient souvent mangé un morceau ensemble, mais toujours à l'improviste. Durant les deux premières années, ils avaient eu à peu près les mêmes emplois du temps : les repas à deux ou à plusieurs étaient donc courants. Mais maintenant qu'il était en radiologie et que Pia était coincée dans le labo de Rothman, George savait que leurs chances de se croiser à la cafétéria étaient très minces. Pourquoi, alors, se donnait-il la peine de lui poser la question ? Ça, c'était un mystère. Il savait très bien ce qu'elle allait répondre. Et pourquoi, nom de Dieu, pourquoi était-il toujours si obligeant avec elle ?

– Je regrette, George, je ne peux rien prévoir aujourd'hui, dit Pia. Hier, j'ai dû passer toute la journée sur un article que Rothman doit publier prochainement dans *The Lancet*. J'ai même dû revenir y consacrer une partie de la nuit et j'ai encore quelques détails à régler. En plus, je dois le voir aujourd'hui, à un moment ou un autre, pour qu'il me fasse part des tâches qui m'incombent ce mois-ci. Je doute sérieusement d'avoir même le temps de déjeuner.

Pia eut la désagréable surprise de retrouver l'importun électricien dans son bureau. Il était de nouveau juché sur son escabeau, la tête et les épaules dans le faux plafond. La veille, pendant qu'elle révisait l'article de Rothman sur une des paillasses de la salle principale du laboratoire, elle avait remarqué qu'il avait quitté les lieux à midi et n'était pas revenu avant seize heures. S'il travaillait à ce rythme-là, il risquait de la déranger pendant une semaine entière. Le bureau de Pia était riquiqui, mais c'était *son* espace. Et elle pouvait y laisser ses documents étalés sur la paillasse et les autres surfaces disponibles.

Pour avertir Vance Goslin de son arrivée et lui faire comprendre qu'elle n'était pas très contente, elle lâcha lourdement son sac sur les outils qui jonchaient la paillasse. Puis elle s'écria :

– Hé, vous, là-haut !

Goslin baissa la tête. Apercevant la jeune femme, il sourit et descendit aussitôt de l'escabeau.

– Mademoiselle Grazdani ! s'exclama-t-il en s'essuyant les mains sur un chiffon. Comment allez-vous, aujourd'hui ? Hier, je ne vous ai pas vue quand je suis parti.

– J'ai remarqué que vous vous êtes offert quatre heures de pause pour déjeuner. Vous auriez dû me prévenir que vous seriez absent si longtemps. J'aurais pu travailler ici, dans mon bureau ! Qu'est-ce qui vous est arrivé ? Hier, vous promettiez de terminer dans la journée. Combien de temps ça va encore prendre ?

– Eh ben… Le boulot est plus difficile que je ne le croyais. Tout ce que je peux dire, à l'heure qu'il est, c'est que je fais de mon mieux. Dès que j'aurai mis le doigt sur le court-circuit qui bloque le système, je… je trouverai une solution et je vous libérerai.

Pia poussa un soupir irrité et récupéra son sac pour quitter la pièce.

– Mademoiselle Pia, j'ai une surprise pour vous ! annonça alors Goslin. Aujourd'hui j'ai préparé un sandwich supplémentaire pour le déjeuner. Spécialement pour vous ! Ça vous tente ? Comme pain, j'utilise de la *ciabatta*. Et à l'intérieur je mets plein de pastrami. Qu'est-ce que vous en dites ?

Il continuait de sourire. Seigneur – les hommes étaient tellement transparents. Elle le fusilla du regard. Ce type souffrait-il d'hallucinations ? Mais elle se fichait d'avoir la réponse à cette question. Et elle ne voulait pas lui donner le moindre encouragement en restant une seconde de plus en sa présence.

Elle fit volte-face pour regagner la grande salle du labo où elle posa son sac sur la paillasse qu'elle avait utilisée la veille. Avant de se mettre au travail, elle se dirigea vers Marsha pour lui demander où se trouvait Rothman. Elle eut alors la surprise d'apprendre que le chercheur était dans son bureau *et qu'il l'attendait*. Ravie, elle traversa la salle d'un pas alerte.

Quand elle poussa la porte entrouverte du bureau de Rothman, elle remarqua tout d'abord qu'il était également dérangé, désormais, par le problème qui affectait le système électrique du labo. Plusieurs dalles du faux plafond étaient posées par terre contre le mur et des câbles entortillés comme des spaghettis pendouillaient des ouvertures. Divers outils encombraient une des deux paillasses ; il y avait aussi deux gros rouleaux de fils électriques, dans un coin de la pièce, avec un escabeau plié et une des caméras de sécurité du labo.

– Bonjour, docteur Rothman, dit Pia d'un ton enjoué.

Elle ne savait jamais de quelle humeur elle allait le trouver, mais aujourd'hui elle voulait être optimiste.

– Marsha m'a dit que vous m'attendiez, ajouta-t-elle.

– Mademoiselle Grazdani. Comment épelez-vous « cathéter » ? demanda Rothman d'un ton acerbe.

Il n'avait même pas levé les yeux de la feuille qu'il tenait à la main. Pia vit qu'il s'agissait d'une des pages de l'article pour *The Lancet* sur lequel elle avait bûché jusqu'au milieu de la nuit.

– C-A-T-H-É-T-E-R. Pourquoi ?

– Ah ! fit-il, narquois. Considérant que vous semblez capable d'orthographier correctement ce mot, je me demande bien pourquoi vous vous êtes sentie obligée de m'en proposer une version personnalisée dans mon article.

Pia avait bien travaillé sur ce document. Elle avait suggéré plusieurs modifications structurelles et avait réécrit tout un passage qu'elle avait jugé particulièrement opaque. Au milieu de la nuit, hélas, pressée d'en finir pour pouvoir rentrer à sa chambre dormir un moment, elle avait omis de passer l'article au correcteur orthographique.

– On pourrait se demander ce que vous avez appris à l'université de New York, si vous y avez appris quoi que ce soit, avant d'entamer vos études de médecine, reprit Rothman. J'ai trouvé plusieurs fautes d'orthographe ou de typographie, et deux fautes de grammaire.

Pia connaissait assez bien le chercheur pour savoir comment il raisonnait. Ces critiques sur son orthographe et sa grammaire signifiaient très probablement qu'il avait accepté les modifications de fond qu'elle avait proposées. Celui qui se nourrissait de compliments et d'encouragements ne pouvait que mourir d'inanition s'il travaillait avec Rothman. Le Dr Tobias Rothman n'attendait rien moins que de l'excellent travail de ses collaborateurs – et ceux qui le décevaient ne restaient pas longtemps auprès de lui. Par conséquent, il ne pouvait guère ronchonner que pour les fautes sans importance.

Rothman fit pivoter son fauteuil pour se placer devant le Mac et commença à pianoter, avec deux doigts comme il le faisait toujours, sur le clavier. Pia supposa qu'il incorporait au manuscrit original les changements qu'elle lui avait soumis. Elle prit une chaise de son propre chef. Si elle attendait qu'il l'invite à s'asseoir, elle risquait de passer la journée debout.

Pia avait beaucoup aimé travailler sur l'article du *Lancet*. La rédaction de documents scientifiques était une activité qui lui procurait énormément de satisfaction et pour laquelle elle avait manifestement de l'aisance. Au cours des trois dernières années, elle avait collaboré à bon nombre des études de Rothman sur les salmonelles ; il l'avait aussi invitée à en signer plusieurs comme coauteur. Ces projets étaient passionnants. Rothman poursuivait les recherches très importantes et très remarquées sur la virulence des salmonelles qui lui avaient valu son prix Nobel et son prix Lasker. Le mot « virulence » qualifiait la capacité de certains micro-organismes à envahir et à tuer leurs cellules hôtes. Et les salmonelles étaient particulièrement douées dans ce domaine. Au fil des années, Rothman avait identifié et classé les cinq « îlots » de pathogénicité, dans le génome des salmonelles, qui renfermaient les codes de divers facteurs de virulence tels que la production de toxines particulières ou la résistance aux antibiotiques – ces deux seuls facteurs contribuant à faire des salmonelles les premières responsables des intoxications alimentaires dans le monde. Chaque année, elles rendaient des millions de personnes malades. Et en tuaient beaucoup : la fièvre typhoïde, provoquée par la souche *salmonella typhi*, faisait encore près d'un demi-million de victimes par an. Rothman s'était donné pour objectif de corriger cette situation. Et il n'était pas loin d'y parvenir.

Au départ, quand Pia avait rejoint le labo, elle avait espéré travailler sur le second et plus récent domaine de recherche de Rothman, les cellules souches, qui l'intéressait *a priori* davantage que les salmonelles. Mais le chercheur en avait décidé autrement ; il voulait qu'elle commence par se faire les dents sur ses travaux concernant les salmonelles. Elle s'était alors totalement investie dans ce domaine et elle avait découvert qu'elle était fascinée, comme Rothman, par les bactéries et les virus en général, et par les salmonelles et le royaume microscopique qu'elles habitaient en particulier. Très vite, à dire vrai, elle avait compris qu'elle adorait participer à ces recherches très excitantes, qui convenaient parfaitement à sa personnalité, et puis savoir qu'elle travaillait avec un des plus grands généticiens du moment lui procurait un agréable frisson. Et au fil des mois, puis des années, elle avait pris un plaisir immense à accumuler des connaissances qui, espérait-elle, lui permettraient un jour d'apporter sa propre contribution à la recherche fondamentale.

Pia observa Rothman penché sur le clavier de son ordinateur. La capacité de concentration de cet homme était inouïe. Deux secondes après lui avoir parlé, il était déjà totalement absorbé par l'article et ne semblait même plus se rendre compte qu'elle se trouvait encore dans la pièce. Pia ne se formalisait pas. D'une part, elle n'était pas du genre à mal prendre ce genre de comportement. D'autre part, après que Rothman lui avait confié être atteint du syndrome d'Asperger, elle avait lu assez de choses à ce sujet pour savoir qu'il influençait de nombreux aspects de la personnalité du chercheur – comme le fait, par exemple, qu'il l'ignorait totalement pendant qu'il tapait au clavier. Au lieu de se vexer, donc, elle repensa à l'article qu'elle avait révisé. Il portait sur une des études menées par Rothman sur des souches de *salmonella typhi* cultivées à bord de la station spatiale internationale. Le scientifique avait découvert que ces souches développées en apesanteur étaient immensément plus virulentes que les souches de contrôle développées simultanément sur terre. Il en avait déduit que l'environnement spatial devait reproduire et amplifier celui de l'intestin humain, activant chez la bactérie les gènes des îlots de pathogénicité qui déclenchaient la production de ses protéines effectrices. Pia était une des rares personnes au monde à savoir que les installations de stockage réfrigéré de l'unité NSB3 contenaient plusieurs cultures de ces salmonelles effroyablement dangereuses revenues de l'espace. Elle savait aussi que Rothman voulait comprendre pourquoi et comment l'absence de gravité entraînait ces changements dans le fonctionnement de la bactérie, avec l'espoir de trouver le moyen de les empêcher d'apparaître, non seulement dans l'espace, mais aussi dans l'intestin humain.

Pia avait appris à être patiente avec Rothman, mais elle ne pouvait attendre indéfiniment. Au bout de quelques minutes, elle toussa doucement. Elle savait par expérience que lorsque le chercheur était concentré sur quelque chose, le bruit de la toux pénétrait son cerveau plus sûrement que n'importe quoi. Aussitôt, elle le vit pencher la tête sur le côté du Mac et pousser une boîte de mouchoirs en papier dans sa direction. Rothman avait la phobie des gens qui toussaient en sa présence. C'était sans doute normal, d'une certaine façon, puisqu'il était mieux placé que quiconque pour croire à la théorie des germes. Pia tira poliment un mouchoir en papier de la boîte.

– Bien ! dit-il. Pour ce qui concerne vos travaux au labo ce mois-ci, mademoiselle Grazdani…

Il disparut à nouveau derrière l'écran de l'ordinateur et se remit à taper à deux doigts sur le clavier. Pia aimait autant ne plus voir son visage, et elle savait qu'il préférait lui aussi ne pas avoir à l'affronter visuellement, pendant qu'ils se parlaient. Ils avaient tous deux de sérieuses difficultés à soutenir le regard de leurs interlocuteurs.

– Je veux que vous commenciez à travailler avec nous sur les cellules souches induites, poursuivit-il. Vous avez fait un boulot sensationnel sur les salmonelles, mais il est temps que vous vous lanciez avec nous dans l'organogenèse.

Pia sourit. Elle était ravie par ce qu'elle entendait.

– Nous avons fait quelques découvertes très importantes, ces derniers temps, dans ce domaine, enchaîna-t-il. Nous avançons à grands pas, à vrai dire.

Le cœur de Pia se mit à palpiter. C'était la première fois que Rothman lui parlait de son travail sur ce qu'il appelait l'*organogenèse*. Ce mot, facile à comprendre, désignait l'ultime frontière de la recherche sur les cellules souches. L'objectif, ici, n'était rien moins que la création d'organes complets, entiers – cœurs, poumons ou reins –, qui pourraient être facilement transplantés dans le corps des patients. Pia était enchantée d'entendre Rothman préciser qu'il était satisfait de ses progrès. Et rien qu'à l'idée de participer bientôt à ces travaux, elle avait envie de sauter de joie.

Rothman enchaîna :

– Au stade où nous en sommes, cependant, nous avons un problème qui est que les techniques de culture et les bains de culture des tissus n'ont pas suivi les avancées que nous avons faites dans la maîtrise du développement des cellules souches. Les techniques actuelles de culture cellulaire ont été mises au point pour la production de simples feuilles de cellules, pas pour des organes en trois dimensions. Je suis sûr que vous voyez ce que je veux dire. Il s'agit d'assurer l'oxygénation et l'évacuation des déchets métaboliques tout en maintenant l'équilibre acido-basique des cultures à l'intérieur de paramètres extrêmement restreints. Pour le dire autrement, le but est de repousser les limites de la biochimie et de l'ingénierie cellulaire. Nous avons fait des découvertes assez remarquables dans le domaine du matériel, mais les bains, malheureusement, ne sont pas à la hauteur. Leur pH varie trop. Et nous n'arrivons pas à comprendre pourquoi. Je voudrais donc que vous deveniez une spécialiste des bains de culture cellulaire et que vous découvriez la raison de ce problème de pH. C'est clair, jusque-là ?

– Je pense que oui, répondit Pia.

Elle savait qu'il n'était jamais bon de contredire les directives de Rothman. Tout pouvait être rediscuté, mais pas à l'instant où il donnait ses ordres.

– Tant mieux ! Mettez-vous-y tout de suite. De mon côté, je termine d'apporter ces modifications à l'article et je vous en fais aussitôt envoyer un exemplaire par Marsha pour que vous le relisiez une dernière fois. Maintenant, fichez le camp.

Rothman se remit à taper, plus vite qu'auparavant : quelques lettres de-ci, de-là, suivies de plusieurs petits coups frénétiques sur la touche d'effacement. En dépit de l'ordre catégorique qu'il lui avait donné, Pia resta assise. Elle voyait bien qu'il n'était pas disposé à lui livrer davantage d'informations et elle se sentait quand même un peu lésée. Pour ne pas dire anxieuse. En entrant dans ce bureau, elle s'était attendue à se voir confier une nouvelle mission sur un aspect particulier de la recherche sur les salmonelles, comme elle l'avait fait par le passé. La culture cellulaire était pour elle une discipline entièrement nouvelle. Et la tâche que Rothman lui avait donnée semblait pouvoir facilement constituer un sujet de thèse – pas simplement l'occuper un mois. Elle aurait besoin de beaucoup d'aide, aussi bien de la part du chercheur que des techniciens du laboratoire. Elle devrait notamment s'adresser à Nina Brockhurst, qui s'occupait des aspects matériels – bains de culture compris – des expériences de Rothman dans le domaine de l'organogenèse. Or, Nina n'avait jamais semblé éprouver autre chose que de l'antipathie envers Pia ; elle la considérait comme la chouchoute du professeur. Pia avait toujours pris la chose avec le sourire, car elle savait qu'il y avait forcément des problèmes, des intrigues, entre les gens qui étaient obligés de travailler ensemble – surtout quand les signaux du chef étaient si difficiles à déchiffrer. Mais qu'allait-il se passer au cours des mois à venir ?

D'un autre côté… Pia haussa les épaules. Même si la tâche qu'elle avait à accomplir était énorme, terrifiante, et même si les techniciens du labo ne la portaient pas dans leur cœur, elle savait qu'elle allait passer un mois fascinant. Et si ce travail d'analyse des bains de culture cellulaire ne semblait pas, à première vue, particulièrement excitant en lui-même, elle en tirerait quelque chose de fondamental pour sa future carrière car elle apprendrait les techniques de base de la création de tissus – une étape essentielle dans le processus de l'organogenèse. Plus important encore, elle travaillerait dans le domaine des cellules souches qui l'attirait depuis toujours.

Pia toussa de nouveau, cette fois dans le mouchoir qu'elle avait à la main. Le visage de Rothman reparut sur le côté du Mac. Il sembla étonné de la trouver encore dans la pièce.

– Hier soir, j'ai rendu visite à la mère supérieure au couvent. Je lui ai expliqué que je ne souhaitais plus aller en Afrique.

– Tant mieux !

Rothman disparut derrière l'écran. Les cliquetis des touches du clavier reprirent.

– Elle a été gentille, comme toujours, mais j'ai bien vu qu'elle n'était pas très heureuse.

– C'est son problème, pas le vôtre. Vous servirez bien davantage Dieu et ses saints ici, à mon labo, qu'en allant vous balader dans je ne sais quel trou perdu d'Afrique.

– Elle a dit qu'elle ne voulait pas que je la rembourse.

– Très bien. Ne le faites pas, donc.

– Je crois quand même que je dois donner quelque chose au couvent. Êtes-vous toujours d'accord pour vous porter garant pour le prêt de cinquante mille dollars ?

– Oui, mais je pense que vous êtes dingue. Elle ne veut pas que vous la remboursiez ? Gardez cet argent !

– Elle a parlé de trahison.

Pia savait qu'elle déformait la raison pour laquelle la mère supérieure avait choisi de prononcer ce mot, mais c'était plus fort qu'elle. Elle était encore très perturbée de l'avoir entendu dans sa bouche.

Rothman poussa un petit rire narquois.

– Trahison ! Allons, Pia, elle a juste essayé de vous balancer une bonne louche de culpabilité catholique sur les épaules. Pour l'amour du ciel, donnez-lui cet argent s'il le faut, et n'en parlons plus. Je dirai à Marsha de régler ça avec ma banque. En tant qu'étudiante de quatrième année, je suis sûr que vous avez droit à ce genre de crédit. Mais souvenez-vous : c'est votre vie à vous, pas celle de la mère supérieure. Maintenant, sortez d'ici et mettez-vous au travail.

Pia se leva, laissant Rothman à son ordinateur. Quand elle passa devant Marsha, elle décida de se rendre sur-le-champ à la bibliothèque. Première étape, elle devait lire tout ce qu'elle pourrait trouver sur l'ingénierie cellulaire. Et elle ne doutait pas de crouler sous la masse de publications disponibles.

4

CENTRE MÉDICAL DE L'UNIVERSITÉ COLUMBIA
NEW YORK
1ER MARS 2011
13 H 15

Ayant fait le plein, à la bibliothèque, de livres et d'impressions de documents récoltés sur Google, Pia avait passé toute la matinée à lire. Assise à une paillasse de la grande salle du labo, elle avait ignoré l'électricien qui se trouvait dans son minuscule bureau sans fenêtre. Jusqu'à ce qu'il se plante derrière son dos et ait le culot de lui tapoter l'épaule.

Elle tourna la tête vers lui en retirant le casque de son iPod.

– Pia, ma belle. Et mon sandwich au pastrami ? Ça ne vous tenterait pas d'y goûter, finalement ? Vous ne serez pas déçue, vous savez.

– Jamais de la vie, répliqua-t-elle sur un ton catégorique qui, espérait-elle, le dissuaderait une fois pour toutes de l'importuner.

Il haussa les sourcils, sourit bêtement et recula en lui faisant un petit signe ridicule de la main – comme si elle ne s'était pas montrée cinglante, mais tout à fait gracieuse. Elle commençait à se dire que Vance Goslin était de ces hommes qui adoraient se faire rejeter par les femmes. Agacée, elle remit ses écouteurs en place et se replongea dans sa lecture. Lorsque, trois minutes plus tard, elle entendit de nouveau une voix masculine l'apostropher, elle fit la grimace en se demandant ce qu'elle allait devoir faire pour que Goslin lui fiche la paix. Elle retira à nouveau les écouteurs de l'iPod de ses oreilles, pivota sur son siège – et se trouva nez à nez avec le Dr Junichi Yamamoto, l'assistant de Rothman. Il était flanqué d'un homme et d'une femme qui portaient des blouses de labo impeccablement blanches.

– Mademoiselle Grazdani, bonjour.

Yamamoto était un homme de petite taille, et très menu, qui avait en permanence un demi-sourire sur les lèvres.

– J'aimerais que vous fassiez connaissance avec les deux étudiants qui vont passer le mois de mars parmi nous.

Au sein du centre médical, le Dr Yamamoto était vu comme l'illustration parfaite de la façon dont les contraires pouvaient s'attirer. Il était apprécié de tout le monde, il s'exprimait avec douceur, il était poli, attentionné, communicatif, il encourageait ses interlocuteurs à l'appeler par son prénom. Bref, il était l'antithèse absolue du personnage négatif qu'était Rothman. Contrairement au célèbre chercheur, en outre, il s'habillait toujours de façon très décontractée : en général un jean et une chemise hawaïenne sous une blouse de labo froissée et pas toujours parfaitement propre. Doté d'un sens de l'humour qui lui valait une certaine réputation, Yamamoto était aussi connu pour avoir inventé quelques farces aussi élaborées que brillantes. Il avait, par exemple, envoyé un étudiant en médecine particulièrement pédant et désagréable à un « séminaire », à Genève, qui n'avait jamais eu lieu. Du côté plus sérieux des choses, la caractéristique première du Dr Yamamoto était sa dévotion absolue au Dr Rothman et à ses travaux. Aux yeux de la plupart des gens, Rothman était le cerveau et Yamamoto l'abeille ouvrière. Ils allaient ensemble comme le yin et le yang.

– Vous connaissez peut-être déjà Lesley Wong et William McKinley ? reprit Yamamoto d'un ton interrogatif.

Le jeune homme fit un pas en avant, un grand sourire aux lèvres, et tendit la main à Pia.

– McKinley comme le président, dit-il. Mais appelle-moi Will, bien sûr.

Le Centre médical de l'université Columbia comptait environ six cent quarante étudiants répartis sur les quatre années de formation. Les deux premières années étaient essentiellement consacrées à l'assimilation de la science médicale, mais, au fil des mois, les étudiants étaient mis de plus en plus régulièrement en contact avec les malades. La troisième année était la principale année de pratique clinique, avec un accent particulier sur la médecine interne et la chirurgie. Pendant la quatrième année, les étudiants faisaient des stages successifs dans diverses spécialités et sous-spécialités cliniques – dont un, au moins, dans la spécialité qu'ils préféraient et envisageaient de choisir pour l'internat. Columbia donnait en outre une importance particulière à la médecine universitaire et à la recherche, et Lesley et Will étaient des étudiants de quatrième année, comme Pia, qui estimaient tous deux avoir le goût de la recherche – voilà pourquoi ils avaient été envoyés passer un mois au labo de Rothman.

Pia serra la main que lui tendait Will.

– Pia, dit-elle. Grazdani.

Elle remarqua qu'il était grand, et même un peu plus grand que George qui était déjà au-dessus de la moyenne. Comme George, en outre, il avait les cheveux blonds et en bataille.

– Tu es l'amie de George, non ? demanda-t-il.

– George ? Heu... Oui, bien sûr.

– J'aime beaucoup ce mec. Il est super. On joue souvent ensemble au basket.

– Lesley Wong, dit la jeune femme, serrant à son tour la main de Pia.

Un silence embarrassé suivit leur bref échange. Pia songea que Will et Lesley devaient être les deux étudiants auxquels Rothman avait fait allusion la veille. Il avait précisé qu'il voulait qu'elle leur trouve quelque chose à faire – comme si elle n'avait pas déjà assez d'occupations comme ça. D'une façon ou d'une autre, en tout cas, elle allait les avoir sur le dos...

Lesley et Will dévisageaient eux aussi Pia. Ils n'étaient pas follement excités de faire sa connaissance. Ils étaient d'autant moins enthousiastes, à vrai dire, que leur affectation au labo de Rothman pour le mois de mars leur donnait l'impression d'avoir été condamnés au bagne. Rothman avait la réputation de brimer les étudiants et de réussir à les déstabiliser complètement en leur donnant l'impression qu'ils n'étaient que des ignares et des imbéciles – ce qu'ils étaient, inévitablement, par rapport à un scientifique de son calibre. Will et Lesley avaient également entendu parler de Pia. Elle aussi, elle était connue pour être hyperdouée et supérieurement intelligente. Non contente de suivre le programme des études de médecine, déjà bien assez exigeant et pénible pour la plupart des gens, elle avait décidé très tôt de faire *en même temps* de la recherche. Will et Lesley savaient que, de plus, elle était distante et froide avec à peu près tout le monde. Certes, elle était copine avec George Wilson, qui était un des types les plus appréciés de la promotion – un bon point pour elle –, mais elle ne semblait jamais avoir le temps, ni l'envie, de se lier d'amitié avec les autres étudiants. Enfin, il y avait aussi les commérages qui couraient sur sa relation avec Rothman. Des tas de gens étaient persuadés qu'elle avait une aventure avec le chercheur, puisqu'elle était la seule personne de tout le centre médical, en dehors du Dr Yamamoto, à bien s'entendre avec lui.

Lesley jeta un coup d'œil vers Will qui continuait de dévisager Pia. Quand ils avaient découvert qu'ils étaient nommés ensemble au labo de Rothman, elle lui avait dit qu'elle était à peu près certaine que Pia ne se souviendrait pas d'elle en dépit du fait qu'elles avaient passé tout le mois d'octobre de l'année précédente assises côte à côte dans un labo. Lesley n'avait jamais réussi à savoir si Pia était très impolie ou juste très concentrée sur son travail – mais elle penchait plutôt pour la seconde explication.

Will, de son côté, était tout de même assez emballé à l'idée de travailler avec Pia. Depuis trois ans et demi qu'il était à Columbia, il avait veillé à faire ami-ami avec toutes les étudiantes qu'il jugeait séduisantes. Mais jamais il n'avait réussi à approcher la mystérieuse Pia Grazdani.

– Bien, dit Yamamoto. Les présentations sont donc faites.

Il était soulagé. La scène n'avait pas été tout à fait aussi pénible qu'il l'avait craint. À présent, ils pouvaient se mettre au travail.

– Allons dans mon bureau, si vous voulez bien. Pia, j'aimerais que vous vous joigniez à nous. Nous devons parler de diverses petites choses, et puis nous irons tous ensemble voir les bains d'organes avec le Dr Rothman.

Concluant ses propos par un sourire engageant, Yamamoto tourna les talons et s'éloigna. Will et Lesley lui emboîtèrent le pas. Pia ferma la marche. Elle quittait ses lectures un peu à contrecœur, mais elle était excitée, en même temps, par ce qu'elle venait d'entendre. Alors qu'elle travaillait dans ce labo depuis plus de trois ans, elle n'avait encore jamais vu les bains d'organes.

Le petit groupe entra dans le bureau du Dr Yamamoto. Depuis trois ans, en réalité, Pia avait passé davantage de temps avec cet homme qu'avec Rothman, mais elle avait le sentiment de moins bien le connaître. À ses yeux, Yamamoto était plus compliqué que Rothman. C'était un homme aimable et d'un abord facile, oui, mais elle savait qu'à sa façon bien à lui il était tout aussi exigeant que le chef. Et il ne tolérait pas davantage les imbéciles que Rothman : ses critiques et ses réprimandes, il les communiquait simplement de façon beaucoup plus polie. Pia savait, par expérience, que plus

Yamamoto parlait doucement, plus il était important de bien l'écouter.

– O. K., dit le scientifique. Installez-vous où vous pouvez, tous les trois…

Les bureaux de Rothman et de Yamamoto étaient aussi différents que leurs personnalités. Chez Rothman, l'ordre régnait. Ici, une tornade semblait être passée sur la pièce : livres, revues scientifiques, documents, dossiers, feuilles volantes occupaient à peu près toutes les surfaces disponibles – y compris les deux chaises qui se trouvaient devant sa table de travail. Le visiteur ne pouvait même que *supposer*, d'une certaine façon, que Yamamoto avait une table, dans la mesure où celle-ci disparaissait complètement sous les documents. Et quand il était assis dans son fauteuil, il était invisible derrière les piles de revues qui s'alignaient au bord du plateau.

– Posez ça n'importe où, dit Yamamoto. Ne vous tracassez pas.

Pia et Lesley avaient saisi les dossiers qui encombraient les deux chaises ; elles cherchaient des yeux des surfaces libres où les déposer. Yamamoto désigna le sol ; elles suivirent cette indication.

Le chercheur posa alors les fesses contre le bord de la table, face aux jeunes femmes, et croisa les bras sur la poitrine.

– Vous pourriez prendre une chaise du labo, proposa-t-il à Will.

– Pas de souci, répondit le jeune homme. Je peux rester debout.

– Comme vous voulez. Bon ! J'ai pensé que ce serait bien que nous revoyions ensemble certaines choses, et que peut-être je vous fasse une petite intro, afin que vous puissiez tous les trois bien comprendre ce que vous allez voir d'ici un moment. Aujourd'hui, vous avez droit à un beau cadeau. Le Dr Rothman m'a donné l'autorisation exceptionnelle de vous montrer notre programme de bains d'organes, lequel est resté pour ainsi dire secret jusqu'à maintenant. Pas totalement secret, bien sûr, puisqu'il y a pas mal de gens dans ce labo et nous sommes un centre de recherche public. Ensuite, dans la mesure où le Dr Rothman et moi sommes tout proches de la publication de nos travaux, et maintenant que l'université a déposé tous les brevets nécessaires, il n'est plus aussi important qu'auparavant de mettre un couvercle sur nos activités. Mais tout de même… Nous préférerions que vous gardiez pour vous ce que vous verrez tout à l'heure. Ça marche ?

Les trois étudiants hochèrent la tête.

– Formidable. Commençons par le commencement. Mais comme je ne veux pas me lancer dans un monologue fastidieux, vous allez m'aider. Quelqu'un va d'abord me dire, s'il vous plaît, ce qu'est une cellule souche.

Les trois étudiants se regardèrent. Will prit la parole :

– Pour le dire le plus simplement possible, c'est une cellule immature qui a la capacité de devenir une cellule mature.

– Parfait, dit Yamamoto, approbateur. Par exemple, une cellule souche de moelle osseuse peut devenir une cellule sanguine adulte. Ces cellules matures sont souvent appelées cellules souches adultes. Maintenant, qu'est-ce qu'une cellule souche pluripotente ?

Lesley répondit :

– C'est une cellule souche qui peut se transformer en l'un ou l'autre des quelque trois cents types de cellules qui constituent le corps d'un organisme multicellulaire comme l'être humain.

– Parfait, une fois encore. Vous me facilitez la tâche, précisa Yamamoto avec un sourire complice.

Pia s'impatientait déjà. Elle avait hâte de voir l'unité des bains d'organes. Si cela n'avait tenu qu'à elle, elle aurait coupé court à cette petite séance de révision.

– Il y a encore quatre ou cinq ans, comment obtenait-on des cellules souches pluripotentes ? demanda ensuite le chercheur.

– À partir de blastocystes, répondit Pia du tac au tac.

– Oui, dit Yamamoto. À partir de blastocystes d'ovules fertilisés, c'est-à-dire d'embryons aux tout premiers stades de leur développement. Quel est le problème, ici, qui a provoqué un sérieux ralentissement de la recherche sur les cellules souches ?

– Cette méthode déplaisait aux croyants et aux conservateurs, dit Pia. Du coup, les gouvernements – surtout chez nous, aux États-Unis – ont posé de sévères restrictions à ce que les scientifiques avaient le droit de faire dans le domaine de la recherche sur les cellules souches.

– Bien dit, observa Yamamoto. Maintenant, une question plus difficile. Supposons que la recherche sur les cellules souches embryonnaires ait pu se poursuivre sans entrave. Et que nous soyons arrivés au point de les utiliser pour traiter les malades. Quelqu'un peut-il me dire à quel gros problème nous aurions été confrontés à ce moment-là ?

Aucun des trois étudiants ne réagit.

– Je vous donne un indice, ajouta Yamamoto. Il s'agit d'un problème immunologique.

– Rejet immunitaire ! s'exclama Lesley.

– Tout juste. L'utilisation de ces cellules souches embryonnaires aurait provoqué des réactions de rejet, à divers degrés, chez les malades. Certaines techniques auraient permis de limiter ce problème, mais pas de le surmonter complètement.

Les trois étudiants hochèrent la tête. Ils avaient déjà entendu ce que Yamamoto leur disait.

– Maintenant, quelqu'un peut-il me dire ce que sont les cellules souches pluripotentes *induites* par rapport aux cellules souches embryonnaires ? Ici, vous devez aussi savoir que ce sont les premières, les cellules pluripotentes induites, que le Dr Rothman et moi-même utilisons dans nos travaux.

– Ce sont des cellules souches pluripotentes obtenues à partir de cellules matures, en général un fibroblaste, et pas avec une cellule de blastocyste, expliqua Pia. Elles sont entraînées, ou « induites », grâce à des protéines particulières, à régresser de l'état de fibroblaste mature à l'état de cellule souche.

– Exactement, dit Yamamoto, souriant à nouveau. Et n'est-il pas merveilleux que ce processus soit possible ? Pendant longtemps, les biologistes ont affirmé mordicus que la différenciation cellulaire était une voie à sens unique, c'est-à-dire que le processus ne pouvait s'inverser. Mais ils auraient dû se rendre compte que cette doctrine était fausse. Après tout, on avait déjà observé que certains animaux, par exemple les étoiles de mer et les salamandres, peuvent voir des parties entières de leurs organismes repousser. Le cancer, aussi, aurait dû leur mettre la puce à l'oreille, je veux dire leur donner à penser que le processus de différenciation cellulaire pouvait s'inverser, puisque de nombreux cancers sont des amas de cellules immatures qui se développent dans des organes peuplés de cellules matures.

Pia se surprit à baisser les yeux sur sa montre. Elle voulait faire avancer la discussion plus vite, mais elle ne voyait pas comment. Elle gémit en son for intérieur quand Lesley demanda à Yamamoto :

– Comment les cellules matures sont-elles amenées à redevenir immatures ?

– Par les mécanismes mêmes qui commandent tout ce qui se passe à l'intérieur de la cellule, répondit le chercheur. C'est-à-dire par l'activation ou la désactivation de certains gènes bien spécifiques. Souvenez-vous : chaque cellule eucaryote – c'est-à-dire *dotée d'un noyau* – contient une copie de tout le génome de l'organisme. Cela signifie que chaque cellule dispose de toute l'information nécessaire pour non seulement se fabriquer elle-même, mais aussi pour fabriquer l'intégralité du corps auquel elle appartient. Et c'est possible grâce à un processus que l'on appelle l'expression des gènes, ou l'expression génétique, qui est une sorte de ballet moléculaire d'activation ou de désactivation des gènes. Je sais que vous avez appris tout cela en cours de génétique en première et en deuxième année, et peut-être même plus tôt encore, pendant vos années de prépa. En tout état de cause, la maturation cellulaire est le résultat d'une séquence d'activation ou de désactivation de gènes spécifiques. On pensait autrefois que le fonctionnement des gènes se caractérisait par la production de protéines particulières – en gros : un gène, une protéine. Mais nous savons maintenant que les processus sont beaucoup, beaucoup plus compliqués, notamment parce qu'il existe bien moins de gènes que nous ne le croyions autrefois. Quoi qu'il en soit, pour que la cellule aille dans la direction opposée à la maturation, il faut inverser la séquence génétique. Vous me suivez, jusque-là ?

Les trois étudiants hochèrent la tête. Pia avait beau s'impatienter, elle ne pouvait s'empêcher de trouver l'exposé de Yamamoto fascinant. Comme tout chercheur, elle savait que les mystères des sciences biologiques se dévoilaient à une vitesse stupéfiante – et toujours croissante. Le dix-neuvième siècle avait été celui de la chimie et le vingtième celui de la physique. Le vingt et unième siècle serait, à n'en pas douter, celui de la biologie.

Yamamoto regarda sa montre. Comme s'il répondait aux attentes de Pia, il dit :

– Il faut avancer, car nous devons bientôt retrouver le Dr Rothman dans l'unité des bains d'organes. Revenons à nos cellules souches. Maintenant que nous avons les cellules pluripotentes induites qui ne provoquent pas de problèmes de rejet immunitaire et qui ne froissent pas la sensibilité des croyants et des conservateurs, quelle est la première étape pour que ces cellules induites soient utiles pour traiter le patient qui a donné son fibroblaste ? L'un de vous a-t-il une idée sur la question ?

Le chercheur scruta les visages des trois étudiants. Will haussa les épaules et proposa :

– Il faut les retransformer en cellules matures. Mais… en cellules matures dont le patient a besoin, justement.

– Merci, dit Yamamoto. Ça, c'est exactement ce que la plupart des scientifiques du domaine font depuis des années avec les cellules souches : ils cherchent le moyen de maîtriser l'expression des gènes de façon à ce que les cellules souches se transforment en l'un ou l'autre des types de cellules qui composent le corps : cellules de cœur, cellules de rein, cellules de foie et ainsi de suite. Et de nombreux chercheurs, dont le Dr Rothman et moi, sont aujourd'hui très bons à ce petit jeu. Mais ici, je suis obligé de vous dire que le Dr Rothman et moi avons distancé tous nos confrères. Nous avons même pris une avance considérable et nous sommes sur le point de donner le coup d'envoi d'une médecine régénérative du vingt et unième siècle qui améliorera indiscutablement la qualité de vie des patients. Et qui permettra aux hommes et aux femmes, de manière générale, de vivre plus longtemps. Nous avons fait des bonds en avant spectaculaires et nous sommes aujourd'hui capables d'inciter ces nouvelles cellules matures à s'organiser ensemble pour former des organes complets. Pour le dire autrement, nous avons découvert toute une série de gènes structurels, ainsi que d'autres processus de transcription, qui sont responsables de la création de l'espèce d'échafaudage qui permet la naissance d'un organe en trois dimensions. Une fois que nous avons pu maîtriser cette structure, il a été relativement aisé de la peupler avec les cellules voulues. Ce processus de création, nous l'appelons l'organogenèse. Prenez par exemple le foie. Bien que Rothman et moi, comme d'autres chercheurs, soyons capables de fabriquer des cellules hépatiques depuis des années, nous n'avions jamais réussi à les organiser ensemble pour qu'elles constituent un foie entier – avec collagène, nerfs, vaisseaux sanguins et tout le tintouin. Aujourd'hui, nous savons le faire. Et nous le faisons de mieux en mieux. C'est phénoménal.

– Je suppose que vous travaillez sur des modèles animaux ? dit Pia.

– Bien sûr. Sur la souris, pour l'essentiel. La recherche sur les cellules souches a aujourd'hui beaucoup d'expérience avec le modèle murin.

– Et vous pensez que vos travaux seront applicables aux cellules humaines ?

– Absolument. Et ce n'est pas que de la théorie. Parallèlement à nos recherches sur les cellules de souris, nous travaillons déjà sur des cellules humaines.

Yamamoto tendit le bras gauche et remonta sa manche de blouse de la main droite. Fièrement, il désigna plusieurs cicatrices, longues de deux ou trois centimètres, plus ou moins anciennes, sur son avant-bras.

– C'est moi le cobaye. Je suis la source des fibroblastes humains sur lesquelles nous bossons. Nous travaillons essentiellement sur la souris, mais nous avons déjà des organes humains qui fonctionnent tout aussi bien. Des organes qui pourraient servir à me soigner si j'avais besoin de l'un d'eux. Vous verrez cela dans quelques minutes. Des questions, avant que nous nous rendions à l'unité des bains d'organes ?

Yamamoto regarda tour à tour les trois étudiants. Ils secouèrent la tête.

– Très bien. Passons à la visite. J'espère que vous êtes prêts ! Vous êtes sur le point de faire un voyage dans le futur.

Il se redressa. Quand les deux jeunes femmes se levèrent et voulurent ramasser les dossiers qu'elles avaient posés par terre, il leur signifia d'un geste de ne pas se donner cette peine. Ils sortirent tous les quatre du bureau, le chercheur en tête, et longèrent le vaste labo sur presque toute sa longueur : l'unité des bains d'organes, un autre laboratoire dans le laboratoire, était située tout au bout de l'étage, à l'opposé de l'unité NSB3 où Rothman et Yamamoto travaillaient sur les salmonelles. Sur leur passage, les techniciens les regardèrent avec des mines étonnées. Ils n'étaient pas habitués à voir des visiteurs se diriger vers l'unité des bains d'organes.

D'abord, ils entrèrent dans un sas où ils trouvèrent des combinaisons, des charlottes, des surbottes, des masques et des gants. Ce sas et cet équipement de protection étaient similaires à ceux qui se trouvaient à l'entrée de l'unité NSB3, mais ils n'avaient pas la même raison d'être. Là-bas, la combinaison et le reste servaient à protéger les visiteurs. Dans l'unité des bains d'organes, il s'agissait de protéger les cultures cellulaires.

Quand les trois étudiants furent équipés, Yamamoto vérifia rapidement leurs combinaisons. Le moment était venu de pénétrer dans l'unité proprement dite.

5

CENTRE MÉDICAL DE L'UNIVERSITÉ COLUMBIA
NEW YORK
1ER MARS 2011
14 H 00

Le Dr Yamamoto entra un code sur le clavier alphanumérique de la porte de l'unité. Sans le vouloir, Pia remarqua qu'il s'agissait du même code qu'à la porte de l'unité NSB3 – une séquence qui était en fait l'heure et la date de naissance de Rothman. Yamamoto fit un pas de côté et invita les trois étudiants à pénétrer dans une salle ultramoderne, brillamment éclairée, où l'on entendait un bruit doux et rythmé, quelque peu envoûtant, d'eau en ruissellement. Pia sentit un souffle d'air, sur son visage, qui lui indiqua que l'unité était en pression positive. Cela signifiait que l'air en sortait et ne pouvait y pénétrer – au contraire de l'unité NSB3, où le flux laminaire était orienté vers l'intérieur.

Légèrement aveuglée par l'intense lumière bleutée diffusée par la fibre optique des appliques encastrées dans les murs, Pia porta une main au-dessus de ses yeux. Sans doute cette lumière particulière jouait-elle un rôle dans la stérilité des lieux. Pia s'immobilisa à côté de Will et de Lesley et contempla la salle blanche qui s'offrait à son regard – qui paraissait presque trop grande, à vrai dire, pour tenir dans le laboratoire de Rothman. Au fond, une silhouette vêtue d'une tenue protectrice identique à celles qu'ils venaient d'enfiler semblait faire des réglages sur un écran tactile fixé à un chariot en Inox, monté sur roues, comme il y en avait à travers toute la salle sur trois rangées – Pia en compta rapidement une trentaine au total. Sur chacun de ces chariots, on trouvait un bac en Plexiglas transparent, semblable à un aquarium, de plus ou moins grande taille. Sous le bac, deux étagères soutenaient divers appareils de contrôle et de mesure. L'un de ces chariots se trouvait à deux mètres de Pia, sur sa gauche. Elle s'en approcha pour l'observer de plus près ; Will et Lesley la suivirent.

L'« aquarium » était de toute évidence un des bains de croissance d'organe dont Pia devrait étudier le liquide pendant le mois à venir. Quand elle se pencha vers le bac en Plexiglas, elle y découvrit un objet de très petite taille, quasi translucide, maintenu en suspension dans le bain par une sorte de toile d'araignée dont le fil, apprendrait-elle plus tard, était de composition identique à celui d'une véritable toile d'araignée. Quant à l'objet lui-même, il en sortait plusieurs canules ultrafines, et très longues, qui convergeaient toutes vers une pince sur le côté du bac. Une canule isolée, un tout petit peu plus épaisse, sortait du bac et descendait jusqu'à la partie inférieure du chariot pour atteindre un appareil rectangulaire, équipé de nombreux voyants et indicateurs, qui assurait sans doute la surveillance du bain. Le chariot possédait aussi une loupe montée sur un bras mobile. Pia la positionna pour mieux voir l'objet qui se trouvait dans le liquide. S'il n'était pas beaucoup plus gros qu'un pignon de pin, il n'en avait pas moins l'aspect d'un rein. Un rein plus que miniature. La plupart des canules qui en sortaient contenaient un fluide rouge, et il y en avait un, un peu plus épais, qui était transparent. Les rouges avaient probablement le rôle de veines et d'artères assurant la circulation sanguine. Le clair faisait office d'urètre pour évacuer l'urine produite par le minuscule organe. Sur le flanc du bac, enfin, un petit appareil dans lequel tournait une hélice agitait la surface de l'eau et créait de légers remous autour de l'organe.

– En dépit du fait que les organes sont perfusés, nous nous sommes aperçus que nous devions garder les bains en mouvement constant, expliqua Yamamoto qui avait rejoint les étudiants. Mais il faut surveiller de près le rythme des oscillations de l'eau. Parfois, si l'appareil est mal réglé, il peut apparaître un clapotis qui perturbe beaucoup l'organe.

Pia se redressa et scruta la salle sur toute sa longueur.

– C'est assez spectaculaire, n'est-ce pas ?! reprit Yamamoto avec enthousiasme. Moi, bien sûr, je vois ça tous les jours, alors je finis par ne plus en faire grand cas.

– Comment les organes sont-ils créés, au départ ?

– Ils naissent, si l'on peut dire, dans des boîtes de Pétri spécialement conçues pour imiter l'environnement utérin de la souris. Elles sont à la température de l'utérus et soumises à des oscillations proches du rythme cardiaque normal de la souris, c'est-à-dire plus de cinq cent cinquante battements par minute. Comme je le disais tout à l'heure, tout l'ensemble du processus, d'abord dans les boîtes de Pétri puis dans les bains d'organes, est un véritable ballet d'expression génétique qui respecte scrupuleusement la séquence et le timing des différentes étapes du développement de l'organe. Nous commençons par fabriquer un agglomérat de cellules souches pluripotentes induites maintenues à proximité les unes des autres par des liens tissés en toile d'araignée. Ne perdez pas de vue que, pour constituer un organe entier, nous devons fabriquer les trois feuillets embryonnaires : l'ectoderme, le mésoderme et l'endoderme. Ensuite, une fois que l'organe a atteint une taille suffisante pour être manipulé, il est placé dans un bain, ici, dans un de ces bacs, pour poursuivre sa croissance.

– Avez-vous uniquement des reins, ou d'autres organes aussi ? demanda Will.

– Oh là ! Bien sûr que nous avons d'autres organes, dit fièrement Yamamoto. Nous tenons même à produire tous les organes transplantables habituels. Pour le moment, nous avons des foies, des pancréas, des poumons et des cœurs. Le programme du rein est le plus avancé de tous, pour la simple raison que nous avons commencé par le rein. Pour prouver que nos travaux vont dans le bon sens, nous avons déjà transplanté certains organes dans les souris qui nous en avaient fourni les fibroblastes. C'est un succès complet. Et je peux vous annoncer que nous sommes sur le point de faire un autre bond en avant. Nous avons découvert que le déclenchement de l'organogenèse avec plusieurs organes en même temps fonctionne encore mieux que si nous les créons séparément les uns des autres. Cela signifie que nous avons des préparations dans lesquelles les organes en développement se soutiennent les uns les autres – un cœur qui pompe le fluide de perfusion, par exemple, associé à un rein qui élimine les déchets.

Pia, stupéfaite et quelque peu effrayée par ce qu'elle entendait, s'entendit demander :

– Pensez-vous qu'un jour, dans le futur, vous serez en mesure de fabriquer un organisme entier ?

– Au rythme auquel nous progressons, je pense que c'est tout à fait envisageable. Sauf que je ne vois pas bien pour quelle raison nous ferions une telle chose.

Pia frissonna en songeant que le monstre de Frankenstein, ce cauchemar littéraire du dix-neuvième siècle, était bel et bien susceptible de revenir hanter très concrètement le vingt et unième siècle. Si l'organogenèse de Rothman et de Yamamoto fonctionnait avec le rein, le cœur et le pancréas, ne fonctionnerait-elle pas tout aussi bien avec le cerveau ?

– Où sont les organes humains ? demanda-t-elle.

Yamamoto fit signe à Pia et aux deux autres étudiants de le suivre. Il longea la rangée des chariots de reins et s'arrêta devant un bac en plexiglas plus volumineux que les précédents.

– Voilà, dit le chercheur. Ici, vous avez quelque chose d'humain, comme vous pouvez vous en douter d'après la taille de l'objet. Il s'agit aussi d'une des préparations composites dont je viens de vous parler : un rein accompagné d'un cœur qui en assure la circulation sanguine.

Pia écarquilla les yeux, fascinée par ce qu'elle découvrait dans le bain. Le rein paraissait humain, cependant, mais pas le cœur. Elle interrogea Yamamoto à ce sujet.

– Bonne question, répondit-il, et il désigna un appareil sous le bac. Vous voyez l'oxygénateur qui est sur cette étagère ? Comme il assure l'oxygénation du liquide de perfusion, nous n'avions pas besoin d'un cœur à quatre chambres. Deux suffisaient. Alors nous avons modifié le schéma de construction du cœur.

– Quoi ?! s'exclama Pia. Vous contrôlez le processus de l'organogenèse au point que vous êtes capables de modifier la structure tridimensionnelle d'ensemble de l'organe ?

– Absolument. Comme je vous l'ai expliqué, après nos premières percées dans le domaine de l'organogenèse, nous avons fait des progrès phénoménaux, et d'une rapidité inouïe. Et nous continuons sur cette lancée !

La silhouette que Pia avait aperçue au fond de la salle lorsqu'ils étaient entrés dans l'unité avait apparemment terminé son travail. Elle pivota sur elle-même et vint à la rencontre du groupe. C'était un homme, semblait-il. Quand il ne fut plus qu'à trois mètres d'eux, Pia écarquilla les yeux : malgré son masque chirurgical, elle voyait à présent qu'il s'agissait de Rothman. Elle esquissa un sourire. Avec son équipement stérile et ses lunettes de protection aux verres teintés, assez épais, il avait un peu l'allure de l'archétype du scientifique fou enfermé à longueur de temps dans son laboratoire. Mais n'avait-il pas raison de se donner tout entier à son œuvre ? Pia comprenait maintenant que le Dr Yamamoto n'avait pas exagéré : le travail que Rothman et lui effectuaient ici était absolument révolutionnaire. Dans la course qui s'était engagée entre tous les scientifiques qui travaillaient sur les cellules souches, ces deux hommes avaient pris une énorme avance sur tous leurs collègues.

Rothman remonta les lunettes sur son front lorsqu'il s'immobilisa devant le groupe. Il demanda à Yamamoto :

– Vous leur avez fait un petit topo d'introduction ?

– Oui.

Rothman prit une profonde inspiration. Il savait qu'au cours des mois, peut-être même des années à venir, il devrait présenter son travail à un certain nombre d'investisseurs du secteur des biotechnologies : un exercice très difficile, pour lui, qui ne lui faisait vraiment pas plaisir. Yamamoto l'avait aidé à préparer un texte qu'il avait déjà prononcé de nombreuses fois devant son épouse. Les trois étudiants lui donnaient l'occasion de faire une sorte de répétition générale.

– Bienvenue au Laboratoire d'organogenèse de l'université Columbia ! commença-t-il.

Yamamoto toussota dans sa main. Le Dr Rothman avait du mal à s'éloigner, ne serait que d'une phrase, du topo qu'ils avaient rédigé ensemble.

– Ce n'est un secret pour personne qu'aujourd'hui même, dans ce pays, plus de cent mille personnes attendent une transplantation d'organe. Ce nombre n'inclut que les patients qui en sont aux derniers stades de leur maladie et la liste d'attente s'allonge au rythme d'environ cinq cents cas par mois. Parallèlement, le même nombre de malades, cinq cents en moyenne, meurt chaque mois. À ces sombres chiffres, il faut ajouter les milliers et les milliers d'autres patients qui vivraient beaucoup mieux grâce à une transplantation d'organe même s'ils ne sont pas encore en danger de mort. Dans l'environnement médical actuel, en tout état de cause, l'offre en organes fonctionnels, soit de la part de donneurs vivants, soit de personnes tout juste décédées, est très loin de pouvoir satisfaire la demande. Quant aux patients suffisamment chanceux pour recevoir un organe, ensuite, l'adéquation entre leur organisme et l'organe qu'ils reçoivent est souvent loin d'être optimale. Cela signifie qu'ils sont condamnés à une vie d'immunosuppression aux conséquences souvent terribles pour leur santé. Ce que nous faisons dans notre laboratoire – en veillant bien sûr à limiter le coût des procédures –, c'est que nous créons des organes qui résoudront d'un coup le problème de l'offre d'organes à transplanter et le problème de l'immunocompatibilité. Ce double objectif n'est pas encore tout à fait atteint, mais nous allons dans la bonne direction. Au point où nous en sommes, nous avons besoin de financements pour développer et accélérer la production d'organes dans de multiples centres répartis à travers tout le pays. Ici, dans cette rangée de bacs, vous voyez des reins qui ont été créés à partir de cellules souches tirées de cellules de tissu conjonctif – les fameux fibroblastes – de souris.

Yamamoto essaya de l'interrompre pour l'informer qu'il abordait là un point qu'il avait lui-même déjà couvert dans son bureau, mais il n'arriva pas à retenir son attention. Rothman était lancé :

– Je porte des lunettes grossissantes pour travailler sur les organes de souris maintenus en suspension dans les bains par des filaments. Vous les voyez mal, tellement ils sont petits, mais je peux vous dire que chaque rein est rattaché à une pompe qui y fait circuler, par son artère et sa veine principales, une solution similaire au sang. Une autre canule, c'est-à-dire un petit tube, relie aussi l'urètre à un port de réception qui permet l'analyse de l'urine produite par l'organe. C'est une des fonctions de l'unité de contrôle que vous voyez sous le bain. Un serveur collecte toutes les données de tous les bacs, de telle sorte que nous pouvons étudier comment les plus petites fluctuations des paramètres des bains affectent les organes et leur développement. Chaque rein que vous voyez ici sera bientôt réimplanté dans la souris qui a fourni le fibroblaste à l'origine de sa fabrication. Nous avons déjà fait cette opération deux fois, sans observer le moindre phénomène de rejet.

Rothman désigna d'un geste un second groupe de bains, de l'autre côté de la salle.

– Ces bacs, là-bas, contiennent des pancréas. Le fonctionnement du pancréas est assez différent de celui du rein. Nous avons eu davantage de difficultés à lancer le processus d'organogenèse de cet organe très complexe, mais tous les problèmes ont été résolus et nous maîtrisons désormais parfaitement la procédure. En guise d'exemple, je vous dirai qu'avec le pancréas nous avons beaucoup travaillé sur le raccordement du canal de Wirsung, ou canal pancréatique principal, car le suc secrété par le pancréas contient des enzymes nécessaires à la digestion. Au début de nos travaux, certaines de nos préparations se digéraient elles-mêmes.

– Avez-vous eu des problèmes de tératomes ? demanda Pia.

Contrairement à Will et à Lesley, elle n'était pas intimidée par Rothman. Elle savait que les tératomes, des sortes de tumeurs qui pouvaient apparaître pendant le développement des organes, inquiétaient les chercheurs qui travaillaient sur les cellules souches.

Rothman, décontenancé, regarda ses pieds. Il ne s'était pas du tout attendu à être interrompu dans son discours de présentation. Le silence régna brièvement sur le groupe, interrompu par les bruits discrets des liquides en mouvement dans les bacs à organes. Yamamoto, qui connaissait bien les particularités de la personnalité de son chef, vola à son secours :

– Non, dit-il. Nous n'avons jamais vu de tératomes.

Comme s'il avait déjà oublié la présence de Yamamoto et des étudiants, Rothman fixa son attention sur un voyant qui venait de se mettre à clignoter, accompagné par un signal sonore intermittent, sur le panneau de contrôle de l'un des bains. Sans un mot, il se dirigea vers le chariot concerné en remettant ses lunettes protectrices en place sur ses yeux.

– C'est une alarme qui indique que certains paramètres du bain ont changé, expliqua Yamamoto.

Les étudiants observèrent quelques instants Rothman planté devant l'appareil. Lesley et Will n'en revenaient pas de s'être trouvés en présence du célèbre chercheur – et d'avoir survécu à cette séance sans avoir été malmenés. Pia, elle, était impressionnée par le système d'alerte des bains.

– Que se serait-il passé si personne n'avait été ici pour entendre le signal ? demanda-t-elle.

– Aucun problème, dit Yamamoto. Toutes les informations sont suivies en temps réel par notre serveur central, et le Dr Rothman et moi avons des applis, dans nos iPhone, qui reçoivent instantanément des messages en cas de nécessité.

– Ce matin, le Dr Rothman m'a dit que vous aviez des soucis avec les solutions des bains de développement des organes. Faisait-il référence aux solutions de ces bacs ?

– Absolument, répondit Yamamoto. Depuis toujours, nous avons des difficultés à stabiliser le pH des bains. Vous a-t-il demandé de vous pencher sur ce problème ? Cela nous aiderait beaucoup. Ce n'est pas un problème particulièrement grave, mais ni lui ni moi n'avons eu la possibilité de nous y attaquer. Je sais pourtant que je me sentirais beaucoup mieux si nous trouvions une solution.

– Je ferai tout mon possible, dit Pia. La difficulté, c'est que je pars de zéro. Je n'ai pas la moindre expérience en matière de culture de tissus.

– Votre manque d'expérience n'a jamais été un problème dans le domaine des salmonelles, observa Yamamoto.

Pia sourit derrière son masque. Elle ne pouvait prendre la remarque du chercheur que comme un compliment.

– Et Lesley et Will ? dit-elle. Ce serait peut-être bien qu'ils me donnent un coup de main ?

– Oui, c'est une excellente idée, approuva Yamamoto, et il demanda aux deux étudiants : Qu'en pensez-vous ?

Lesley et Will haussèrent les épaules.

– Oui, d'accord, dirent-ils à l'unisson.

Ils se dirigèrent vers la sortie de l'unité. Pia se retourna, juste avant de pénétrer dans le sas, pour regarder Rothman. Il était encore penché sur le bain dont l'alarme avait sonné. Une fois encore, elle songea qu'il avait un peu l'air du scientifique fou typique – et un frisson la parcourut : ici, dans ce labo, elle venait de faire un voyage dans le futur et elle était très excitée à l'idée de participer à cette aventure. En même temps, elle n'oubliait pas qu'il y avait parfois un inquiétant revers de la médaille à ce genre de recherches. Les sciences biologiques progressaient presque trop vite. Et le problème, avec les progrès scientifiques, c'était qu'on ne pouvait pas revenir dessus.

6

GREENWICH, CONNECTICUT
1ER MARS 2011
15 H 30

Dans une enclave hyperselect de la ville déjà fort select de Greenwich, Edmund Mathews traversa le hall de son immense maison pour ouvrir la porte au visiteur qu'il attendait. Il était rare qu'il soit seul, mais sa femme, Alice, était partie à Manhattan avec une copine pour une virée shopping, et la fille au pair, Ellen, n'avait pas encore ramené Darius de l'école. Il n'y avait pas de jardinier dans les jardins, pas d'ouvrier dans la maison, pas de mécanicien sur le bateau au ponton, aucun peintre, décorateur, livreur, cuisinier ou chauffeur nulle part. La propriété à dix millions de dollars était paisible, comme abandonnée à elle-même face au détroit de Long Island. Edmund adorait cela.

Ça doit être Russell qui arrive, pensa-t-il. Edmund et son associé, Russell Lefevre, avaient décidé de s'accorder ce mardi de liberté avant la longue période de dur labeur qu'ils s'apprêtaient à entamer. Cela devait même être leur dernier jour de vraie détente d'ici plusieurs mois. Hélas, il semblait qu'Edmund allait devoir perdre une partie de son après-midi. Russell avait téléphoné quelques minutes plus tôt, très agité, pour annoncer qu'il venait voir Edmund *immédiatement* pour parler de quelque chose de *très important*. Russell insistait toujours pour parler en tête à tête des questions sensibles touchant à leur travail. Mais Edmund le comprenait. À la banque d'investissement Morgan Stanley où ils travaillaient autrefois ensemble, les conversations téléphoniques étaient systématiquement enregistrées au cas où l'un des interlocuteurs ne garde après coup un souvenir erroné des termes de l'échange. Edmund doutait fort que leurs coups de fil soient encore surveillés, mais Russell préférait éviter le téléphone dans certaines circonstances. De toute façon, il avait toujours été du genre inquiet.

Edmund ouvrit la porte. Russell se tenait là, sur le perron. C'était un homme de haute stature, svelte, aux cheveux blonds striés de mèches grises. Il avait des tennis blanches aux pieds et un pull en travers des épaules. Pour un homme qui s'habillait en général avec une certaine élégance, il avait l'air passablement débraillé. Quand Edmund n'était pas en costume, pour ce qui le concernait, il préférait porter un vieux tee-shirt et un short – même en hiver. Il était plus costaud et plus en chair que Russell, mais sans excès de poids. Et il passait chaque semaine chez son barbier, à Greenwich, pour garder les cheveux toujours très courts.

Edmund remarqua que Russell avait bizarrement stationné son Aston Martin DB9 en travers de l'allée d'accès à la maison. Russell savait pourtant qu'il préférait que les visiteurs rentrent leurs véhicules dans l'un des garages. En plus… l'Aston Martin était une machine splendide, d'accord, une vraie prouesse d'ingénierie, mais elle était tout de même trop ostentatoire au goût d'Edmund pour une utilisation quotidienne. Et le rouge vif assez criard de sa carrosserie n'arrangeait rien. Quand il s'agissait d'en mettre plein la vue, Edmund préférait sa Cadillac Escalade noire. Pour le pur plaisir de la conduite, sinon, il n'aimait rien tant que sa Morgan décapotable, une pièce de collection avec laquelle il s'offrait de temps en temps de longues balades sur les routes de campagne du Connecticut. Quant à la voiture qui faisait le plus sa fierté, il en prenait rarement le volant : là-bas, dans les garages, il avait une Ferrari 250

GTO de 1963 qui lui avait coûté des millions à l'époque où ce genre d'achat ne passait pas vraiment pour une extravagance.

– Nous avons un problème, dit Russell en entrant dans la maison.

– C'est ce que j'ai cru comprendre. Allons nous asseoir dans la cuisine.

Edmund préférait en général ne pas parler affaires à son domicile. Mais aujourd'hui, semblait-il, les circonstances en avaient décidé autrement.

Russell et Edmund avaient longtemps travaillé comme traders en produits dérivés chez Morgan Stanley. Ils étaient spécialisés dans les titres adossés à des actifs. Edmund était un des meilleurs du jeu : intellectuellement agile, très déterminé, brillant dans sa capacité à trouver le client dont il avait besoin pour négocier la position qui était la sienne. Russell, de son côté, avait certaines limites en tant que trader, mais il était hyperdoué pour l'analyse quantitative : il était capable de calculer à toute vitesse les risques d'une opération en prenant en compte l'ensemble de ses paramètres. Edmund pouvait toujours se fier à lui quand il avait un doute sur la faisabilité d'une affaire. C'était aussi Russell qui avait flairé le fabuleux potentiel de rentabilité des obligations adossées à des actifs – connues dans le monde entier sous leur acronyme anglais, *CDO* –, ces produits financiers extravagants qui s'appuyaient sur le marché des prêts hypothécaires à haut risque, les fameux subprimes, pour créer des possibilités d'investissements apparemment sans risques, susceptibles d'engendrer des milliards de profit pour la compagnie qui les émettait et des dizaines de millions pour les traders. À l'époque, les prix de l'immobilier semblant suivre une courbe ascendante aussi irrésistible que durable, les gens du métier disaient entre eux que ces investissements étaient aussi sûrs que la pierre.

Finalement, il s'était avéré que la plupart des traders qui vendaient les CDO et la plupart des dirigeants des institutions financières qui les achetaient, aux États-Unis, en Allemagne, au Japon et ailleurs, ignoraient complètement ce qu'étaient réellement ces produits. Ils savaient ce qu'étaient les titres adossés à des actifs, mais les actifs, ici, étaient des créances hypothécaires regroupées en paquets qui étaient eux-mêmes vendus en tranches de différentes valeurs. Or, nombre des emprunts individuels auxquels étaient adossés les titres étaient des prêts hypothécaires à haut risque – des subprimes – qui ne seraient jamais remboursés. Il suffisait que quelques emprunteurs se retrouvent en situation de défaut de paiement pour que toute la tranche perde sa valeur. Et ce cas de figure devait forcément se présenter un jour ou l'autre.

Quand Russell, qui comprenait tout, avait expliqué à Edmund les conséquences que la crise des subprimes allait avoir sur les CDO, les autres produits financiers et l'ensemble du système, Edmund avait été troublé – mais aussi très excité. En secret, il avait aussitôt utilisé son propre argent pour vendre à découvert, ou « shorter », les titres de sa société, et il avait parié de la même façon sur l'échec d'autres compagnies exposées aux CDO. Il avait continué à vendre les titres condamnés au moment où le désastre avait paru inévitable – et il avait amassé des sommes colossales. Au bout d'un moment, il avait parlé de ce qu'il faisait à Russell, un homme loyal envers sa compagnie et qui n'aurait jamais rêvé d'agir de la sorte. Comme Edmund l'avait prévu, Russell avait aussitôt voulu entrer dans la partie.

La catastrophe qui avait frappé le monde de la finance et les banques avait fait de nombreuses victimes : des investisseurs dont les avoirs s'étaient volatilisés, des actionnaires qui avaient découvert que leurs portefeuilles ne valaient tout à coup plus rien, d'innombrables salariés qui avaient perdu leur travail. Les hommes comme Edmund Mathews et Russell Lefevre ne comptaient pas parmi ces perdants. Pendant que le peuple réclamait à grands cris de voir les banquiers et les financiers responsables du drame jetés en prison,

Edmund et Russell avaient quitté leur compagnie avec un parachute doré de près de cent millions de dollars à se partager.

Edmund avait bien apprécié son premier week-end de « chômage ». Il avait pu emmener Darius à l'entraînement de football sans avoir constamment son BlackBerry à la main, il avait dîné en ville avec Alice et un couple d'amis, il avait pris son temps pour lire l'édition du dimanche du *New York Times*. À neuf heures cinq, le lundi matin, cependant, il s'ennuyait déjà. Dans le bureau de son domicile, deux écrans étaient allumés sur Bloomberg et MSNBC, ses chaînes financières habituelles. Il avait joué un moment sur un compte en ligne, réalisant une poignée d'opérations boursières à quelques dizaines de milliers de dollars. Et puis à dix heures, il avait appelé Russell pour lui proposer qu'ils se remettent au travail. Cette fois à leur propre compte.

– Bien. Quel est le problème ? demanda Edmund après avoir tendu un verre d'eau glacée à son associé et ami.

Les deux hommes se tenaient de part et d'autre de l'îlot central de l'immense cuisine ultramoderne de la famille Mathews. Edmund lança un sous-verre à Russell avant que celui-ci ne pose le verre humide de condensation sur le bois précieux.

– Ce matin, avant le déjeuner, j'ai joué au tennis avec Teddy Hill…

– Teddy Hill ? Mais il doit avoir au moins soixante-cinq ans ! J'espère que tu ne l'as pas malmené, le pauvre vieux.

– Ed, c'est très sérieux. Je joue au tennis avec Teddy parce qu'il connaît beaucoup, beaucoup de monde. Et il me raconte à peu près tout ce qu'il entend dire. Aujourd'hui, ça n'a pas manqué. Et quand il a parlé, j'ai bien failli le planter sur le court et me débiner.

– Il a parlé pour te dire quoi, au juste ? demanda Edmund, perplexe.

– Il y a quelqu'un qui nous shorte.

Edmund écarquilla les yeux. Russell avait raison. C'était très sérieux.

Lorsque Edmund avait décroché le téléphone pour appeler Russell, ce premier lundi de « liberté », il avait découvert que son ami s'ennuyait déjà autant que lui et avait envie de se remettre au boulot. Détail qu'Edmund ignorait, cependant, Russell avait aussi *besoin* de gagner de l'argent. En 2008, il avait été personnellement très impliqué dans le marché immobilier américain : il possédait un vaste portefeuille de propriétés, en Floride et en Californie, qui avaient subitement perdu énormément de leur valeur, à cause de la crise, alors qu'elles n'étaient pas entièrement payées. Russell avait résolu ce problème en y engouffrant l'essentiel de sa fortune. Il devait donc impérativement trouver le moyen de rebondir grâce à son indemnité de départ.

Comme ils l'avaient fait de nombreuses fois au cours de leur carrière dans la banque, ils décidèrent de s'isoler le temps d'un weekend dans un hôtel de luxe de Boca Raton, en Floride, pour s'offrir une séance de brainstorming. Avant qu'ils ne se mettent au travail, Russell insista pour se rendre au centre commercial le plus proche pour acheter des tee-shirts à ses quatre gamins. Edmund l'attendit devant la boutique Gap et observa les gens aller et venir autour de lui.

– Regarde tout ce monde, Russell, dit-il quand son associé le rejoignit. Qu'est-ce que tu vois ?

– Des familles, des promeneurs, des couples, des tas de gens du troisième âge. Où veux-tu en venir ?

– Voilà. Des gens du troisième âge. Nous sommes en Floride, un État célèbre pour ses oranges et ses vieux. Et qu'est-ce qu'ils ont, les vieux ?

– Heu... Je ne sais pas. Des cotisations élevées pour leurs assurances automobiles ?

– Ils ont ça, c'est vrai. Mais ils ont aussi des tas et des tas d'assurances vie, ajouta Edmund.

Et il exposa à Russell l'idée qu'il venait d'avoir.

Peu après, les deux hommes conclurent qu'ils étaient tombés sur quelque chose d'énorme. Russell brassa des chiffres pendant plusieurs semaines, tandis qu'Edmund prenait discrètement conseil auprès d'anciennes relations professionnelles – avocats, traders, banquiers, analystes et responsables de fonds d'investissement. Le projet était légal, l'opération tout à fait réalisable. Et, d'après Russell, les chiffres étaient indiscutables.

– La seule chose qui pourrait faire tout capoter, ce serait le second avènement de Jésus, dit-il un jour. Et qu'il se mette à empêcher les gens de mourir.

– Et ça, répondit Edmund, nous savons que ça ne risque pas de se produire.

Début 2010, la société LifeDeals vit le jour. Directeur général : Russell Lefevre. Président : Edmund Mathews. Le capital de départ était l'essentiel des cent millions de dollars qu'ils avaient engrangés ensemble dans la débâcle des subprimes. Ils l'utilisèrent pour commencer à racheter les polices d'assurance vie de milliers et de milliers d'Américains qui avaient désespérément besoin d'argent frais. Edmund engagea à cette fin les vendeurs les plus féroces qu'il connaissait – et il leur ordonna d'engager des gens encore plus affamés qu'eux pour parcourir le pays, arpenter chaque rue de chaque ville et acheter ces polices à quinze pour cent de leur valeur. L'Amérique comptait des millions de personnes qui avaient besoin d'argent pour des soins médicaux de longue durée, ou bien pour financer une opération chirurgicale quand elles n'avaient pas de couverture de santé – et parfois aussi quand elles en avaient une ; c'était même de plus en plus souvent le cas. Bien sûr, LifeDeals devait payer le solde des primes de ces assurances vie. Mais au moment où leurs souscripteurs mouraient – et ils devaient mourir aussi sûrement que la nuit succède au jour –, leurs rentes ou leurs capitaux allaient dans les poches d'Edmund et de Russell.

Six mois après la création de LifeDeals, les deux hommes étaient déjà assez sûrs d'eux pour introduire la société en Bourse. Ils en possédaient suffisamment d'actions pour redevenir très riches, mais ils voulaient une capitalisation boursière importante pour acheter davantage de polices. D'après la statistique préférée d'Edmund, il y avait plus de *vingt-six mille milliards* de dollars en polices d'assurance vie qui ne demandaient qu'à être raflés ici et là à travers le pays. Ils projetaient aussi de commencer très vite la titrisation des polices pour les vendre en tranches aux investisseurs. Cette fois, les actifs qui se trouvaient derrière les titres étaient inattaquables – personnellement garantis par la Faucheuse. Et chaque jour, inévitablement, des milliers de gens tournaient le dos à leurs polices d'assurance vie parce qu'ils ne pouvaient plus se permettre d'en payer les primes. Ils n'attendaient que d'être cueillis.

Edmund aimait se dire que sa compagnie pourrait un jour valoir mille milliards de dollars.

– Qui ?! demanda Edmund. Qui nous shorte ?

– Teddy ne le sait pas. Il a entendu dire ça par un ami qui l'a appris par un ami. Mais il fait confiance aux deux personnes. Il jure que c'est la vérité.

– C'est ridicule. Il y a un connard, quelque part, qui fait le malin. Mais il n'y a rien derrière…

– Non. C'est assez gros. Et celui qui fait le coup de nous shorter est sûr que nous allons couler.

– Eh bien en ce cas, nous avons intérêt à nous remuer le cul, putain ! Il faut que nous découvrions de qui il s'agit avant de nous retrouver à poil.

Russell mesurait aussi bien qu'Edmund les conséquences potentielles du problème auquel ils étaient confrontés. Ils avaient besoin d'un gros investisseur institutionnel pour soutenir leurs opérations de titrisation des polices. Si la nouvelle se répandait dans la communauté financière que LifeDeals était shortée – c'est-à-dire que quelqu'un vendait les titres de la société à découvert derrière leur dos –, cet investisseur deviendrait très difficile à trouver. Personne n'avait oublié ce qui s'était passé en 2008.

– Nous devons tout de suite commencer à nous occuper des 13F, dit Edmund.

Il faisait référence aux formulaires trimestriels que les gestionnaires de sociétés d'investissement devaient présenter à la SEC, l'autorité américaine des marchés financiers, pour exposer la valeur de leurs avoirs.

– Et moi, je dois passer plusieurs coups de fil, dit Russell.

Il avait quitté Wall Street avec davantage d'amis dans le milieu qu'Edmund et pouvait facilement déployer ses antennes pour obtenir des réponses. Le monde de la finance était, en définitive, une très petite communauté.

Edmund n'avait rien à ajouter. Ils savaient aussi bien l'un que l'autre ce qu'ils risquaient.

7

CENTRE MÉDICAL DE L'UNIVERSITÉ COLUMBIA
NEW YORK
1ER MARS 2011
19 H 30

Pia, Lesley et Will étaient assis dans la cafétéria quasi déserte de l'hôpital, sirotant thé et café après s'être restaurés. La visite de l'unité des bains d'organes les avait mis tous les trois en état de choc. En tant qu'étudiants en médecine, ils comprenaient parfaitement ce que Rothman et Yamamoto étaient en train de créer dans ce laboratoire. Et la chose était maintenant d'autant plus réelle, concrète, qu'ils l'avaient vue de leurs propres yeux. Ils avaient fait un voyage dans le futur qu'ils avaient du mal à assimiler.

– Je n'arrive toujours pas à m'en remettre, dit Lesley Wong. Je suis complètement soufflée. Faire pousser un organe à partir des propres cellules souches d'un patient... Ça va révolutionner la médecine !

– Ça va révolutionner le soin des maladies dégénératives, c'est sûr, dit Pia. Nous aurons bientôt des guérisons, de vraies guérisons, au lieu d'un simple traitement des symptômes.

– Un jour prochain, nous serons peut-être en mesure de faire pousser nos propres organes et de les congeler pour les avoir à disposition en cas de besoin, dit Will. À propos, je me demande comment Columbia répartit les dividendes financiers d'une percée médicale de cette portée. Ils seront sûrement énormes. Yamamoto a précisé que l'université a déjà déposé des brevets, mais... à votre avis ? Vous ne croyez pas que Rothman et Yamamoto devraient avoir une belle part du gâteau ? Qu'est-ce que tu en penses, Pia ?

Pia avait accompagné Lesley et Will à la cafétéria non pas parce qu'elle avait envie d'avoir de la compagnie, mais parce qu'elle se sentait encore déstabilisée par ce qu'elle avait vu. Et elle avait besoin d'en parler. Plus tôt dans l'après-midi, après que le Dr Yamamoto les avait laissés devant la porte de l'unité des bains d'organes, ils s'étaient rassemblés dans un coin de la salle principale du labo avec l'intention de commencer à réfléchir au problème du liquide des cultures de tissu. Mais ils n'avaient pas pu s'empêcher de parler des progrès réalisés par Rothman dans le domaine de l'organogenèse. Fascinés, ils s'étaient également rendu compte qu'il ne leur servirait à rien de fouiller les bibliothèques ou de mener des recherches sur le Web pour obtenir des informations complémentaires : aucun manuel n'avait encore été écrit sur le sujet.

– Tu t'adresses à la mauvaise personne, répondit Pia à Will. L'argent et moi, ça fait deux. Je n'ai aucune idée de ce que Rothman et Yamamoto peuvent espérer empocher pour leurs découvertes.

– Avec ce truc, Rothman va ouvrir un marché qui devrait peser des milliards. Vous ne croyez pas ? insista Will, regardant tour à tour les deux jeunes femmes. J'ai une idée. Je vais appeler mon père. Il connaîtra sans doute quelqu'un qui aura des réponses.

– Ton père ? répéta Lesley.

– Ouais. Son courtier a des tas de relations.

– Je crois que tu ne devrais absolument rien dire, objecta Pia. Il ne faut parler des bains d'organes à personne. Surtout pas à l'extérieur du centre de recherche. Souviens-toi de ce que Yamamoto nous a dit. Rothman et lui comptent sur notre discrétion pendant le mois que nous allons passer au labo. Et cela au moins jusqu'à la publication de leurs travaux.

– Tu as sans doute raison, convint Will. Mais cette histoire, ça ne peut pas vraiment être un secret. Yamamoto l'a lui-même admis. Des tas de gens sont déjà au courant. Enfin bon… c'est vrai qu'il vaut sans doute mieux éviter de se mettre Rothman à dos. Surtout avec la réputation qu'il a !

– Moi, je suis juste contente d'avoir la chance d'être dans ce labo et de voir tout ça, dit Lesley. S'il le fallait, je me contenterais même de surveiller la température des bains pendant un mois.

– Après toutes les horreurs que j'avais entendu raconter sur le traitement que Rothman inflige aux étudiants et à ses collaborateurs, je m'attendais au pire, dit Will. Mais en fait, il a été carrément gentil avec nous. Peut-être qu'il ne savait pas que nous allions venir. Ou bien, il ne savait pas qui nous étions. À votre avis ?

– Il devait bien savoir que nous sommes les étudiants nommés à son labo, dit Lesley. Je crois même qu'il s'est servi de nous pour s'entraîner à débiter son petit topo de présentation de l'organogenèse. En tout cas, il a ses raisons de vouloir garder le secret sur son travail, et moi, ça ne me gêne pas du tout. Je suis heureuse d'avoir pu contempler ce truc extraordinaire.

Pia se disait exactement la même chose. Pour elle, la visite du saint des saints de Rothman avait été une expérience magique. Elle avait dû attendre ce jour longtemps, mais cela n'avait pas d'importance – et elle n'éprouvait aucune jalousie à l'idée que Lesley et Will avaient pu entrer dans ce labo dès le premier jour de leur mois de stage. Elle avait eu l'impression de pénétrer dans un univers parallèle. L'unité des bains d'organes semblait appartenir à un monde extraordinaire, un peu comme dans un film de science-fiction – une impression renforcée par le fait que la salle était toute blanche et éclairée par des appliques bleues.

– Ouais, renchérit Will. Depuis que je suis à Columbia, j'ai rarement vécu des moments aussi excitants. J'ai adoré cette journée.

– Moi aussi, dit Pia. J'aurais pu rester dans l'unité et observer les bains pendant des heures.

– Salut !

C'était George Wilson. Il venait de passer par le self-service et se tenait, un plateau entre les mains, au bout de leur table. Il demanda :

– C'est une conversation privée ou bien est-ce qu'un externe en radiologie épuisé peut se joindre à vous ?

Les trois étudiants se regardèrent. Will répondit le premier :

– Hé ! Si c'est pas monsieur Wilson ! Salut à toi, George.

– Will. Comment va ?

George s'efforçait de faire bonne figure, mais il était très déçu de trouver McKinley assis à la même table que Pia.

– Tu connais Lesley, je pense, dit Will comme s'il avait besoin de jouer l'hôte. Et Pia, bien entendu.

– Lesley, bonsoir, comment ça va ? dit George, et il regarda Pia pour demander : Comment s'est passée ta journée avec Rothman ?

Il se sentait de plus en plus mal à l'aise, car il n'avait pas encore été invité à s'asseoir. Ces trois-là allaient-ils le laisser longtemps planté comme un idiot devant leur table ? Il était tard et il avait réussi à passer à la cafétéria juste avant sa fermeture. Pia était la dernière personne qu'il s'attendait à y trouver. Il était aussi très surpris de voir Will McKinley, qui avait plutôt l'habitude de traîner dans la cafétéria de la résidence universitaire pour draguer la plupart des étudiantes qu'il y rencontrait.

– Nous étions justement en train de parler de Rothman, dit Pia.

Elle ne s'était pas rendu compte que George était gêné. L'empathie dans les relations sociales n'était pas son fort.

– Lesley et Will vont aussi passer leur mois de stage dans son laboratoire, ajouta-t-elle. (Puis elle esquissa un sourire.) Tu demandes comment a été la journée ? On peut dire qu'elle a été… intéressante.

– Rothman le Dingue va sauver le monde ! ajouta Will.

– Qu'est-ce que tu veux dire par là ? répliqua Pia d'un ton sec, tournant subitement la tête vers lui.

– Rien, rien, dit Will, levant les mains comme pour parer une attaque. Tout le monde sait que tu vénères ce mec...

– Je *respecte* ce mec, rectifia Pia froidement.

– Écoute, Pia... Il est clair, tout de même, que Rothman est une sorte de génie un peu timbré.

L'expression qui envahit le visage de Pia persuada Will de changer de sujet. Il regarda George pour reprendre :

– Nous étions en train de nous demander combien de pognon ce mec se ferait s'il trouvait des investisseurs pour le soutenir.

– *Toi*, tu te demandais ça, corrigea Lesley.

– Ouais, moi. D'accord. Il va forcément y avoir beaucoup d'argent dans l'organogenèse. Rothman est assis sur une mine d'or. Tu ne crois pas, George ?

– Je ne suis pas bien sûr de savoir de quoi vous parlez, répondit George. Mais... je vois que je vous dérange.

Il se tourna, prêt à s'en aller. Will tendit le bras et le retint par la manche.

– Reste ! Assieds-toi avec nous !

George jeta un coup d'œil vers Pia, qui lui fit signe de prendre une chaise. Il s'exécuta en se demandant s'il n'aurait pas mieux fait de partir.

8

GREENWICH, CONNECTICUT
1ER MARS 2011
21 H 10

Edmund Mathews ouvrit la porte de sa maison à Russell pour la seconde fois de la journée. Sauf que, ce soir, Russell n'avait pas appelé à l'avance ; il avait juste envoyé un message sur le BlackBerry d'Edmund pour le prévenir de son arrivée imminente. Cette visite ne pouvait avoir qu'une seule explication : Russell connaissait sans doute l'identité de l'individu qui s'amusait à shorter LifeDeals.

– Edmund. Il faut qu'on parle.

– Dis-moi ce que tu as découvert !

– D'abord, j'ai besoin d'un remontant. Toi aussi, tu vas en avoir besoin. Tu veux bien me servir un scotch ?

Edmund savait que Russell aimait le Talisker, un pur malt de dix-huit ans d'âge dont il avait toujours une bouteille chez lui. Ils se rendirent dans son bureau et Edmund referma la porte sur eux. Au moment où il avait reçu le message de son associé, il lisait un rapport financier, assis devant l'agréable feu qu'il avait allumé dans la cheminée. Une légère odeur de fumée imprégnait l'atmosphère ; quand Edmund déboucha la bouteille de whisky, son arôme tourbé lui donna l'impression qu'il se trouvait quelque part dans les Highlands, en Écosse.

– Alors ? Qu'est-ce que tu sais ?

Edmund tendit à Russell un des deux verres qu'il venait de remplir. Ce dernier s'accouda au manteau de la cheminée et contempla le feu. Il ne répondit pas.

– Je suis un grand garçon, dit Edmund d'une voix impatiente. Je sais encaisser les mauvaises nouvelles. Parle !

– Gloria Croft, dit simplement Russell.

Il jeta un regard anxieux à Edmund, puis avala son whisky d'un trait.

– Excuse-moi ? marmonna Edmund. L'espace d'une seconde, j'ai cru que tu disais Gloria Croft.

– C'est ce que j'ai dit. C'est elle qui nous shorte, Edmund. Cette carne de Gloria Croft. Et elle fait ça ouvertement, par le biais de BigSkies.

– Tu te fous de ma gueule ! Forcément, là, *putain*, tu te *fous de ma gueule* !

Edmund hurlait. C'était exactement la réaction qu'avait redoutée Russell. Il savait qu'Edmund ne manquerait pas de piquer une crise. On frappa à la porte ; la jolie tête blonde d'Alice apparut dans l'entrebâillement.

– Oh, bonsoir, Russell. Edmund, Darius va se coucher…

Alice s'interrompit quand elle vit la fureur qui tordait le visage de son mari. Elle savait qu'elle ne pouvait rien attendre de lui quand il était dans cet état.

– Ne bouge pas ! Je lui dis bonne nuit pour toi. Au revoir, Russell, bredouilla-t-elle, et elle disparut en refermant la porte.

Cet interlude avait eu le mérite de permettre à Edmund de se ressaisir. Il remplit son verre et celui de Russell, puis il ferma les yeux quelques instants en prenant une profonde inspiration. *Pourquoi Gloria Croft ?* pensa-t-il. *Pourquoi elle ?*

– Explique-moi le truc, s'il te plaît, dit-il d'une voix sourde et presque plaintive.

Russell s'assit sur le pouf en cuir qui se trouvait devant la cheminée. Edmund resta debout.

– J'ai passé quelques coups de fil. Enfin… il a suffi de deux, à vrai dire. J'ai d'abord appelé le type qui avait raconté à Teddy Hill qu'il avait entendu dire par un ami que quelqu'un nous shortait. Il m'a lâché le nom de son ami.

Russell but une longue gorgée de whisky, avant de poursuivre :

– L'ami, c'est un bonhomme que je connais un peu. Je l'ai rencontré une fois, à Vegas, à une convention sur les prêts hypothécaires. Je l'ai aussitôt appelé. Il écrit une newsletter financière à deux balles sur je ne sais quel site Web bas de gamme. Mais il tient l'info de source sûre.

– Putain de putain de merde ! Et il t'a dit pourquoi elle fait ça ?

– En fait, il ne m'a pas dit grand-chose. J'ai eu l'impression qu'après avoir lâché le morceau, il regrettait un peu de m'avoir répondu. Il a mis fin à la conversation assez vite. Je comprends qu'il puisse être nerveux. Gloria n'est pas n'importe qui. BigSkies a beaucoup d'argent.

Edmund avait une très désagréable impression de déjà-vu. Par le biais de son fonds spéculatif – BigSkies –, Gloria Croft avait autrefois pris des positions considérables en pariant sur l'échec des CDO émis, entre autres, par le bureau d'Edmund et de Russell. Elle avait pris ces positions très tôt, dès 2006, à un moment où personne ne faisait cela – et où les opérations ne coûtaient pas cher : quelques centaines de milliers de dollars pouvaient se transformer rapidement en dizaines de millions. Elle avait agi de cette façon parce qu'elle estimait que les titres qu'elle visait, en dépit du fait qu'ils étaient notés « AAA » et soutenus par les emprunts hypothécaires, étaient voués à se casser la figure et à mettre en danger certains géants de Wall Street tels que Bear Stearns et Lehman Brothers. À l'époque, presque personne ne partageait son point de vue : il était *impossible* que les valeurs boursières de ces sociétés dégringolent. Elles avaient pourtant dégringolé – et puis elles étaient tombées bien plus bas que ça encore.

Russell et Edmund gardèrent le silence un petit moment. Russell fixait le fond de son verre. Edmund contemplait le feu qui sifflait et crépitait dans l'âtre. Il tira finalement la grille sur le côté pour déposer une bûche supplémentaire au milieu des flammes.

– Elle en a dans la culotte, dit enfin Russell.

– Ouais, tu peux dire ça.

– Mais là, c'est différent.

– Tu as raison.

Les pensées de Russell et d'Edmund allaient dans la même direction. Les prêts hypothécaires à haut risque avaient été désastreux pour l'Amérique – et terribles, en tant qu'avoirs, pour les financiers. Mais le paradigme du rachat d'assurances vie était splendide. Ici, les débiteurs étaient les grandes compagnies d'assurances, certaines des plus riches institutions des États-Unis. Le business était *archi-sûr*. Comme adorait le répéter Edmund depuis plusieurs mois : *Qu'est-ce que les souscripteurs d'assurances vie vont faire – ne pas mourir ?*

– Alors qu'est-ce qu'elle fout ? demanda Edmund après un autre long silence. Ça n'a pas de sens ! Nous connaissons les chiffres, non ? Nous sommes parés sur tous les fronts. Sur le plan actuariel, nous avons envisagé le pire scénario, c'est-à-dire que les gens vivent un peu plus longtemps que prévu pour Dieu sait quelle raison. Nous avons pris en compte cette variable et plusieurs autres. À moins que… à moins que Gloria ne nous shorte à titre personnel, toi et moi ? Juste pour nous faire chier ? Mais non, elle est trop futée pour ça. Je sais combien elle est rusée. Elle a dû voir dans les chiffres quelque chose que nous ne…

– S'il y avait quoi que ce soit à voir dans les chiffres, je l'aurais vu, l'interrompit Russell d'un ton irrité.

– Je sais bien. Je voulais dire qu'elle voit quelque chose qui n'est *pas* là. Mais peu importe, au fond, la raison pour laquelle elle agit comme ça. Le fait est qu'elle nous shorte et que nous pourrions bien nous retrouver complètement à poil. *Nom de Dieu de merde !*

– Qu'est-ce qu'on fait, alors ?

– Il faut lui parler. Découvrir ce qu'elle sait, et puis… Et puis essayer de lui faire entendre raison. Quand elle comprendra ce que nous faisons, et ce que notre marché peut rapporter, nous pourrons peut-être même proposer de lui donner un coup de main.

Edmund envisageait à présent de mettre Gloria Croft dans la confidence pour l'inciter à investir dans leur compagnie et à partager avec eux les énormes dividendes qu'ils étaient certains d'empocher.

– Oui, convint Russell. C'est peut-être ça qu'elle veut. Et elle nous envoie des signaux de fumée.

– Elle aurait pu tout simplement décrocher son téléphone et nous poser la question.

Edmund réfléchit quelques secondes, les yeux sur l'âtre, puis ajouta :

– Appelons-la immédiatement !

– Tout de suite ? Mais il est plus de vingt et une heures.

– Ça n'a aucune importance. Gloria travaille tout le temps. Je ne suis pas sûr de pouvoir dormir cette nuit si nous ne lui parlons pas maintenant. Tu as son numéro de portable ?

– Oui, mais… Pourquoi c'est moi qui devrais l'appeler ?

– Tu as fait des affaires avec elle. Et tu sais très bien que si c'est moi, elle ne décrochera pas. C'est tout simple.

Bien des années plus tôt, Gloria avait travaillé pour Edmund en tant que modeste analyste financière – deux postes avant qu'elle ne lance sa propre société. Le bureau d'Edmund était un club de garçons ; les femmes devaient être tenaces pour réussir à s'y faire une place. Et Gloria avait réussi ce tour de force. Cette partie de l'histoire, Russell la connaissait. Il y avait aussi certaines choses qu'il ignorait et qu'Edmund n'avait pas besoin de lui dire. L'essentiel, c'était que tout s'était très mal terminé. Russell avait assisté à la dernière rencontre d'Edmund et de Gloria. Ce soir-là, ils étaient dans un bar rempli de futurs ex-traders où Gloria prenait un verre avec une amie qui venait d'être licenciée par sa banque. Gloria avait été obligée de quitter les lieux parce qu'Edmund, fin saoul, s'était mis à l'insulter. « C'est à cause de toi que ces hommes et ces femmes perdent leur job ! » avait-il hurlé. Nombre d'observateurs auraient pu soutenir que c'étaient plutôt les produits financiers vendus par Edmund qui avaient mis des milliers et des milliers de gens au chômage en ruinant leurs entreprises. Les traders comme Gloria, qui avaient vendu les CDO à découvert, s'étaient juste engouffrés dans la faille du système. Mais Edmund considérait qu'il n'était lui-même responsable que d'avoir trouvé une astuce pour gagner beaucoup d'argent à court terme. De son point de vue, Gloria avait joué un rôle qui avait bien davantage porté à conséquence.

Russell fit défiler les noms du répertoire de son BlackBerry. Quand il atteignit celui de Gloria Croft, il pressa le bouton d'appel. Elle décrocha à la deuxième sonnerie.

– Gloria, bonsoir. Russell Lefevre à l'appareil.

– Russell. Comment vas-tu ?

Gloria parlait d'une voix très calme et ne semblait absolument pas surprise de l'avoir au bout du fil à cette heure indue.

– Bien, merci. Je présume qu'il en est de même de ton côté. Où es-tu, si je puis me permettre ? J'espère que tu n'es pas encore au bureau si tard le soir ! conclut Russell avec un petit rire de connivence.

Il entendait certains bruits, derrière Gloria, qui indiquaient que c'était pourtant le cas.

– Si, dit-elle. Je jette un coup d'œil à l'ouverture des marchés asiatiques. Et je m'attendais à recevoir votre coup de fil. Edmund est avec toi ? Tu peux me mettre sur haut-parleur, si tu veux.

– Attends une seconde.

Edmund leva les yeux au ciel quand il vit Russell tripoter les boutons de son téléphone, puis poser celui-ci contre la bouteille de Talisker.

– Voilà, Gloria. Maintenant, Edmund peut t'entendre.

– Bonsoir, Edmund. Comment ça va, *toi* ?

– Ça va très bien, répondit Edmund en essayant de prendre un ton dégagé.

Mais il regardait son associé d'un air implorant. Russell ne pouvait-il aller tout seul au bout de cette conversation ?

– Nous aimerions te rencontrer, Gloria, dit Russell. Pour parler de certaines choses que nous avons entendu dire.

– Quel genre de choses, Russell ? répliqua-t-elle d'une voix enjouée, comme si leur dialogue la distrayait beaucoup.

– Ne fais pas l'imbécile, Gloria ! s'écria Edmund d'un ton qui avait perdu toute sa légèreté. Nous voulons parler de LifeDeals, comme tu le sais pertinemment.

– Ah ! Edmund Mathews, aussi charmant que dans mon souvenir. Si vous voulez me parler, les gars, vous êtes les bienvenus à mon bureau.

Cette invitation n'en était pas vraiment une. C'était plutôt une démonstration de force. Edmund regarda Russell en faisant vigoureusement le geste, de la main droite, de se trancher la gorge. Il ne voulait surtout pas que Gloria prenne l'avantage en les obligeant à passer à son bureau.

– Et si nous déjeunions ensemble ? proposa Russell. Tu aimes beaucoup Terrasini, si ma mémoire est bonne. Et il y a longtemps que je n'y suis pas allé. Ça te tente ?

Il faisait allusion à un excellent restaurant italien, dans le centre de Manhattan, très apprécié des financiers de Wall Street.

– Russell, je suis désolée, mon carnet de rendez-vous est plein. Et je dois quitter New York quelques jours. Nous nous verrons à mon bureau, ou bien pas avant une semaine.

– Une seconde, Gloria, s'il te plaît.

Russell saisit le téléphone et en coupa rapidement le micro. Juste à temps, car Edmund, furibard, s'exclamait déjà :

– Nom de Dieu, pour qui elle se prend ? !

Russell réprima un soupir. Edmund réagissait comme si Gloria travaillait encore sous ses ordres et avait le culot de lui répondre.

– Elle nous tient et elle le sait, dit-il d'un ton apaisant. Il faut absolument que nous sachions ce qu'elle est en train de faire. J'irai tout seul, si tu ne peux pas supporter l'idée de la voir.

– Non. Je t'accompagne. Elle se comporte comme si elle nous accordait une faveur, putain ! Mais elle me paiera ça. Et dans pas longtemps. Et ça lui coûtera cher.

Pour une fois, la curiosité d'Edmund l'obligeait à ravaler son orgueil. Russell réactiva le micro et le haut-parleur du BlackBerry pour dire :

– Gloria, excuse-moi. Demain, ce serait possible ?

– Oui. Vers neuf heures.

Edmund grimaça : Gloria lui faisait une nouvelle fois un bras d'honneur. Pour être à neuf heures à Manhattan, Russell et lui seraient obligés de se taper les embouteillages du matin au milieu des banlieusards. Et comme il avait horreur des transports en commun, le train était hors de question.

Il refit le geste de se trancher la gorge à l'adresse de Russell.

– Je regrette, Gloria, j'ai un rendez-vous à neuf heures que je ne peux pas déplacer, dit Russell. Dix heures et demie, ça t'irait ?

– Entendu.

Gloria s'amusait bien. Elle imaginait sans mal comment Edmund avait réagi à sa première proposition.

– À demain, donc, dit Russell avant de couper la communication.

Edmund soupira, soulagé d'avoir obtenu cette petite concession.

9

406 PARK AVENUE
NEW YORK
2 MARS 2011
10 H 37

Edmund et Russell entrèrent dans l'immeuble de Park Avenue, au centre de Manhattan, qui abritait les bureaux de BigSkies. Sans surprise, Edmund avait été de sale humeur durant tout le trajet en voiture. Russell avait insisté pour qu'ils voyagent ensemble depuis Greenwich, car il voulait essayer de dérider un peu son associé avant qu'ils ne rencontrent Gloria Croft. Edmund avait toujours eu un tempérament assez tyrannique et il était mal à l'aise dans les situations qu'il ne contrôlait pas. Aujourd'hui, non seulement il ne maîtrisait pas les événements, mais, en plus, il se faisait manipuler par une femme qui travaillait autrefois sous ses ordres. Russell n'était pas certain que les efforts qu'il avait produits pour le calmer aient porté leurs fruits.

Quand ils se présentèrent à la réception de BigSkies, Gloria utilisa un scénario qu'elle avait appris au contact d'Edmund : ils furent invités à entrer dans une salle de conférences séparée du couloir principal de la société par une paroi de verre. Et ils durent mariner là pendant un bon quart d'heure. La réceptionniste, d'une extrême politesse, leur proposa des cafés ou de l'eau. Russel et Edmund déclinèrent. Ils patientèrent, scrutant le couloir. Il semblait y avoir peu d'activité dans les bureaux. Seul le bourdonnement ténu de la climatisation perturbait le silence. Une impression de grande sérénité se dégageait des lieux.

Puis Gloria fit son apparition. Elle avait changé de look depuis la dernière fois qu'Edmund l'avait vue. Ses magnifiques cheveux châtains, mi-longs, étaient désormais bouclés. Elle portait un tailleur-pantalon de haute couture avec un chemisier lavande – dont le décolleté révélait juste ce qu'il fallait – et des escarpins noirs. Elle avait l'air de valoir dix millions de dollars.

– Messieurs, désolée de vous avoir fait attendre. J'étais retenue par une téléconférence avec Singapour.

Edmund et Russell s'étaient levés quand elle était entrée dans la pièce. Elle leur serra la main avec un léger sourire sur les lèvres. Il était clair qu'elle s'amusait bien.

– Suivez-moi !

Elle sortit à grands pas de la salle de conférences. Edmund et Russell récupérèrent précipitamment leurs manteaux et attaché-case pour la suivre.

– Elle nous fait trotter après elle comme deux caniches, marmonna Edmund d'une voix sourde.

Gloria était déjà assise derrière sa table de travail quand les deux hommes entrèrent dans son bureau. Un immense tableau abstrait, probablement hors de prix, était suspendu au mur lambrissé d'acajou derrière elle. Ce mur possédait aussi plusieurs rangées d'étagères basses remplies de documents et de dossiers. Sur la table, il n'y avait que deux gros téléphones – pas un papier, pas un stylo. L'inévitable éventail d'écrans de télévision allumés sur diverses chaînes d'informations financières occupait une portion substantielle du mur de gauche. Gloria pressa un bouton sous le plateau de la table ; la porte du bureau se referma sans bruit.

Elle prit alors la parole d'une voix un peu mièvre, comme si elle était intimidée – ce dont Edmund la savait totalement incapable :

– J'ai l'impression d'avoir de nouveau vingt-cinq ans. À l'époque, j'étais un petit poisson perdu au milieu des grands prédateurs et j'essayais de grappiller les morceaux de viande qu'ils voulaient bien laisser derrière eux après s'être rassasiés. L'océan était gorgé de sang. Et tout était beaucoup plus amusant qu'aujourd'hui, vous ne croyez pas ?

Edmund n'aimait pas du tout la tournure qu'elle donnait d'emblée à la conversation. Même lui, il n'aurait pas été aussi insolent. Le message était clair : c'était elle le requin, désormais, et eux les petits poissons. Quant au sang, c'était le leur qu'elle reniflait dans l'eau. Edmund se mordit la langue tandis qu'elle continuait sur sa lancée. Mais quand elle parla des « opportunités » qu'elle avait eu la chance de pouvoir saisir dans le domaine des subprimes, des opportunités qu'elle était reconnaissante au marché (c'est-à-dire à Edmund et à Russell) de lui avoir offertes, il ne put s'empêcher de l'interrompre :

– Attention, Gloria. Tu n'es pas tout à fait aussi futée que tu le crois. Ce truc des subprimes, ça n'a jamais été conçu pour fonctionner. Nous savions que le système allait s'écrouler. Nous nous shortions les uns les autres. Nous nous shortions nous-mêmes.

– Peut-être, mais pas jusqu'à la toute fin. Et moi, j'ai commencé à acheter des CDO cinq ans avant vous…

Edmund poussa un grognement sarcastique.

– … tandis que vous, les amis, vous avez continué de consolider vos positions, en vendant des titres sans aucune valeur, jusqu'à la chute de Lehman. Prétendez donc avoir fait le contraire.

Gloria avait décidé de ne pas prendre de gants. Elle savait qu'elle avait une main gagnante contre LifeDeals. Le jeu aurait pu durer beaucoup plus longtemps, si elle avait caché ses cartes, mais elle avait provoqué Edmund et Russell exactement comme elle l'avait voulu et elle savourait le plaisir d'abattre son jeu pour voir leur réaction. Elle savait aussi que, même si LifeDeals entrait en Bourse comme prévu, elle engrangerait probablement autant d'argent, sur le long terme, dans l'opération qu'elle avait engagée contre cette société. La question était de savoir jusqu'où Edmund serait prêt à tenter le sort. Un moment plus tôt, avant de les recevoir, Gloria s'était regardée dans le miroir des toilettes et avait déclaré à voix haute : « Maintenant, les petits gars, vous allez payer. »

Elle s'éclaircit la gorge puis reprit :

– Les traders qui vendaient ces CDO auraient dû être envoyés en prison. Cette affaire a beaucoup terni l'image de Wall Street. Ces traders étaient immoraux, cupides, égoïstes... Ils ont *volé* l'argent qu'ils ont empoché.

– N'importe quoi, répliqua Edmund. Tu l'as dit toi-même : c'était une *opportunité*. *Toi*, par contre, tu as détruit ces compagnies. Tes empreintes sont sur les cadavres. Le gouvernement avait autorisé les prêteurs à travailler avec les subprimes pour faciliter l'accès à la propriété. Tout le monde devrait avoir un chez-soi, n'est-ce pas ? Et dans cette affaire, personne n'a mis quelqu'un en joue avec une arme. Cependant, je ne comprends pas pourquoi nous ressassons encore ces histoires. Russell et moi, nous sommes allés de l'avant. Pas toi, semble-t-il. Je t'encourage vivement, Gloria, à *passer à autre chose*.

Edmund faisait tout son possible pour se contrôler ; il parlait d'une voix lente et égale. Mais Russell sentait que le bouchon volcanique était près de sauter.

– Quant à LifeDeals, nous sommes tout ce qu'il y a de plus confiants, poursuivit Edmund d'un ton monocorde. Notre société va casser la baraque. Tu pourras t'en rendre compte très prochainement.

– Tiens donc ? rétorqua posément Gloria. Eh bien moi, j'ai déjà un demi-million en CDS qui me dit que non, LifeDeals ne va pas casser la baraque. Et je vais investir encore plus. Vous savez quoi, vous deux ? Je serai contente quand votre boîte se cassera la figure, parce que je pense que vous vous êtes remis à voler. Sauf que cette fois, vous volez les assurances vie de gens vulnérables en leur jetant quelques piécettes. Vous abusez de gens âgés qui ont désespérément besoin d'argent parce qu'ils doivent être opérés et ne veulent pas se retrouver sur la paille à cause d'un système de santé, le nôtre, qui les a abandonnés.

Edmund se massa les tempes. Ils étaient banquiers ; ils faisaient de l'argent ; il n'y avait rien de plus à dire.

– La Cour suprême a tranché, dit-il. Les polices d'assurance vie sont des avoirs que les gens ont le droit d'acheter et de vendre.

– Vous les achetez quinze pour cent de leur valeur. Dix, si vous pouvez !

– Nous offrons un service financier légitime à des Américains du troisième âge qui ont besoin d'argent frais pour une raison ou une autre. Nous n'avons pas créé la demande, nous ne faisons que la satisfaire. Et je me fiche bien que ces gens se paient une nouvelle hanche ou une croisière en Alaska. Peut-être même qu'ils ne veulent pas que leurs ingrats d'enfants touchent l'argent de leurs assurances vie. L'opération que nous réalisons n'a rien d'immoral ou de douteux. Nous contribuons à réinjecter de l'argent dans le circuit économique. Tu devrais plutôt nous remercier.

– Épargne-moi ce couplet, Edmund. Maintenant que le marché du prêt hypothécaire est épuisé, un analyste plus futé que les autres s'est fixé sur l'assurance vie, et Russell et toi avez décidé d'en profiter. C'est votre nouvelle mine d'or et peu importent les conséquences pour les gens que vous flouez.

Russell se rendait compte que la conversation n'allait nulle part, et à toute vitesse. Il se pencha en avant dans son fauteuil.

– Gloria, si tu permets, Edmund et moi n'avons pas fait tout ce chemin pour débattre de l'éthique du rachat des assurances vie. Même si je dois faire remarquer, en passant, que cette activité financière existe depuis un certain nombre d'années sans que personne n'ait jamais trouvé à y redire. Si tu veux bien, nous allons juste devoir convenir ensemble que nous ne sommes pas d'accord. Et passer à autre chose. Nous aimerions savoir pourquoi tu es si sûre que nous nous trompons. J'ai apporté certains documents pour éclairer ta lanterne…

Russell déposa devant Gloria plusieurs rapports financiers et un certain nombre de graphiques : des courbes en cloche, pour l'essentiel, représentant l'espérance de vie des individus dont LifeDeals rachetait les polices d'assurance. Il y avait différentes courbes pour les différentes maladies dont souffraient les souscripteurs. Russell présenta ensuite un panorama complet du marché à Gloria en lui livrant davantage d'informations qu'il ne l'aurait normalement fait face à un gestionnaire de fonds d'investissement susceptible de s'intéresser à LifeDeals. Il lui détailla aussi leur business plan : comment ils prévoyaient de transformer les polices d'assurance vie en titres, ce qui engendrerait une augmentation spectaculaire de leurs revenus, lesquels serviraient à acheter davantage de polices qui produiraient elles-mêmes encore plus de titres, et ainsi de suite. Pendant qu'il parlait, Gloria jeta un coup d'œil sur les rapports financiers et les courbes en cloche. Elle n'y consacra guère de temps et les poussa de côté comme si elle ne leur accordait aucune valeur.

Pour finir, Russell expliqua que, dans la mesure où les analyses actuarielles permettaient de prédire très précisément à quelles dates les diverses polices d'assurance vie rachetées devaient livrer leur butin, LifeDeals pouvait intégrer toutes les données pertinentes dans ses calculs, déterminer à tout instant, et de manière très précise, l'état de ses finances – et acheter autant de polices que les variations de ses revenus le permettraient. Les analyses actuarielles étaient considérables, précisa-t-il, puisqu'elles portaient sur les cinquante dernières années. En cas de besoin, on pourrait même remonter encore plus loin dans le temps.

– Nous n'avons rien laissé au hasard, conclut-il. Notre système est infaillible parce qu'il est basé sur des chiffres confirmés, certifiés, clairs et nets. Bien sûr, il y aura quelques malades qui auront des rémissions spontanées. Mais il y en aura d'autres qui mourront plus vite que prévu. Tout est garanti par les mathématiques et tout le système repose sur les compagnies d'assurances. Lesquelles ne risquent pas de sombrer. C'est peut-être la meilleure opportunité d'investissement de tous les temps ! Et comme elle est protégée par la décision de la Cour suprême, il n'y a aucun risque que les lobbies des assurances ne demandent au Congrès de modifier la loi. Les compagnies d'assurances paieront chaque dollar qui est dû sur ces assurances vie !

Russell se tut. Il était un peu essoufflé. Edmund et lui dévisagèrent Gloria. Elle les regarda sans ciller. Au bout de quelques secondes, le silence devint pesant pour les deux hommes. Russell demanda :

– Tu ne vois donc pas de quoi il s'agit ?

– Oh, si, je vois, répondit-elle. C'est vous deux qui ne voyez pas.

– C'est tangible. C'est là. Nous avons vérifié et contre-vérifié les chiffres et nous avons tout étudié avec un cabinet d'actuariat. C'est bien réel. C'est solide. Nous détenons déjà cinquante mille polices...

Gloria poussa un sifflement ironique et l'interrompit :

– Combien représentent les primes à payer pour cinquante mille polices ? Vous devez lâcher dans les... quatre, cinq millions de dollars par mois. Si vous ne commencez pas très bientôt à avoir des revenus substantiels, vous serez à court de capital d'ici la fin de l'année prochaine.

Les deux hommes savaient qu'elle avait raison. Gloria était brillante – ça, Edmund ne l'ignorait pas. Il ne l'aurait pas engagée, autrefois, dans le cas contraire. Mais en ce qui concernait LifeDeals, ils étaient tranquilles puisque la capitalisation serait assurée avant la fin de l'année. Edmund se demanda si Gloria bluffait et songea que c'était sans doute le cas. Pour le moment, elle ne leur avait rien donné du tout. Il commençait à se lasser. Il soupira :

– Gloria… Tout ce que tu nous as dit, c'est que nous sommes de fieffés salopards, cruels et cupides, qui volons l'argent des vieilles dames. Mais ça, nous le savions déjà. Je crois que tu es à la pêche aux informations. Tu as raconté à un mec que tu nous shortais, sachant très bien que nous allions monter sur nos grands chevaux, venir ici et te montrer nos comptes. Et nous l'avons fait. Félicitations. Maintenant, nous devrions te laisser et ne plus te faire perdre ton temps. Nous serons heureux de te faire parvenir le prospectus de l'introduction en Bourse le moment venu.

Pendant qu'Edmund parlait, son expression irritée avait laissé place à l'insupportable suffisance que Gloria lui avait si souvent vue sur le visage à l'époque où ils avaient commencé à ne plus s'entendre. Elle tira le tiroir central de sa table pour y prendre un marqueur rouge. Soutenant le regard d'Edmund, elle saisit une des courbes en cloche de Russell et la surligna sur le papier – mais en s'éloignant du trait, à partir de son sommet, pour la dessiner plus penchée vers la droite qu'elle ne l'était à l'origine. Puis elle brandit la feuille vers les deux hommes et demanda :

– S'il arrivait ce genre de chose, qu'est-ce que ça signifierait pour votre société ?

Russell cligna des yeux. Gloria avait modifié le graphique des projections sur les assurances vie des diabétiques.

– Ce genre de chose, comme tu dis, ne peut pas se produire.

– Fais-moi plaisir. Disons « en théorie ».

– Avec une courbe comme celle que tu as dessinée, tu imagines qu'un certain nombre de patients diabétiques chroniquement malades puissent vivre environ dix ans de plus que prévu. Comme je viens de le dire, ça ne peut pas se produire.

– Supposons que quarante pour cent de vos polices rachetées proviennent de souscripteurs diabétiques. Si nous avons une courbe comme la mienne plutôt qu'une courbe comme la vôtre, je présume que cela signifie que vous avez vingt mille polices sur les bras dix ans de plus que prévu. Ça fait, heu… deux cent quarante millions de primes que vous n'aviez pas envisagé de payer. Ça fiche un vilain coup à votre business-plan, non ? Et peut-être que les diabétiques représentent en réalité *cinquante pour cent* de vos polices. Je pense donc que la courbe doit pencher encore un peu plus à droite. Ça nous donne… quinze ans de plus et quatre cent cinquante millions à débourser. Votre plus grosse source de revenus devient un bourbier d'avoirs toxiques.

– C'est parfaitement hypothétique et ça contredit cinquante ans de données actuarielles. Cinquante ans ! cria Edmund.

Gloria regardait Russell, qui paraissait de plus en plus soucieux.

– Oui, dit-elle. Vous disposez de cinquante ans de *vieilles* données actuarielles. Mais vous ne regardez pas l'avenir. La technologie peut faire des miracles en un clin d'œil. Messieurs, si vous avez d'autres idées géniales, soyez gentils de m'en parler. Je serais heureuse de prendre position sur le marché…

– Putain, merde, où veux-tu en venir ? l'interrompit Edmund d'une voix autoritaire.

Gloria toisa les deux hommes.

– Sais-tu ce qu'est une cellule SPi, Russell ? Et toi, Edmund ?

– J'ai déjà entendu ces mots, oui, dit ce dernier. C'est… Ce sont des sortes de cellules souches, je crois. Mais je ne vois pas le rapport…

– Cellules souches pluripotentes induites, dit Gloria. Si vous cessiez de regarder vers le passé et si vous vous intéressiez à l'avenir, vous deux, vous sauriez peut-être que les cellules SPi vont avoir un impact considérable, très prochainement, sur la médecine régénérative.

– Tu veux dire… avec la thérapie cellulaire ? Ha ! Cette bulle a explosé il y a dix ans. Souviens-toi de toutes ces start-ups de biotechnologie. Aujourd'hui, leurs actions ne valent plus un rond.

– Edmund, tu continues de parler du passé. Tu ignores le futur.

– Très bien. Et qu'as-tu vu, toi, Gloria, dans ta boule de cristal ?

– Avez-vous déjà entendu parler d'un prix Nobel qui s'appelle Tobias Rothman ? Et de son collègue, Junichi Yamamoto ? Et savez-vous ce qu'ils font dans leur labo au Centre médical de l'université Columbia ?

– Non, répondit Russell qui commençait à se sentir très nerveux.

– Grâce à quelqu'un qui suit de près les brevets des labos de biotechnologie, j'ai appris que Rothman fabrique des organes de souris, des organes entiers, à partir de cellules SPi tirées des souris mêmes auxquelles les organes sont destinés. Et d'un jour à l'autre – si ce n'est pas déjà fait à l'heure où je vous parle –, il va travailler de la même façon avec des cellules SPi humaines. Il sera capable de faire pousser des pancréas. Humains. Des pancréas taillés sur mesure, si l'on peut dire, pour les patients. Qui vont donc les guérir de leur diabète. Vous savez quelle conséquence ça va avoir sur vos prévisions ?

Sur le graphique qu'elle avait à la main, Gloria désigna de l'index la courbe en cloche d'origine, puis fit glisser son doigt vers la courbe rouge qu'elle y avait ajoutée.

– Cette conséquence-là.

Elle lâcha la feuille sur la table et se rencogna dans son fauteuil.

Russell avait déjà fait quelques calculs de tête. Grâce à certains vendeurs particulièrement doués, au Texas et en Floride, LifeDeals était déjà extrêmement bien dotée en polices d'assurance vie de diabétiques. À vrai dire, Gloria était loin du compte : les diabétiques représentaient près des deux tiers du stock de polices rachetées par la société. Cela signifiait que LifeDeals était condamnée, dans le scénario de Gloria, à devoir débourser six cents millions de plus que prévu en primes. Mais qui savait si ces chercheurs réussiraient effectivement à produire des organes humains ? Et *quand*, d'ailleurs ? De plus, tous les patients ne seraient pas forcément tirés d'affaire. N'empêche… si Gloria avait raison, le paradigme sur lequel était fondé LifeDeals s'effondrerait. Russell fit la moue. Edmund et lui avaient-ils un moyen quelconque de se débarrasser de ces polices ? Pouvaient-ils en réaliser la titrisation malgré tout ? Les investisseurs placeraient-ils leur argent dans la société s'il y avait de telles incertitudes sur son avenir ? Toutes ces questions tournoyaient dans l'esprit de Russell. Edmund, lui, ne songeait qu'à fiche le camp du bureau de Gloria.

– Voyez LifeDeals comme une piscine, dit-elle. Il s'en échappe déjà beaucoup d'eau et, à court terme, vous allez en voir arriver bien moins que prévu pour la réalimenter. Sans doute vous retrouverez-vous même bientôt à sec, les amis. Et sans rien pour vous tirer d'affaire.

Elle sourit. Elle s'amusait énormément.

– Voulez-vous un conseil ? J'en doute, mais je vais vous le donner quand même. Dépêchez-vous de transformer en titres vos premières tranches de polices rachetées. Faites ça le plus tôt possible, avant que quiconque ne s'aperçoive que le socle sur lequel repose LifeDeals n'est pas vraiment solide. Qu'il tient plutôt des sables mouvants. Quand la vérité va éclater au grand jour, vos titres tireront la langue. Vous réussirez peut-être à mettre de côté une partie de l'argent qu'ils vous rapporteront, si vous êtes rusés, et je sais que vous l'êtes, mais vous ne retrouverez sûrement pas votre mise de fonds. À moins que vous ne soyez prêts à violer la loi. Ce qui bouclerait joliment la boucle. Peut-être irez-vous enfin en prison, cette fois.

– Russell, on s'en va, dit Edmund.

Gloria et lui se fusillèrent du regard tandis que Russell récupérait ses documents. Elle avait abattu ses cartes et se rendait compte qu'elle remportait largement la partie.

– Désolée de vous dire adieu si vite, les amis, mais j'ai un rendez-vous à déjeuner, de toute façon.

Elle tendit à Russell les derniers documents qui se trouvaient sur la table. Elle avait déjà décidé de renforcer immédiatement sa position contre LifeDeals. Edmund avait en partie raison : elle avait voulu qu'ils lui présentent leur business-plan. Elle s'était également doutée qu'Edmund serait assez arrogant pour en dire trop. Maintenant qu'elle avait vu leurs projections, elle les jugeait encore pires – ou meilleures, peut-être, de son point de vue – que ce qu'elle avait pu espérer. Peut-être serait-elle amenée à perdre de l'argent dans l'opération, mais cela n'avait pas d'importance ; elle en avait déjà plus qu'elle ne pourrait raisonnablement en dépenser en trois vies.

La mine déconfite d'Edmund, elle, était inestimable.

Les deux hommes attendirent l'ascenseur sans mot dire. Russell jeta un coup d'œil vers son associé. Edmund avait une expression qu'il ne lui avait jamais vue : il semblait avoir du chagrin. Ils entrèrent dans la cabine et les portes se refermèrent en chuintant.

– Tiens-moi ça une seconde, dit Edmund à Russell en lui tendant son manteau et son attaché-case.

Il s'approcha des portes et frappa brutalement celle de gauche avec son poing gauche. Il poussa un cri, mais la douleur lui fit du bien.

10

CENTRE MÉDICAL DE L'UNIVERSITÉ COLUMBIA
NEW YORK
2 MARS 2011
13 H 00

Pia se sentait déjà chez elle dans ce que le Dr Yamamoto appelait avec humour la « salle de bains » : l'unité des bains d'organes où étaient cultivés les reins, les cœurs, les poumons et les pancréas de souris. Elle y avait passé la matinée, récoltant d'innombrables données sur les bains et leurs pH. Elle avait aussi consulté sur une tablette tactile les historiques des quelques organes dont le développement n'avait pu aboutir. Apparemment, les bains de ces organes défaillants avaient présenté de subtiles variations d'acidité ou d'alcalinité. Pia ayant pour mission de surveiller et d'étudier tous les bains, elle avait aussi commencé à réfléchir au moyen de connecter son téléphone portable au serveur qui traitait les données de l'unité, afin d'être alertée – comme l'étaient Rothman et Yamamoto sur leurs iPhone – quand les paramètres d'un bain varieraient.

Le Dr Rothman était passé deux fois, brièvement, dans l'unité. Pia savait que Yamamoto et lui, assistés par les techniciens, menaient simultanément des études complexes, de longue haleine, dans l'unité des bains d'organes et dans l'unité NSB3 à l'autre bout du laboratoire. Rothman favorisait peut-être de plus en plus ses recherches sur l'organogenèse, mais il n'était pas prêt à renoncer au travail sur les salmonelles qui lui avait valu sa réputation internationale – même si cela lui imposait de bosser à des niveaux de concentration et de dépense énergétique absolument surhumains. Il accordait énormément d'importance aux souches de *salmonella typhi* hypervirulentes que la NASA lui avait fournies, car, le programme de la navette américaine étant désormais arrêté, il ne savait pas quand il pourrait en faire cultiver d'autres dans la station spatiale internationale.

Lesley et Will avaient quitté l'unité des bains d'organes pour aller trouver le Dr Yamamoto. Il avait été décidé qu'en plus d'aider Pia, ils entameraient de leur côté une étude sur les légères variations de température susceptibles d'affecter les bains. Malheureusement, leur travail était vite tombé dans l'impasse et ils préféraient consulter Yamamoto plutôt que d'affronter le Dr Rothman.

À treize heures, ce dernier reparut dans l'unité et se dirigea vers les chariots du fond de la salle.

– Il semble qu'il y ait un problème avec le numéro 19, dit-il sans s'adresser à personne en particulier.

Pia le suivit et l'observa tripoter les boutons de l'appareil de surveillance installé sous le bac.

– La circulation sanguine ne se passe pas bien, dit-il. Il doit y avoir un caillot ou un blocage quelque part. Nous allons devoir ouvrir l'organe pour voir si c'est un problème de développement ou une sorte d'embolie. L'aventure du passage de l'*in vitro* à l'*in vivo* n'est pas terminée.

– D'ici combien de temps commencerez-vous les essais humains ? demanda Pia.

Rothman tressaillit et tourna la tête pour la regarder, l'air étonné de la trouver là. Pia n'était pas moins surprise. Ne s'était-il parlé qu'à lui-même ?

– Nous sommes un peu plus avancés avec le rein qu'avec le pancréas, répondit-il. Le rein, fondamentalement, n'est qu'un filtre.

C'est un organe assez simple. Mais le pancréas est très compliqué. Je suis toujours fasciné quand je pense à toutes les missions que cette glande remplit à elle seule pour l'organisme. Des missions très importantes, en plus.

– Oui. La production d'hormones et d'enzymes...

– Les îlots de Langerhans, enchaîna Rothman comme si Pia n'avait rien dit. J'ai toujours adoré ce nom. Ils ont été découverts en 1869 par un Allemand, un jeune chercheur de vingt-deux ans qui s'appelait Paul Langerhans. Je me souviens que la première fois que j'ai entendu ce nom, quand j'étais adolescent, j'ai cru qu'il avait été emprunté à de véritables îlots, situés quelque part dans le monde.

Pia avait rarement vu le Dr Rothman si jovial. Ici, dans son repaire, il semblait parfaitement heureux. Et cela lui allait bien, au fond, d'aimer ainsi le nom du groupe de cellules du pancréas qui diffusait insuline et glucagon dans le système sanguin pour réguler la glycémie.

– Bien sûr, il était nécessaire que le pancréas se situe à côté du duodénum, continua Rothman. Pour qu'il puisse injecter ses enzymes dans le système digestif via l'ampoule de Vater. Un autre de mes noms préférés...

Rothman faisait référence au point de jonction entre le canal qui amenait la bile de la vésicule biliaire et le canal des sécrétions pancréatiques. C'était là que les aliments, dans leur voyage à travers l'intestin, étaient mêlés aux agents nécessaires à leur digestion.

– Mais l'ampoule de Vater est enfouie tellement profondément ! Elle est tellement difficile à atteindre ! C'est pour ça que le cancer du pancréas est si difficile à dépister. Et si mortel, bien sûr. L'organe est tellement irrigué de sang que les cancers tendent à s'y étendre très rapidement.

Rothman, qui paraissait exceptionnellement détendu, continuait de suivre avec insouciance le cours de ses pensées :

– L'organogenèse du pancréas est très difficile à réaliser. Toutes les cellules productrices d'hormones et d'enzymes doivent être codées génétiquement. Nous commençons tout juste à maîtriser la procédure.

Il fit quelques pas jusqu'à un autre bain. Pia le suivit.

– Le pancréas de la souris, c'est une chance, est remarquablement similaire au nôtre. Nous faisons de grands pas en avant. Mais je voudrais aller encore plus vite.

Certains scientifiques travaillaient sur l'implantation de lecteurs de glycémie et de pompes à insuline dans le corps des patients. D'autres cherchaient des solutions dans le domaine de la thérapie génique : ils donnaient par exemple aux malades un médicament contenant un virus qui entraînait la production d'insuline en présence de glucose. Rothman s'attaquait au problème de la seule façon qui lui convenait : en ruant dans les brancards. Pia aimait cette assurance et cette ambition. Et elle sentait qu'elles avaient déteint sur elle, au contact de Rothman, au cours des trois années passées. Elle savait comment les gens voyaient le chercheur : son assurance leur semblait être la preuve d'une insupportable arrogance. Mais un individu ne peut être considéré comme arrogant que s'il se montre délibérément vaniteux et agressif. Ce n'était pas le cas de Rothman ; il ne voyait tout simplement pas les gens autour de lui.

– Je voulais vous remercier, docteur Rothman, dit-elle.

– Pour quelle raison ?

– Parce que vous m'avez offert de me prêter de l'argent pour payer les sœurs.

– Les sœurs vous ont aidée autrefois, mais le passé appartient au passé. Vous n'avez plus besoin d'elles. Vous devez aller de l'avant et dépasser tous les problèmes que votre enfance en foyer et en familles d'accueil vous ont causés. Comme je l'ai fait.

– J'essaie.

Elle voulait dire qu'elle essayait de s'élever au-dessus de l'héritage des expériences de son enfance. Quant à ne plus avoir besoin des sœurs... Elle n'était pas si sûre de pouvoir couper le cordon.

– La santé de mes fils n'est pas aussi bonne que je le voudrais, dit Rothman tout à trac. Je me sens très coupable.

Pia écarquilla les yeux, très étonné. Le chercheur parlait rarement de sa vie privée – surtout pour livrer des choses aussi intimes. À vrai dire, la seule autre fois où il avait agi ainsi devant elle, c'était quand il lui avait révélé souffrir du syndrome d'Asperger.

– Je suis désolée. Je... je ne savais pas.

– Personne ne sait, dit Rothman avec une soudaine tristesse. Je n'en parle jamais. Mais c'est une donnée très importante dans la course que je mène dans le domaine des cellules souches et de la biologie cellulaire.

Pia ne savait plus quoi dire. Subitement, elle venait de comprendre pourquoi Rothman avait pris un tel virage dans ses travaux scientifiques après avoir connu le succès que lui avaient valu les salmonelles.

Elle le regarda contempler le minuscule pancréas en suspension dans le bain. Elle ne pouvait qu'imaginer l'espoir qu'il éprouvait à cet instant. Et puis, tout à coup, elle vit sur son visage qu'il se détachait de ces pensées et passait à autre chose. Il jeta un regard aux valeurs affichées sur le moniteur, puis il s'éloigna sans un mot. La capacité qu'il avait à changer d'état d'esprit, comme ça, d'une seconde à l'autre, était profondément déroutante.

11

NEW YORK
2 MARS 2011
13 H 30

Après avoir quitté le bureau de Gloria Croft, Edmund Mathews longea Lexington Avenue jusqu'à ce qu'il trouve une pharmacie. Il était toujours ivre de rage et sa main gauche le faisait beaucoup souffrir. Il acheta un flacon de comprimés d'Ibuprofène et en goba quatre. Des élancements violents lui labouraient la main, mais il était certain de ne s'être cassé aucun os quand il avait frappé la porte de l'ascenseur. S'il avait utilisé sa main droite, dans laquelle il avait davantage de force, les dégâts auraient été plus sérieux.

Russell Lefevre jugeait les comportements de son associé en temps de crise aussi imprévisibles qu'inquiétants. Mais il savait aussi qu'après cette flambée de colère, Edmund retrouverait son exceptionnelle acuité intellectuelle et serait capable de s'attaquer au problème qui se posait à eux – et de lui trouver une solution – en le brisant en ses divers composants.

Edmund appela le chauffeur devant la pharmacie. Ils retrouvèrent la voiture arrêtée en double file dans la 58e Rue. Après qu'ils se furent installés sur la banquette arrière, Edmund ne dit pas un mot pendant un long moment. Russell aurait juré entendre les rouages du cerveau de son associé tourner tandis qu'il réfléchissait.

– Nous devons commencer dès maintenant la titrisation des polices déjà rachetées, dit enfin Russell.

– Oui, c'est évident, acquiesça Edmund. Et il faut réexaminer les dossiers de tous nos diabétiques. Il faut voir s'il ne serait pas moins coûteux d'annuler carrément certaines de ces polices. Et je crois que nous devrions aussi licencier une partie de notre force de vente. Jusqu'à ce que nous y voyions plus clair, en tout cas.

Edmund ordonna à Russell d'appeler une de leurs connaissances chez Goldman Sachs, un dénommé McDonald qui était spécialisé dans les titres adossés à des actifs. McDonald s'intéressait à LifeDeals, mais il restait sur ses gardes. Russell, qui ne l'avait pas eu au téléphone depuis quelque temps, affirma qu'Edmund et lui seraient bientôt soutenus par l'un ou l'autre des plus gros investisseurs institutionnels de la place. McDonald avait justement un moment de libre dans son emploi du temps. Edmund et Russell prirent la direction de West Street, à Battery Park City, où se trouvait le siège international de Goldman Sachs.

– Ce mec est un petit joueur. Aucune vision, aucune ambition, dit Edmund après la rencontre très insatisfaisante qu'ils venaient d'avoir avec McDonald et deux de ses collègues.

Russell avait répondu à toutes leurs questions et il avait essayé de leur expliquer pourquoi Edmund et lui voulaient effectuer le plus tôt possible la titrisation des assurances vie rachetées par LifeDeals. Mais les trois traders ne voyaient pas où était l'urgence. De leur point de vue, plus il y aurait de polices à regrouper et à découper en tranches, meilleur serait le produit mis sur le marché. De plus, LifeDeals n'avait pas encore abattu le pénible travail juridique nécessaire à la création des CDO complexes qui seraient offerts aux investisseurs. Russell et Edmund étaient déçus. Après leur rencontre avec Gloria Croft, ils avaient eu besoin d'être rassurés. Quand ils sortirent de l'immeuble de Goldman Sachs, ils se dirent que si la réaction de leurs interlocuteurs n'avait pas été réellement négative, elle n'avait pas non plus été follement positive.

Dans la voiture, ils prirent une autre décision. Comme Gloria Croft l'avait démontré de façon foudroyante, le principal problème auquel ils étaient confrontés sautait aux yeux sur les courbes en cloche des taux de mortalité sur lesquels était basée la viabilité de LifeDeals : si ces courbes penchaient vers la droite – à cause des progrès de la médecine, d'après Gloria –, c'était la catastrophe.

– Il faut que nous ayons une petite discussion avec Henry Green, dit Edmund.

Henry Green était président de Solutions, le cabinet d'actuariat qui avait produit toutes les données chiffrées – et les courbes en cloche – avec lesquelles travaillait LifeDeals. Edmund prit son BlackBerry. Ce coup de fil, il voulait le passer lui-même.

– Henry Green, s'il vous plaît… Ah, très bien. Dites-lui donc qu'Edmund Mathews est en ville et a besoin de le voir tout de suite… Humm, je suis sûr qu'il sera plus disponible quand vous l'informerez que nos données de fond ont une faille. Il y a de nouvelles variables à prendre en compte. Nous avons besoin de régler ça d'urgence.

Edmund raccrocha et se tourna vers Russell pour affirmer :

– Il va nous recevoir.

LifeDeals avait acheté par contrat la disponibilité immédiate, à tout moment, de Solutions. Le service était onéreux, mais Russell tenait à être armé des meilleures analyses statistiques disponibles, régulièrement mises à jour, pour la préparation et le lancement de leur produit. Conséquence de la débâcle des subprimes, les investisseurs exigeaient désormais de savoir *précisément* dans quoi ils plaçaient leur argent. Cela pouvait paraître évident, mais ce n'était pas le cas. Russell voulait être en mesure de montrer à chaque investisseur potentiel les toutes dernières données dont LifeDeals pouvait disposer – y compris les détails des polices d'assurance vie rachetées si l'investisseur souhaitait les voir.

Henry Green, de son côté, était moins qu'enchanté d'apprendre qu'Edmund Mathews avait téléphoné – d'autant que l'homme d'affaires exigeait une rencontre au pied levé. Russell Lefevre voulait tout l'éventail des données que Solutions pouvait offrir à ses clients, mais il savait aussi laisser le temps au cabinet de travailler. Edmund Mathews, lui, appelait presque toujours pour réclamer des réponses immédiates aux questions les plus complexes, et il considérait que le personnel de Solutions devait se mettre entièrement à sa disposition chaque fois qu'il avait besoin de lui. Depuis qu'il avait signé avec LifeDeals, Henry Green avait été obligé de tenir ses employés d'une main de fer, et de les faire travailler pour chaque dollar qu'il touchait, pour réussir à satisfaire Edmund Mathews et Russell Lefevre.

Les deux hommes arrivèrent rapidement aux bureaux de Solutions dans le quartier de Chelsea. Peu après, ils prirent place en face de Green dans son bureau.

– Edmund..., commença ce dernier avec hésitation. Je crois que vous avez évoqué de « nouvelles variables » au téléphone...

Russell s'empressa de répondre. Il voulait absolument éviter qu'Edmund ne se mette à hurler contre leur interlocuteur – comme il l'avait déjà fait plusieurs fois au cours des derniers mois.

– Oui, en effet. Certaines informations ont été portées à notre connaissance et nous avons besoin des talents de vos analystes pour savoir si nous devons nous en préoccuper.

La tournure de phrase euphémique de Russell fit soupirer Edmund, qui intervint :

– Ce que mon associé veut dire, Henry, c'est que vous vous êtes peut-être trompé dans vos prévisions. Et pour des montants qui pourraient nous obliger à mettre la clé sous la porte. Je vous serais donc reconnaissant de demander à vos petits génies de rappliquer. Vous nous avez raconté qu'ils n'ont qu'à claquer des doigts pour décrocher des jobs chez Google, mais j'aimerais qu'ils nous montrent d'abord qu'ils sont tout de même assez futés pour lacer leurs chaussures.

La voix d'Edmund s'était chargée de colère pendant qu'il parlait, mais le barrage avait tenu bon. De justesse. Henry Green appuya sur un bouton de sa console téléphonique.

– Oui, Laura, voulez-vous demander à Tom et à Isabel de nous retrouver immédiatement dans la salle de conférences ?

Il se leva.

– Messieurs, si vous voulez bien…

Toutes les têtes qu'Edmund et Russell apercevaient dans les locaux de Solutions étaient jeunes. Le patron, Henry Green, avait les cheveux en bataille et trop longs dans la nuque, mais il faisait quelques efforts pour avoir l'air d'un homme d'affaires : il portait un pantalon de costume, une chemise, parfois une veste. Les geeks qui brassaient les statistiques, eux, étaient habillés en noir et semblaient tout juste revenir de boîte de nuit. Solutions, qui possédait ses propres algorithmes de calcul et savait travailler sur toutes sortes de données, avait désormais une certaine réputation parmi les cabinets d'actuariat. Il était vrai, en outre, que nombre de ses employés étaient courtisés par des géants de la Silicon Valley qui étaient prêts à payer leurs notes de pressing et acceptaient de les voir venir au boulot avec leurs chiens. S'il voulait garder ses employés, Henry Green devait se montrer aussi tolérant et généreux. Tant qu'ils lui offraient au moins six mois de dur labeur, ils pouvaient avoir l'allure qui leur plaisait.

Ils s'installèrent dans la salle de conférences. Devinant que Russell voulait parler à sa place, Edmund demanda sans préambule à Tom Graham et à Isabel Lee :

– Que savez-vous sur les cellules souches et sur leur potentiel dans le domaine du traitement du diabète ?

– Heu… Je sais ce qu'est une cellule souche, répondit Isabel.

– Avez-vous pris cette variable en compte dans vos projections ?

– Quelle variable ?

– La variable qui dit qu'un chercheur de l'université Columbia est peut-être à deux doigts de fabriquer des pancréas humains utilisables comme organes de transplantation. Si ça marche, les diabétiques vivront beaucoup plus longtemps.

– Et c'est une bonne chose, bien sûr, dit Isabel.

Ni elle ni Tom n'avaient apprécié de devoir travailler sur les chiffres de la mortalité des malades chroniques des États-Unis – surtout sachant ce que LifeDeals prévoyait d'en faire. Ils avaient protesté auprès d'Henry Green, mais celui-ci les avait fait taire, leur rappelant qu'ils n'étaient pas payés pour émettre des jugements moraux. Ouais, l'idée de faire de l'argent sur la mort des gens était flippante, mais LifeDeals payait bien.

– Oui, c'est merveilleux pour la médecine et pour les obèses, grogna Edmund. Mais c'est beaucoup moins bon pour mes investisseurs.

– Écoutez, intervint Russell en regardant Isabel et Tom. Nous vous avons laissé toute latitude pour définir les paramètres à prendre en compte. Concrètement, il s'agissait d'utiliser toutes les données actuarielles disponibles et d'en tirer des projections utiles pour notre société. Mais ces fameuses cellules souches n'apparaissent nulle part !

Edmund approuva d'un hochement de tête. Henry Green s'adressa à Russell pour répondre :

– Nous avons intégré l'augmentation de l'espérance de vie des malades à nos calculs et nous avons ajouté une certaine tolérance pour d'éventuels facteurs imprévus, mais en limitant la variabilité à cinq pour cent. Nous en avons longuement discuté ensemble et vous étiez d'accord. Si la médecine est au seuil d'une avancée majeure – par exemple, comme vous le dites, pour fabriquer des pancréas sur mesure avec des cellules souches ou grâce aux découvertes sur le génome humain –, nous ne pouvons pas être tenus pour responsables. Personne ne peut anticiper de tels événements historiques.

– Alors toute cette saloperie de travail statistique ne nous sert à rien, rétorqua Edmund en levant les mains avec exaspération. Ce n'est rien d'autre que de la masturbation mentale.

– Ah non, répliqua Isabel, absolument pas intimidée, en se levant. Les données que nous avons produites sont excellentes pour les informations que nous avions au départ. S'il y a un changement de paradigme, les chiffres changent et les graphiques doivent être corrigés pour rendre compte de l'évolution de la situation. C'est aussi simple que ça.

Elle haussa les épaules et se rassit sur sa chaise. Tom Graham regardait ses ongles.

– Voilà ! explosa Edmund. Voilà ce qu'on nous offre ! Oups, pardon, petite erreur statistique. On n'avait pas pensé à ce détail ! Mais nous, voyez-vous, nous vous avons payés pour penser à *tout*. Les cellules souches ne viennent tout de même pas de surgir du néant. C'est quoi ce cabinet, nom de Dieu ?!

– D'accord. Ne nous énervons pas, dit Russell d'un ton apaisant. Henry, Edmund s'excuse…

– Ce n'est pas devant moi que vous devez vous excusez, l'interrompit Henry, et il désigna Isabel et Tom. C'est à eux qu'il faut parler.

Isabel fusillait Edmund du regard. Edmund leva la main, comme un écolier, pour demander la parole. L'expression de son repentir n'irait pas plus loin.

– Écoutez, Henry…, dit Russell. Nous avons besoin de nouveaux modèles, basés sur certaines hypothèses récentes que je peux vous envoyer par mail d'ici une heure ou deux. Il faut que nous sachions de quelle façon les différents scénarios envisageables vont affecter notre trésorerie. Mais vous devrez faire un certain nombre de suppositions, car nous n'avons pas vraiment de données tangibles. Nous vous serions très reconnaissants de faire cela pour nous. Tout de suite. Comme vous le savez, nous avons une clause, dans notre contrat…

– Oui, je sais, l'interrompit Henry. À vrai dire, il se trouve que j'ai réexaminé notre contrat avant votre arrivée. Nous allons faire ce travail pour vous, oui, bien sûr. Pour demain matin. Mais comme vous le savez, Russell, il y a une clause particulière, dans le contrat, qui nous permet de nous dégager de nos obligations mutuelles, en certaines circonstances, dans un délai de vingt-quatre heures. Je crois que les circonstances actuelles me permettent plus que légitimement de faire appliquer cette clause résolutoire. Je vous informe donc dès à présent que notre relation prendra fin demain.

Encore plus démontés qu'à leur arrivée dans les bureaux de Solutions, Edmund et Russell n'eurent pas l'énergie de protester. Ils se levèrent simplement pour partir.

12

MAISON DE RETRAITE « CASTLE TOWERS »
PHOENIX, ARIZONA
2 MARS 2011
11 H 50

Sally Mason s'assit sur un banc proche de l'entrée de sa maison de retraite. Elle voulait profiter du dernier souffle d'air matinal avant que le soleil n'ait rendu l'atmosphère irrespirable. Bien qu'étant née et ayant vécu en Arizona toute sa vie, Sally avait toujours souffert de son climat très chaud. Mais elle était fière de pouvoir se dire qu'elle avait passé toute son existence dans cet État. À sa naissance, en 1933, il comptait moins d'un demi-million d'habitants ; ce chiffre était désormais celui de la seule population de Mesa – une ville qui n'était jadis qu'un minuscule point sur la carte.

Aujourd'hui, Sally devait recevoir la visite d'Howard Essen, un vendeur qu'elle avait déjà rencontré deux fois et avec qui elle avait parlé à plusieurs occasions au téléphone au cours des dernières semaines. Elle avait beaucoup apprécié le fait qu'Howard n'ait pas cherché à lui forcer la main – il avait été nettement moins insistant que l'homme qui avait autrefois vendu l'assurance vie à son mari. Elle avait pris plaisir à l'écouter parler de sa famille ; il était clair qu'il se dévouait tout entier à sa femme et à ses trois enfants. Il s'était aussi beaucoup intéressé à son histoire à elle, aux anecdotes qu'elle avait en mémoire sur l'Arizona de son enfance – une époque où l'on attachait encore son cheval devant les commerces du centre de Phoenix. Bien sûr, elle n'avait pas manqué de lui parler de Preston, décédé depuis vingt ans déjà, ainsi que de leur fille unique, Jean, et de leur petit-fils.

Aujourd'hui, c'était un bon jour. Un jour où elle n'était pas obligée de faire quarante-cinq minutes de trajet pour endurer plusieurs heures de pénible dialyse.

Aujourd'hui, Sally avait décidé d'annoncer à Howard Essen qu'elle acceptait sa proposition.

Howard devait arriver à midi. Sally lui avait indiqué cet horaire, car elle voulait garder l'après-midi de libre. Elle regarda sa montre. Midi moins dix. Elle ferma les yeux et pensa à Preston comme elle le faisait presque tous les jours. Elle était très jeune quand ils s'étaient rencontrés – à peine dix-huit ans. Et lui, il était tellement séduisant dans son uniforme de l'Air Force, lorsqu'il était entré pour la première fois dans l'épicerie où elle travaillait avec son père ! Il était ensuite revenu tous les jours. Mais, au bout d'une semaine, il était à court d'articles à acheter et il n'avait d'autre excuse que la vérité : il venait bel et bien au magasin pour voir Sally. La vie avec Preston n'avait pas toujours été facile, mais il avait très bien pris soin de sa famille. Quelques années avant de mourir, il avait souscrit une police d'assurance vie au nom de Sally et mis sur pied une rente viagère pour en garantir le paiement et constituer un pécule pour leur fille. Il voulait être sûr que Jean serait à l'abri du besoin et que Sally n'aurait pas à se faire de souci pour elle.

Sally avait longtemps pensé que les sommes de la rente viagère versées à Jean étaient très généreuses. Mais elle avait changé d'avis quand le mari de sa fille était subitement décédé et l'avait laissée avec une montagne de factures impayées dont elle ignorait jusqu'alors l'existence. L'argent que Sally avait mis de côté après avoir vendu sa maison – la maison que Preston avait achetée en 1965, la meilleure année de sa petite entreprise de plomberie – avait fondu quand elle avait aidé Jean à éponger ses dettes. Et aujourd'hui, c'était Jean qui était obligée de renoncer à la quasi-totalité de ses virements de la rente viagère pour aider sa mère. Sally était très gênée, mais Jean insistait pour lui donner cet argent et, bien sûr, elle avait raison. Preston Mason n'aurait pas hésité une seconde : il aurait fait n'importe quoi pour aider sa femme à vivre aussi bien que possible.

L'insuffisance rénale dont Sally souffrait en était au stade cinq, le stade terminal. Elle avait besoin d'un nouvel organe. Mais la liste d'attente comptait des milliers et des milliers de malades. De plus, l'État venait juste de décider de cesser de rembourser les transplantations pulmonaires, ainsi que certaines opérations du cœur et de la moelle osseuse. Combien de temps avant qu'il renonce aussi à payer les transplantations rénales ? Sally ne voulait pas attendre d'avoir la réponse à cette question. Et elle refusait de passer ses dernières années enchaînée à une machine. Elle voulait retrouver sa liberté, mais la liberté coûtait cher. Il lui fallait deux cent cinquante mille dollars pour l'opération. Outre l'argent dont elle avait besoin pour vivre à Castle Towers, elle avait encore quelques petites économies. Et Jean avait promis de lui donner quelque chose. Mais il lui manquait encore le gros de la somme. Voilà pourquoi l'idée de vendre sa police d'assurance vie lui avait paru intéressante.

Le coup de fil d'Howard Essen était donc arrivé à un moment particulièrement opportun. Mais ce n'était pas une coïncidence et Sally aurait sans doute été blessée d'apprendre de quelle façon Howard l'avait trouvée. Il repérait ses clients grâce à un réseau de contacts qu'il s'était constitué, évidemment sans lui donner le moindre caractère officiel, dans une trentaine de maisons de retraite et d'établissements de soins de la région de Phoenix. Il glissait de temps en temps un billet à plusieurs aides-soignants, réceptionnistes et directeurs qui lui passaient un coup de fil quand les retraités ou les malades dont ils s'occupaient leur confiaient certains problèmes personnels : quand un petit vieux, par exemple, disait n'avoir même pas les moyens de se payer une dialyse ou un rendez-vous chez le cardiologue avec l'argent qu'il aurait normalement réservé aux études supérieures de ses petits-enfants. Howard n'appréciait pas du tout de devoir travailler dans ces conditions, mais il n'avait pas vraiment le choix. Les temps étaient durs et il devait se débrouiller pour faire vivre sa propre famille. Dans le cas de Sally, elle avait parlé de ses soucis financiers à un garçon de salle, celui-ci avait relayé l'information au directeur de la maison de retraite sans penser à mal, et le directeur avait passé un coup de fil à Howard.

Pendant dix ans, Howard avait gagné correctement sa vie en vendant des prêts immobiliers de primo-accédants à des jeunes gens de l'Arizona. Tout allait très bien, semblait-il, et Howard avait été happé par l'hystérie collective de la bulle immobilière. Tous les agents accordaient des prêts sans réclamer la moindre garantie aux emprunteurs, voire même sans le moindre document d'identité, alors pourquoi pas lui ? Personne ne lui avait jamais dit que c'était une erreur… Après plus de six mois au chômage, il avait trouvé cet emploi chez LifeDeals. À vrai dire, c'était cette société qui l'avait chassé : elle voulait le vendeur très doué qu'il avait été autrefois. Elle lui avait offert un emploi presque complètement rémunéré à la commission : moins il payait les polices qu'il achetait, plus il gagnait d'argent. N'empêche, il dormait mieux la nuit quand il ne contraignait pas le souscripteur à renoncer à un demi-point supplémentaire sur le pourcentage de sa police.

Quant à Sally Mason, il n'avait pas pensé qu'elle capitulerait si facilement. Quand il s'était présenté à elle, la première fois qu'il lui avait rendu visite, elle avait répliqué :

– Essen, comme la ville en Allemagne ?

– Oui, madame. Tout à fait, avait-il répondu, songeant qu'il se trouvait face à une femme qui avait encore l'esprit très vif malgré l'âge et la maladie.

Il avait alors débité son baratin, armé des graphiques et des tableaux qui détaillaient les montants que Sally garderait en poche si elle n'avait plus à payer les primes de l'assurance vie, et ceux qu'elle toucherait, potentiellement, si elle investissait ces « économies » de façon judicieuse.

– Alors si je cesse de payer la police et que j'utilise l'argent de la rente viagère, je pourrai toucher ça quand j'aurai… voyons, cent deux ans ? avait-elle demandé, désignant une somme assez conséquente à l'extrémité de l'un des graphiques.

– Voilà. Avec votre nouveau rein, qu'est-ce qui vous empêcherait de vivre encore vingt ans ? Et ces projections sont fondées sur un taux *moyen* de retour sur investissement, lui-même calculé sur les données de plusieurs décennies. Si vous le souhaitez, je pourrai vous donner le nom d'un conseiller en Bourse absolument génial. Il vous aidera à gérer votre portefeuille.

– Je suis sûre que vous connaissez des gens très bien, Howard. Et à quel taux de rendement devrais-je m'attendre, à votre avis ?

– Comme je le disais, en nous basant sur les moyennes historiques des dernières décennies, vous pouvez espérer dans les huit pour cent.

– Oh ! Comme j'aurais aimé que vous m'appeliez il y a trente ans, Howard. Je ne serais pas dans la situation où je suis aujourd'hui.

Deux minutes avant midi, Sally vit Howard apparaître au volant de son pick-up Ford et se garer sur le parking. Elle lui fit signe de la main tandis qu'il se dirigeait vers l'entrée de la maison de retraite.

– Bonjour, madame Mason, dit-il.

– Bonjour, monsieur Essen. Allons faire des affaires ensemble, voulez-vous ?

Howard sourit.

La chambre de Sally était petite. Pour être à l'aise, ils s'installèrent à une table de la grande salle à manger commune. Howard avait apporté tous les papiers nécessaires à la transaction. Il les étala devant eux. Sally saisit le stylo qu'il lui tendait – et le posa devant elle.

– Vous savez, Howard... quand Preston a souscrit cette police, il pensait qu'elle assurerait l'avenir de notre fille. Mais au lieu de ça, je suis obligée de l'utiliser pour me donner dix ans de vie supplémentaires parce que je ne peux plus compter sur l'aide de l'État dans lequel j'ai passé toute ma vie. Je n'ai presque plus d'argent. Ma fille n'a presque plus d'argent. Il y a mon petit-fils, George, qui est à la fac de médecine à New York, et qui a toujours dit qu'il voulait gagner le plus d'argent possible pour aider sa mère, mais il n'est pas au courant de cette histoire, parce qu'il doit déjà lui-même payer des sommes folles pour ses études. Plus personne n'a d'argent. Les gens n'ont que des dettes. Comment en sommes-nous arrivés là ?

Howard Essen baissa les yeux. Lors de leur précédente rencontre, Sally et lui avaient un peu parlé du précédent métier qu'il avait exercé et de la folie des emprunts immobiliers à tout-va qui avait saisi l'Amérique. Sally lui avait raconté que son père, à la boutique, faisait de temps en temps crédit à ses clients, avant la fin de la semaine, quand ils avaient déjà dépensé leur paie – et qu'il le regrettait presque toujours.

– Je vous jure que je ne comprends pas, moi non plus, madame Mason.

– Oh, Howard, je crois pourtant que nous avons une petite idée de ce qui s'est passé.

Howard Essen observa Sally Mason signer les documents par lesquels elle lui cédait sa police d'assurance vie à un demi-million de dollars contre la somme de soixante-quinze mille dollars – quinze pour cent de sa valeur. Quand tout fut réglé, Sally devint songeuse et ne dit plus grand-chose. Howard reviendrait la voir d'ici deux ou trois jours avec un chèque de banque et son exemplaire du contrat. Quand il eut pris congé, il eut envie de rentrer chez lui pour prendre une longue douche. Sally décida qu'elle appellerait son petit-fils, George, un peu plus tard dans la journée, pour lui laisser un message. Elle voulait être sûre que tout allait bien pour lui à New York.

13

GREENWICH, CONNECTICUT
3 MARS 2011
06 H 45

Edmund Mathews était assis dans sa cuisine, une tasse de café à la main, quand son BlackBerry se mit à vibrer sur l'îlot central.

– Je m'excuse si je te réveille, dit Russell.

– Tu parles. Je suis debout depuis un bon moment. Tu as des nouvelles ?

– Henry Green vient tout juste de m'envoyer un mail. Ses petits génies ont pondu de nouveaux tableaux. Il veut nous montrer ça à neuf heures ce matin. D'ici combien de temps je peux passer te prendre ?

– Viens tout de suite. Qu'est-ce qu'il a dit, à propos de leurs nouveaux calculs ? Lui as-tu téléphoné pour avoir des précisions ?

– Non, il stipulait dans son mail que je ne devais pas l'appeler. Simplement venir à son bureau.

– Alors nous ignorons complètement ce qu'ils ont trafiqué. Génial, grogna Edmund. Bon, viens dès que tu peux. Je suis prêt.

Edmund coupa la communication. Depuis leur discussion de la veille avec Henry Green, chez Solutions, il n'avait trouvé aucune idée susceptible de lui remonter le moral. Il n'était pas une calculatrice humaine comme Russell, mais il comprenait très bien le terrible danger auquel les polices d'assurance rachetées aux diabétiques exposaient LifeDeals. Ces diabétiques avaient pourtant semblé constituer un socle idéal pour le business : ils étaient atteints d'une maladie chronique très grave, aux complications sévères, et beaucoup d'entre eux avaient de faibles revenus. Dans leurs e-mails, les vendeurs de LifeDeals expliquaient souvent qu'ils tombaient sur de très nombreux cas de souscripteurs qui étaient sur le point de perdre leur police parce qu'ils n'arrivaient plus à en payer les primes. Des cibles parfaites ! Ces gens étaient tout à fait prêts à se contenter de clopinettes pour une police qui ne valait plus rien à leurs yeux de toute façon !

Edmund n'était pas homme à se perdre longtemps en regrets et en jérémiades. Quand quelque chose était cassé, on le réparait, voilà tout. L'essentiel, c'était de prendre le problème de front, avant qu'il ne devienne trop sérieux. Le personnage historique préféré d'Edmund, et cela n'avait sans doute rien d'étonnant, était le général George S. Patton. Il admirait les hommes d'action dans son genre. Si Patton avait été autorisé à atteindre Berlin le premier, en 1945, et s'il avait ensuite poursuivi jusqu'à Moscou, le sort du monde n'aurait-il pas été fondamentalement différent ? Mais les ambitions de ces grands personnages de l'Histoire étaient toujours contrecarrées par les faibles et les médiocres d'esprit.

Edmund ne détestait rien tant que se sentir impuissant. Et il se trouvait dans cet état depuis les événements de la veille. La première salve était venue de Gloria Croft. Henry Green avait porté le coup de grâce. Edmund avait l'impression d'avoir été pris en traître. Il n'avait rien vu venir. Russell non plus, d'ailleurs. Russell était pourtant censé être le spécialiste des détails, le mec qui se tenait au courant de tout et qui connaissait les gens susceptibles de savoir ce qu'il fallait savoir. Edmund ne lui avait pas caché qu'il était déçu, la veille, dans la voiture, pendant qu'ils regagnaient le Connecticut.

Gloria Croft aurait sans doute adoré les voir coincés si longtemps dans les embouteillages !

Quand ils étaient enfin arrivés à Greenwich, Edmund avait renoncé depuis un moment à tancer Russell. Il était maussade et rien ne semblait pouvoir le dérider. Alice avait passé la soirée, une fois de plus, à éviter de se trouver en travers de son chemin. Il n'avait pas accordé trois mots à leur fils. Une bouteille de scotch pour lui tenir compagnie, il avait tenté de se faire sorcier et de s'introduire par la pensée dans les logiciels de simulation d'Henry Green – pour les inciter à limiter les dégâts qui menaçaient l'avenir de LifeDeals. Si la magie ne fonctionnait pas, eh bien… Edmund restait convaincu qu'il devait y avoir une solution quelque part. Il devait voir grand. Il devait conduire sa compagnie jusqu'à Berlin.

14

CENTRE MÉDICAL DE L'UNIVERSITÉ COLUMBIA
NEW YORK
3 MARS 2011
07 H 15

Le coup de fil qu'il avait reçu de sa grand-mère Sally, la veille en début de soirée, avait permis à George de remettre un peu ses idées en place. La veille, il avait trouvé Pia dans la cafétéria de l'hôpital en compagnie de Will McKinley. Lesley Wong était aussi à leur table, oui, mais il avait fait une fixation sur le fait que Will s'était débrouillé pour passer son mois de stage en compagnie de Pia. George lui-même était à l'aise avec les femmes, dans la mesure où il s'entendait bien avec la plupart d'entre elles, mais il savait que Will était un séducteur très adroit qui ne s'embarrassait pas de scrupules. Il avait de la peine à imaginer que Pia puisse s'intéresser à un type comme Will, mais… qu'en savait-il, au fond ? La jalousie était une émotion cruelle. Il avait été malheureux tout le temps qu'il avait été à leur table, car il croyait que Will prenait son pied à le voir mal à l'aise. Will n'avait jamais caché qu'il trouvait Pia très séduisante. Plus d'une fois, il avait carrément demandé à George ce que Pia pouvait bien lui trouver. La question était très impolie, mais George ne l'avait pas mal prise, dans la mesure où elle impliquait que Will et d'autres personnes sans doute considéraient que Pia et lui formaient un couple.

George connaissait assez bien sa grand-mère pour savoir qu'elle n'aurait pas beaucoup apprécié Pia si elle avait fait sa connaissance.

Ou plutôt : elle aurait jugé qu'il lui portait un intérêt excessif et malsain. Et elle n'aurait pas eu tort. Aujourd'hui, George ne pouvait s'empêcher de se demander encore une fois pourquoi il se donnait la peine de poursuivre Pia de ses assiduités. D'abord, cette histoire lui prenait beaucoup de temps pour pas grand-chose – alors qu'il avait énormément de travail. Ensuite, et plus grave encore peut-être, il dépensait pour elle une énergie folle en analysant ses moindres paroles et ses moindres gestes, en réfléchissant à toutes sortes de stratégies pour gagner son affection, en se faisant constamment du souci pour elle. Or, il avait besoin de conserver cette énergie pour ses études. Son premier objectif, c'était d'être un jour prochain un excellent médecin.

George ne perdait jamais de vue tout ce que sa mère et sa grand-mère avaient fait pour lui permettre de réussir. Elles avaient pourtant subi beaucoup de coups durs. Sa petite famille semblait suivre la même longue pente glissante que tant d'autres de la classe moyenne. S'il ne devenait pas le médecin qu'il s'était promis de devenir, sa mère et sa grand-mère feraient sans doute bonne figure – mais il savait qu'en leur for intérieur, elles seraient bouleversées.

George n'oubliait pas non plus que sa mère, Jean, avait de sérieuses difficultés d'argent. Elle vivait toujours dans le quartier de Baltimore où il avait grandi, mais dans une maison beaucoup plus petite qu'autrefois, et elle semblait toujours manquer de liquidités. Après la mort du père de George, elle avait eu le malheur, ou le manque de perspicacité, de travailler dans diverses industries en perte de vitesse. Elle avait notamment eu un emploi au service comptabilité de Bethlehem Steel – jusqu'à la faillite de ce géant de l'industrie américaine –, puis elle avait trouvé une place, pour la perdre quelques années après, dans une usine General Motors. Quand George l'interrogeait sur ses finances, cependant, elle disait toujours que tout allait bien. Elle refusait aussi de lui montrer ses relevés de banque. Et, en dépit du fait qu'il avait une bourse, elle lui envoyait un billet de vingt dollars dès qu'elle le pouvait. « Tu es étudiant, George, disait-elle. Pense avant tout à ton avenir ! »

Quand Sally l'avait appelé, il était dix-sept heures sur la côte Est. Elle ne s'était pas attendue à ce que George décroche le téléphone ; elle avait juste eu l'intention de lui laisser un petit message d'encouragement, sans le déranger. Elle se faisait une idée très exagérée de son emploi du temps et le croyait surchargé de travail à chaque minute.

– Tu as une journée difficile, mon chéri ?

– Pas trop. Les internes ne nous assomment pas encore. Ce mois-ci, je suis en stage en radiologie. C'est une spécialité où on ne se tue pas au travail comme dans d'autres domaines. Et à vrai dire, tu appelles au bon moment parce que je suis en pause. De ton côté, comment ça va ?

– Oh, tu sais, par chez nous, c'est assez calme. As-tu parlé à ta mère, récemment ?

– Pas ces derniers jours. Quoi de neuf ?

– Aujourd'hui, il s'est passé quelque chose d'intéressant. J'ai vendu l'assurance vie de ton grand-père à un monsieur tout à fait charmant. Je toucherai l'argent dans quelques jours. Comment ça va, de ton côté ? Tu t'en sors ? Je pourrais t'envoyer quelque chose...

– Je m'en sors très bien, grand-mère.

George n'avait pas besoin de lui dire qu'il avait presque constamment les poches vides. Il avait hâte d'arriver au 1er juillet, de démarrer l'internat et de commencer à toucher un vrai salaire. Pas une somme mirobolante, mais sa situation financière s'améliorerait considérablement. Malgré la bourse qui lui avait été attribuée, il avait déjà accumulé une dette assez conséquente. En tout état de cause, il n'avait nullement l'intention de demander de l'aide à Sally.

– Si tu as besoin d'argent, préviens-moi, dit-elle. Promis ?

– Promis, grand-mère. Je n'avais jamais entendu dire qu'on pouvait vendre son assurance vie à quelqu'un. C'est courant, cette pratique ?

– Howard Essen, le monsieur qui l'a achetée, m'a dit que c'était très courant.

– Oh… D'accord.

George avait noté dans un coin de sa tête de se renseigner à ce sujet sur Internet quand il retournerait à sa chambre. Il avait orienté la conversation sur la santé de sa grand-mère, qui n'était pas bonne du tout puisqu'elle souffrait d'une insuffisance rénale terminale.

Dans la soirée, il avait tapé « rachat d'assurance vie » sur Google. Les informations qu'il avait alors découvertes lui avaient beaucoup déplu. De toute évidence, il s'agissait encore une fois de profiter de la faiblesse des pauvres et des vieux. Et là, c'était le monde de la finance qui s'y mettait. L'idée que sa grand-mère malade ait été flouée l'avait beaucoup inquiété. Et ces préoccupations l'avaient aidé à remettre de l'ordre dans ses priorités.

Mais la journée allait bientôt commencer au service de radiologie. Après avoir tiré son manteau du placard, George quitta sa chambre et se dirigea vers les ascenseurs. Quand il entra dans la cabine, il songea de nouveau à Pia et se demanda s'il devait monter à sa chambre pour s'assurer qu'elle était debout. *Et puis merde*, songea-t-il. Il appuya sur le bouton du rez-de-chaussée. Si elle devait passer ses journées avec Will, elle n'avait qu'à se réveiller toute seule. Lui, de son côté, il allait se rendre à la cafétéria de l'hôpital, prendre un café et s'autoriser à démarrer sa journée plus paisiblement que d'habitude.

15

CABINET D'ACTUARIAT « SOLUTIONS »
NEW YORK
3 MARS 2011
09 H 17

Comme il en avait l'habitude, Edmund fit en sorte d'arriver en retard juste ce qu'il fallait aux bureaux de Solutions. Russell et lui furent froidement accueillis par Henry Green, qui les invita à entrer dans la même salle de conférences que la veille. L'atmosphère était assez lugubre. Une demi-douzaine de personnes se trouvaient dans la pièce, dont ce bon à rien de Tom Graham qui portait un bermuda taille basse, une chemise de bûcheron et des tongs. Isabel, la forte tête, n'était pas visible. Deux autres individus, un jeune homme et une femme, avaient le même style vestimentaire décontracté que Tom. Deux hommes un peu plus âgés portaient des chemises, des pantalons de costume et des cravates rayées, mais pas de veste. Leurs cheveux étaient coupés court et correctement peignés. Le dernier personnage était vêtu d'un complet sombre et avait un attaché-case en autruche à ses pieds.

Henry Green s'installa en bout de table, posa devant lui plusieurs exemplaires d'un rapport relié et prit la parole :

– Merci, messieurs, d'être venus ce matin. Comme je vous l'ai indiqué hier, le cabinet Solutions a décidé d'invoquer la clause résolutoire qui lui permet de mettre un terme au contrat qui le lie à la société LifeDeals, et ce à partir de la fermeture des bureaux, à la date d'aujourd'hui, 3 mars 2011. Par cette décision, nous agissons sans porter préjudice à aucune des parties et nous adhérons aux clauses de notre accord d'origine…

– Oui, oui, blablabla, l'interrompit Edmund. Nous avons pigé, Henry. Vous nous lisez les petits caractères pour que nous réfléchissions à deux fois avant de vous attaquer en justice pour incompétence. Vous nous dites : « Si l'information que nous vous avons fournie ne sert à rien, ne nous faites aucun reproche. » Mais jouons à un petit jeu, maintenant, si vous voulez bien. Qui est avocat, dans cette pièce ? Levez la main. Vous ?

Il brandit un index vers Tom qui soutint son regard sans fléchir.

– Je ne crois pas, reprit-il d'un ton narquois, puis il désigna les deux hommes en chemise. Vous, alors ? Non, sûrement pas. Vous m'avez plutôt l'air de comptables.

– Monsieur Mathews, j'essaie de mener cette rencontre de façon aussi professionnelle et aussi peu douloureuse que possible pour nous tous. Oui, j'ai demandé à notre conseiller juridique de se joindre à nous, comme vous l'avez observé avec finesse…

– Il m'appelle monsieur Mathews, maintenant, coupa de nouveau Edmund en se tournant vers Russell. Aucun doute possible, il a consulté ses avocats !

– C'est bon, Edmund, ça suffit, marmonna Russell.

Il en avait assez de devoir trouver des excuses à son associé quand il pétait les plombs en public. Il avait parfois l'impression de traîner avec lui un adolescent rebelle et odieux.

En fait, Edmund et Russell s'étaient demandé s'ils devaient assister à la réunion accompagnés de leur avocat. Russell avait observé que si chaque camp faisait ce choix, la discussion risquait de tourner court avant même d'avoir commencé. Un avocat dirait quelque chose, l'autre ferait objection ; très vite, LifeDeals et Solutions se verraient conseiller de laisser l'affaire entre les mains des juristes. Mais Russell n'avait pas prévu qu'Edmund monterait sur ses grands chevaux à l'instant où il poserait les yeux sur l'avocat de Solutions – qui détonnait au milieu des autres protagonistes. Très énervé par tout ce qui se passait depuis deux jours, Edmund prenait la présence de cet homme comme une insulte personnelle.

– Si je puis faire une suggestion… nous sommes ici ce matin pour voir le rapport que vous nous avez promis. Occupons-nous plus tard des aspects juridiques de notre relation.

– Entendu, Russell, et merci, dit Henry Green.

Il jeta un regard vers Edmund, qui paraissait de nouveau à peu près calme. *Eh bien, tu ne seras pas si peinard dans cinq minutes*, pensa-t-il.

– Nous allons donc passer à la présentation de nos résultats. Un exemplaire de notre lettre de rupture de contrat se trouve dans le dossier que nous vous donnerons à la fin de cette réunion, avec une note sans préjudice de notre département juridique, qui précise, comme j'essayais de le faire il y a quelques instants, l'étendue habituelle et raisonnable de nos services. Mais je me rends bien compte que vous avez hâte d'entendre les conclusions de nos travaux. Je dois vous assurer que nous avons mis nos meilleurs analystes sur cette étude. Isabel Lee, que vous avez déjà rencontrée et qui est hélas dans l'incapacité de se joindre à nous ce matin, a passé de nombreuses heures sur votre dossier. Ainsi que Tom Graham, diplômé il y a deux ans du MIT…

Edmund fit tourner ses poings l'un autour de l'autre, comme un arbitre, pour lui signifier d'avancer. Il voulait des faits, pas de la glose autour des faits. Cette interminable attente lui semblait de mauvais augure.

– Et Paul, continua Henry. Paul a plus de cinq ans d'expérience au ministère de la Défense.

Edmund se mit à tambouriner du bout des doigts sur la table.

– Bien ! dit Henry. Le travail que nous avons accompli depuis hier soir – et qui nous a retenus presque toute la nuit – a consisté à estimer dans quelle mesure les finances de LifeDeals seraient affectées par un déplacement vers la droite des courbes en cloche que nous avions précédemment établies pour les dates prévisibles d'amortissement des différents types de polices d'assurance vie rachetées par la société. Nous aurons le rapport définitif et officiel dans un jour ou deux, mais je peux vous donner dès maintenant des résultats préliminaires. Je dois dire que nous avons été surpris.

Henry marqua une pause pour saisir son verre d'eau et en boire une gorgée.

– Nous avons été surpris par la rapidité avec laquelle la plus légère variation des courbes affecte les finances de LifeDeals. Il y aurait alors une période de temps, plus ou moins longue, durant laquelle le paiement des primes devrait continuer afin que les polices ne soient pas annulées, tandis que la société n'engrangerait que des revenus très limités. Cet effet est prévisible à cause de la pente très raide des courbes en cloche. Comme nous le savons, une fois que les capitaux des polices commencent à être encaissés, les revenus de LifeDeals peuvent grimper très rapidement. C'est la raison pour laquelle nous vous avions recommandé de maximiser le rachat de polices d'assurance vie avant la capitalisation boursière. Tout cela est-il bien clair pour tout le monde ?

Russell hocha la tête. Il n'y avait rien de nouveau là-dedans.

– D'accord, reprit Henry. Ensuite, nous avons regardé les statistiques de l'espérance de vie des individus qui pourraient avoir la chance, dans le cadre des protocoles d'approvisionnement et de distribution actuels, de se voir offrir un nouvel organe – un poumon, un cœur, un foie, un rein ou un pancréas, selon la maladie dégénérative concernée. Nous avons remarqué que l'obtention d'un organe modifie de façon très nette l'espérance de vie de ces gens.

Comprenez bien que nous avions *déjà* pris en compte les taux courants de remplacement d'organes dans les données précédentes que nous avions tous approuvées. Et ces taux n'avaient à ce moment-là qu'une incidence mineure. Mais les nouvelles circonstances, ou les circonstances *potentiellement* nouvelles, devrais-je dire, nous ont obligés à creuser davantage ces données et à intégrer dans nos calculs des informations qui n'étaient auparavant pas pertinentes.

Henry se tut pour boire une autre gorgée d'eau. Edmund eut peine à se retenir de lui sauter la gorge.

– Il existe de nouvelles statistiques sur l'impact des nouveaux organes de transplantation sur la santé des patients sur une longue période de temps. Les chiffres montraient auparavant que les récepteurs d'organe avaient tendance, pour différentes raisons, à avoir des effets *négatifs* sur l'organe qui leur était implanté. Mais les nouveaux organes, ou en tout cas un pourcentage important d'entre eux, peuvent fonctionner très bien, et pendant de longues années, s'ils sont compatibles avec le receveur. Et là, les chiffres sont plus élevés, plus... frappants que nous n'aurions pu le supposer. Bien sûr, les nouveaux médicaments immunosuppresseurs jouent un rôle important dans ces résultats. Dans de nombreux cas, sinon la plupart, on peut ajouter dix ou quinze ans d'espérance de vie aux patients. Pour le dire autrement, il semble qu'il soit possible de mettre un nouveau radiateur à un moteur de voiture très éprouvé, et que la façon de conduire le véhicule n'ait pas beaucoup d'importance : le radiateur tiendra le coup, de toute façon. Nous avons appliqué ces nouvelles statistiques aux courbes des souscripteurs de polices d'assurance vie rachetées par LifeDeals. Et il n'y a pas moyen de le dire autrement : les conséquences sont assez catastrophiques, pour la trésorerie de la société, si un certain pourcentage de souscripteurs obtient un nouvel organe qui fonctionne bien. Plus ce pourcentage est haut bien sûr, plus l'effet est catastrophique.

– De quel pourcentage parlons-nous, là ? s'écria Edmund d'une voix tendue.

– Eh bien… Le problème est que la trésorerie de LifeDeals plonge presque aussitôt que les courbes commencent à se déplacer vers la droite. Dès les premiers points de pourcentage.

– Comment ça, « les premiers points » ? Cinq pour cent ? Dix ?

– Heu… Cinq pour cent, ce n'est pas bon du tout. Dix pour cent, ce serait absolument catastrophique.

– Il suffirait donc que cinq à dix pour cent de nos diabétiques obtiennent un nouveau pancréas pour que nous soyons dans le rouge, dit Edmund. Quelles sont les chances que ça arrive ?

Un long silence suivit sa question.

– Ces gens ne sont pas riches, reprit-il. Ils n'auront pas les moyens de s'offrir de nouveaux organes. C'est de l'utopie !

– Pas nécessairement, dit Tom Graham.

C'était la première fois que Russell et Edmund l'entendaient parler. Sa voix était étonnamment grave et assurée.

– Ne croyez pas qu'il sera impossible aux souscripteurs d'obtenir un nouvel organe, continua-t-il. Regardez les statistiques. Il y a peut-être trente-cinq millions de personnes qui souffrent de diabète aux États-Unis. Leur traitement coûte dans les cent cinquante milliards de dollars par an. Vous pensez que les compagnies d'assurance ne sauteront pas sur l'occasion, si elles peuvent leur offrir un organe au lieu de continuer à banquer pour les soigner ? Et il y a aussi les États, dont les programmes de santé publique sont aussi obligés de payer pour ces malades pendant des décennies. Sans parler des programmes nationaux d'aide aux personnes âgées et aux plus pauvres. Même les politiciens les plus à droite vont se mettre à aimer la recherche sur les cellules souches. Qui refuserait de rendre leur santé à vingt, trente millions d'Américains ? C'est la solution miracle. Si ça fonctionne, les gens sont guéris. Et quand l'organe est accepté, il ne coûte *rien*. Votre pancréas ne fonctionne pas ? Nous vous en faisons pousser un nouveau. Merci ! Oh, il n'y a pas de quoi. Depuis des dizaines d'années, le pays cherche à réduire le coût des soins médicaux. La solution qui va s'imposer, c'est celle de la médecine régénérative.

C'était pire que ce qu'Edmund avait osé imaginer. Il était dans les affaires. Il comprenait très bien que, même si chaque diabétique n'obtenait pas un nouveau pancréas, il était absurde d'acheter ces police d'assurance vie dans un environnement où les malades étaient susceptibles de se voir offrir un nouvel organe d'un jour à l'autre. L'idée était totalement dépassée. C'était comme de continuer à investir dans le moteur à vapeur après la mise sur le marché de la Ford T.

– Tout cela est dans le rapport final ? demanda Russell.

– Tous les détails seront dans le rapport final, répondit Green. Vous en avez une version résumée dans le rapport que nous vous donnons aujourd'hui.

– Bien sûr, tout ceci est confidentiel.

– Bien entendu.

Edmund leva la main.

– Une seconde. Tout dépend de la date à laquelle les organes produits à partir des cellules souches seront disponibles. Et ça ne va pas arriver la semaine prochaine. Enfin je suppose que non. De quels délais parle-t-on, là. Deux ans ? Cinq ans ? Vous êtes-vous penchés sur cette question ?

– Peut-être Ginny pourrait-elle dire quelques mots à ce sujet, suggéra Henry Green en se tournant vers une femme de haute taille qui était assise à côté de Tom Graham.

Elle hocha la tête. Elle avait de longs cheveux noirs et elle était habillée dans le même style décontracté que le jeune homme – avec un tee-shirt représentant un robot aux couleurs vives.

– J'ai lu tous les articles que j'ai pu trouver en ligne, commença-t-elle. J'ai aussi essayé de trouver une sorte de calendrier sur ce domaine de recherche. Mais les documents disponibles sont très succincts. C'est une technologie nouvelle et il n'existe aucune statistique pour prédire un bond en avant comme celui de la médecine régénérative.

Ginny expliqua ensuite que différentes équipes de recherche à travers le monde travaillaient à maîtriser la transformation des cellules souches en diverses catégories de cellules spécialisées.

– Leurs progrès sont très rapides, précisa-t-elle. L'étape suivante consiste à transformer ces cellules en organes, ou en appareils semblables à des organes, par une procédure que l'on appelle l'organogenèse. Ce travail se fait en Russie, en Chine, en Allemagne, mais c'est à l'université Columbia, ici à New York, dans le laboratoire du Dr Rothman et du Dr Yamamoto, que les progrès sont les plus extraordinaires. D'après la rumeur, ces deux chercheurs auraient déjà fait pousser des organes de souris complets, fonctionnels, susceptibles d'être transplantés dans les animaux qui ont donné les cellules souches destinées à leur création. Ils doivent publier ces travaux très prochainement. Apparemment, ils sont tellement satisfaits de leurs résultats qu'ils ont déjà demandé l'autorisation aux autorités sanitaires de faire des essais sur l'homme. Dès qu'ils auront le feu vert, ils passeront aux organes humains.

– Et ça risque d'arriver quand, ça ? grogna Edmund.

– Hier soir, j'ai demandé son avis à un ami qui travaille dans le domaine des biotechnologies, répondit Ginny. Il m'a dit que personne ne pouvait vraiment répondre à cette question, mais que Rothman et Yamamoto feraient sans doute de grands pas en avant dans les deux prochains mois.

– Pour en revenir à la situation de LifeDeals, dit Green, les chiffres indiquent que, pour remédier au moins partiellement au problème qui risque d'apparaître, la société aurait intérêt à lever immédiatement du capital pour assurer le paiement des polices qu'elle détient déjà.

Il avait pris le relais dans l'espoir de boucler rapidement la réunion. Il sentait qu'Edmund était à bout et menaçait à nouveau d'exploser. Lisant presque mot pour mot le topo qu'il avait préparé, il continua :

– Nous avons préparé pour vous plusieurs hypothèses de revenus basées sur le projet de titriser et de vendre en tranches les polices d'assurance vie déjà rachetées. Bien qu'il soit difficile d'inclure dans nos modèles la perspective d'une dégradation de la valeur des avoirs, le rapport final comportera une recommandation selon laquelle la titrisation devrait commencer immédiatement. De plus, il faudrait mettre de côté une portion significative des fonds obtenus pour payer les primes des polices qui devront être conservées plus longtemps que prévu. En ce qui concerne les futurs rachats d'assurances vie, il serait logique de n'acheter que les polices d'individus atteints de maladies mortelles clairement définies, telles que les cancers en stade terminal… la sclérose latérale amyotrophique… ce genre de chose.

La liste était beaucoup plus longue, mais le dégoût que l'activité de LifeDeals inspirait à Henry avait raison de sa patience.

Edmund, de son côté, était en train de se dire que cette rencontre avait purement et simplement confirmé ce que Gloria Croft leur avait dit vingt-quatre heures plus tôt. C'était assez logique : il connaissait peu d'analystes aussi doués que Gloria. Et elle avait su tout cela avant lui. Edmund était très déconcerté de découvrir que son grand projet pouvait être remis en cause par deux enfoirés de chercheurs dont il n'avait jamais entendu parler.

– Permettez-moi de vous poser une question, dit-il à Ginny d'un ton maussade. Vous avez trouvé tous ces documents scientifiques sur le Web et vous avez un copain qui vous raconte au téléphone le soir que les autorités vont donner le feu vert à ce projet qui pourrait révolutionner la médecine ou je ne sais quoi encore. Alors pourquoi je n'ai rien lu à ce sujet dans le *New York Times* ?

– Parce que les chercheurs et les universités ne gèrent plus leurs brevets comme autrefois. Avant, ils se dépêchaient de publier leurs travaux parce qu'ils voulaient avant tout de la notoriété. Aujourd'hui, ils sont beaucoup plus futés et sophistiqués. Les biotechnologies vont bientôt peser des milliards. Il y a des fortunes à bâtir. Et l'organogenèse risque d'être le plus gros morceau de tous. Ce truc éclipsera sans doute toutes les autres grandes avancées de l'histoire de la médecine. Croyez-moi, quand les travaux de Rothman seront publiés dans les revues scientifiques, ils seront très vite repris dans le *New York Times*, le *Wall Street Journal* et les autres médias.

Edmund et Russell n'échangèrent pas un mot dans l'ascenseur. Ils se trouvaient dans la cabine qu'Edmund avait assaillie la veille. Comme il avait repris des anti-inflammatoires en début de journée, il n'éprouvait qu'un élancement sourd dans la main gauche. Il se pencha vers la porte et crut distinguer un léger enfoncement dans le métal. Le problème, c'était qu'il avait envie de recommencer.

Lorsqu'ils se retrouvèrent dans la rue, loin de toute oreille indiscrète, Russell demanda :

– Qu'est-ce que tu penses de tout ça ?

– Je crois que nous avons payé ces crétins beaucoup trop cher. Et qu'il faut les attaquer.

La voiture les attendait au bord du trottoir. Ils s'installèrent sur la banquette arrière. Edmund ordonna au chauffeur de patienter quelques instants. Il réfléchit, puis dit :

– Voilà ce qu'on va faire. Dès aujourd'hui. Évidemment, nous ne prenons plus les diabétiques. Tu préviens nos vendeurs : même si les souscripteurs ont déjà mordu à l'hameçon, même s'ils sont déjà dans le bateau et que nos gars ont le gourdin à la main pour les assommer, ils les remettent à la flotte. Tous les contrats en cours de finalisation doivent être annulés. Tous les chèques sur le point d'être remis aux signataires, annulés. Ensuite, tu charges notre service juridique de revoir les contrats des diabétiques pour trouver ceux qui ont aussi autre chose. Et ceux-là, tu les vires de nos statistiques. C'est *autre chose* que nous voulons. Ils ont donc *autre chose*. Ils n'ont jamais été diabétiques. Ensuite, nous avons besoin de nouvelles polices. Il faut viser les fumeurs. Il n'y a pas pire que ces gens-là. Ils n'imaginent pas qu'ils vont tomber malades un jour ou l'autre, et, quand ça leur arrive, ils meurent vite. Vois si nous pouvons cibler avant tout les fumeurs ou les ex-fumeurs qui ont souscrit des assurances vie, mais qui ont sauté un ou deux paiements de leurs primes. Ils mentent, de toute façon. Et offre-leur vingt-cinq pour cent…

– Vingt-cinq ? objecta Russell. Mais le business-plan…

– On s'en tape, du business-plan ! cria Edmund. Tu ne comprends pas ? Depuis aujourd'hui, il n'y a plus de business-plan. Si ce merdier évolue comme on peut le craindre, nous n'avons même plus de *business*. Merde, quoi ! Et pour le moment, je ne fais que parler de sparadrap, alors que nous avons une énorme blessure à la tête.

– Nous avons *peut-être* une blessure à la tête, dit Russell. Rien n'est encore sûr.

– Ouais, d'accord, il est possible que ces recherches n'aboutissent pas. N'empêche, nous sommes quand même dans la merde jusqu'au cou. Gloria Croft nous shorte, elle a de gros moyens et elle ne va pas hésiter à parler de cette affaire autour d'elle. Nous devons réagir.

Ce n'est pas comme si nous pouvions vendre nos parts et nous débiner.

Un silence gêné tomba entre les deux hommes. Puis Russell dit d'une voix sourde :

– Peut-être devrions-nous parler de tout ça avec Jerry Trotter.

– Ouais, je pensais la même chose.

Le Dr Jerred L. Trotter, un vieil ami de Russell et d'Edmund, dirigeait un fonds spéculatif prospère. Trotter était le genre d'homme qui aimait se sentir plus intelligent que tout le monde. Cela signifiait qu'il n'hésitait pas à tricher s'il était assuré de ne pas se faire prendre. Il y avait de nombreux domaines, après tout, dans lesquels les autorités de régulation se montraient plutôt laxistes – ou dans lesquels il n'y avait tout simplement aucune régulation. C'était par le biais de Trotter, et grâce à un certain nombre de ruses qu'il avait inventées, qu'Edmund avait autrefois acheté des CDS sur le dos de sa propre compagnie tout en continuant à vendre des titres de subprimes à ses clients. Trotter adorait ce genre de cabriole – surtout quand il en tirait de généreux dividendes.

Quand Russell et Edmund avaient commencé à réfléchir à la création de LifeDeals, Edmund avait envoyé Russell consulter Trotter. Soi-disant pour avoir son avis. Jerry pensait-il que le business-plan était viable ? Jerry pensait-il que les assurances vie constituaient de bons actifs à transformer en titres ? Jerry pensait-il qu'ils trouveraient assez d'investisseurs pour leur produit ? Russell n'avait dit à aucun moment qu'ils cherchaient des investisseurs.

Jerry avait téléphoné trois jours plus tard – salivant déja. Il avait fait ses calculs ; il voulait être de la partie. Edmund avait feint de vouloir réfléchir à sa proposition, puis il avait joué celui qui acceptait, par amitié, de permettre à Jerry d'investir vingt-cinq millions de son propre argent, et une bien plus grosse somme de son fonds, dans LifeDeals.

À coup sûr, Jerry Trotter voudrait à coup sûr entendre parler de ces recherches scientifiques qui risquaient d'affecter leur marché. C'était peu dire qu'il ne serait pas content. Mais Jerry était un homme d'action ; il saurait sans doute quoi faire.

Le chauffeur attendait encore leurs instructions. Edmund lui donna une adresse et il démarra.

16

RESTAURANT TERRASINI
CENTRE DE MANHATTAN
3 MARS 2011
12 H 45

– Il était impossible, les amis, absolument impossible que nous vous rencontrions aujourd'hui. Et puis Russell a prononcé le mot magique : « Terrasini » !

Tout le monde rit – même Edmund qui était encore de mauvaise humeur.

Le Dr Jerred L. Trotter, ex-chirurgien esthétique reconverti en éminence grise de la finance, se comportait comme un prince recevant en son palais. Il y avait toujours une table libre pour lui et son numéro deux, Maxwell Higgins, chez Terrasini. Les quatre hommes – Trotter, Higgins, Mathews et Lefevre – étaient superbement installés dans un angle de la salle principale du restaurant.

– Oui, dit Russell, essayant de prendre un ton badin. J'ai pensé que ça ne nous ferait pas trop de mal.

Edmund et Russell étaient soulagés que Trotter ait pu les rencontrer si vite – même si cela les avait obligés à patienter deux bonnes heures jusqu'au déjeuner.

– Vous savez que c'est mon restaurant préféré, déclara Trotter. Sauf quand je dois payer l'addition, bien sûr. N'est-ce pas, Edmund ?

– Aucun risque de ce côté-là, dit ce dernier. Tout le monde sait que vous ne payez jamais vos déjeuners. C'est contre votre religion.

Trotter s'esclaffa.

– Ça, c'est bien vrai ! dit-il d'une voix tonitruante.

Il leva le bras droit en l'air, signe qu'il réclamait la présence d'un serveur. Et un serveur se matérialisa aussitôt auprès de la table.

– Ce verre de barolo, faites-en donc une bouteille, dit Trotter. Edmund, Russell, je présume que ça vous convient ? Non ! Tout bien considéré, amenez d'abord les verres commandés, et la bouteille un moment plus tard. Après la matinée que j'ai eue, j'ai vraiment besoin de me détendre.

Edmund ne protesta pas en dépit de l'irritation croissante qu'il éprouvait. La petite bouffonnerie de Jerry venait de lui coûter au moins deux cents dollars. Mais ce genre de scène était inévitable dans sa relation professionnelle avec cet homme.

– Matinée difficile, Jerry ? demanda Edmund. Rien de trop sérieux, j'espère…

– Ah, putain ! s'exclama Trotter. J'ai des emmerdes de tous les côtés !

À la table voisine, un homme vêtu d'un pull Cucinelli à deux mille dollars, et qui déjeunait avec sa famille, se tourna pour lui décocher un regard réprobateur.

– Oups, pardon. J'oublie où je suis, dit Trotter.

– Nous aurions peut-être dû nous retrouver à votre bureau, dit Edmund. Nous aurions sans doute été plus tranquilles pour parler.

Jerry Trotter, comme beaucoup d'hommes qui travaillaient dans la finance, jurait souvent comme un charretier. Ça, Edmund n'en avait cure. Par contre, il aurait préféré pouvoir parler des ennuis de LifeDeals sans être entouré d'oreilles indiscrètes.

– Il faut bien manger, tout de même, dit Trotter, saisissant le menu posé à côté de son assiette.

– Bien sûr, convint Edmund.

Il songea que Jerry Trotter connaissait probablement le menu de ce restaurant mieux que son personnel. Mais bon : il fallait toujours en passer par ces petits jeux puérils, se dit-il encore, conscient de se faire une fois de plus mener en bateau. Il dévisagea Trotter. Crinière de cheveux bruns légèrement méchés de gris, discrètes pattes-d'oie qui faisaient sourire son visage, yeux d'un bleu très clair, très lumineux, presque perturbant pour la plupart de ses interlocuteurs : l'homme avait plus de soixante ans, Edmund le savait, mais il n'en paraissait que quarante-cinq. S'il était lui-même passé entre les mains d'un chirurgien esthétique, le boulot était remarquable.

Le serveur reparut pour servir les verres de barolo.

– Max, dit Trotter. C'était quoi, déjà, le plat du jour ? J'ai vu ça en arrivant, mais…

– Les pâtes ? répondit Higgins avec son accent de la bonne société londonienne. Des *orecchiette* à la saucisse d'Italie, des *broccolini*, un peu de *ricotta*. Splendide, sans doute.

– Ah, oui… Je bande rien que d'y penser. Quatre assiettes, alors. Qu'est-ce que vous en dites, tout le monde ? Et par une journée froide comme aujourd'hui, je pense qu'il nous faut de la soupe en entrée. L'autre truc du jour, là… La soupe de courgettes à la crème. Je me trompe, Max ? Pour tout le monde, cher monsieur, si vous voulez bien.

Le serveur observa que c'était un excellent choix. Edmund mit un point d'honneur à faire semblant d'examiner le menu quelques instants de plus, puis le referma et le tendit à l'employé. Il était trop énervé pour protester. Trotter faisait maintenant tournoyer le vin rouge dans son verre. Le barolo avait une très jolie teinte ; en d'autres circonstances, Edmund n'aurait pas manqué de s'extasier à son sujet.

Dans le monde assez haut en couleur des fonds d'investissement, Jerry Trotter était une sorte de célébrité. Tout au long de sa première carrière, très brillante, de chirurgien esthétique, il avait eu pour clientes les plus riches femmes de Manhattan, en particulier celles de l'Upper East Side, à qui il rajeunissait le visage, les yeux et les fesses. Mais, en réalité, il était plus doué pour la tchatche qu'il n'était bon chirurgien. Quand il était étudiant, il avait compris que celui qui voulait obtenir son ticket d'entrée dans certaines spécialités comme l'ophtalmologie, la neurologie ou la chirurgie esthétique avait davantage intérêt à obtenir de bons résultats à ses examens qu'à faire preuve d'aptitudes manuelles exceptionnelles. Il avait donc veillé à toujours avoir de très bonnes notes pour compenser sa coordination œil-main – assez mauvaise pour que l'exercice de la chirurgie lui fasse ensuite, pendant des années et des années, l'effet d'une pénible corvée. Mais tout cela appartenait au passé et il n'avait pas besoin d'une bonne coordination œil-main pour investir et gagner de l'argent.

Depuis toujours, Trotter avait adoré gérer son propre portefeuille et prendre de temps en temps certains risques sur les marchés. Et, après plusieurs années à travailler six jours par semaine à son cabinet, il avait acquis une jolie petite fortune. Quand l'idée de faire de l'argent son métier lui était venue, il savait que Max Higgins, qu'il fréquentait depuis déjà longtemps, était prêt à quitter son poste chez Goldman Sachs pour tenter l'aventure à son propre compte. Il lui avait alors fait une proposition : nous créons un fonds d'investissement, moi j'apporte le capital, toi tu le diriges et tu m'apprends tout ce que tu sais. Dès le lancement de la société, Trotter avait découvert que ses anciens patients lui faisaient entièrement confiance, qu'ils éprouvaient même beaucoup de reconnaissance envers lui – et que bon nombre d'entre eux ne demandaient pas mieux que de lui confier leur argent pour le faire fructifier.

Quant à lui, il apprenait vite. *Trotter Holdings*, comme il avait pompeusement et sans aucune imagination baptisé son fonds, n'avait pas tardé à rejoindre les rangs des fonds spéculatifs de taille moyenne.

– Alors ? dit Trotter. Edmund, Russell, lequel de vous deux va parler ? Quelle nouvelle si urgente avez-vous à nous annoncer pour que nous ayons dû nous voir dès aujourd'hui ?

Russell jeta un regard en direction d'Edmund avant de répondre. Les deux heures pendant lesquelles ils avaient dû poireauter avant de retrouver Trotter et Higgins avaient eu le mérite de leur donner l'occasion de réfléchir au meilleur moyen d'annoncer la couleur à leurs interlocuteurs. Ils s'étaient installés dans un café de Lexington Avenue pour échafauder une stratégie.

– Nous sommes confrontés à un problème de relations publiques dont nous voulons que vous soyez les premiers informés, dit Russell. La publicité négative que ce problème pourrait nous valoir risque d'avoir un certain impact sur nos affaires. Nous avons pensé que vous, Jerry et Max, vous pourriez nous aider à régler le problème – à l'étouffer dans l'œuf, pour ainsi dire.

– Edmund, est-ce votre passé scabreux qui vous rattrape enfin ? demanda Trotter d'un ton sérieux, comme s'il ne plaisantait pas du tout.

Russell enchaîna pour épargner à Edmund de devoir répondre :

– Nous venons de découvrir l'existence de certaines recherches, dans le domaine médical, susceptibles de nous... tracasser. Les scientifiques n'en sont encore qu'au stade expérimental et leur succès n'est absolument pas assuré, loin de là, mais certaines personnes semblent tout de même prendre leurs travaux au sérieux.

– Quel rapport avec LifeDeals ?

Les yeux de Trotter faisaient le va-et-vient entre Edmund et Russell. Sa voix avait perdu toute bonne humeur. Deux serveurs apportèrent les soupes et se retirèrent sans un mot, percevant que l'atmosphère s'était tendue autour de la table.

– Tout cela ne signifie peut-être rien du tout, répondit Russell. Comme je disais, nous voulons simplement prendre les devants pour parer à toute publicité négative.

Jerry Trotter saisit sa cuiller et goûta la soupe. Elle était délicieuse, bien sûr, mais il avait perdu l'appétit car il sentait qu'il était sur le point d'entendre quelque chose de très désagréable.

– Russell, marmonna-t-il. Vous allez devoir me dire un peu plus clairement ce qui se passe.

– Bien sûr, Jerry. Deux chercheurs de Columbia pensent qu'ils réussiront un jour ou l'autre à faire pousser des organes artificiels en utilisant les propres cellules souches des patients qui ont besoin de transplantations. De toute évidence, je ne sais pas comment une telle chose est possible, mais la procédure s'appelle, paraît-il, l'organogenèse. Et elle devrait donner le coup d'envoi de ce que l'on appellera peut-être bientôt la médecine régénérative. Si ces scientifiques sont capables de faire pousser des pancréas, par exemple, cela permettra aux diabétiques de vivre plus longtemps. Mais pour le moment, cela reste très, très hypothétique.

– J'ai lu quelque chose sur le sujet dans le rapport de l'audit que nous avons réalisé pour LifeDeals, marmonna Trotter. Mais ça relevait de la science-fiction.

– Plus maintenant, semble-t-il, concéda Russell avec embarras. Le futur, c'est aujourd'hui, comme on dit. Enfin… ça *pourrait* être aujourd'hui.

– Combien de gens sont au courant de cette histoire ? demanda Max Higgins.

– Pas beaucoup, répondit Russell. Une poignée de gens à Columbia et certains spécialistes des cellules souches.

– Et comment avez-vous appris ça, vous deux ?

Russell hésita. À présent, la conversation risquait de devenir beaucoup plus pénible. Edmund prit alors la parole :

– C'est Gloria Croft qui nous en a parlé.

Max Higgins comprit aussitôt le problème et, très en avance sur Trotter, posa à Russell la seule question qui valait :

– Ces informations sur les scientifiques de Columbia, en a-t-elle fait quelque chose ?

– Heu... Oui.

– Et connaissant Gloria, elle shorte LifeDeals. Je me trompe ?

– Non.

– Attendez, attendez, une seconde ! dit Trotter. Gloria Croft shorte LifeDeals à cause de recherches en médecine menées dans un labo de Columbia ?

– Malheureusement oui.

Higgins, qui continuait de réfléchir à toute allure, enchaîna :

– Dois-je supposer que vous avez refait vos calculs comptables dans l'hypothèse où ces recherches mèneraient à une véritable percée dans le domaine du traitement du diabète ? Et que les nouvelles projections ne sont pas bonnes ?

– Il a raison ? demanda Trotter qui sentait que son partenaire avait mis le doigt sur quelque chose.

– De manière générale, oui, mais attendez...

– Il a raison, alors ? insista Trotter d'un ton plus sec.

– Comme je disais, il est encore très tôt...

– Auriez-vous l'obligeance de m'expliquer en quoi ce... ce putain de désastre est un problème de relations publiques, comme vous le disiez si mal ? objecta Trotter d'une voix vibrante de colère, et il pointa sa cuiller à soupe vers Russell, puis vers Edmund, comme s'il les menaçait d'une arme.

Le silence régna de longues secondes autour la table. Max Higgins reprit la parole le premier :

– Les travaux des scientifiques n'iront peut-être nulle part. Mais si Gloria Croft prend position contre LifeDeals, les investisseurs vont se faire du souci quand ils apprendront la nouvelle. Et là, le problème vient autant de Gloria que de la perspective de voir la médecine révolutionner les soins des diabétiques. Gloria fait la pluie et le beau temps à Wall Street. De ce point de vue, Jerry, ils ont donc raison. C'est avant tout un problème de relations publiques.

– Et si les chercheurs réussissent leur coup ? relança Trotter.

– À ce moment-là, le problème sera plus sérieux encore, concéda Edmund.

Trotter posa sa cuiller et but une longue gorgée de barolo à trente dollars le verre. Puis il demanda d'un ton sec :

– Et vous deux, vous n'avez rien vu venir ?

– Manifestement non, répondit Edmund. Si l'organogenèse est vraiment possible, ce sera une avancée comme il n'y en a qu'une par siècle. Personne ne peut faire de projections sur l'hypothèse d'une collision avec un astéroïde.

Les quatre hommes avaient cessé de manger. Un serveur s'approcha pour demander poliment s'ils en avaient terminé avec leur soupe, comme cela semblait être le cas. Oui, la soupe était parfaite, mais tout le monde était préoccupé. Les assiettes à peine entamées disparurent.

À la demande de Jerry, Russell raconta tout ce qu'Edmund et lui savaient au sujet des travaux des scientifiques de Columbia. Il insista sur le fait que le succès de l'entreprise n'était pas garanti du tout. On pouvait même parier sur le contraire, car la grande majorité des travaux de ce genre échouaient. Il apparaissait toujours quelque obstacle imprévu qui contrecarrait les projets des chercheurs.

– Leurs chances de réussite ne doivent pas être si minces que ça, tout de même, objecta Jerry.

Edmund redit prudemment qu'il était très difficile de répondre à cette question. Il invita ensuite Russell à expliquer les effets potentiels de l'apparition de l'organogenèse dans le monde médical sur les finances de LifeDeals. Comme ils en étaient convenus ensemble avant le déjeuner, Russell s'en tint à des chiffres relativement modérés.

– Où en sommes-nous, de notre côté, par rapport à l'introduction en Bourse ? demanda alors Jerry à son partenaire, sans se préoccuper de froisser la sensibilité de leurs interlocuteurs.

– La période de blocage expire le 31 mai, dit Max.

Lorsqu'un investisseur prend part à l'introduction en Bourse d'une société, il ne peut pas vendre les parts qu'il en acquiert pendant un certain temps – cent quatre-vingts jours dans le cas de LifeDeals. Trotter Holdings était à mi-chemin de cette période de blocage contractuelle, ce qui signifiait que Trotter et son collègue étaient obligés d'attendre encore trois mois avant de se défaire de leurs actions LifeDeals.

– Merde. Comment pourrions-nous espérer voir Gloria Croft garder le silence pendant trois mois ?

– Écoutez, Jerry, dit Edmund d'une voix ferme. L'assurance vie reste un secteur à vingt-six mille milliards de dollars. Il y a beaucoup d'argent à y gagner. Les polices de ces diabétiques, c'est une goutte d'eau dans l'océan. La question n'est pas de balancer les actions LifeDeals à la poubelle, mais d'affronter un problème qui requiert une solution. C'est la raison pour laquelle nous sommes venus vous voir. Chacun sait que vous êtes un homme qui sait régler les problèmes qui se posent à lui.

Edmund le flattait à dessein. Et Trotter n'était pas malheureux, à vrai dire, d'être ainsi caressé dans le sens du poil. C'était exact : il avait l'habitude de s'attaquer avec vaillance aux problèmes auxquels il était confronté. Mais là, le problème était non seulement inédit, mais aussi potentiellement très grave.

– Gloria Croft est tellement sûre d'elle, tellement prétentieuse ! reprit Edmund avec une moue dégoûtée. Vous ne pouvez pas imaginer. Elle nous a assommés de reproches et nous a raconté que les titres que nous voulions tirer des polices d'assurance vie rachetées étaient de mauvais produits, blablabla. Elle nous a même dit que nous aurions dû être jugés et envoyés en prison pour l'histoire des subprimes.

– Gloria Croft est une salope et une sacrée donneuse de leçons, ça c'est sûr, convint Trotter.

– Quand elle nous a parlé des recherches sur les cellules souches des deux types de Columbia, elle prenait carrément son pied. Et elle a bien remué le couteau dans la plaie.

Deux serveurs posèrent les assiettes de pâtes devant les quatre hommes. La tension était un peu retombée autour de la table : le problème avait été identifié, ils étaient tous dans le même camp et ils avaient un ennemi commun. La soupe pouvait s'oublier, mais les pâtes, c'était une autre affaire. Ils mangèrent tous les quatre avec appétit.

Puis Edmund reprit :

– Dans cette histoire, bien sûr, Jerry, il y a l'angle de la recherche médicale que vous êtes le seul à pouvoir aborder correctement pour nous. Par ailleurs, Solutions est en train d'élaborer des projections sur les effets qu'un retrait des polices de diabétiques pourrait avoir sur nos revenus. Nous allons avoir besoin de davantage de capital. Et nous devons prendre l'initiative pour combler les insuffisances dues à la disparition des diabétiques. Nous avons déjà ordonné à nos équipes de vente de retourner sur le terrain et de cibler essentiellement les patients atteints de cancers métastatiques et dotés de polices d'assurance vie aux capitaux conséquents. Le rachat de ces polices coûte plus cher, mais il ne présente aucun risque.

– Davantage de capital ? intervint Higgins, perplexe. Comment ça ?

– Nous avons autorisé nos vendeurs à offrir plus que les quinze pour cent habituels. Les patients atteints de cancers métastatiques ne nous causeront pas de problème en refusant de mourir au bon moment. Nous devons juste travailler plus dur pour les cerner et les racheter.

– D'accord, Edmund, dit Trotter. Je vous entends bien. Comme vous pouvez vous en douter, Max et moi allons devoir réfléchir à tout ça. Et nous pencher sur le problème de ces travaux menés à Columbia sur les cellules souches. Nous voulons aussi voir les données de Solutions dès que vous les aurez, évidemment. Et comme nous avons plusieurs réunions cet après-midi, je regrette mais nous devons boucler cet agréable repas et vous laisser.

Jerry Trotter avala une dernière fourchetée de pâtes et la fit descendre avec une longue gorgée de son troisième verre de barolo. Les salutations furent rapides et nettement moins chaleureuses que lorsque les quatre hommes s'étaient retrouvés à leur arrivée au restaurant. Laissant Edmund et Russell à la table, Trotter et Higgins prirent leurs manteaux et marchèrent jusqu'à la 54e Rue où leur chauffeur les attendait dans la voiture.

– Alors ? demanda Trotter tandis qu'ils descendaient vers le sud dans Park Avenue.

– Gloria Croft, marmonna Higgins. Un vrai pitbull, cette nana.

– J'ai eu l'impression qu'il y avait un passif entre Edmund et elle. Pas toi ? Le problème, c'est peut-être davantage ça que le produit.

– Peut-être que c'est les deux. Elle a trouvé un défaut dans le business-plan de LifeDeals et il se trouve qu'il s'agit de la société d'Edmund Mathews. Alors elle fait coup double.

– En tout cas, nous devons réagir. Et nous ne pouvons pas compter sur Edmund et Russell. Ils sont paumés. C'est clair. Et nous, malheureusement, nous avons trop longtemps à attendre avant de pouvoir vendre nos actions.

– Je suis de ton avis. Mais Edmund n'a pas tort : même s'il y a un souci avec le business-plan actuel, les assurances vie restent une très bonne affaire. Il va falloir jongler un peu et, surtout, prendre une grande inspiration. Ce n'est pas le moment de paniquer. Vu qu'il est exclu de vendre nos actions LifeDeals dans l'immédiat, d'ailleurs, nous ne pourrions pas paniquer même si nous le voulions. Je suis d'accord avec toi, aussi, pour penser que, dans un monde idéal, Edmund et Russell auraient dû voir le coup venir. Mais notre propre audit préalable n'a pas décelé le problème. C'est l'époque qui veut ça, que veux-tu. Les technologies évoluent trop vite, comme les marchés évoluent trop vite. Il devient de plus en plus difficile de prendre tous les facteurs en compte dans les prévisions.

– Humm, sans doute, convint Trotter. En tout cas, je crois que nous devons mener des recherches de notre côté. Et aller autant que possible à la source de l'information. Une autre chose qui est claire, c'est que nous ne pouvons pas nous fier à Edmund et compagnie pour ce travail. Il faut envoyer quelqu'un enquêter dans les labos de Columbia. Et il nous faut quelqu'un, aussi, pour creuser la question Gloria Croft. Une femme d'affaires de ce calibre n'a pas pu arriver là où elle est sans avoir marché sur les pieds d'un maximum de monde. Et sans avoir pris quelques raccourcis pas forcément légaux. Nous avons besoin de renseignements sur lesquels nous appuyer. Des trucs qui pourront nous être utiles le cas échéant. Tu vois ce que je veux dire ?

– Oui, d'accord. Je vais m'y mettre tout de suite. Mais tout de même, quand on y pense... Shorter des titres à cause d'une découverte médicale, c'est assez nouveau. Je n'avais jamais vu ça.

– C'est même complètement inédit, tu veux dire. Et à tous les niveaux. Nous serons peut-être obligés de nous montrer créatifs, conclut Trotter en regardant les voitures qui avançaient au pas, sous l'averse, le long de Park Avenue.

Jerry Trotter savait faire son entrée quelque part – et il savait aussi prendre congé avec un certain panache. Mais la scène qui venait de se produire avait rendu Edmund un peu perplexe. Jerry avait semblé gravement énervé quand Russell et Edmund lui avaient exposé la nature du problème, comme ils pouvaient s'y attendre, mais il était plus calme au moment de les quitter. D'un autre côté, son départ avait été très, très soudain...

– Qu'est-ce que tu penses de tout ça ? demanda Edmund à Russell.

Les cappuccinos qu'ils avaient commandés venaient de leur être servis.

– À mon sens, c'est Higgins le cerveau de l'opération, répondit Russell. Il ne lui a pas fallu longtemps pour mettre le doigt sur le cœur du problème. Il a tout de suite eu une vision d'ensemble de la situation. Mais, pour finir, ils ont tous les deux bien compris le message.

– Tu penses qu'ils vont nous proposer quelque chose ?

– Le contraire m'étonnerait. Je crois que nous avons bien fait de leur parler sans attendre. C'était la meilleure solution. Et il est rassurant de penser que Jerry Trotter et son équipe travaillent avec nous. J'espère simplement qu'ils vont revenir vers nous bientôt.

– Je suis sûr que ça ne va pas tarder, dit Edmund. Jerry n'est pas le genre de mec à rester les bras croisés pendant que ses soixante millions de dollars d'investissement se transforment en petite monnaie. Mais contrairement à toi, j'ai un doute à son sujet.

– Lequel ?

– Je ne peux pas être sûr à cent pour cent que Jerry Trotter travaille *avec* nous.

17

CENTRE MÉDICAL DE L'UNIVERSITÉ COLUMBIA
NEW YORK
3 MARS 2011
18 H 23

Levant les yeux du document qu'elle était en train de lire, Pia constata qu'il était bientôt six heures et demie. Elle se demanda combien de temps elle devrait encore attendre Rothman. Son propre bureau étant encore monopolisé par l'électricien, elle était assise dans la salle principale du labo désert et silencieux. Rothman se trouvait toujours dans l'unité NSB3 où il contrôlait, depuis le début de l'après-midi, certaines données nécessaires pour l'article à paraître dans *The Lancet.* Yamamoto avait demandé à Pia de patienter : Rothman voulait, paraît-il, lui parler. De quoi ? Elle l'ignorait. Mais la perspective de cette discussion la mettait un peu mal à l'aise.

La journée avait été intéressante par certains aspects, mais Pia en avait assurément connu de meilleures. Elle avait passé la matinée à faire un boulot ingrat : laver les becs verseurs et autres objets en verre utilisés au laboratoire pour les travaux des uns et des autres. Ce matin, pour la seconde journée consécutive, elle était arrivée en retard – *réellement* en retard, pas en retard selon la norme de la secrétaire Marsha Langman. Pour la seconde journée consécutive, George n'était pas venu la réveiller. Elle se demandait bien pourquoi. Elle était même un peu en colère contre lui, d'une certaine façon, parce qu'elle en était arrivée à compter sur ses visites matinales à sa chambre. D'un autre côté, bien sûr, elle était la première à reconnaître qu'il n'avait aucune obligation de s'assurer qu'elle était debout. Elle avait mal dormi, une fois encore, comme toutes les nuits depuis plus d'une semaine. Son sommeil avait été hanté de cauchemars liés à des souvenirs d'enfance qu'elle s'était toujours efforcée de refouler. Leur clarté, dans ses rêves, ne laissait pas de l'étonner ; après toutes ces années, ils avaient encore assez de pouvoir, même dans son sommeil, pour la choquer et la perturber.

Le premier technicien du labo, Arthur Spaulding, avait paru très amusé par la punition qui lui avait été infligée pour ses retards. Et il avait mis un point d'honneur à passer à côté d'elle chaque fois qu'il avait traversé le labo. Sans lui parler, mais il n'avait pas besoin d'ouvrir la bouche : son sourire narquois en disait assez long. Spaulding travaillait au centre de recherche depuis de longues années et ne faisait jamais plus que le nécessaire. Entré dans l'équipe de Rothman depuis à peine dix-huit mois, il s'entendait à peu près aussi bien avec lui que son prédécesseur juste avant qu'il ne soit mis à la porte. Spaulding semblait prendre la mouche devant toutes les requêtes un tant soit peu inhabituelles de Rothman – et Rothman étant Rothman, la plupart de ses requêtes étaient inhabituelles.

– Avez-vous besoin de quoi que ce soit, monsieur Spaulding ? demanda finalement Pia la cinquième fois qu'elle le vit passer à côté d'elle. Vous semblez faire de bien grands détours pour venir jusqu'ici.

Spaulding tourna les talons et s'éloigna. Au même moment, Yamamoto apparut au bout de la salle et vint à grands pas dans sa direction.

– Mademoiselle Grazdani, nous aimerions vous voir dans l'unité des bains d'organes.

Le Dr Yamamoto n'avait fait aucun commentaire au sujet de ses retards. Ce n'était pas nécessaire. Pia avait capté le message. Elle traversa le labo avec lui. Ils enfilèrent rapidement des tenues protectrices dans le sas. Will et Lesley, qui avaient passé presque toute la journée dans l'unité, se trouvaient avec Rothman dans une petite pièce attenante à la salle principale. Rothman, qui tenait d'une main une sorte de livre de poche très épais, appuyait avec impatience sur le petit écran tactile d'une machine qui ressemblait à une très grosse imprimante à jet d'encre.

– Docteur Yamamoto, je me demande si cet appareil n'est pas qu'une coquille vide, dit Rothman.

Will désigna la prise murale au pied du mur. Yamamoto se baissa et actionna l'interrupteur de sécurité qui se trouvait là. La machine poussa un sifflement strident, puis s'anima en émettant divers bruits mécaniques.

– Savez-vous ce qu'est cet appareil ? demanda Rothman, jetant un coup d'œil vers Pia, et il souleva un capot pour en découvrir les entrailles. Il nous a été livré ce matin.

Pia s'approcha. La machine, qui semblait d'une grande complexité technologique, possédait des barres de traction latérale, des tas de circuits imprimés et un dispositif assez volumineux qui faisait penser à la tête d'impression d'une imprimante. Pia ouvrit la bouche pour répondre, mais Lesley, qui avait posé les yeux sur la couverture du livre que Rothman tenait, parla la première :

– C'est une imprimante d'organes, docteur Rothman ?

– Exactement. C'est une machine de bio-impression 3D. Nous avions déjà un appareil de ce type, mais celui-ci est du dernier cri. Un représentant du fabricant doit venir demain nous expliquer comment l'utiliser.

– En ce cas, peut-être devrions-nous attendre pour l'allumer, suggéra Yamamoto.

– Il n'y a aucun mal à lui permettre de s'échauffer un peu. Monsieur McKinley, que savez-vous de la bio-impression en 3D ?

– Heu… Je crois que ça fonctionne sur le principe de l'imprimante, non ? Sauf qu'à la place de l'encre, la machine projette des cellules vivantes sur une feuille de… une feuille de quelque chose. Au fil des va-et-vient de la tête d'impression, les couches de cellules s'accumulent en une structure en trois dimensions. Et les cellules sont capables de s'auto-assembler. Les applications principales de cette technologie sont la fabrication de peau et de cartilage.

– Tout juste. Aujourd'hui, on peut par exemple imprimer un disque vertébral. Je vais peut-être essayer ça d'ici demain, d'ailleurs, précisa Rothman.

Il redressa le buste, une main sur les reins, comme s'il avait mal au bas du dos, puis ajouta :

– Nous allons tous apprendre à nous servir de cette machine. Je veux que nous en maîtrisions tous le fonctionnement. Si cette technologie mûrit correctement et tient ses promesses, elle sera peut-être très intéressante pour nous. Dans l'immédiat, je songe à l'utiliser pour régler certains défauts dans les organes que nous développons. Mais qui sait ? Avec cette machine, et en utilisant les données obtenues par IRM, l'organe pourrait peut-être être fabriqué comme un double parfait de celui du patient. Avec l'organogenèse, le plus difficile n'est pas de répliquer la fonction de l'organe ou de la glande, mais de les connecter au reste du corps – par les veines, les artères, et ainsi de suite, qui doivent toutes être orientées dans le bon sens pour que l'opération chirurgicale, la transplantation, soit réalisable.

Rothman appuya plusieurs fois sur un bouton de l'écran de la machine. Puis il ouvrit le manuel d'utilisation et s'absorba dans sa lecture.

Yamamoto fit signe aux étudiants de le suivre dans la salle principale. Là, Will se retourna pour regarder Rothman par l'embrasure de la porte.

– J'espère que la bécane fonctionnera encore demain quand le technicien viendra, dit-il.

Les étudiants passèrent le reste de la journée à surveiller les bains d'organes. Ils avaient remarqué que certains d'entre eux connaissaient de légères variations – encore inexpliquées – de leur température ou de leur pH, et ils discutèrent avec Yamamoto de l'idée de concevoir un système qui détecterait et enregistrerait les plus infimes fluctuations de ces valeurs. Ils supposaient que ces fluctuations pouvaient avoir un impact sur la croissance des organes. Il s'agissait d'un vrai projet scientifique, très exigeant et excitant pour les trois jeunes gens. Will et Lesley travaillaient le plus souvent ensemble, gardant respectueusement leurs distances avec Pia qui était dans son propre monde.

Après avoir renvoyé Will et Lesley dans leurs pénates en fin d'après-midi, le Dr Yamamoto demanda à Pia de rester au labo.

– Le Dr Rothman aimerait vous parler, tout à l'heure, quand il aura terminé son travail à l'unité NSB3. J'espère que cela ne vous ennuie pas ?

– Bien sûr que non, répondit Pia.

Qu'aurait-elle pu dire d'autre ?

18

TOUR TRUMP INTERNATIONAL
NEW YORK
3 MARS 2011
20 H 30

Jerry Trotter et Max Higgins avaient laissé Edmund Mathews et Russell Lefevre chez Terrasini avec un beau souvenir : une addition très salée qu'Edmund avait payée en se disant qu'il espérait de tout cœur que ses invités trouveraient une solution qui justifierait cette dépense. Il avait confiance, cependant, car il savait que ces deux hommes n'étaient pas du genre à rester les bras croisés quand ils avaient un problème. De fait, ils étaient connus pour ne pas reculer devant grand-chose.

Et Trotter et Higgins ne devaient pas trahir leur réputation. Une heure à peine après avoir quitté le restaurant, ils avaient déjà fait le nécessaire pour mettre deux de leurs meilleurs détectives privés habituels sur les affaires qui les préoccupaient : un sur l'état des travaux des scientifiques de Columbia, l'autre sur les vilains secrets qu'ils espéraient dénicher au sujet de Gloria Croft dans le but d'avoir les moyens de faire pression sur elle. Trotter savait que tout le monde avait des secrets – les financiers de Wall Street peut-être plus que n'importe qui. Les détectives devaient aussi se voir remettre les identités complètes d'Edmund et de Russell, pour trouver certaines informations complémentaires à leur sujet.

Trotter n'avait pu faire appel à son tout meilleur détective privé, une femme dénommée Jillian Jones, car elle travaillait déjà pour lui sur une société qui, d'après Higgins, truquait les chiffres de ses résultats pour faciliter son rachat par une autre boîte. Mais Tim Brubaker et Harry Hooper, les deux enquêteurs qu'ils avaient appelés, étaient presque aussi doués que Jones. Ils faisaient les choses à fond et ils travaillaient vite.

C'était la première fois que Trotter se trouvait en situation de payer trois détectives privés en même temps. Bien entendu, ni Jones, ni Brubaker, ni Hooper ne faisaient partie des employés de Trotter Holdings. Ils n'apparaissaient pas sur les livres de comptes et ils étaient payés en liquide, de la main à la main. Il n'y avait aucune paperasse entre Trotter et eux – ni feuille de paie, ni factures, ni liste de frais ; il leur faisait confiance, à tous les trois, pour ne pas trop gonfler leurs dépenses. Les détectives, de leur côté, avaient assez de missions officielles, c'est-à-dire à déclarer au fisc, pour justifier leur niveau de vie. Ils pouvaient facilement intégrer un boulot payé en cash comme ceux qu'ils effectuaient pour Jerry Trotter à la ligne d'un boulot dûment enregistré dans leur comptabilité professionnelle.

Jerry Trotter adorait cette profession semi-clandestine qui était tellement loin de tout ce qu'il avait jamais connu en tant que chirurgien esthétique ou investisseur. Tout lui plaisait dans sa relation avec *ses* détectives. Il avait même un petit frisson agréable chaque fois qu'il disait « Brubaker » ou « Hooper » – deux noms qui convenaient à la perfection, à son avis, à des détectives privés. Avec ces types, il avait un peu l'impression de jouer dans son propre film. Brubaker et Hooper étaient d'anciens flics qui avaient tout vu, tout connu. Jillian Jones avait beaucoup roulé sa bosse, elle aussi, de toute évidence, mais personne ne savait quel genre de carrière elle avait eue avant de devenir détective privé. Et personne n'osait lui poser la question : contrairement à la plupart des gens de son métier, elle semblait toujours anxieuse et prenait vite la mouche ; elle était aussi ceinture noire de karaté et ne sortait jamais sans son revolver.

Comme d'habitude, Higgins se chargea de tous les aspects pratiques des relations avec les détectives. Il acheta trois téléphones portables à carte SIM prépayée et utilisa l'un d'eux pour passer un appel à caractère commercial aux bureaux de Hooper et de Brubaker : il prétendait être le représentant d'une société qui souhaitait parler aux directeurs des entreprises qu'il contactait pour connaître leurs tarifs d'affranchissement automatisé. Avec ça, les détectives savaient à qui ils avaient affaire. Ensuite, Higgins citait un numéro de téléphone fictif auquel le rappeler : le premier chiffre, multiplié par cent, était le taux horaire proposé ; les quatre derniers chiffres précisaient l'heure du rendez-vous à l'endroit habituel. Brubaker et Hooper, qui consultaient souvent leurs messages, trouvèrent l'appel d'Higgins moins d'une demi-heure plus tard. La promesse d'être payés trois cents dollars de l'heure les attira à seize heures précises au fond du Flanagan, un bar de la Deuxième Avenue où les attendait Higgins. Cinq minutes plus tard, ils repartaient chacun avec leur ordre de mission, un des téléphones achetés par Higgins et mille deux cents dollars d'acompte sur leurs honoraires.

Il y avait un autre aspect de ce petit jeu que Trotter aimait beaucoup : il demandait régulièrement à ses détectives comment ils s'y prenaient pour dénicher les informations qu'ils lui rapportaient. Au début, Brubaker et Hooper avaient rechigné à parler de leurs méthodes. Puis ils avaient fini par céder au caprice de Trotter. C'était lui qui payait, après tout.

Quand le téléphone sonna à vingt heures trente, Trotter était en train de se servir un second verre de pur malt – du Glenlivet, son préféré. Il se trouvait dans le salon de son appartement de la tour Trump International, près de Columbus Circle au coin de l'avenue Central Park West. Il habitait à un étage tellement élevé qu'il n'avait même pas besoin de rideaux aux fenêtres – et tant mieux, car il voulait que rien ne lui gâche le spectacle de Central Park qui s'étendait devant lui. Ce soir, cependant, il ne voyait que des nuages bas et de la pluie. Il eut plaisir à découvrir sur l'écran de son portable que le numéro était celui du téléphone qu'Higgins avait donné à Brubaker.

– B à l'appareil, dit ce dernier.

Trotter insistait pour qu'il utilise ce nom de code : « B ».

– Déjà ?

L'excitation puérile qu'éprouvait Trotter s'entendait dans sa voix.

– Déjà. J'ai pu discuter directement avec la secrétaire du labo en me faisant passer pour un journaliste. Une fois qu'elle a été lancée, plus possible de la faire taire. Elle m'a fait un portrait complet de son patron. Elle était persuadée de lui rendre service. Elle le trouve timide, pas assez communicatif, et elle pense qu'il a besoin d'être aidé. Elle m'a carrément dit ça.

– Et elle vous a révélé des choses, alors ?

– Beaucoup de choses, oui. Je ne comprends pas la moitié de tout ce qu'elle m'a sorti, mais elle avait l'air très au courant des affaires de son patron. Je suis en train de transcrire moi-même l'enregistrement, mot pour mot. Il vaut mieux que je me charge moi-même de cette tâche, si vous voyez ce que je veux dire.

– Bien entendu. Vous êtes prudent. Bon, dites-moi les grandes lignes de ce qu'elle vous a raconté.

– Alors d'abord, les deux noms que vous m'avez donnés sont bien ceux des types concernés, aucun doute là-dessus...

– Rothman et Yamamoto, s'empressa de préciser Trotter.

– Ah, zut ! À quoi ça sert, ces noms de code et toutes les routines de barbouze que vous insistez pour utiliser, si vous ne les respectez pas vous-même ? Oui, ce sont bien ces deux personnes. Le premier est le chef, l'autre l'assistant.

– Désolé, dit Trotter, honteux.

– Bon, elle m'a donc raconté tous les trucs qu'ils sont en train de faire, et moi j'étais censé être un journaliste scientifique, donc capable de suivre, mais à la fin je lui ai quand même demandé la version « Pour les Nuls » de tout son baratin. « Pour les lecteurs », que j'ai précisé.

– Dans quel journal avez-vous dit que vous deviez publier votre papier ?

– Aucun. J'ai dit que je faisais des recherches pour voir s'il y avait quelque chose à raconter sur le labo de Rothman. Et que je la recontacterais le cas échéant.

– Et si elle vous appelle ?

– Elle n'a pas mon numéro. J'ai précisé que je travaillais en free-lance et je lui ai demandé de ne parler à personne de notre discussion, parce que les travaux de son patron, c'est sans doute un truc tellement phénoménal que très vite d'autres journalistes vont sûrement se mettre sur les rangs. Et moi, je veux prendre de l'avance. Je me demande même si je ne vais pas l'écrire, ce foutu papier. Parce que vous savez… Je n'exagère pas. Ce que ces chercheurs font dans ce labo, c'est énorme !

Trotter oublia subitement le plaisir qu'il éprouvait à jouer au limier en compagnie du détective privé.

– Comment ça, « énorme » ?

– D'après la secrétaire, ces mecs sont à deux doigts d'être capables de faire pousser des organes en dehors du corps humain. Des organes parfaitement adaptés aux patients qui en auront besoin. Ils vont bientôt mettre leur truc, l'organogenèse qu'ils appellent ça, sur le marché. Ça fonctionne déjà avec les animaux et ils veulent maintenant utiliser des cellules souches humaines.

– Quand ?! Quand est-ce qu'ils vont lancer le truc ?

– Là-dessus, elle a quand même un peu fait sa cachottière. Mais pas parce qu'elle ne voulait pas me répondre. Je crois qu'elle ne savait pas et ne voulait pas l'admettre. Mais… C'est en mois qu'il faut compter le passage aux expérimentations avec les cellules souches humaines. Voire en semaines. Certainement pas en années.

– En semaines ou en mois ? insista Trotter. Ce n'est pas du tout la même chose.

– Eh bien… Je suppose que je vais devoir passer quelques autres coups de fil. Mais ça vient. C'est pour bientôt. Ah, et puis au cas où ça vous intéresse, ces chercheurs travaillent aussi sur autre chose. Ils cultivent des salmonelles qui donnent la fièvre typhoïde. Ils les cultivent dans la station spatiale internationale, plus précisément, et puis ils les étudient ici, à Manhattan. Vous imaginez un peu ça ? Où va l'argent de nos impôts, quand même ! Ça me rend malade.

– Vous m'en direz tant. Très bien. Merci, B. Tenez-moi au courant dès que vous avez d'autres infos.

– Compris, patron.

Après avoir parlé à Brubaker, Trotter était impatient de savoir quel genre de découvertes Hooper pouvait avoir faites de son côté. C'était contraire au protocole établi entre eux, mais il appela le nouveau téléphone cellulaire de son deuxième détective privé.

– Oui, répondit Hooper dès la première sonnerie.

Il était en train de passer des coups de fil pour sa mission sur Gloria Croft et il pensait qu'un de ses contacts le rappelait déjà.

– Salut, c'est le patron.

– Salut, patron.

– Quoi de neuf ? Vous m'avez dégoté des vilaines choses ?

– Heu… Je viens de m'y mettre. Il n'y a même pas trois heures que je travaille pour vous.

– Comment vous jouez votre coup ?

– Je suis chasseur de têtes, lancé à la recherche d'un candidat potentiel pour un gros poste de directeur dans une banque. Le conseil d'administration veut une femme – pour faire bon genre. J'ai déjà une liste de nanas qui pourraient faire l'affaire, bien sûr, mais je me renseigne à droite à gauche.

– Notre amie n'a pas besoin d'être engagée où que ce soit, répliqua Trotter. Elle gagne déjà plusieurs millions par an de son côté.

Il était un peu déçu par l'explication de Hooper. Mais il se félicitait de ne pas avoir prononcé le nom de Gloria Croft.

– Je sais bien, patron. Personne n'ignore ça. Mais les gens adorent montrer qu'ils *savent*. Je compte sur le fait que quelqu'un pourrait bien avoir envie de me raconter que *justement*, elle n'a vraiment pas besoin d'être engagée par une banque. Ni, accessoirement, de voir quiconque se pencher sur les comptes de sa compagnie.

– Vous voulez que quelqu'un se vante devant vous de connaître le genre de saloperies qu'elle a dans son placard…

– Voilà. Tout le monde aime ça, se vanter. Enfin presque tout le monde. De plus, l'univers de la finance est une sorte de petit club où la compétition est féroce et où les gens s'abreuvent de ragots.

Ouais, d'accord, c'était déjà mieux. Trotter était frappé : Brubaker et Hooper se ressemblaient vraiment beaucoup. Ils parlaient de la même façon et ils avaient des manières typiques de flics de Brooklyn – ce qu'ils avaient tous deux été autrefois.

– Résultat ? relança-t-il. Vous avez déjà trouvé la pépite ?

– Je viens de parler à un type qui connaissait jadis notre amie chez Morgan. Je lui ai raconté qu'on m'avait parlé de lui en termes très flatteurs. Il a ri. Un vrai con. Il croit que je suis un brave gars qui a fait ses études aux cours du soir. Je déteste ces mecs qui se sont offert les meilleures facs et qui se croient sur le dessus du panier. Mais il sait quelque chose, j'en suis sûr. Il se fout un peu de ma gueule, mais il sait quelque chose. J'espère qu'il ne va pas jouer à ce petit jeu trop longtemps, parce qu'il cherche noise au mauvais bonhomme. Je peux faire embarquer sa jolie bagnole par la remorqueuse dès cette nuit. Et elle n'ira pas à la fourrière.

– Oui, je suis sûr que vous pouvez faire ça. C'est la raison pour laquelle je suis toujours honnête avec vous.

Hooper rit, puis ajouta :

– Autre chose. Il m'a conseillé d'interroger un certain bonhomme qui se trouve être un des banquiers dont Higgins m'a parlé cet après-midi. Il a précisé que si je voulais déterrer des vilains secrets sur notre amie, il fallait voir avec ce banquier-là. Parce qu'il l'a baisée autrefois, au propre comme au figuré, quand ils étaient chez Morgan.

Trotter fronça les sourcils.

– Un des banquiers ? répéta-t-il. Lequel ?

– Le plus costaud. Avec les cheveux courts.

– Ça, c'est intéressant. Ne l'appelez pas pour lui poser directement la question. Intégrez le truc à votre enquête. Ça pourrait donner quelque chose.

– Entendu, dit Hooper.

Trotter coupa la communication et un sourire lui monta aux lèvres.

– Edmund, murmura-t-il. Espèce de coquin…

19

CENTRE MÉDICAL DE L'UNIVERSITÉ COLUMBIA
NEW YORK
3 MARS 2011
21 H 02

Pia attendit plus de deux heures et demie que Rothman et Yamamoto terminent leur travail dans l'unité NSB3. Elle en profita pour lire différents articles en ligne sur l'ingénierie tissulaire et l'impression d'organes – ce qu'elle aurait fait de toute façon si elle était retournée à sa chambre de la résidence universitaire. Cependant, plus le temps passait et plus elle entendait son estomac gronder, plus elle se demandait, non sans une certaine inquiétude, si Rothman ne l'avait pas convoquée parce qu'elle avait été en retard deux jours de suite. Enfin, les deux chercheurs firent leur apparition. Yamamoto quitta aussitôt le laboratoire. Rothman lui signifia d'un geste de le suivre jusqu'à son bureau. Là, il alla droit au but :

– Je veux vous parler de l'avenir. De votre avenir. J'ai besoin de savoir si vous voulez vous consacrer sérieusement au travail que nous faisons ici.

– Oui, absolument ! répondit Pia, paniquée. Je sais que j'étais en retard ce matin…

– Hier aussi. En tout cas, d'après madame Langman.

– Je suis désolée, bafouilla Pia.

Manifestement, elle avait eu raison de s'inquiéter.

– Être désolé, ça ne sert à rien, répliqua Rothman. Je me soucie de ce que ces retards peuvent signifier.

– Je ferai ce qu'il faut pour que cela n'arrive plus jamais. Je vous assure…

Rothman l'interrompit en faisant un geste agacé de la main :

– Laissez-moi parler pendant que je suis disposé à le faire. Comme vous le savez, je n'ai pas l'habitude de m'attarder sur ce genre de bêtise. Je n'ai pas le temps pour ça. L'année dernière, je vous ai livré certaines confidences à mon sujet parce que j'avais peu à peu acquis la certitude que vous étiez en train de devenir la personne que je voyais en vous. Souvenez-vous : j'ai insisté pour que vous soyez admise à Columbia alors que d'autres membres de ce fichu comité où j'étais contraint de siéger refusaient de vous prendre à cause de votre passé d'enfant de l'aide sociale. Ayant moi aussi connu cette expérience, j'estimais que vous pouviez tout à fait devenir médecin. Et peut-être chercheuse.

– Je suis arrivée à la même conclusion…

– Ne me coupez pas la parole ! L'année dernière, je vous ai livré ces secrets que seule ma femme connaît, bénie soit-elle de me supporter depuis toutes ces années, sur le fait que j'ai été un enfant atteint du syndrome d'Asperger et pris en charge par l'État. Mais je ne vous ai pas tout dit. Je vous ai confié tout récemment que mes fils n'étaient pas en aussi bonne santé que je le souhaiterais. Eh bien… pour être plus précis, non seulement ils présentent tous les deux des symptômes du spectre autistique, mais, en plus, ils souffrent de diabète de type 1. Quand j'ai découvert que je leur avais transmis mon syndrome d'Asperger, j'avais déjà une bonne raison de me sentir coupable et de faire de la dépression. Mais le diabète, c'était trop. Si je me suis tourné vers les cellules souches, c'est avant tout parce que je veux trouver le moyen de guérir mes garçons de mon vivant. Cette quête m'a permis d'échapper à une période de grave dépression. Depuis toujours, cette maladie est la plaie de mon existence.

– Je suis désolée pour vos garçons, dit Pia.

– Je ne vous raconte pas tout ça pour vous faire pitié. Je veux juste que vous me compreniez mieux. Avant vous, jamais je n'avais accepté de prendre d'étudiant en thèse. Et ce n'est pas seulement parce que mon Asperger me désavantage beaucoup sur le plan des relations sociales. Je considère que je n'ai pas le temps de m'occuper des petits problèmes d'autrui, dont ceux des étudiants et des doctorants. Vous êtes la première à m'avoir fait envisager les choses autrement. Parce que j'ai jugé qu'étant une enfant de l'aide sociale, vous vous épanouiriez sans doute dans la quête solitaire de la recherche scientifique. Vous méritiez qu'on vous donne votre chance.

– Je crois que vous avez raison. Et je sais que j'ai de vrais problèmes, moi aussi, dans le domaine des relations sociales.

– Si vous vous donnez à la recherche, Pia, vous devez vous y donner *complètement*. Il y a deux jours, dans cette pièce, vous m'avez dit que oui, vous souhaitiez faire votre doctorat ici, à mon labo, comme je vous l'avais proposé mais, en même temps, vous vouliez aussi faire votre internat en médecine interne. Et vous vous attendiez à ce que je sois content ! Pia, le vieux mythe du docteur qui exerce la médecine clinique et qui fait parallèlement de la recherche, c'est dépassé. À vrai dire, ça n'a jamais été possible. La recherche, c'est plus qu'un travail à plein temps.

Pia et Rothman se regardèrent droit dans les yeux. Ils n'avaient fait cela que très rarement depuis trois ans et demi qu'ils se connaissaient. Ils se tenaient l'un en face de l'autre comme deux adversaires dans un western. Pia s'était beaucoup battue et avait surmonté des obstacles considérables pour devenir médecin. Et elle était tout près du but : dans quelques mois, elle aurait son diplôme. Mais que deviendrait-elle si elle ne faisait pas l'internat et si les recherches qu'elle devait mener avec Rothman ne lui donnaient pas entièrement satisfaction ?

Les deux protagonistes détournèrent les yeux.

– Je me rends bien compte que je suis un homme difficile à comprendre, reprit Rothman au bout d'un moment. En tout cas, c'est ce que me dit ma femme. C'est elle, vous savez, qui m'a conseillé d'avoir cette conversation avec vous.

– Vous lui avez parlé de moi ?

– Je lui parle de tout. Sinon, notre couple n'aurait jamais pu tenir. Vivre avec moi, vous savez, ce n'est pas facile du tout.

Rothman se préparait depuis plusieurs jours à avoir cette conversation avec Pia. Il était donc relativement à l'aise pour aborder les sujets dont ils parlaient maintenant.

– De mes collègues, j'attends un dévouement absolu, poursuivit-il. Un étudiant en médecine, même diplômé, ne sait rien. Ne le prenez pas mal, mais c'est ainsi. Il est clair que l'individu qui a réussi à passer par la fac de médecine a les moyens intellectuels de base qu'il faut pour la recherche. Mais ça ne suffit pas. Après le premier flash d'inspiration qui vous indique ce que vous devez chercher, Pia, c'est la ténacité, et uniquement la ténacité, qui vous permet de réussir. Un bon chercheur a la capacité de couvrir tous les aspects, de suivre chaque piste du problème auquel il s'attaque. Je mélange les métaphores, mais vous voyez ce que je veux dire. Le Dr Yamamoto était autrefois un étudiant assez médiocre, mais il montrait davantage d'application à la tâche que dix hommes qui avaient de meilleures notes que lui. Je peux déjà vous dire quels genres de docteurs vos collègues deviendront. Miss Wong tient désespérément à aider les gens malades et elle fera cela très bien. Mr McKinley finira sans doute par choisir une spécialité impressionnante pour le grand public, mais sans difficulté réelle, comme la chirurgie – ou pire encore, la chirurgie esthétique.

Pia ne savait pas quoi dire.

– Je suis content que vous ayez pris la décision qu'il fallait au sujet des bonnes sœurs qui vous ont aidée autrefois. C'est le signe que vous vous orientez vers la recherche. Mais je ne veux pas que vous fassiez les erreurs que j'ai commises. Pour moi, l'internat de médecine interne a été une énorme perte de temps.

Rothman marqua une pause, levant brièvement les yeux vers Pia, puis ajouta :

– Je crois que vous et moi, nous nous ressemblons beaucoup.

Pia rougit et regarda ses pieds. Elle n'éprouvait pas l'aisance que Rothman semblait s'être découverte pour parler de ces questions personnelles.

– J'ai besoin d'aide, continua-t-il. Le Dr Yamamoto ne peut pas tout faire et je ne peux pas travailler avec des étudiants qui passent ici en stage un mois de temps en temps. Là encore, ne vous vexez pas. Yamamoto et moi nous nous épuisons à travailler simultanément sur les salmonelles et sur l'organogenèse. Mais l'université s'est engagée à nous aider et j'espère que nous aurons bientôt davantage de personnel de laboratoire et plus d'espace pour développer notre travail sur les cellules souches. Dans l'immédiat, nous avons besoin d'au moins un chercheur supplémentaire. Voilà pourquoi je vous parle d'engagement. Maintenant, bien que je n'aie pas de temps à perdre à écouter les excuses des uns et des autres, expliquez-moi pourquoi vous étiez en retard les deux derniers jours.

– Il n'y a aucune excuse, admit Pia. Ces derniers temps, j'ai simplement des problèmes pour dormir.

En son for intérieur, elle maudit George de l'avoir habituée à compter sur lui pour se réveiller. En même temps, elle savait qu'elle avait tort de raisonner ainsi.

– Pourquoi avez-vous des insomnies ? Vous êtes angoissée ?

– Je fais des cauchemars.

– À quel sujet, si je puis me permettre ?

– Je revis des souvenirs d'enfance. Des... vieilles histoires.

– Pia, je crois que j'ai besoin d'en savoir davantage. Vous m'avez dit très peu de choses au sujet de votre vie, alors que, de mon côté, je me suis beaucoup ouvert à vous.

– Que voulez-vous savoir ?

– Tout !

Pia prit une profonde inspiration. De temps en temps, il survient dans la vie des moments charnières qui peuvent être identifiés en tant que tels au moment même où ils se produisent. Elle comprenait tout à coup qu'elle ne pouvait plus se cacher ou se taire. Le moment était venu de parler. Mais elle n'avait jamais raconté son enfance à personne – sauf à Sheila Brown, l'assistante sociale. Elle inspira de nouveau, profondément. Les murs du bureau semblaient se rapprocher d'elle. La seule lumière qui brillait dans la pièce provenait d'une petite lampe posée au coin de la table. Elle projetait des sortes de clairs-obscurs sur le visage de Rothman.

– Je me souviens de ma mère, commença-t-elle. Pas beaucoup, juste quelques petites choses. Elle s'appelait Pia, elle aussi. Mon premier prénom, en réalité, c'est Afrodita, mais on m'a toujours appelée Pia. Comme ma mère. Parfois, il arrive qu'une odeur ou un geste me fassent subitement penser à elle. Mais elle est morte quand j'étais toute petite. Je ne sais pas comment, et je ne sais même pas pourquoi je sais qu'elle est morte, mais... voilà. Je vivais quelque part dans New York avec mon père, Burim, et son frère aîné, Drilon. Ils étaient albanais. De vrais Albanais, tout juste débarqués du bateau. Et je pense que c'étaient des hommes très... très simples et très durs. Mon père était souvent parti et je passais beaucoup de temps avec mon oncle qui était un vrai sale type. Auriez-vous de l'eau, ou quelque chose à boire ?

Pia avait la gorge très sèche. Rothman se dirigea à grands pas vers la petite réserve, attenante au bureau, où se trouvaient sa machine Nespresso et un réfrigérateur. Il en revint avec une petite bouteille d'eau qu'il posa sur la table, devant Pia, avec un verre. Elle se servit et but rapidement, avant de reprendre :

– Il me frappait. Mon oncle. J'ai au moins deux souvenirs précis de moments où il m'a battue. Et il me... il me touchait, aussi. Mais jamais quand mon père était là. Il était très prudent. Et il m'obligeait à le toucher de façon... inconvenante, pour faire court. Par ailleurs, il prenait des photos de moi qu'il développait lui-même. Je crois qu'il les vendait à d'autres tordus dans son genre. C'était son petit commerce personnel. Un soir, j'en ai eu assez et je l'ai attaqué.

– Attaqué ?

– J'ai essayé de le poignarder dans les couilles avec une paire de ciseaux. Mais j'ai manqué ma cible. Il y avait énormément de sang. Beaucoup plus tard, en cours d'anatomie de première année, j'ai compris ce qui avait dû se passer quand le professeur, qui nous parlait de l'artère fémorale, a plaisanté en disant qu'il valait mieux éviter les blessures par piqûre en haut de la cuisse. C'est elle, l'artère fémorale, que j'ai dû toucher chez mon oncle.

» Quand il est sorti de l'hôpital, il m'a battue. Violemment. C'est à ce moment-là, je pense, que quelqu'un de l'immeuble ou de la rue a dû appeler la police pour parler de la petite fille au visage couvert d'ecchymoses, parce que... la police a débarqué, un matin, et m'a emmenée. Mon oncle et mon père ont été arrêtés. Et moi, je suis devenue la propriété des Services de protection de l'enfance de la ville de New York.

Pia but une autre gorgée d'eau.

– Et votre père ?

– Il a disparu. Bien des années plus tard, j'ai fait la connaissance de Sheila Brown, la dernière et la meilleure de toutes les assistantes sociales qui ont pu s'occuper de mon cas au cours de ma vie. Elle m'a expliqué ce qui s'était passé. Elle a réussi à découvrir que les deux bonshommes avaient été libérés sous caution, et puis qu'ils avaient disparu de la circulation. Aujourd'hui, je ne sais absolument pas où est mon père, ni même s'il est encore en vie. Je crois que j'ai fini par me convaincre qu'il n'était pas responsable de ce que son frère m'avait fait. Quand j'étais en foyer, toute gamine, je fantasmais sur l'idée qu'il allait tout à coup réapparaître et me sauver, m'arracher à ces endroits horribles où j'étais obligée de vivre. Mais ça n'est jamais arrivé, bien sûr. Au bout de quelques années, j'ai fini par perdre tout espoir de le revoir.

– Quel âge aviez-vous quand vous avez été prise en charge par l'aide sociale ?

– Six ans. Et, dès le premier jour, mon dossier a posé des problèmes aux gens qui s'en occupaient. Comme mon père n'avait pas officiellement renoncé à son autorité parentale, je ne pouvais pas être adoptée. Pour couronner le tout, quand il m'avait inscrite à l'école – mais je ne crois pas que j'étais déjà scolarisée –, ce petit génie avait déclaré qu'il était musulman. C'était possible, d'ailleurs, puisqu'il était albanais. Sheila Brown m'a dit qu'il avait peut-être pensé que je serais mieux traitée si j'étais considérée comme faisant partie d'une minorité. Manque de pot, cette étiquette de musulmane a eu pour conséquence qu'aucune des institutions religieuses n'a voulu de moi. À l'époque, le système était dominé par les organisations catholiques, protestantes et juives. Alors, au lieu d'avoir une chance d'être placée dans un foyer approprié à mon cas, j'ai été envoyée dans un foyer temporaire pour mômes inclassables. Le concierge a essayé de me violenter comme mon oncle l'avait fait, mais j'ai résisté. Je me suis plainte et… je crois que c'est dès ce moment-là que j'ai commencé à être considérée comme une rebelle. Une fille à problèmes, sinon une graine de délinquante.

» Au cours de mon enfance et de mon adolescence, je suis passée plusieurs fois devant le juge pour enfants. J'ai eu de la chance de ne pas être jetée en prison, je suppose, mais j'ai toujours été considérée comme une « personne ayant besoin de supervision ». J'adore cette expression. Le premier trou à rats où j'ai été envoyée s'appelait le Centre d'accueil Wilhelmina. C'était un endroit spécifiquement prévu pour les « enfants perturbés », comme je l'ai si souvent entendu dire. Là-bas, j'ai eu beaucoup d'ennuis. Les surveillants rédigeaient des rapports à mon sujet parce que je refusais de regarder mes interlocuteurs dans les yeux, ce genre de chose...

Pia redressa le menton et regarda Rothman. Impassible, il hocha légèrement la tête. Elle poursuivit :

– Quand j'ai eu une douzaine d'années, on m'a déménagée dans un foyer de filles, au nord de l'État, qui s'appelait Eden Falls. C'est joli, non ? Eden Falls. Mais c'était une institution digne du dix-neuvième siècle. Pour vous donner une idée, on y envoyait autrefois les prostituées adolescentes pour les « réformer ». À mon époque, Eden Falls récupérait les cas difficiles qui avaient été renvoyés de tous les autres établissements – les filles que personne ne voulait adopter ou dont personne ne souhaitait vraiment s'occuper. Nous vivions dans des petits pavillons répartis à travers toute la propriété. La peinture des murs s'écaillait. La plomberie ne marchait pas. On y étouffait en été, on gelait en hiver. Tout ça, c'était supportable. Le vrai problème, c'étaient les autres filles.

» L'endroit était dirigé par des gangs de filles qui fonctionnaient comme des familles mafieuses. Elles étaient très bien organisées, avec des « papas » au sommet de la hiérarchie, et puis des « épouses », des « cousins », des « oncles » et ainsi de suite. Elles vous piquaient votre argent, vous obligeaient à faire leurs corvées, vous frappaient sans raison. Elles vous attaquaient la nuit. Il y avait beaucoup de violence – de la violence physique, vous savez, et sexuelle parfois. Le personnel d'Eden Falls était au courant, mais il s'en balançait parce que ces filles maintenaient l'ordre, de manière générale, bien mieux qu'il ne pouvait le faire. J'ai longtemps essayé de n'avoir aucun rapport avec elles, mais elles finissaient par mettre la main sur tout le monde. Une nuit, elles m'ont trouvée, j'étais cachée dans une salle de bains, et elles m'ont attaquée...

Pia marqua une pause pour s'éclaircir la voix, avant de reprendre :

– J'ai trouvé un vieux bouquin sur la boxe à la bibliothèque, et il y avait deux filles, parmi les plus jeunes, qui connaissaient un peu le karaté. Ensemble, on a créé une sorte de groupe d'autodéfense. J'étais très déterminée. Chaque fois que les filles des gangs essayaient de me prendre quelque chose, je répliquais. Et je ne suis jamais entrée dans leur « société de l'ombre », comme disait une des assistantes sociales. Je me suis battue très souvent et, du coup, j'ai passé pas mal de jours et de nuits dans une pièce minuscule, sans fenêtres, où étaient envoyées les filles punies. C'était de l'isolement cellulaire, purement et simplement. Une fois, j'y ai même passé toute une semaine. J'avais réussi à attraper la fille qui dirigeait le gang qui m'attaquait le plus souvent. Je l'avais coincée seule dans une salle de bains et je l'avais sérieusement tabassée.

Pia commençait à s'inquiéter, peut-être en disait-elle trop. Cependant, quand elle regarda de nouveau Rothman, il hocha simplement la tête, sans rien dire.

– En dépit de tous ces problèmes, je travaillais dur en classe. Enfin je veux dire... je faisais le maximum avec les cours assez médiocres qui nous étaient donnés à Eden Falls. L'étude, c'était ma façon de m'évader. Et il y avait quelques enseignants qui voulaient bien faire. J'étais déterminée à ne pas tomber enceinte ou à me retrouver en prison comme la plupart des filles dès qu'elles quittaient le foyer. Pour l'essentiel, le personnel se fichait bien de ce qui se passait entre nous, et de ce que nous faisions de nous-mêmes, du moment que nous ne nous entretuions pas. Excusez-moi de parler comme ça, mais ce foyer était vraiment une saloperie. Une décharge publique. Tiens, laissons donc ces gamines là-dedans jusqu'à ce qu'elles aient dix-huit ans, qu'elles aient pris le goût de la drogue, qu'elles soient incapables de remonter la pente, et puis lâchons-les dans le vaste monde sans plus personne pour s'occuper d'elles. Et bonne chance !

» Le directeur d'Eden Falls savait que c'était le système qui ne fonctionnait pas bien. Le foyer créait tout autant de problèmes pour nous, les adolescentes, qu'il ne nous aidait à en résoudre. Ce directeur, il s'appelait Papitano. Pendant que j'étais là-bas, il a essayé d'obtenir de meilleurs psychologues et de meilleurs enseignants. Il a même essayé de faire fermer le foyer, à vrai dire. Mais il a reçu des menaces, alors il a renoncé.

» J'étais au courant de tout ça, parce que Papitano vivait dans une grande maison à l'intérieur de l'enceinte d'Eden Falls, et nous étions quelques filles à y faire le ménage et à lui préparer ses repas. Il m'a aidée, d'une certaine façon, en me prenant à son service, parce que ça m'évitait de faire des bêtises, et il s'est débrouillé pour que j'étudie avec les meilleurs profs. Mais Papitano était aussi un pauvre type, déprimé et violent – je crois que sa femme l'avait plaqué et qu'il ne voyait jamais ses enfants. Un jour, j'ai eu seize ans, et comme je passais pas mal de temps dans la maison, il s'est mis dans la tête que je m'intéressais à lui. En dépit du fait, bien sûr, que je résistais à toutes ses avances. Un soir, il s'est gravement saoulé. J'étais dans la bibliothèque, le seul endroit d'Eden Falls où il y avait des livres. Il est entré et il a commencé à me déclarer qu'il était amoureux de moi. Il était vraiment pathétique, mais… au bout d'un moment, il m'a coincée dans un coin. Et moi, j'ai horreur qu'on se comporte de cette façon avec moi. Je crois qu'il a raconté aux gens qu'il s'était fait un œil au beurre noir en glissant dans sa douche.

» Ensuite... Il était plus gêné qu'autre chose, sans doute, parce qu'il ne m'est rien arrivé. Sauf qu'il n'a pas voulu que je reste à Eden Falls. C'était une bonne chose, évidemment, mais je ne pense pas qu'il l'ait fait *pour moi*. Je crois qu'il voulait éviter d'être tenté par ses démons. En tout cas, il s'est donné beaucoup de mal pour me trouver une assistante sociale compétente et efficace...

– Sheila Brown, dit Rothman.

– Sheila Brown. Elle s'est intéressée à moi, elle s'est montrée très tenace, elle est allée devant le juge pour le convaincre de me faire envoyer dans un établissement où j'aurais de meilleures chances de finir ma scolarité secondaire avant d'être « émancipée » par le système, à ma majorité. L'« émancipation ». J'aime bien ce mot. Alors voilà, on m'a enfin annoncé que je quittais Eden Falls. J'étais heureuse de m'en aller, mais ce type, Papitano...

La voix de Pia s'enroua. Elle se tut pour prendre le temps de se ressaisir. Puis elle dit d'un ton posé :

– J'avais vraiment fini par lui faire confiance. Je pensais que nous nous comprenions. Mais, juste avant mon départ, il s'est de nouveau saoulé. Et il était grand et costaud, vous savez. Il m'a surprise une nouvelle fois dans la bibliothèque. J'avais baissé ma garde et... il m'a trahie.

Rothman et Pia étaient à tel point figés l'un en face de l'autre que le détecteur de mouvement du système électrique du bureau coupa la lumière. L'obscurité complète dans laquelle ils furent soudain plongés les fit tous deux sursauter. La lumière revint aussitôt.

– Bon sang ! s'exclama Rothman. Je croyais qu'ils avaient réglé ce truc. Avant, ça m'arrivait tout le temps.

– Vous devez penser que je suis une véritable psychopathe, murmura Pia.

À présent, elle regrettait d'en avoir tant dit sur son passé et sur les violences qu'elle avait subies. Mais c'était comme si un barrage avait cédé sous la pression de ses souvenirs.

– Jamais je n'avais parlé comme ça, de toutes mes histoires. Personne n'est au courant. Sauf Sheila. Mais même avec elle, ça n'est pas venu tout d'un coup. Je lui ai raconté ça... au fil du temps.

– Je ne pense absolument pas que vous soyez une psychopathe. Je vous admire, au contraire. Vous avez fait ce que vous deviez faire. Mon expérience en tant qu'enfant de l'aide sociale est loin d'avoir été si négative. Comme mes parents étaient juifs, j'ai été placé dans une institution correcte dès le départ. Ce n'était pas facile, j'ai manqué d'affection et de beaucoup d'autres choses dont un enfant a besoin, mais je n'ai pas souffert comme vous. En outre, j'avais déjà onze ans, alors que vous n'en aviez que six. Et puis, je passais mes vacances avec une tante qui n'était pas la plus chaleureuse des femmes, mais qui au moins appartenait à ma propre famille. Mes parents m'avaient abandonné, vous savez. Ils ne comprenaient pas mes symptômes, car, à l'époque, il n'y avait pas d'explication à mon comportement étrange, et ils n'arrivaient pas à s'en sortir. Pour leur défense, je dois dire que je crois que j'étais très pénible. Et puis ils avaient quatre autres enfants – tous mes aînés. J'ai longtemps pensé que ma mère et mon père avaient simplement déjà épuisé tout l'amour qu'ils avaient à donner quand j'étais entré dans leur vie.

» Écoutez, Pia, mon but n'est pas que vous éprouviez de la reconnaissance envers moi, ou que vous me voyiez différemment à cause de ce que je vous ai raconté. Je veux juste dire que je comprends ce que vous avez enduré. Et je le comprends encore mieux après ce que vous venez de me raconter. Ce n'est pas étonnant que vous fassiez des cauchemars. Et, pour vous dire la vérité, vos retards ne me dérangent pas comme ils tracassent Marsha et Junichi. C'est assez ironique, d'ailleurs, car, de leur côté, ils s'inquiètent parce qu'ils croient que je suis énervé. Ceci dit, l'idée principale avec laquelle je veux vous laisser ce soir, c'est que la recherche est la vocation que je me suis trouvée, en dépit de mon passé et en dépit de mon Asperger. Je crois que vous pouvez suivre la même trajectoire, mais vous allez devoir prendre une décision. Vous ne devez pas faire les choses à moitié. Ce sera soit la recherche, soit la médecine clinique. Pas les deux.

– « Trouble réactionnel de l'attachement de l'enfance », dit Pia. Une des assistantes sociales d'Eden Falls m'a sorti un jour que je souffrais de trouble réactionnel de l'attachement de l'enfance. Ça signifie, je crois, que je suis incapable d'avoir de vraies relations avec quiconque.

– Eh bien… je suppose que nous faisons la paire, en ce cas, dit Rothman.

Et il sourit. Pendant quelques instants, son visage s'éclaira. C'était la première fois que Pia le voyait sourire.

– Réfléchissez, reprit-il. Vous n'êtes pas obligée de donner votre réponse maintenant. Mais je dois l'avoir bientôt pour pouvoir m'organiser. Après la parution de notre article dans *The Lancet*, les choses vont encore accélérer. Voilà, Pia. Maintenant, je dois retourner à l'unité NSB3 pendant une petite heure.

Et, manifestation classique du syndrome d'Asperger qui l'affectait, Rothman se leva et quitta la pièce sans ajouter un mot.

Pia resta assise. Le bureau était paisible. Dans la grande salle du labo, quelques machines automatiques couinaient et sifflaient de temps en temps. Au bout d'un moment, la lumière s'éteignit de nouveau. Pia agita la main. La scène qui venait de se produire l'avait totalement déstabilisée. Elle se sentait… fragilisée, émotionnellement mise à nue. Et elle craignait que Rothman ne la juge, après réflexion, incapable d'assurer les tâches qu'il voulait lui confier. Elle resta une bonne dizaine de minutes sur la chaise avant de se lever et de sortir du labo.

Cependant, alors qu'elle descendait au rez-de-chaussée par l'ascenseur, elle commença à se sentir mieux. Elle réalisa qu'elle était soulagée, dans une certaine mesure, d'avoir parlé comme elle l'avait fait. Ayant lui-même été pris en charge par l'État, Rothman la comprenait. Soudain, elle reprit confiance et se dit que tout finirait par bien se passer. Elle estimait qu'on ne pouvait faire vraiment confiance qu'aux personnes dont les actes correspondaient à leurs paroles ou, mieux encore, qui agissaient sans rien demander en retour. Le seul individu de sa connaissance qui satisfaisait à ces critères était le Dr Rothman. Elle savait que même George, aussi généreux fût-il envers elle, attendait quelque chose.

En sortant de la tour Black dans la nuit froide, Pia songea qu'elle ne savait pas encore exactement ce qu'elle ferait de son avenir, mais que Rothman lui avait tenu des propos extrêmement convaincants. Et, aussi incroyable que cela pût paraître, elle avait le sentiment qu'une sorte de métamorphose s'était opérée dans l'image qu'elle avait de lui : il était désormais la figure paternelle qui lui avait manqué toute sa vie.

20

TOUR TRUMP INTERNATIONAL
NEW YORK
4 MARS 2011
08 H 05

Quand le téléphone portable acheté par Max Higgins pour l'opération sonna, juste après huit heures du matin, Jerry Trotter décrocha dès la première sonnerie. Il attendait impatiemment cet appel. Comme il l'espérait, c'était Harry Hooper.

– Je viens de petit-déjeuner avec le mec de Morgan dont je vous ai parlé hier, dit le détective privé.

– Vous l'avez rencontré ? Vous vous êtes assis en face de lui et vous avez mangé avec lui ?

Trotter était étonné. En général, Brubaker et Hooper travaillaient dans l'ombre, évitant les face-à-face.

– Il refusait de m'en dire davantage au téléphone. Il voulait qu'on se voie. À six heures et demie ce matin. Il a beaucoup insisté. En fait, il croit réellement que je suis chasseur de têtes et il veut un nouveau job. Il ne rêve que de ça. Et puis, je ne voyais pas ce qu'il y avait de mal à le rencontrer. Ce n'est pas comme si devais le recroiser un jour, vous savez.

– Mais… que savez-vous du métier de chasseur de têtes ?

– Qu'y a-t-il à savoir, patron ? J'ai demandé au bonhomme de me parler de lui, de ses points forts, de ses ambitions, du genre de poste qu'il s'imagine avoir d'ici cinq ans. Toutes ces bêtises, quoi ! Pour finir, j'ai dit que je ne connaissais personne qui recherchait exactement son profil, mais que je tendais l'oreille et que je le gardais dans mes petits papiers.

– Il ne vous a pas demandé votre carte de visite ?

– J'étais à sec. J'ai rencontré tellement de monde, la semaine dernière, que j'ai épuisé mon stock de cartes et oublié d'en recommander. Je me suis presque convaincu moi-même que j'étais à ce point débordé de travail. Quoi qu'il en soit, nous avons tout de même fini par nous pencher sur le cas de votre bonne amie. Elle travaillait autrefois pour le banquier dont nous parlions hier. Le plus costaud des deux, vous voyez. Bon, il est sûr et certain qu'ils ont couché ensemble. Et plus d'une fois. Pas juste une partie de jambes en l'air après trois verres de trop à la fin d'un séminaire. Une vraie liaison. Chambres d'hôtel dans l'après-midi, cadeaux, ce genre de chose.

– Et il sait ça comment, votre bonhomme ?

– Il sortait autrefois avec une femme qui était une amie de votre copine. Une amie intime, le genre confidences-confidences. Votre copine raconte donc à cette femme qu'elle fréquente ce bonhomme marié. Qui est aussi son patron. Évidemment, elle fait jurer à l'amie que c'est un secret, qu'elle ne doit rien dire à personne. Mais bien sûr, la fille en parle à mon gars. Toute information a sa valeur, comme vous savez, et cette valeur varie selon les circonstances. La femme pensait que partager ce secret avec mon type serait bon pour leur relation – que ça les rapprocherait. Mais ça n'a pas fonctionné. Ils se sont séparés peu de temps après.

– Et lui ? Pourquoi l'a-t-il partagé avec vous, ce secret ?

– Comme je vous le disais, toute information a sa valeur et peut se vendre. Je l'interrogeais sur votre copine, il savait quelque chose… Il veut changer de boulot… Je ne sais pas, au fond. Je l'ai peut-être amené à croire que j'ai beaucoup de relations à Wall Street.

– Et puis vous disparaissez de la circulation. Il va être furax.

– Et il fera quoi ? Il se plaindra à son patron ? De toute façon, j'ai prévu de l'appeler la semaine prochaine pour commencer à le faire atterrir en douceur. Hélas, hélas, je vais moi-même devoir réduire mes activités. Le monde des affaires est tellement cruel, n'est-ce pas ?

– O. K., fit Trotter. Attendez une minute…

Il prit le téléphone à deux mains tandis qu'il réfléchissait. Cette histoire, c'était tout bon. Gloria Croft et Edmund Mathews avaient couché ensemble dix, douze ans plus tôt. Et l'affaire ne s'était pas bien terminée, de toute évidence, puisque Gloria prenait apparemment son pied à essayer de ruiner Edmund. Cependant, cette histoire ne suffisait pas. Pour ce qu'il avait en tête, Trotter avait besoin d'autre chose.

– Bon, dit-il à Hooper. Tout ça me plaît beaucoup, mais il me faut d'autres données de fond du même genre. Continuez de chercher. Essayez de découvrir pourquoi leur liaison a pris fin. Et surtout, pourquoi elle s'est si mal terminée.

– Entendu.

Jerry posa le téléphone sur le bureau et se rencogna dans son fauteuil. Ayant beaucoup de petits secrets dans sa propre vie, il supposait que tout le monde mentait au sujet de ceci ou de cela. Certains de ses secrets avaient trait au fait qu'il était infidèle à Charlotte, la femme avec laquelle il était marié depuis vingt-deux ans. Il avait eu des aventures avec plusieurs de ses patientes du temps où il était chirurgien esthétique. L'une de ces aventures avait continué après qu'il s'était lancé dans la finance. Et elle durait encore, sous forme de rendez-vous galants dans un appartement qu'il possédait à l'insu de Charlotte dans le quartier de Greenwich Village. Trotter n'éprouvait aucune culpabilité vis-à-vis de son épouse. Il considérait qu'ils avaient une sorte d'accord tacite – un accord *tacite*, certes, dans la mesure où Charlotte n'avait jamais été consultée sur le sujet. Lui, il s'amusait un peu, et elle, elle menait grand train. Son sport, c'était le shopping.

Aux yeux de Trotter, le risque était une composante essentielle de l'existence. Et chacun le gérait à sa façon. Il estimait qu'il gérait bien les risques de sa propre vie, ce qui expliquait qu'il était un bon patron de fonds spéculatif. Certaines personnes géraient mal le risque, tant pis pour elles. Cependant, la question qui le turlupinait en ce moment, c'était de savoir si le risque encouru dans certaines situations justifiait de prendre des mesures vraiment désespérées. Car il commençait à se dire qu'il y avait peut-être, oui, *peut-être* un moyen de régler le problème qu'Edmund lui avait largué sur les épaules.

Jerry Trotter avait un autre secret, sans rapport avec les femmes et l'infidélité, qui pesait plus lourdement sur sa conscience qu'aucun autre. Au cours des derniers mois, non seulement il avait mis beaucoup d'argent dans LifeDeals à titre personnel – en plus de la position que son fonds y avait prise –, mais il avait aussi réalisé un troisième investissement, beaucoup plus important que les deux premiers combinés et totalement secret. Trotter avait étudié la société mise sur pied par Edmund et Russell, il avait examiné leur business-plan et épluché leurs relevés de ventes. Il avait payé divers agents pour mener des recherches supplémentaires sur le sujet. Il avait déboursé de grosses sommes pour charger une équipe d'avocats de fabriquer des instruments financiers prêts à être vendus en quelques jours. Puis, dissimulé derrière toute une série de sociétés-écran enregistrées dans plusieurs paradis fiscaux, il avait créé la structure d'une compagnie de rachat de polices d'assurances vie qui devait, pour le dire simplement, imiter le fonctionnement de LifeDeals dans ses moindres détails. Comme Edmund ne se lassait pas de le répéter, l'assurance vie était un secteur de vingt-six mille milliards de dollars rien qu'aux États-Unis. Il y avait beaucoup d'argent à y gagner.

La mauvaise nouvelle annoncée par Edmund et Russell chez Terrasini au sujet de la médecine régénérative l'avait estomaqué. Le choc avait été bien plus violent, pour lui, que les deux hommes ne pouvaient l'avoir supposé. L'audit préalable qu'il avait commandé était passé complètement à côté de ces recherches scientifiques et de leurs conséquences potentielles sur le marché du rachat d'assurances vie. Le malheur qui menaçait LifeDeals était regrettable, mais il ne mettait guère en danger le fonds spéculatif de Jerry Trotter et de Max Higgins. Même la perte éventuelle de l'investissement personnel et *officiel* de Trotter dans LifeDeals ne risquait pas de le mettre sur la paille. Avec la compagnie fantôme, par contre… il risquait de perdre énormément. Si le marché du rachat d'assurances vie s'effondrait, Trotter serait ruiné. Les diverses filiales qu'il avait créées avaient déjà commencé à racheter des polices. Individuellement, chacune était minuscule en comparaison de LifeDeals. Ensemble, il se disait encore récemment avec satisfaction qu'elles pesaient plus lourd que la compagnie d'Edmund et de Russell.

Au cours des dix-huit dernières heures – depuis qu'il avait quitté le restaurant –, Jerry Trotter était devenu un homme extrêmement anxieux. Il n'avait pas dormi de la nuit. Une vieille calculatrice à la main, il avait examiné rapports et relevés de portefeuille pour essayer de trouver le moyen, n'importe lequel, de sortir indemne de cet imbroglio. Il savait qu'avec Harry Hooper, il se raccrochait aux brindilles, mais il espérait de tout son cœur qu'Edmund Mathews avait plus que de l'argent en jeu dans cette histoire, quelque chose qui signifierait que lui, Trotter, ne serait pas obligé de régler cette affaire tout seul. Il n'était pas le genre d'homme à s'embarrasser de scrupules et il préférait déléguer à d'autres les tâches les plus répugnantes : celles qui pouvaient envoyer un homme en prison, sinon pire.

21

TOUR TRUMP INTERNATIONAL
NEW YORK
4 MARS 2011
11 H 55

À midi, Trotter était au bord de la crise de nerfs. Après avoir parlé au téléphone avec Harry Hooper, il avait repris l'activité qui l'avait occupé une grande partie de la nuit : il avait surfé sur Internet. Il ne voulait pas rester les bras croisés. Les amphétamines qu'il avait avalées pour se tenir éveillé lui mettaient le cerveau en ébullition ; il savait qu'il avait trente-six, quarante heures maximum devant lui avant de s'effondrer. Toutes les deux heures il buvait une cannette de Red Bull. Et il s'enfilait régulièrement des gorgées de Coca-Cola Light. Sa femme, Charlotte, ne comprenait pas ce qui lui arrivait, mais elle le connaissait assez pour ne pas le déranger. Pour Trotter, l'Internet était à la fois une merveilleuse source d'informations et l'outil idéal pour ne jamais s'ennuyer. On y trouvait tout ce sur quoi on pouvait vouloir chercher des renseignements – et des tas de choses qu'on ignorait avoir envie de savoir. D'accord, Internet ne pouvait pas grand-chose pour trouver la fontaine de Jouvence ou prouver l'existence de Dieu, mais, ces détails mis à part, il était tout simplement merveilleux.

Internet était très utile, notamment, pour ce qui était de dénicher des solutions pratiques à toutes sortes de problèmes. Quelques jours plus tôt, Trotter y avait découvert comment régler sa télécommande universelle pour qu'elle agisse *vraiment* sur toutes les fonctions de sa télévision. Il avait beaucoup apprécié ce résultat. Aujourd'hui, cependant, le problème était différent. Assis seul dans son bureau, les rideaux tirés, les yeux rivés sur l'écran du Mac, il suivait divers fils de discussion dans d'obscurs forums, s'inscrivait à toutes sortes d'organisations ésotériques pour avoir accès à leurs données, cliquait sur des liens qui l'entraînaient dans les zones les plus torturées de notre conscience collective telle qu'elle est représentée sur le Web.

Certaines des choses que Trotter lisait à l'écran lui rappelaient ses années d'études de médecine. Que n'aurait-il pas donné pour avoir accès à Internet à l'époque ! Le style précis et sec des documents scientifiques n'avait pas évolué en trente ans. Trotter croyait bien ne pas avoir passé plus de deux heures en tout, quand il était à la fac, à étudier les salmonelles. Il avait toujours eu la phobie des germes, surtout des microbes les plus puissants, et il se sentait mal à l'aise rien qu'à lire ce qu'il découvrait sur Internet au sujet de la souche de *salmonella typhi* dont le Dr Rothman avait fait sa spécialité et qui lui avait valu un prix Nobel. D'un autre côté, il devait reconnaître que la bactérie était tout à fait fascinante.

Elle était tellement versatile et dangereuse !

Plus il passait de temps devant l'ordinateur, plus il était convaincu de devoir agir vite et bien. Le plan qui lui était venu à l'esprit l'avait tout d'abord horrifié, mais il était clair qu'il n'avait pas d'autre solution. Par ailleurs, il détestait être piégé. Chaque fois qu'il hésitait, il songeait à la perspective de se retrouver bientôt ruiné et déshonoré. Il savait que s'il trébuchait, il serait la risée de Wall Street. Un journaleux aux dents longues écrirait un bouquin sur lui, le faisant passer pour un bouffon, un idiot. Il devait éviter ça à n'importe quel prix.

Laissant l'idée germer dans son cerveau, Trotter comprit qu'au fond il lui suffisait d'être déterminé pour réussir. Et d'accepter de dépenser de l'argent. Ses heures passées à surfer sur Internet, les sites très particuliers qu'il y avait trouvés, l'avaient convaincu d'une chose : l'argent pouvait *vraiment* tout acheter. Or, l'argent n'était pas un souci pour lui. Il devait simplement se convaincre qu'il était capable d'aller au bout de son projet.

Et voilà qu'il était midi passé et que le téléphone sonnait de nouveau. Trotter espérait que c'était Hooper, mais il entendit la voix de Brubaker au bout du fil.

– Il y a du nouveau ?

– Oui. J'ai la confirmation que ces deux types sont incontestablement les leaders de leur domaine. L'organogenèse. Ils sont très en avance sur tous les autres labos. L'info m'a été confirmée par deux sources différentes. Mais impossible de savoir précisément quand ils seront prêts à proposer des organes aux malades parce que les résultats de leurs expériences sont encore incertains. Ils peuvent tomber sur un os et être retardés de quelques semaines, ou bien... ils peuvent aller d'expérience en expérience, sans aucun souci...

– Mais au bout du compte, ça va marcher ? l'interrompit Trotter avec impatience.

– C'est ce que j'entends dire.

– Ce serait trop espérer que leurs travaux tombent à l'eau, alors.

– Si vous voulez les voir échouer, vous êtes mal barrés. Mes sources me disent qu'ils sont très sûrs d'eux.

– Vous en êtes certain ? insista Trotter, avec une trace de dépit dans la voix.

– C'est ce qu'on me raconte, je vous dis. Et puis, ils ont déjà créé une société privée qui contrôlera les brevets déposés pour leurs inventions. Et il s'agit bien de *plusieurs* brevets. Toute une série de brevets, en fait, qui leur permettra d'avoir totalement la main sur leur domaine d'activité.

– Merci, j'avais compris, grogna Trotter. Donc, ils sont tout près du but.

– Pas nécessairement. Mais ils sont confiants. Et sûrs d'y arriver un jour ou l'autre.

– Comment avez-vous découvert l'existence de cette société ?

– Vous voulez vraiment le savoir ?

– Faites-moi plaisir.

– O. K., patron. J'ai un ami, ici à New York, au bureau de l'immatriculation des nouvelles entreprises. En trois clics, il peut tout savoir. C'est utile, pour moi, quand des types créent des boîtes fictives pour cacher leurs avoirs à leurs épouses.

– Je garderai ce détail à l'esprit.

– Ils ont appelé la société « Rothman Medical ». Pas bien difficile à retrouver, comme vous pouvez l'imaginer. Elle a été enregistrée il y a exactement deux semaines. Ils l'ont sans doute aussi enregistrée à l'étranger, dans des endroits où ils paieront moins ou pas d'impôts. Comme je le disais, ils ne font pas les choses à moitié.

– Et qui sont les propriétaires ?

– De la boîte ? Juste ces deux bonshommes. Les chercheurs de Columbia. Il n'y a personne d'autre.

Trotter coupa la communication. Rothman et Yamamoto. Apparemment, donc, ils gouvernaient le navire tout seuls. Il regarda l'heure en haut de l'écran du Mac. Bientôt midi et demi. Près de quatre heures et demie avaient passé depuis la dernière fois qu'il avait parlé à Hooper. Soudain, Trotter se sentit accablé de fatigue. Il était vital qu'Hooper découvre quelque chose qu'il pourrait utiliser pour faire pression sur Edmund Mathews. La drogue et la fatigue lui grillaient les neurones ; il avait besoin d'aide. Il savait qu'Hooper l'appellerait à la seconde où il aurait de nouvelles informations, mais… Comme la veille, il ne put résister à l'envie de le contacter lui-même.

– C'est moi, dit-il un peu bêtement quand Hooper prit l'appel.

– Il y a un souci ?

– Je viens juste aux nouvelles, répondit Trotter, essayant de parler d'une voix normale.

Hooper, dont les antennes étaient toujours dressées, comprit que Trotter n'était pas dans son assiette. Il n'avait dit que cinq mots, mais il était clair qu'il carburait à la méthamphétamine. Ancien flic, Hooper connaissait toutes les drogues disponibles sur le marché.

– Vous n'avez pas l'air en forme, patron.

– Je suis fatigué, c'est tout.

– Bon. J'ai lancé quelques lignes à l'eau. J'attends que ça morde. Essayez de vous détendre.

Ouais, bien sûr, pensa Trotter en coupant la communication. *Pour vous, c'est facile à dire.*

22

CENTRE MÉDICAL DE L'UNIVERSITÉ COLUMBIA
NEW YORK
4 MARS 2011
12 H 35

La veille au soir, Pia avait pris le temps de régler la sonnerie du réveil que George lui avait offert, ainsi que celle de son téléphone portable. Pour la première fois depuis plus d'une semaine, elle avait dormi comme une masse et s'était réveillée fraîche et dispose à six heures et demie. Douchée, habillée, elle était descendue à la cafétéria avant de remonter frapper à la porte de George pour lui apporter un café et un bagel toasté au fromage frais.

– Ouah ! s'était-il exclamé quand il avait ouvert la porte. Ça, c'est une première. Et tu viens avec le petit-déjeuner, en plus. Entre !

– Je veux te rendre la pareille, c'est tout, avait-elle dit en souriant. Ou *les* pareilles, plutôt. Mais où étais-tu hier et avant-hier ? Je me suis réveillée en retard les deux jours. Et hier, comme punition, j'ai dû laver des vases à bec toute la matinée.

– Oh…

– Ça n'a pas d'importance. J'ai des choses à t'annoncer.

– Des *bonnes* choses ?

– On peut dire ça.

Pia s'était assise sur le lit pendant que George se préparait.

– Rothman veut que je travaille à plein temps dans son labo. Dès que j'aurai le diplôme.

George venait de sortir de la salle de bains ; il était en train de se brosser les dents. Il l'avait regardée bouche bée, de la mousse de dentifrice plein les gencives.

– Il peut faire ça, lui ?

– Je crois que, dans cette fac, il peut faire à peu près tout ce qu'il veut. Il lui suffit de menacer de prendre ses cliques et ses claques pour aller à Harvard ou à Stanford.

– Et tu as répondu quoi ?

– Je n'ai pas encore répondu. D'abord, j'étais carrément estomaquée. Et puis, il m'a dit de prendre le temps de réfléchir. Mais il n'y a pas photo, je vais accepter sa proposition. J'irai voir la doyenne pour lui expliquer que je remets l'internat à plus tard. J'imagine que je pourrai encore m'inscrire, un jour ou l'autre, quand j'aurai mon doctorat. Le plus important pour moi, de toute façon, c'est d'entrer comme chercheuse dans le labo de Rothman. Ses travaux sont incroyables. Il va devenir encore plus célèbre qu'il ne l'est déjà. Je ne serai pas étonnée s'il décroche un nouveau prix Nobel.

George avait reculé dans la salle de bains et s'était tourné vers le miroir. Il s'était mordu l'intérieur des joues.

– C'est génial, Pia. Félicitations ! avait-il dit avec un enthousiasme qu'il n'éprouvait absolument pas.

– Là, tu m'étonnes. Je m'attendais à entendre tes habituelles récriminations contre Rothman.

– Ah ben non ! Si c'est ce que tu veux faire, je pense que tu dois foncer.

George s'était de nouveau mordu les joues en se regardant dans le miroir.

– C'est exactement mon avis. Bon, tu te dépêches ?! Nous allons encore être en retard.

Le ciel était sombre et une pluie fine et froide leur tombait sur les épaules. Mars n'était pas un mois agréable à New York. George et Pia avaient marché d'un bon pas, parlant de leurs premières journées de stage.

– Et avec Will McKinley, ça se passe comment ? avait demandé George d'un air détaché. Vous travaillez ensemble, alors ?

– Il est un peu con-con et trop sûr de lui. Rothman pense qu'il finira chirurgien esthétique. Mais il se défend, car il est futé. J'aime bien Lesley, par contre.

– Je suis sûr que l'opinion de Rothman sur Will McKinley n'est pas à prendre comme un compliment. D'un autre côté, j'ai entendu dire qu'il ne fait jamais le moindre commentaire positif sur quiconque.

Pia avait simplement haussé un sourcil, sans répondre.

– McKinley se prend pour un vrai don juan, avait encore dit George. Je suis sûr que tu as déjà remarqué ça.

Pia avait haussé les épaules, l'air de dire : « Et alors ? »

– Il ne t'embête pas ?

– Je peux gérer Will McKinley, crois-moi, avait-elle répliqué. Mais faut reconnaître qu'il est plutôt mignon.

George s'était figé sur place, laissant momentanément Pia le distancer sur le trottoir. Quand il l'avait rattrapée, il lui avait jeté un regard en biais. Elle souriait, amusée de s'être fichue de lui. Il n'avait pu s'empêcher de rire. Et, en son for intérieur, il s'était maudit d'être si susceptible.

Les trois étudiants avaient passé une matinée sans histoires, travaillant sur leurs projets respectifs pour l'unité des bains d'organes. Pia avait consacré près de deux heures à lire des articles sur les solutions tampons utilisées dans les cultures tissulaires. L'électricien n'avait pas encore libéré son bureau, ni celui de Rothman : des fils électriques tire-bouchonnés pendouillaient encore des plafonds. Les schémas qui se trouvaient auparavant sur la paillasse de Pia étaient maintenant étalés chez Rothman. Elle avait cherché le bonhomme avec l'intention de lui passer un savon pour n'avoir pas encore terminé le travail, mais il n'était nulle part en vue. Et après avoir entamé ses lectures, elle l'avait oublié.

Will s'était pointé auprès d'elle, à un moment, comme si la jalousie de George lui donnait de l'inspiration, et avait essayé d'engager la conversation. Elle ne savait pas très bien s'il la draguait, mais de toute façon elle n'était pas intéressée. Elle avait répondu à ses deux premières questions, puis elle lui avait dit tout net qu'elle voulait se concentrer sur sa lecture. Il avait disparu.

À midi trente-cinq, Rothman et Yamamoto sortirent de l'unité NSB3. Pia remarqua aussitôt qu'ils ne se comportaient pas comme d'habitude. Ils semblaient très excités et parlaient avec beaucoup d'animation. Elle les suivit du coin de l'œil tandis qu'ils traversaient le labo, désert pour le moment car tout le personnel était sorti pour déjeuner.

Soudain, Rothman obliqua vers son bureau et y disparut sans refermer la porte sur lui. Yamamoto vint vers Pia. Elle comprit qu'il se passait quelque chose.

– Où sont vos collègues ? demanda le chercheur d'une voix qui trahissait une certaine impatience. Monsieur McKinley et mademoiselle Wong ?

Pia, qui lisait un document à l'écran de son ordinateur, leva les yeux vers lui.

– Dans l'unité des bains d'organes, je pense.

– Ah, tant mieux. Je voudrais que vous veniez là-bas avec nous. Tout de suite ! Rothman et moi, nous voulons vous montrer quelque chose.

Pia le suivit pour aller enfiler combinaison protectrice, masque, charlotte et surbottes dans le sas. Trois minutes plus tard, ils étaient réunis, tous les cinq, dans la salle des bains d'organes.

– Bon ! dit Rothman avec emphase en joignant ses mains gantées devant la poitrine.

Pia le regarda attentivement. Il semblait très enthousiaste. Et la veille au soir, ils avaient eu cette discussion si étonnante, si particulière, en tête à tête... Elle découvrait des facettes de cet homme dont elle n'avait auparavant jamais soupçonné l'existence.

– Le Dr Yamamoto et moi, nous voulons vous montrer quelque chose. Mais sous le sceau de la confidentialité la plus absolue ! Monsieur McKinley et mademoiselle Wong, vous serez ici tout le mois, Pia plus longtemps, mais nous vous serions reconnaissants de garder pour vous ce que vous allez voir. Entendu ?

Les trois étudiants hochèrent la tête.

– Bien. Les enjeux sont très, très élevés et nous ne voulons pas susciter de faux espoirs trop vite.

Rothman tourna les talons et se rendit au fond de la salle. Yamamoto et les étudiants le suivirent. Ils s'arrêtèrent devant une porte équipée d'un clavier électronique similaire à celui de la porte principale de l'unité. Dissimulant les touches avec sa main gauche, Rothman y entra un code que Pia, distraitement, supposa être le même que celui des autres portes.

Ils entrèrent dans une pièce minuscule, de trois mètres carrés pas plus, identique à la salle principale par le revêtement de ses murs et par son éclairage bleuté. À cinq, ils devaient se serrer les uns contre les autres pour y tenir. Elle possédait son propre système d'aération HVAC, qui bourdonnait doucement. Le plafonnier illuminait deux chariots identiques à ceux sur lesquels ils travaillaient dans la grande salle. Un seul était utilisé.

Rothman en désigna le bac. Le bain contenait un organe de couleur pâle qui avait la forme d'un rein – un rein beaucoup plus volumineux que ceux des souris de la salle voisine. Rothman leur révéla qu'il s'agissait d'un rein humain. Comme les autres organes humains qu'ils avaient déjà produits, il avait été créé à partir des fibroblastes de Yamamoto. Mais il avait une particularité : les canules attachées à sa veine et à son artère étaient reliées à des connecteurs en Y dont l'un des embouts se prolongeait par un tube jusqu'à l'appareil de traitement des fluides placé sous le bac – et dont l'autre semblait attendre d'être mis en service.

– Vous avez devant vous ce qui sera bientôt le premier organe réellement fonctionnel, produit à partir de cellules souches pluripotentes induites, testé sur le donneur de fibroblaste qui en a permis la création. Ce matin, nous avons reçu l'autorisation officielle des autorités sanitaires pour poursuivre l'expérience et connecter cet organe à l'artère et à la veine inguinales du Dr Yamamoto. Nous laisserons l'organe travailler comme il le ferait s'il était effectivement transplanté à l'intérieur de son corps.

– Vous êtes volontaire ? demanda Will à Yamamoto.

– Bien entendu ! Pour moi, c'est un grand honneur !

– Quand ferez-vous l'expérience ? demanda Pia, fascinée.

Dans le laboratoire de Rothman, chaque jour ou presque apportait une nouvelle renversante.

– Dès que nous aurons trouvé un chirurgien. Par mesure de sécurité, nous travaillerons dans une salle d'opération. Nous laisserons l'organe fonctionner pendant plusieurs heures, en le surveillant attentivement. Ce sera un grand jour. À marquer d'une pierre blanche !

Pia hocha la tête. Un grand jour ? Plus encore : un aboutissement absolument extraordinaire. Les espoirs suscités par les bacs de la salle voisine devenaient réalité dans cette minuscule pièce secrète.

Le silence tomba sur le groupe. Les trois étudiants et les deux chercheurs savaient qu'ils avaient quelque chose d'immense sous les yeux. Pia contempla le rein artificiel en suspension dans la solution nourricière qui réfléchissait la lumière bleue. Après avoir travaillé dans la cathédrale de Rothman, elle en découvrait à présent l'autel le plus sacré. Elle n'oubliait pas que le chercheur aurait préféré que cet organe soit un pancréas – mais elle savait aussi que cette création-là ne tarderait pas. Et elle avait hâte de la voir naître.

23

TOUR TRUMP INTERNATIONAL
NEW YORK
4 MARS 2011
13 H 20

Jerry Trotter était affalé sur la table de son bureau, le cou tordu, la joue posée juste à côté du clavier du Mac. Ronflant par intermittence, il faisait un rêve particulièrement affreux : assis au fond d'un fauteuil, il essuyait les réprimandes d'un homme qui approchait son visage tout près du sien. Il était en retard pour un rendez-vous important, mais il ignorait à quel sujet. Et il aurait fallu que l'homme cesse de brailler pour qu'il puisse se lever et aller voir en quoi consistait ce rendez-vous. Trotter s'agita dans son sommeil, se réveilla presque, puis s'immobilisa de nouveau. Il avait bavé sur la table et la migraine commençait à lui envahir le crâne. Un téléphone sonnait quelque part, tout près de lui.

Dans la matinée, Trotter avait coupé les sonneries de tous les téléphones de la maison, y compris celle de son principal téléphone portable. Bien sûr, des tas de gens voulaient lui parler. Comme il n'était pas au bureau, ses interlocuteurs supposaient qu'il était chez lui – ou en tout cas quelque part où il répondrait sur son portable. Mais les seuls appels qu'il voulait prendre étaient ceux qu'il devait recevoir sur l'appareil acheté par Max Higgins. Et… Et, en ce moment, c'était ce téléphone-là qui sonnait, forcément !

Jerry se redressa en sursaut. Son mouvement brusque lui valut de se froisser un muscle du cou. Un violent spasme de douleur lui tirailla la nuque tandis qu'il tâtonnait sur la table à la recherche du portable.

Qui venait de cesser de sonner.

– Merde, merde !

Mal réveillé, désorienté, il finit heureusement par sentir l'appareil sous ses doigts. Il le saisit, cligna des yeux, vit qu'il y avait un appel en absence sur l'écran et appuya sur le bouton à l'icône verte.

– Pourvu que ce soit Hooper, dit-il calmement. Pourvu que ce soit Hooper !

Le numéro affiché n'était pas celui d'Higgins et Trotter ne se souvenait pas de ceux de Brubaker et Hooper. Quelqu'un décrocha et dit aussitôt :

– Où étiez-vous passé ? J'ai appelé deux fois.

C'était Hooper.

– Vous avez du neuf ?

– Bingo !

– Quoi donc ? Dites...

– Il faut qu'on se voie. Le Starbucks au coin de la Sixième Avenue, en face de l'hôtel Mandarin Oriental.

– Heu, mais... c'est en bas de chez moi.

– Justement. Dans dix minutes.

Jerry Trotter regarda sa Rolex avant d'embrasser le Starbucks d'un regard circulaire. Il y avait près d'une demi-heure qu'Harry Hooper avait dit dix minutes. Trotter était aussitôt descendu de son nid d'aigle au sommet de la tour Trump et il avait traversé Columbus Circle au pas de charge. Il n'avait mis que quatre minutes en tout pour atteindre le café. Sur le trottoir, il avait brièvement appelé Max Higgins pour lui demander de venir le rejoindre avec la voiture.

« Il se passe des choses », avait-il simplement précisé. Max ne tarderait plus. Où était Hooper ?

Comme d'habitude, le Starbucks était plein à craquer. La file des clients qui attendaient de passer leur commande aux caisses serpentait à travers la salle. Et il y avait une autre file au comptoir où ils recevaient leurs consommations. La plupart des gens assis aux tables avaient devant eux un ordinateur ou une tablette tactile. Qui étaient-ils ? se demanda Jerry. Que fichaient-ils ici ? N'avaient-ils pas un bureau ? Un domicile ? Un sans-abri s'était installé dans un angle de la salle avec ses cabas remplis de vieilleries. Il avait un gobelet d'eau à la main. Tant qu'il ne s'endormait pas, il pouvait rester à cet endroit jusqu'à la fin des temps.

Trotter était perplexe. Pourquoi Hooper avait-il choisi cet endroit pour le rencontrer ? Trouver des places assises n'allait pas être facile et se parler discrètement encore moins. Il sortait le téléphone de sa poche, lorsqu'il sentit une main lui toucher le coude. Il fit volte-face. C'était le détective privé, qui dit d'une voix autoritaire :

– Allons faire un tour.

Agrippant le bras de Trotter, Hooper l'entraîna vers la sortie du Starbucks et lui fit traverser la rue pour qu'ils évitent les hordes de piétons qui entraient et sortaient de l'immeuble Time Warner.

Hooper tourna à droite dans la 58e Rue et slaloma entre les voitures pour passer sur le trottoir sud. Avant d'atteindre Columbus Avenue, ils entrèrent dans un immeuble à la façade de verre et prirent un escalator qui les mena au hall d'un luxueux hôtel-boutique. Hooper fit signe à Jerry de le suivre jusqu'à l'angle le plus calme de la salle. Ils s'assirent de part et d'autre d'une table basse sur laquelle une carte des boissons était posée à la verticale.

– Enfin tranquilles, dit Hooper.

– C'est quoi, ce cirque ? marmonna Trotter. Nous aurions pu nous retrouver ici directement.

– Au téléphone, tout à l'heure, vous aviez l'air assez tendu. Nerveux, pourrait-on même dire. Et les gens nerveux me rendent nerveux. Donc… simple précaution.

Trotter dévisagea Hooper. Quel âge avait ce mec ? Cinquante-cinq ans ? Il était plus petit que dans son souvenir : un mètre soixante-quinze à tout casser. Ses cheveux bruns étaient peut-être teints, mais c'étaient les siens. Ses pattes-d'oie faisaient sourire ses yeux, mais il avait le visage tiré du fumeur. Trotter décida qu'il ne lui inspirait pas du tout confiance.

– On boit quelque chose ? proposa le détective privé.

– Ouais, volontiers.

Trotter était à bout de forces et avait besoin d'un remontant. Hooper agita la main ; un serveur quitta le bar pour venir vers eux.

– Un scotch, s'il vous plaît, dit Hooper. Avec de la glace et un petit peu d'eau.

– Vodka martini avec du citron, dit Trotter. Merci.

Hooper le dévisagea quelques secondes.

– Vous avez l'air vraiment à cran, patron. Et soucieux.

– J'ai mal dormi. Mais je n'ai aucun souci dont quelques bonnes nouvelles ne sauraient me guérir. Je présume qu'il s'agit de bonnes nouvelles ? C'est la raison pour laquelle vous ne pouviez pas m'en parler au téléphone, non ?

– J'avais envie de bavarder un peu avec vous. D'homme à homme.

– Ah. D'accord.

– Je me demande un peu pourquoi vous vous intéressez tant à ce type.

– En quoi ça vous regarde, Harry ? Je vous ai chargé de trouver certaines infos et il semble que vous ayez découvert quelque chose. Oui, sans doute que je veux avoir les moyens de faire pression sur cet homme. Mais ce n'est pas une question qui devrait vous préoccuper.

– Je me demande quand même combien l'information pourrait valoir.

Trotter garda le silence. Le serveur approchait avec leurs boissons. Ce petit connard d'ex-flic essayait-il de le faire casquer ? Quand le serveur fut reparti, Trotter saisit son verre et le porta lentement à ses lèvres.

– À votre santé, Harry !

Il but la moitié du verre d'un trait, avant de le poser devant lui.

– Je pense que l'information vaut les trois cents dollars de l'heure que je vous paie. C'était la somme convenue, n'est-ce pas ? Elle est déjà très généreuse.

– Un accord, ça se renégocie, dit Hooper.

– Quelle somme auriez-vous en tête, au juste ?

– Dix mille dollars de plus.

– Dix mille dollars ? ! Vous plaisantez !

– Absolument pas.

Trotter éclata de rire. C'était plus fort que lui. Dix mille billets, c'étaient des clopinettes. Pressentant qu'Hooper tenterait un coup de ce genre – plus subtilement, toutefois, qu'il ne le faisait maintenant –, il avait apporté cinquante mille dollars. Et il était prêt à les dépenser.

– Attendez, laissez-moi réfléchir, dit-il, plissant les yeux. Vous me prenez pour un imbécile, c'est ça ?

Il saisit son verre et but une grande gorgée de vodka martini, avant d'ajouter :

– Vous et Brubaker, d'ailleurs. Vous vous téléphonez, tous les deux, c'est ça ? Et vous vous dites quoi ? « Quel couillon, ce Jerry Trotter, qui se prend pour un espion ? »

Hooper soutint froidement son regard. Et ne le contredit pas.

– Je suis un couillon, oui, reprit Trotter. Mais pas totalement.

De la poche droite de sa veste en cuir, il sortit un petit enregistreur digital qu'il posa sur la table basse.

Le détective privé esquissa un sourire.

– C'est quoi, ça ?

– J'ai enregistré nos appels, Harry. Pas avec cet appareil, mais avec un autre, identique. Comment avez-vous dit, déjà… ? « Simple précaution. » Je préfère voir ça comme une police d'assurance. Ah, moi et les assurances !

Trotter termina son verre et pivota sur le siège pour faire signe au serveur de lui en apporter un autre. Hooper, qui n'avait pas encore touché à sa boisson, répliqua :

– Vous n'avez rien dans vos enregistrements. Jamais je n'ai dit quoi que ce soit d'important au téléphone.

– Ah tiens ? En ce cas vous n'avez à vous inquiéter de rien.

Hooper balaya nerveusement la salle du regard, puis but une gorgée de son scotch. Trotter comprit qu'il avait réussi à le déstabiliser.

– Nous sommes dans le même bateau, mon ami, reprit-il. Je n'ai pas l'intention de faire quoi que ce soit de ces enregistrements. Et, comme vous dites, il n'y a probablement rien dans nos conversations téléphoniques. Mais nous sommes bel et bien entrés dans une nouvelle phase de notre relation. Et vous avez été très honnête avec moi. Vous voulez davantage d'argent. Ça marche !

Trotter glissa la main dans l'autre poche de sa veste. Il en tira une épaisse enveloppe en papier kraft qu'il posa devant Hooper. Ce dernier la saisit, la fit disparaître sous le plateau de la table et l'ouvrit. Quand il découvrit la liasse de billets, il releva subitement les yeux vers son employeur. Trotter songea que si l'ancien flic avait déjà vu autant d'argent d'un coup, il devait s'agir de billets saisis dans le cadre d'une enquête – et aussitôt mis sous scellés.

– Je ne comprends pas. Il y a plus de dix mille dollars…

– Oui. Il y en a cinquante mille.

– Cinquante mille ! Nom de Dieu !

– Alors, monsieur Hooper, votre austère façade se fissure, observa Trotter avec humour.

Il engloutit presque tout le contenu de son deuxième verre d'un trait. Il se sentait déjà beaucoup mieux.

– Que voulez-vous que je fasse ? demanda le détective.

– Vous allez me dire deux choses et je vous donnerai une autre enveloppe comme celle-ci dans une quinzaine de jours. C'est tout. Mais d'abord, je vais vous dire ce que je pense. Vous êtes un petit homme cupide. Je sais que vous gonflez les factures que vous me présentez. Ce n'est pas grave, tout le monde en fait autant, et les sommes sont ridicules. Ça, ici, par contre, c'est ce que j'appelle de l'argent. Et j'en ai beaucoup. Et j'ai l'intention de vous en donner encore tant que nous pourrons nous entraider. Parce que, comme je le disais, nous sommes dans le même bateau. Je pense aussi que vous ne savez pas vraiment ce que j'ai dans mon enregistreur. Humm ?

Hooper avait retrouvé sa contenance et soutenait le regard de Trotter, qui poursuivit :

– Je remarque que vous avez déjà accepté l'argent. Je pense aussi que vous vous dites : « Et puis merde, je veux ce fric. » C'est de l'argent facile, pour vous, Harry, parce que je sais que vous avez déjà la première chose que je veux que vous me donniez. C'est elle qui nous a amenés ici. Et je crois que vous trouverez rapidement la deuxième chose. Un homme de votre expérience n'aura pas de mal à me donner satisfaction.

– Vous jouez un jeu dangereux, patron. Vous êtes un amateur.

– Je sais, convint Trotter, souriant. Mais j'apprends très vite. Maintenant, je veux d'abord savoir ce que vous avez découvert au sujet d'Edmund Mathews et de Gloria Croft.

Le détective privé lui relata tout ce qu'il avait appris – et par quelles sources. Il précisa qu'il était certain de ses informations.

– Merci, Harry. Ça me convient très bien pour ce que j'ai en tête.

– Et l'autre chose que vous voulez, alors ?

Trotter se pencha vers Hooper.

– Vous allez m'expliquer comment je pourrais me procurer du polonium 210.

24

GREENWICH, CONNECTICUT
4 MARS 2011
15 H 23

Il y avait une cinquantaine de kilomètres de Columbus Circle, à l'angle sud-ouest de Central Park, jusqu'à la propriété d'Edmund Mathews à Greenwich. Par miracle, le chauffeur de Jerry Trotter – peut-être parce qu'il avait autrefois travaillé pour la police de la route de l'État de New York – fit le trajet en tout juste cinquante minutes. Après avoir quitté Harry Hooper, Trotter avait retrouvé Max Higgins dans la limousine au pied de la tour Trump. Dès qu'ils avaient commencé à rouler, il avait appelé Edmund Mathews pour lui ordonner de quitter son bureau et d'aller l'attendre à son domicile avec Russell Lefevre. Higgins lui avait trouvé une mine terrible : il avait les yeux rouges et bouffis, les cheveux en bataille, il n'était pas rasé et il était bizarrement accoutré d'un pantalon de toile verte, d'une chemise en gros coton bleu et d'un blouson en cuir de motard. Son haleine, en outre, empestait l'alcool. Max n'avait pu lui demander la moindre explication, cependant, car, aussitôt qu'il avait terminé sa conversation téléphonique, il s'était étendu sur la vaste banquette de la limousine et s'était mis à ronfler.

Depuis leur déjeuner avec Jerry et Max, Edmund et Russell n'avaient pas fait grand-chose de concret pour résoudre leur problème. Russell avait supervisé la mise en œuvre de certaines idées d'Edmund sur les types de polices d'assurance vie qu'ils devaient désormais cibler prioritairement. Leur service juridique avait commencé à examiner les polices déjà rachetées aux diabétiques pour y rechercher ce que Russell appelait des « anomalies » : si un souscripteur avait utilisé l'initiale d'un second prénom sur un document et pas sur un autre, par exemple, les avocats verraient s'il n'était pas possible d'annuler purement et simplement le contrat de rachat de sa police. Enfin, toutes les négociations de rachats étaient suspendues jusqu'à nouvel ordre. Mais ces mesures n'étaient que des rustines. S'il devait y avoir une solution globale, Edmund et Russell espéraient que Jerry Trotter saurait la leur fournir.

Quand Jerry l'avait appelé pour le convoquer, Edmund avait voulu être optimiste et se dire que le salut était à portée de main. La voix de Jerry était rauque et il s'était exprimé de façon encore plus abrupte que d'habitude, mais cela n'avait pas d'importance. D'un autre côté... il se doutait que si Jerry Trotter avait trouvé une solution, celle-ci ne serait pas indolore. D'une façon ou d'une autre, il y aurait un prix à payer.

Quand la limousine de Jerry s'arrêta devant la maison, Edmund se trouvait à une fenêtre de l'étage. Il vit le chauffeur ouvrir la portière arrière, puis Jerry sortir lentement du véhicule dans l'air hivernal glacial. Malgré la distance, Edmund eut l'impression que le chirurgien esthétique reconverti en investisseur n'avait pas l'air en forme. Il descendit au rez-de-chaussée. Sa femme, impeccable maîtresse de maison, ouvrait déjà la porte à leurs visiteurs.

– Alice ! s'exclama Jerry d'un ton enjoué. J'espérais tellement vous voir. Comme toujours, vous êtes un régal pour les yeux.

Ce n'était pas faux. Ses cheveux blonds étaient coupés en carré court tiré derrière les oreilles ; ses yeux verts étaient mis en valeur par le pull léger, vert menthe, qu'elle portait avec une jupe blanche qui laissait deviner ses belles jambes de sportive.

– Bonjour, Jerry. Comment allez-vous ?

Alice le prit par le coude et se pencha pour lui faire la bise. Jerry s'était peigné tant bien que mal et il avait avalé un demi-paquet de bonbons à la menthe, mais il avait toujours la tête d'un homme qui n'a pas dormi de la nuit. Il n'avait pas non plus pu se débarrasser de l'odeur de sueur froide qui l'enveloppait comme un nuage invisible. Alice eut un mouvement de recul dégoûté.

– Je parlais justement de vous à Max, enchaîna Jerry tandis qu'Edmund venait à sa rencontre. Quel couple formidable que celui d'Edmund et d'Alice, je disais. Et avec le petit Darius, ils sont trois ! Une femme magnifique, un héritier éclatant de santé, une maison superbe. Edmund, n'êtes-vous pas l'exemple même du mec chanceux. L'enfoiré qui a tout ! Je ne disais pas ça, il y a cinq minutes, Max ?

– Absolument, Jerry. Et qui ne serait pas de cet avis ?

Max jouait le jeu, mais il ignorait complètement pourquoi son associé débitait ces âneries. Deux minutes plus tôt, Jerry dormait encore comme une masse à l'arrière de la limousine.

Jerry entra dans la maison et glissa un bras, presque affectueusement, autour des épaules d'Alice. Edmund cligna des yeux. Par tous les diables, que se passait-il ? Jerry n'avait jamais semblé s'intéresser à Alice – tout comme lui, Edmund, ne s'était jamais intéressé à Charlotte Trotter. Ils n'avaient pas ce genre de relation-là. Ils *travaillaient* ensemble.

– Russell est ici ? demanda Jerry. Ah, oui, vous voilà !

Russell venait de sortir de la bibliothèque. Alice se libéra de l'étreinte de Jerry et demanda :

– Je vous offre quelque chose à boire, messieurs ?

Jerry Trotter s'adossa au mur du hall. Edmund songea qu'il semblait avoir des difficultés à tenir sur ses jambes.

– Je serais très heureux de boire du café, merci bien, Alice. Vous devez avoir une de ces machines modernes comme on fait aujourd'hui, n'est-ce pas ? Avec les dosettes ? Préparez-le le plus fort possible si cela ne vous ennuie pas, et dans une très grande tasse. Je n'ai pas très bien dormi la nuit dernière.

Alice disparut à la cuisine et les quatre hommes restèrent plantés dans le vaste hall. Edmund avait hâte d'entrer dans le vif du sujet :

– Nous n'avons pas encore le rapport de Solutions susceptible de confirmer nos inquiétudes sur les courbes...

– Peu importe, l'interrompit Jerry. La situation est aussi grave que vous le pensiez. En fait, c'est sans doute encore pire que vous le craigniez. Nous devons sauver notre capital et il n'y a qu'une seule façon d'y parvenir : nous devons agir vite et de manière décisive.

– Eh bien... si nous allions nous asseoir dans la bibliothèque pour en parler ? Ou dans le salon, peut-être ?

– Non, Edmund, répondit Jerry d'une voix soudain plus ferme. Vous et moi, nous allons sortir faire un petit tour dans le jardin.

– Dehors ? Mais il gèle ! Il va même sûrement neiger !

– Ne vous inquiétez pas, vous ne mourrez pas de froid. Allez vous chercher un manteau.

Tandis que Russell et Max s'installaient dans la bibliothèque, Edmund et Jerry sortirent de la maison – Edmund enveloppé dans un pardessus en laine, Jerry requinqué par le café qu'Alice lui avait préparé : cinq expressos rassemblés dans un mug à l'effigie de l'université de Syracuse qu'il avait gardé à la main.

– Les deux chercheurs ont créé une société pour contrôler les brevets de l'organogenèse, commença Jerry Trotter. Le Dr Rothman et le Dr Yamamoto. Ce sont bien eux qui nous donnent du fil à retordre, aucun doute là-dessus. Le problème, c'est *eux*.

– Je suis heureux d'entendre que vous prenez la question à cœur, dit Edmund.

Ils s'engagèrent sur le sentier qui sillonnait le vaste jardin devant la maison, passant devant d'impressionnants massifs de rosiers taillés pour l'hiver. Par endroits, autour des haies, la pelouse était couverte de neige. Edmund songea qu'il avait rarement vu le jardin aussi triste.

– Nous devons agir tout de suite, reprit Jerry. Si nos courbes penchent vers la droite, c'est la catastrophe.

– Russell et moi partageons entièrement ce point de vue.

Jerry s'immobilisa au bord de la pelouse.

– Malheureusement, nous n'avons pas de solution simple. En nous achetant nous-mêmes à découvert via un intermédiaire, par exemple, ou en réalisant d'urgence la titrisation de nos polices. Avec Gloria Croft qui nous shorte massivement, nous ne trouverions sans doute pas le moindre acheteur institutionnel.

– Je suis d'accord, convint Edmund. Mais le concept de rachat d'assurances vie est encore valide. C'est peut-être la meilleure opportunité de business que j'aie jamais vue dans ma carrière. Ce serait un scandale de devoir y renoncer si tôt.

– Je suis bien de cet avis, dit Trotter.

Et plus que vous ne le croyez, pensa-t-il. *Plus, aussi, que Max ne doit le supposer*.

– C'est la raison pour laquelle j'ai trouvé une autre solution, ajouta-t-il. Disons plutôt : un plan d'action.

Un long silence suivit sa déclaration. Comme Edmund ne réagissait pas, il reprit :

– C'est un plan peu orthodoxe, mais il n'y a pas mieux pour ce qui est de protéger et de servir nos intérêts. Croyez-moi, je n'ai pensé à rien d'autre ces dernières vingt-quatre heures. Mais ce plan, Edmund, ce n'est pas à Max et à moi de le mettre à exécution. Vous allez vous en charger. Car cette idée de rachat d'assurances vie vous appartient entièrement. Nous en parlons donc tous les deux, ici et maintenant, et rien ne sera mis par écrit.

Edmund hocha la tête. Il ne s'était pas attendu à autre chose – surtout de la part d'un type comme Jerry Trotter.

– Encore une fois, nous n'avons qu'une seule solution. Parce que ce type, Rothman, a pris une avance considérable sur tout le monde. Il doit être arrêté dans son élan. Si nous faisons cela, je crois que nous aurons cinq ans, facile, avant que les scientifiques qui travaillent dans le même domaine ne rattrapent leur retard.

Edmund ne dit rien. Jerry patienta. Ses propos restaient suspendus entre eux comme s'ils étaient écrits sur l'air qu'ils respiraient. Enfin, Edmund rompit le silence pour demander :

– Comment allons-nous faire pour arrêter Rothman dans son élan, Jerry ?

– Facile. Vous allez le tuer.

Edmund tourna les talons et s'éloigna. Il obliqua vers un sentier qui contournait la maison. Trotter posa son mug vide sur un muret et le suivit sans hâte. Derrière la propriété, Edmund s'était assis sur un banc, face au détroit de Long Island. Trotter prit place à côté de lui.

– Un meurtre, Jerry ? demanda Edmund d'une voix tremblante d'émotion. Le faire abattre par un tueur, c'est ça ? Une balle dans la tête et adieu ?

Il était épouvanté. En même temps, il ne pensait pas avoir le luxe de pouvoir écarter *a priori* cette possibilité, aussi grotesque fût-elle.

– Non, il ne s'agit pas de ça. Les deux chercheurs doivent mourir d'une façon qui ne pourra absolument pas éveiller les soupçons. Il faut que leur disparition passe pour un accident. Dans l'idéal, il ne devrait même pas y avoir d'enquête de police, mais je pense que ce sera inévitable. En tout cas, rien ne doit donner l'impression qu'il pourrait s'agir d'un homicide. Car, à ce moment-là, il ne serait pas totalement invraisemblable qu'un enquêteur, même pas très doué, ne flaire une piste qui le mènerait tout droit jusqu'à LifeDeals Vous avez-vous même parlé devant les gens de Solutions de l'impact que ces travaux scientifiques pourraient avoir sur votre compagnie.

– Avez-vous des idées précises, alors, sur la... méthode à employer ?

La proposition de Jerry était aussi terrifiante qu'extravagante, mais Edmund voulait quand même savoir ce qu'il avait en tête. De son côté, il n'avait pas vraiment de plan B dans ses cartons.

– Oui, je sais ce qu'il faut faire.

Attendant que Jerry s'explique, Edmund continua de contempler la mer devant lui.

– Vous devez d'abord savoir que la plupart des gens de Columbia sont au courant que le premier domaine de recherche de Rothman, celui qui l'a rendu célèbre avant qu'il ne s'attaque à la médecine régénérative, ce sont les salmonelles. Il s'agit de bactéries qui sont les premières causes d'intoxications alimentaires à travers le monde, de manière générale, et de fièvre typhoïde en particulier. Rothman travaille sur la virulence d'une souche particulière que l'on appelle *salmonella typhi.* Il cherche à comprendre pourquoi les salmonelles peuvent être à la fois absolument terrifiantes et relativement bénignes – pourquoi certaines souches vous tuent tandis que d'autres vous donnent simplement la diarrhée. Nous avons poussé l'enquête. Nous savons qu'il a fait cultiver dans l'espace une souche extrêmement virulente de *salmonella typhi*. C'est elle qu'il va falloir lui faire absorber.

Trotter jeta un coup d'œil vers Edmund, avant d'ajouter :

– Il y a énormément de gens qui détestent ce bonhomme. Ils sont jaloux de son prix Nobel et ils le trouvent imbuvable. S'il meurt à cause de la bactérie qu'il étudie, la plupart de ses collègues vont dire : « Oh, c'est terrible » – et sourire en privé de l'ironie de la chose.

Edmund haussa un sourcil. À écouter Jerry, son plan avait l'air facile à mettre en pratique. Il se sentit obligé de répondre :

– Je suppose que ce serait une méthode intelligente, en effet.

– Attendez, ce n'est pas tout. La fièvre typhoïde que Rothman va contracter aussitôt qu'il aura ingéré la bactérie le tuera peut-être, mais pas forcément. Il nous faut autre chose qui l'achèvera rapidement et à coup sûr, mais que personne ne pourra détecter. Il existe un produit radioactif, le polonium 210, qui est mortel s'il est ingéré, mais sans danger par ailleurs. C'est lui que nous devons utiliser, parce qu'il provoque des symptômes identiques à ceux de la fièvre typhoïde. La typhoïde masquera le polonium, vous comprenez ? C'est ce produit qui a tué Alexandre Litvinenko à Londres, il y a quelques années.

– Je me souviens de cette histoire. Mais le polonium… Ce n'était qu'une hypothèse, non ?

– Je crois que c'était plus qu'une hypothèse.

– Pourquoi avons-nous besoin de polonium ? Redites-moi ça ?

– Pour être sûr que Rothman et Yamamoto mourront. Ce produit est très, très puissant. Les deux chercheurs travaillent dans un des meilleurs centres médicaux du monde. Nous ne pouvons pas compter uniquement sur la *salmonella typhi*, aussi virulente la souche soit-elle. L'un des deux hommes, sinon les deux, pourraient être sauvés. C'est un risque inacceptable. Nous devons avoir la certitude qu'ils disparaîtront. D'où le polonium, indétectable derrière la salmonelle, et avec une dose massive par-dessus le marché.

– Mais où trouve-t-on ce truc ? Qui va l'acheter ? Russell ?

– Vous devez engager des hommes qui sauront se procurer le polonium. Des professionnels.

– Vous allez trop au cinéma, répliqua Edmund. Dites-moi, Jerry, quels « professionnels » vont bien pouvoir nous dégoter ce poison radioactif mortel ?

– Des Albanais.

– Des Albanais, répéta Edmund avec scepticisme.

– Il y a une mafia albanaise à New York. Elle a pris beaucoup d'ampleur ces vingt dernières années. Ce sont des gens très violents. Impitoyables. Mais aussi très fiables, s'ils acceptent de faire affaire avec vous. Leur parole les engage définitivement, l'honneur avant tout, et tout le tralala. Le FBI a donné un coup d'arrêt à leurs activités dans les années quatre-vingt-dix, mais ils se sont redéveloppés et ils cherchent de nouveau à gagner du terrain. Vous allez me demander comment je sais tout ça. Je le sais par un homme qui a passé des années à essayer de les envoyer en prison. Il m'a donné un nom.

Jerry tendit à Edmund un morceau de papier plié en deux. Edmund fourra les mains au fond de ses poches, soutenant son regard.

– Vous êtes complètement cinglé.

Trotter laissa Edmund ruminer un petit moment. Ce dernier s'était levé et avait marché jusqu'au rivage. Il regardait fixement la mer. Trotter imaginait dans quel état d'esprit il devait être : à moitié horrifié par la simple idée d'envisager une telle solution, à moitié convaincu, déjà, de devoir l'accepter. Quelle décision allait-il prendre ? Trotter décida d'abattre sa dernière carte. Il aurait préféré ne pas le faire, mais bon, là encore il n'avait pas vraiment le choix. Il se leva et rejoignit Edmund. Il contempla le détroit quelques instants, puis il dit :

– Je suis au courant de ce qui s'est passé entre Gloria Croft et vous.

– Ce qui s'est passé entre nous ? répéta Edmund. Vous voulez dire… sur le plan personnel ?

Il se tourna vers Jerry qui regardait droit devant lui, le visage impénétrable.

– Quel rapport avec le problème qui nous occupe aujourd'hui ? relança Edmund.

– Vous savez donc à quoi je fais allusion ?

– Oui, bien sûr. Gloria et moi, nous avons eu une… une liaison quand nous travaillions ensemble.

– À l'époque où vous étiez son patron.

– Oui, Jerry, à l'époque où j'étais son patron. Et alors ? Quel rapport avec la situation actuelle, je vous le demande ?

– Vous vous êtes marié jeune, je crois.

– J'étais marié quand j'ai eu cette liaison avec Gloria. Je le reconnais, j'ai été très vilain. Je me suis laissé séduire et je ne suis pas le seul à qui ce soit arrivé. Dites-moi que vous n'avez jamais trompé votre femme. Mais j'ai retenu la leçon. Maintenant, je garde mes distances avec les salopes dans son genre.

– Tout ça n'est pas bien grave, c'est donc cela que vous voulez dire ?

– Jerry, je vous jure que je ne vois absolument pas en quoi cette histoire est pertinente ici et maintenant. Vous venez de me demander de *tuer* deux hommes, pour l'amour du ciel !

Ayant prononcé ces mots, Edmund se retourna pour s'assurer que personne ne se trouvait derrière eux.

– Vous essayez de faire pression sur moi ? C'est pour ça que vous ramenez cette vieille histoire à la surface ?

– Il y a une chose que je crois que vous ignorez. J'espérais ne pas avoir à en parler, mais vous ne me laissez pas le choix.

Trotter fit face à Edmund. Quelques minutes plus tôt, il l'avait déjà obligé à franchir un cap. Maintenant, il allait l'abandonner à son sort.

– Quand vous couchiez avec Gloria Croft, elle est tombée enceinte…

– Oh, Jerry, arrêtez vos conneries !

– Elle est tombée enceinte, Edmund. Et elle a avorté. Mais ça ne s'est pas bien passé. Elle est allée dans une très bonne clinique, dont je peux vous donner le nom, mais l'opération a eu de graves complications. Je peux vous faire parvenir tous les détails, si vous voulez. Elle a survécu, mais l'intervention l'a rendue stérile. Elle ne peut plus avoir d'enfant. On comprend que cette histoire a pu la rendre très rancunière envers son ancien amant.

– Pourquoi devrais-je vous croire ? rétorqua Edmund, furieux.

Il serrait les poings au fond de ses poches et sentait la douleur de sa main gauche, avec laquelle il avait frappé la porte de l'ascenseur, se raviver. Il se pencha vers Jerry, approchant son visage du sien.

– Vous me faites du chantage, maintenant, c'est ça ? Je n'en reviens pas !

– L'information nous est venue un peu par hasard, dit Jerry avec un calme qui le surprenait lui-même. Quand nous avons entendu parler de cet avortement, nous cherchions en fait à découvrir les vilains petits secrets de Gloria. Je connais un homme qui peut accéder aux archives de certains hôpitaux. Il a trouvé son dossier. C'est la bonne période, nous avons vérifié, et il y a même une note, dans le dossier, précisant qu'elle n'avait à l'époque qu'un seul partenaire sexuel. Les médecins lui ont posé la question parce qu'ils cherchaient à savoir si elle avait pu attraper une MST. Je suppose que cet unique partenaire, c'était vous.

– N'importe quoi !

– Vous enfilez une capote chaque fois, Edmund ? Gloria a-t-elle été un peu absente du bureau, durant les semaines où vous avez mis un terme à votre relation ? Vous ne vous en souvenez peut-être pas, mais ça m'étonnerait que vous soyez le genre de patron qui apprécie que ses analystes prennent beaucoup de congés. Et... c'est peut-être peu de temps après cet événement qu'elle a quitté votre service. Je me trompe ?

Edmund soupira. Il se sentait complètement vidé – presque au sens littéral, comme s'il avait perdu tout l'air qu'il avait dans les poumons. Il regarda de nouveau la mer.

– Et alors ? demanda-t-il. Que voulez-vous faire de ces informations ? Et je ne dis même pas que vous avez raison !

– Comme je disais tout à l'heure, quelle charmante femme vous avez ! Et quelle superbe maison ! C'est indiscutable. Je veux juste attirer votre attention sur ce que vous risquez de perdre, Edmund. Vous ne voyez peut-être pas les choses aussi clairement que moi. Nous avons tous travaillé très dur pour arriver là où nous en sommes. Et tant de gens sont jaloux de nous ! Ils disent que nous ne méritons pas tout ça, mais vous et moi nous savons qu'ils ont tort. Tout ce que nous possédons, nous l'avons gagné. Sans nous, plus personne ne pourrait innover dans ce pays. Il ne se créerait rien de nouveau. D'accord, très bien, quelqu'un fera un jour pousser des organes humains en dehors du corps – mais pas maintenant, pas si ça risque de détruire le magnifique produit que vous avez inventé. Votre idée est fantastique ! Et vous devez la protéger.

Trotter marqua une pause, puis reprit :

– Vous dites que je vous raconte des conneries. Mais vous savez que c'est la vérité, n'est-ce pas ? Je n'invente rien. Et que pensera Alice si elle reçoit un mot l'informant que son mari couchait autrefois avec son analyste et l'a mise enceinte ? Ça m'étonnerait qu'elle encaisse le coup sans broncher. Qu'elle accepte de s'entendre dire que c'est des « conneries ».

Edmund ne répondit pas.

– Croyez-moi, ces Albanais peuvent régler notre problème. Je vous assure qu'ils savent faire des choses bien plus difficiles. Et le dicton est vrai : l'argent peut tout acheter. Regardez autour de vous, Edmund ! Vous avez beaucoup trop à perdre.

– Et Gloria Croft ?

– Ne vous inquiétez pas pour elle, répliqua Trotter avec assurance. Elle aura ce qu'elle mérite quand le prix de l'action LifeDeals grimpera en flèche.

Il tendit à nouveau le papier plié en deux à Edmund. Celui-ci le saisit, l'air hésitant, désemparé, et l'ouvrit pour le lire. Jerry lui posa une main sur l'épaule, brièvement, puis se dirigea vers la maison. Edmund resta planté devant la mer, fixant des yeux le nom inscrit sur le papier. Un nom qui ne signifiait rien pour lui, mais qui allait tout changer.

DEUXIÈME PARTIE

25

CENTRE MÉDICAL DE L'UNIVERSITÉ COLUMBIA
NEW YORK
23 MARS 2011
12 H 02

Tobias Rothman n'était jamais aussi heureux que lorsqu'il travaillait au laboratoire, sans être dérangé par quiconque, en compagnie de Junichi Yamamoto. Celui-ci était comme son bras droit. Rothman n'avait qu'à tendre la main : Junichi savait ce qu'il voulait sans qu'il ait à prononcer un seul mot. Ils communiquaient par le regard et par les gestes. Parfois même, Rothman l'aurait juré, ils se comprenaient intuitivement. Aujourd'hui, cependant, si l'intuition de Rothman lui murmurait quelque chose pendant qu'ils manipulaient des cultures de *salmonella typhi* sous la hotte de l'unité NSB3, c'était que son collègue ne devait pas se sentir dans son assiette : à deux reprises, déjà, il avait manqué les signes que Rothman lui avait adressés ; ça ne lui ressemblait pas du tout. Rothman non plus, à dire vrai, ne se sentait pas particulièrement bien. Il avait un peu mal au ventre et, plus gênant encore, il éprouvait un vertige étrange, comme si le sol était instable sous ses pieds. Ces symptômes étaient apparus environ une heure après la pause qu'ils avaient prise à neuf heures pour boire un café. Ils étaient dans l'unité NSB3 depuis six heures du matin.

Rothman plissa les yeux. Junichi venait de se tourner vers la paillasse et y prenait appui à deux mains en respirant bruyamment. Il frissonnait, aussi, semblait-il. Au bout de quelques instants, il fit volte-face. À cause de la charlotte qui descendait sur son front et du masque stérile devant sa bouche et son nez, Rothman ne voyait que ses yeux : ils exprimaient une immense angoisse.

Subitement, Rothman se sentit beaucoup plus mal. Il se mit à trembler. La nausée l'envahit. Il était en sueur, mais il avait l'impression d'avoir plongé dans un bain d'eau glacée. Que se passait-il ? Non, non, l'explication qui lui venait à l'esprit était… impossible. Yamamoto et lui avaient pris toutes les précautions habituelles. Question sécurité, ils étaient toujours irréprochables.

Les yeux de Yamamoto se révulsèrent ; il s'effondra lentement sur le sol. Rothman essaya de faire un pas en avant pour l'aider, mais la pièce se mit à tourbillonner follement devant lui. Il comprit qu'il allait s'évanouir. Juste avant de sombrer dans les ténèbres, il réussit à tendre la main vers le bouton rouge qui se trouvait sur le mur.

Pia était assise avec Will et Lesley dans son bureau. Ils comparaient leurs notes. Ils étaient à l'étroit dans cette pièce minuscule, mais ils étaient au calme. Dans la salle principale du labo, un électricien avait commencé à descendre des dalles du faux plafond pour examiner le système électrique. Il était passé dans le bureau de Pia et dans celui de Rothman, mais, heureusement, il avait déguerpi en vitesse. Par chance, en outre, ce n'était plus le même type qu'auparavant – Vance Goslin –, qui avait tant importuné Pia.

Depuis trois semaines qu'ils collaboraient ensemble, les trois étudiants avaient constitué un groupe de travail efficace. Ils avaient bien avancé pour ce qui était de comprendre les problèmes de température et de pH des bains d'organes. Ils avaient passé presque tout leur temps au labo, y compris les week-ends, mais aucun d'eux ne songeait à s'en plaindre.

Ils entendirent tout à coup des cris dans la grande salle, comme si une émeute y éclatait.

– Mince, dit Will, étonné. Qu'est-ce qui se passe ?

Ils sortirent précipitamment du bureau.

Tout d'abord, Pia vit qu'un grand nombre de gens faisaient irruption dans le labo. C'était même une véritable invasion : il devait y avoir au moins vingt personnes, toutes vêtues de tenues protectrices, avec charlottes, masques et surbottes, qui se précipitaient vers l'unité NSB3. Fermant le cortège, quatre hommes portaient des brancards hérissés de tiges métalliques auxquelles étaient suspendues des poches de perfusion. Ils disparurent eux aussi dans l'unité NSB3. Pia eut soudain un terrible pressentiment.

Un homme s'approcha de la table de la secrétaire de Rothman, Marsha Langman, qui était figée dans son fauteuil, une main sur la bouche, l'air terrifié. Un autre homme ferma la porte principale du laboratoire et se posta là, bras croisés sur la poitrine, comme pour indiquer que personne ne pouvait quitter les lieux.

Très vite, le personnel du labo se réunit au centre de la salle, tout le monde parlant en même temps et assaillant les hommes en combinaison de questions.

– C'est un exercice, ou quoi ? demanda Lesley d'un ton perplexe. Qu'est-ce qui se passe ?

L'homme qui se tenait devant Marsha retira son masque. Il avait une cinquantaine d'années et une peau d'ébène. Il annonça d'une voix autoritaire :

– Écoutez-moi, s'il vous plaît ! Il ne s'agit pas d'un exercice. Nous avons un problème et je veux que vous restiez ici, tous, exactement où vous êtes. Tous les membres du labo sont-ils présents et recensés ?

Les gens se regardèrent les uns les autres, chacun comptant ses collègues. Le labo comptait une quinzaine de techniciens. Pia aperçut l'électricien en salopette au fond de la salle ; il avait l'air stupéfait comme tout le monde.

– Tout le monde est ici, donc ? Bien ! Je m'appelle David Winston. Je suis le directeur de la sécurité de l'hôpital. Les personnes qui viennent d'entrer ici avec moi appartiennent aux urgences et au service des maladies infectieuses. Je vous donnerai plus d'informations dès que nous en saurons davantage. Je vous demande de bien vouloir rester ici. Merci de votre coopération.

Le personnel se remit à bavarder et se scinda en petits groupes. Incapable de tenir en place, Pia fit les cent pas devant la porte de son bureau. Elle ne savait pas ce qui se passait, mais elle pressentait que c'était grave. Elle était si anxieuse, tout à coup, qu'elle avait presque la nausée.

La porte du labo s'ouvrit sur un homme de haute stature, à l'air distingué, qui se dirigea à grands pas vers l'unité NSB3 en évitant de croiser le regard de quiconque. Il portait lui aussi une tenue de protection, mais son masque pendouillait sur sa poitrine. Sous la combinaison, Pia aperçut un costume de couleur sombre, pas une tenue d'hôpital comme en avaient les autres membres de l'équipe d'intervention. Elle connaissait cet homme, car elle avait suivi plusieurs de ses cours magistraux en deuxième année : c'était le Dr Helmut Springer, le directeur du service des maladies infectieuses de Columbia.

Le brouhaha des conversations s'amplifia. La plupart des techniciens avaient reconnu Springer. Et ils savaient tous très bien qu'ils travaillaient avec des micro-organismes extrêmement virulents et contagieux. Deux questions étaient sur toutes les lèvres : Le labo était-il contaminé ? Et où donc étaient le Dr Rothman et le

Dr Yamamoto ? L'apparition de Springer n'était sans doute pas bon signe.

L'homme qui se tenait près de la porte du labo sortit un téléphone. Sans doute était-il chargé de la logistique de l'opération, car il annonça à son interlocuteur :

– Nous ressortons. En bas dans cinq minutes !

Ayant levé son masque, Springer ouvrit la porte de l'unité NSB3. Comme s'ils attendaient ce signal, les porteurs des brancards apparurent. Sur le premier, Pia vit le Dr Rothman. Sur le second, le Dr Yamamoto. Tous deux avaient un masque à oxygène sur le nez et une intraveineuse dans le bras. Elle s'avança pour regarder Rothman. Il frissonnait violemment et son teint était d'une pâleur cadavérique. Ses yeux fixaient le plafond sans ciller. Il avait l'air mourant.

Aussi vite qu'elle avait envahi le labo, l'équipe d'intervention disparut au grand complet. Seuls le Dr Springer et Winston restèrent dans la salle. Le personnel du labo était en état de choc. Plusieurs personnes s'étreignaient pour se réconforter, d'autres se tenaient immobiles, bouche bée, peinant à assimiler la scène à laquelle elles venaient d'assister. Le patron du service des maladies infectieuses dit à la cantonade :

– Comme vous l'avez constaté, le Dr Rothman et le Dr Yamamoto sont tombés malades. À première vue, ils souffrent d'une violente fièvre typhoïde. Ils en présentent tous deux les symptômes classiques, c'est-à-dire fièvre, prostration, détresse abdominale, bruits hydro-aériques…

Pia fit la moue. Springer énumérait les symptômes sur ses doigts comme s'il était en cours magistral. *Qui a été professeur le reste toute sa vie*, pensa-t-elle.

– De toute évidence, ils travaillaient dans l'unité NSB3. Quelqu'un saurait-il me dire ce qu'ils faisaient précisément ce matin ?

Panjit Singh, un des techniciens, fit un pas vers lui.

– Ils travaillaient sur les *salmonella typhi* cultivées dans la station spatiale. Je le sais, parce que c'est moi qui ai tout préparé pour eux ce matin. Ils sont sur ces souches depuis plusieurs semaines.

– O. K., merci, c'est une information précieuse. Savez-vous si nous disposons d'études sur la sensibilité aux antibiotiques de ces souches particulières ?

– Ah oui ! Il y en a même beaucoup. Je peux vous les trouver, si vous voulez.

– Parfait, j'en aurai besoin, merci. Mr Winston, qui est ici, vous donnera tout à l'heure les détails de la procédure que nous allons suivre, mais, en un mot, voilà ce qui se passe : personne ne peut entrer dans l'unité NSB3 jusqu'à ce qu'elle ait été examinée à fond. Le laboratoire du Dr Rothman sera lui-même fermé tout à l'heure. Jusqu'à nouvel ordre. J'ai déjà appelé le CDC[1], à Atlanta, pour avoir son concours sur l'aspect épidémiologique du problème. Il faut découvrir comment la contamination a pu se produire. Maintenant, vous devez tous m'accompagner au service des maladies infectieuses de l'hôpital où nous allons vous examiner. Nous devons vérifier si vous n'avez pas, les uns ou les autres, contracté vous aussi la fièvre typhoïde. Et vous devrez tous prendre un traitement prophylactique d'antibiotiques. C'est très important. Pendant toute la semaine à venir, vous surveillerez votre température deux fois par jour. À la moindre anomalie, vous reviendrez aussitôt vers nous. Un degré au-dessus ou au-dessous de la normale, je veux vous voir en consultation. Avez-vous des questions ?

– Qui a donné l'alerte ? demanda Singh.

---

1. CDC, *Center for Disease Control* : organisation américaine de surveillance de la santé publique.

– Il y a un bouton d'alarme dans l'unité NSB3, répondit Springer. Un des deux chercheurs a dû appuyer dessus. Nous verrons ça sur l'enregistrement de la caméra de sécurité.

– Nous devons tous aller au service des maladies infectieuses ? demanda Pia. Même les gens qui ne sont pas entrés dans l'unité NSB3 aujourd'hui ?

– Oui. Et Mr Winston prendra aussi les noms de toutes les personnes qui sont passées par ici pour apporter des fournitures, de la nourriture ou autre chose. Nous voulons examiner tous les gens qui ont mis le pied dans ce laboratoire depuis ce matin. Voilà, j'ai terminé. Merci à tous de votre coopération !

En un instant, un brouhaha de conversations animées emplit à nouveau la salle.

– Oh mon Dieu, dit Lesley. Vous avez vu la tête qu'ils avaient, Rothman et Yamamoto ? Et c'est arrivé tellement vite !

– Ce matin le Dr Yamamoto m'a dit qu'il ne se sentait pas très en forme, fit remarquer Will. Mais... Ouais, j'ai vu leurs têtes. C'est horrible. Maintenant, je suppose que nous devrions faire ce que Springer a dit.

Pia regarda autour d'elle. L'électricien se tenait au fond de la pièce. Il avait l'air effaré. Elle n'avait guère envie de lui parler, mais elle savait qu'il devait lui aussi respecter les consignes du patron du service des maladies infectieuses.

Elle se dirigea vers lui. D'après le badge que lui avait remis la sécurité de la tour Black, il s'appelait O'Meary.

– C'est un problème médical, dit-elle. Vous devez nous accompagner pour être examiné.

L'homme hocha la tête, les yeux pleins d'inquiétude.

Winston apostropha Pia :

– Mademoiselle, il est temps de partir ! Nous allons boucler le labo.

Il n'était pas question de discuter ses ordres. Pia attendit qu'O'Meary ait quitté la salle à la suite des derniers techniciens, puis sortit juste devant Winston. Celui-ci ferma la porte du labo et s'adressa à deux hommes en combinaison Hazmat qui attendaient dans le couloir.

– Plus personne ne doit entrer ici. Placez le ruban d'interdiction.

Les hommes hochèrent la tête et se mirent au travail.

Tandis qu'elle marchait dans le couloir, Pia s'aperçut que tout l'étage était évacué, pas seulement le laboratoire de Rothman. Les gens investissaient les ascenseurs ou empruntaient les escaliers. Il y avait aussi d'autres hommes en combinaison Hazmat ; ils ressemblaient à des robots. Dans l'ascenseur, Pia s'aperçut que son cœur battait anormalement vite et qu'elle était obligée de prendre de profondes inspirations pour se calmer. Elle éprouvait un léger vertige.

Sur le trottoir, elle fut tout à coup en proie à une crise de panique : la rue, les gens, les voitures, les immeubles lui semblaient tout à la fois beaucoup trop proches d'elle et incroyablement lointains. Elle s'immobilisa et agrippa le bras de quelqu'un. Des voix criardes emplissaient ses oreilles.

« Viens avec moi », ordonne une femme. C'est une journée chaude et ensoleillée, mais Pia est gelée. La femme a un sourire agréable. Elle la tient par la main. C'est un nouvel endroit, Pia le sait bien. Il n'y a pas longtemps qu'elle est ici. C'est le premier sourire qu'elle voit ici, mais c'est étrange, tout de même : normalement les grandes personnes ne gardent pas tout le temps un sourire plaqué sur les lèvres. Pia et la femme sont entrées dans la maison et se dirigent vers une très grande porte. Pia a l'impression de gravir la pente raide d'une colline. « Voici le bureau du directeur », dit la femme. Elle ouvre la porte et pousse Pia devant elle. Pia entend le battant se refermer derrière son dos. La serrure cliquète. « Bonjour, Pia », dit l'homme. Il sourit, lui aussi. Mais son sourire n'est pas bienveillant du tout…

Pia leva les yeux. Elle était assise au bord du trottoir. Des voitures défilaient devant elle sur la chaussée. Winston, le chef de la sécurité de l'hôpital, la soutenait par les épaules.

– Ça va ?

– Oui, je crois.

– Vous vous êtes presque évanouie. Une espèce d'absence. Vous ne transpirez pas, donc je ne pense pas que vous ayez de la fièvre. Vous pouvez sans doute marcher. Vous sentez-vous prête à vous lever ?

Pia attendit quelques secondes, puis hocha la tête. Winston l'aida à se redresser. Elle se souvint alors de l'endroit où elle se trouvait et de ce qui venait de se passer au laboratoire de Rothman. Elle revit le visage cadavérique du chercheur étendu sur le brancard. Cette image la terrifiait. Petit à petit, en trois ans et demi, elle en était venue à compter de plus en plus sur l'amitié étrange de cet homme – surtout depuis la conversation très intime qu'ils avaient eue quelques semaines auparavant. Jusqu'alors, leur relation avait été celle de deux personnes qui allaient et venaient paisiblement dans une pièce obscure, sentant de temps en temps la présence de l'autre, mais sans plus. Mais, après leur discussion et les révélations qu'ils s'étaient faites, Pia avait senti qu'ils avaient franchi un cap. Rothman était devenu le père de substitution qu'elle avait toujours attendu. Plus important, peut-être, elle s'était autorisée à commencer à faire confiance à cet homme alors qu'elle avait appris, tout au long de son enfance et de son adolescence, à ne faire confiance à personne – pour ne plus risquer d'être trahie comme elle l'avait été si souvent.

Et là, tout de suite, tandis qu'elle se remettait à marcher dans la rue, les jambes en coton, elle était totalement bouleversée par l'idée que Rothman risquait de l'abandonner juste au moment où elle l'avait laissé entrer dans sa vie. Pourquoi faisait-il cela ? Et pourquoi maintenant ? Elle savait qu'elle avait tort de se poser cette question irrationnelle, mais… Avait-il agi ainsi pour la contrarier ? Pour lui tendre un piège ? Après tout, il avait admis être dépressif et avoir de sérieux problèmes relationnels. L'anxiété que ces questions procuraient à Pia la paralysait presque.

Au service des maladies infectieuses de l'hôpital, elle tremblait encore quand on lui tendit la boîte d'antibiotiques qu'elle devait prendre comme traitement prophylactique. Elle s'assit dans la salle d'attente et ses idées commencèrent peu à peu à s'éclaircir. Elle savait que plusieurs personnes avaient essayé de lui parler, au cours des dernières minutes, mais elle ne les avait pas vraiment entendues.

– Mademoiselle Grazdani !

L'infirmière qui se tenait devant Pia était en train de se dire que si la jeune femme gardait cet air halluciné une minute de plus, il faudrait peut-être l'hospitaliser.

Secouant la tête, Pia se redressa sur son siège et se concentra sur le visage de son interlocutrice.

– Oui, je suis là, dit-elle. Désolée. Vous disiez ?

– Que vous ne pouvez pas retourner au laboratoire du Dr Rothman. Il va rester fermé jusqu'à ce que les épidémiologistes du CDC l'aient examiné. Ce que vous devriez faire, comme vos collègues, c'est rentrer chez vous, prendre les antibiotiques et surveiller votre température. Y a-t-il quelqu'un que nous pourrions appeler pour vous retrouver là-bas ? Mademoiselle Grazdani ? Est-ce que ça va ?

– Ça va très bien, affirma Pia.

26

CENTRE MÉDICAL DE L'UNIVERSITÉ COLUMBIA
NEW YORK
23 MARS 2011
14 H 37

La journée n'était pas chaude mais Pia voulait s'asseoir dehors. Elle trouva un banc au milieu d'un carré de ciment entouré de quelques arbres – ce que la ville de New York appelle un square – et s'y installa, les mains dans les poches de son manteau, la capuche tirée jusque sur les yeux, le menton baissé. Son cerveau ne cessait de lui repasser la scène dont elle venait d'être témoin au laboratoire. Le souvenir avait quelque chose de surréaliste ; il lui faisait penser à un de ses cauchemars. Malheureusement, il se rapportait à un événement bien réel.

Quand elle eut suffisamment repris ses esprits, elle quitta le banc et prit la direction de la résidence universitaire. À mi-chemin, elle changea d'avis, tourna les talons et repartit vers l'hôpital. Là, elle avala les deux premiers comprimés d'antibiotiques de son pack en se servant un gobelet d'eau à une fontaine, puis elle monta à l'étage du service de médecine interne.

Au bureau des infirmières, elle demanda à voir le Dr Rothman. On l'orienta vers l'aile du service des maladies infectieuses, qui se trouvait un étage plus haut. C'était là que les deux chercheurs avaient été admis. Elle voulait voir dans quel état était Rothman ; elle espérait que le traitement qu'il avait déjà dû recevoir lui avait permis de reprendre connaissance – et si c'était le cas, elle voulait lui demander s'il savait de quelle façon Yamamoto et lui avaient été contaminés. Pia se doutait que les épidémiologistes se poseraient certainement les mêmes questions, mais elle avait une raison très personnelle de vouloir l'interroger : elle se demandait s'il n'avait pas fait exprès de se rendre malade. Elle savait que cette idée était absurde, complètement folle, mais elle tenait malgré tout à lui apporter une réponse.

Pia avait un autre souci. La vie lui avait appris à avoir une méfiance profonde à l'égard des institutions publiques, quelles qu'elles soient, et des personnes qui les dirigeaient. Elle savait aussi que rien ne s'y passait jamais comme prévu. La quasi-totalité des collègues de Rothman, dans le centre médical, le détestaient. Il était asocial ; il passait pour impoli, arrogant, imbuvable. Même si la déontologie médicale et la simple décence exigeaient que n'importe quel patient soit traité avec toute l'attention voulue par le personnel médical, et reçoive le meilleur traitement possible, elle ne pouvait s'empêcher de penser que la réputation de Rothman risquait de lui valoir des soins moins que parfaits.

Pia présenta sa plaque d'identité d'étudiante en médecine pour accéder à l'étage du service des maladies infectieuses où se trouvaient les deux chercheurs. Elle découvrit qu'ils étaient dans des chambres voisines – des salles à pression négative, où l'air entrait mais dont il ne sortait pas. Personne n'en gardait les portes. Pia enfila la tenue protectrice de rigueur dans le sas de la chambre de Rothman : combinaison, charlotte, gants et surbottes. Cependant, au moment où elle ajustait le masque sur son visage, le Dr Springer sortit de la pièce. Il baissa son propre masque et la dévisagea d'un air méfiant.

– Pour l'amour du ciel, que faites-vous ici ? Vous êtes une étudiante de Rothman, n'est-ce pas ? Vous êtes censée rester chez vous.

– J'ai pris les antibiotiques et ma température est normale. Il est impossible que je sois contaminée, j'en suis certaine. Je ne suis pas entrée dans l'unité NSB3 aujourd'hui et je n'ai même pas été en contact avec le Dr Rothman et le Dr Yamamoto. Il faut absolument que je parle avec le Dr Rothman.

– Lui parler ? Mais c'est absolument hors de question ! Les seules personnes qui peuvent entrer ici sont les membres du personnel médical qui s'occupent de lui. Ni les amis, ni même la famille ne peuvent le voir. Et encore moins les étudiants en médecine.

– Alors, il n'y a personne à son chevet en ce moment ? Mais êtes-vous sûr du diagnostic ? Et est-ce le meilleur endroit pour le soigner ?

– Que voulez-vous dire, « le meilleur endroit pour le soigner ? », répliqua Springer en secouant la tête d'un air perplexe.

– Je sais ce que la plupart des gens, à Columbia, pensent du Dr Rothman…

– Mademoiselle, je ne sais pas ce que vous insinuez, mais au Centre médical de l'université Columbia, tous les patients sans exception, amis ou ennemis, riches ou pauvres, reçoivent des soins de première qualité. Nous ne traitons pas nos malades en fonction de l'affection que nous avons, ou dont nous manquons, à leur égard. Et il se trouve que moi, en plus, j'aime bien le Dr Rothman.

– D'accord, d'accord. Pardon. Je suis vraiment très inquiète, dit Pia qui ne voulait pas s'entendre dire de débarrasser le plancher. Il y a plus de trois ans que je travaille avec les deux hommes sur les souches de salmonelles qui sont sans doute responsables de leur maladie. Je pensais pouvoir peut-être me rendre utile.

– O. K., dit Springer d'un ton plus conciliant.

Il sentait que Pia était sincère, même si sa démarche était un peu étrange.

– Il faut que vous sachiez que les deux hommes sont délirants. Même si je vous laissais entrer, vous ne tireriez rien du Dr Rothman. Il n'est pas en état de parler à quiconque. Suivez-moi.

Springer retira son matériel de protection et le jeta dans la poubelle spéciale. Pia l'imita, puis le suivit jusqu'au bureau des infirmières. Quand ils se furent assis, Springer lui énuméra la liste assez longuette des examens qui avaient été ordonnés sur les malades : numération formule sanguine, électrolytes, hémoculture, analyse des urines et des selles, étude génétique des bactéries et radiographies. Pour le moment, les examens dont les résultats étaient déjà connus avaient confirmé que l'agent infectieux était une des souches de *salmonella typhi* sur lesquelles Rothman et Yamamoto travaillaient. Plus spécifiquement, il s'agissait de celle que Rothman avait nommée *alpha* – la plus virulente des trois qu'il avait fait cultiver dans l'espace. Springer dit ensuite à Pia que l'analyse des globules blancs faisait apparaître une légère leucopénie, ce qui signifiait que le nombre des leucocytes était en baisse, symptôme courant en cas de fièvre typhoïde. Il ajouta que les électrolytes, c'est-à-dire essentiellement le sodium, le chlore, le calcium et le potassium, étaient normaux. Il conclut en précisant que l'on surveillait attentivement la température, le rythme cardiaque, la pression artérielle, le degré d'oxygénation du sang, l'urine et la pression veineuse centrale des deux patients – et que seule leur température était anormale pour le moment.

– Ils sont tous deux en très mauvais état, dit-il encore. Surtout quand on songe à la vitesse à laquelle la maladie les a terrassés.

– Quel antibiotique reçoivent-ils ? demanda Pia.

Comme elle le savait pour avoir travaillé avec Rothman, les scientifiques se demandaient encore quel médicament était le mieux adapté à la lutte contre les *salmonella*.

– C'est une bonne question, dit le Dr Springer. Je me suis rappelé que le Dr Rothman m'avait transmis récemment les résultats d'une de ses études sur la sensibilité aux antibiotiques des souches produites en apesanteur. Les trois souches sur lesquelles il travaillait sont très sensibles au chloramphénicol. C'est un antibiotique qui a eu son heure de gloire contre la typhoïde, puis qui a été discrédité dans les années soixante-dix parce que les nouvelles espèces de salmonelles y devenaient résistantes. Le Dr Rothman m'a expliqué que les souches cultivées dans l'espace étaient plus virulentes que toutes les autres, mais qu'elles avaient aussi perdu leur résistance au chloramphénicol. Il trouvait cette observation très intéressante, dans la mesure où la résistance des *salmonella* aux antibiotiques est un gros problème pour nous.

– Avez-vous pensé à essayer la ceftriaxone ? demanda Pia. C'est un antibiotique beaucoup plus récent.

Springer jaugea la jeune femme du regard. Il avait voulu se montrer gracieux avec elle parce qu'elle se faisait du souci pour son professeur. Quand il répondit, sa voix s'était durcie :

– À vrai dire, je ne parlais pas avec vous pour avoir votre opinion. C'est par courtoisie que je vous informe de la situation du Dr Rothman et du traitement qui lui est apporté. Mais pour répondre à votre question – s'il s'agissait d'une question –, *salmonella typhi* est sensible à la ceftriaxone, mais infiniment moins qu'au chloramphénicol.

– Le chloramphénicol peut provoquer une insuffisance médullaire, objecta Pia qui n'avait pas du tout capté que Springer venait de lui adresser un avertissement.

– Oui. Nous avons pensé aux effets secondaires, bien sûr. Veuillez m'excuser.

Le patron du service des maladies infectieuses se leva et s'éloigna de Pia sans un mot de plus. Il parla quelques instants avec un des internes qui s'occupaient de Rothman et de Yamamoto, puis disparut.

Pia attendit deux minutes avant de s'approcher à son tour de l'interne qui était en train de lire une feuille de soins.

– Que pensez-vous du Dr Springer ? Il est compétent, à votre avis ?

– Pardon ? C'est le meilleur de sa spécialité ! Sinon, je ne serais pas ici.

Perplexe, l'interne planta Pia devant le bureau des infirmières et s'éloigna dans le couloir.

27

CENTRE MÉDICAL DE L'UNIVERSITÉ COLUMBIA
NEW YORK
23 MARS 2011
19 H 38

La nouvelle de l'événement qui s'était produit dans le laboratoire de Rothman s'était répandue en un rien de temps dans la communauté médicale de Columbia. George Wilson en avait entendu parler, lui aussi, et il s'était aussitôt demandé dans quel état était Pia. Soucieux, il avait cherché à la joindre. Comme elle ne répondait pas sur son portable et comme Will et Lesley ne savaient pas où elle était passée, il s'était lancé à sa recherche à travers toute la fac. Il l'avait finalement retrouvée entre les rayonnages de la bibliothèque, un endroit où il savait qu'elle aimait parfois passer de longs moments parce qu'elle s'y sentait en paix. À force de cajoleries, il avait réussi à la convaincre de l'accompagner à la cafétéria de la résidence universitaire.

Pia était désemparée comme elle l'avait rarement été dans sa vie. Son désarroi était d'autant plus grand qu'elle était en proie à des émotions contradictoires. Au cours de son adolescence tumultueuse, ses souffrances avaient toujours eu une cause précise, bien déterminée. Mais en ce moment, elle ne savait pas si elle devait être bouleversée que Rothman soit gravement malade ou furieuse qu'il ait été assez imprudent pour se laisser infecter par la bactérie sur laquelle il travaillait. Une autre pensée, sourde, insidieuse, la hantait : elle était terrifiée pour son propre avenir, qui semblait totalement remis en question, subitement, en dépit des efforts qu'elle avait toujours produits pour savoir dans quelle direction elle allait. Elle était aussi en colère contre elle-même d'avoir autorisé Rothman à pénétrer sa coquille protectrice. Et maintenant, par-dessus le marché, George, qui voulait être gentil, aggravait les choses avec toutes ses questions.

– Je ne vais pas rester ici une minute de plus, annonça-t-elle tout à coup.

Elle l'avait interrompu pendant qu'il disait quelque chose, mais elle s'en fichait.

– Tu n'as rien mangé, observa George en désignant le plateau devant elle. Tu dois manger.

– Je ne peux pas manger ! Il est important que j'aie l'impression de contrôler les choses. Et là, je ne contrôle rien du tout. Ma vie se désagrège. Je dois voir Rothman !

Pia avait absolument besoin de se sentir en sécurité et de pouvoir se dire qu'elle maîtrisait son destin. Pour le moment, il lui semblait qu'elle n'avait rien de tout cela.

– A-t-il le droit de recevoir des visiteurs ?

– Je ne sais même pas s'il est conscient. Mais je ne suis pas un visiteur. Je m'inquiète au sujet du traitement qu'ils lui ont donné.

– Je vais avec toi, dit George.

Pia n'était pas sûre de vouloir qu'il l'accompagne.

– N'as-tu pas des choses à faire ?

– Rien d'important. Je veux t'aider.

– À ta convenance !

Elle se leva brusquement, abandonnant son plateau qu'elle n'avait pas touché. George attrapa son sandwich à la dinde encore emballé, le fourra dans la poche de son blouson, puis se lança derrière elle. Elle sortit de la résidence et partit à grands pas vers l'hôpital. Il essaya de lui parler, mais elle ne répondit pas. Elle était en mission.

L'étage auquel se trouvaient Rothman et Yamamoto grouillait de médecins, d'infirmières, d'aides-soignants. Il y avait peu de patients dans les couloirs ; la plupart des malades de ce service étaient trop mal en point pour se lever. Pia trouva l'interne de garde, qui s'appelait Sathi De Silva. Comme elle était la seule spécialiste en maladies infectieuses de l'étage, elle avait énormément de travail – non seulement avec ses deux célèbres patients du jour, mais aussi avec tous les patients « normaux », sans compter plusieurs personnes qui attendaient aux urgences qu'elle puisse s'occuper d'elles. Pia et George étant vêtus de blouses blanches, le Dr De Silva pensa qu'ils devaient être en stage de médecine interne. Et comme elle prenait très au sérieux ses responsabilités vis-à-vis des étudiants, elle interrompit ses activités pour répondre aux questions de Pia.

– Le Dr Rothman et le Dr Yamamoto sont terriblement malades. Leur situation est gravissime, à vrai dire. Ils sont tous les deux délirants et incapables de communiquer.

– Je crois savoir qu'ils sont traités au chloramphénicol. Quel est votre sentiment au sujet de ce choix d'antibiotique ?

Le Dr De Silva haussa les épaules.

– Je pense que c'est un bon choix. Oui. La situation est un peu particulière, parce qu'il existe des antibiotiques plus récents, mais, dans le cas présent, nous avons des études qui montrent que les souches de salmonelle concernées sont particulièrement sensibles au chloramphénicol. Le Dr Springer estime que c'est notre meilleur espoir. Nous surveillons les effets secondaires, mais nous n'avons rien remarqué pour le moment. S'il y a des soucis, nous pourrons toujours passer aux nouveaux céphalosporines de troisième génération.

– Ces deux cas sont très étranges, dit Pia.

– Difficile de trouver plus étranges, acquiesça le Dr De Silva. Et tristement ironiques, quand on y pense.

– Sait-on comment le Dr Rothman et le Dr Yamamoto ont été infectés ?

– Je n'ai rien entendu dire à ce sujet. Je sais que les épidémiologistes du CDC ont examiné le labo, et surtout l'unité NSB3 où étaient conservées les souches de *salmonella typhi*. Je crois qu'ils ont d'abord pensé à un mauvais fonctionnement de la hotte, mais, apparemment, le problème n'était pas là. Il y avait des bactéries à l'intérieur de la hotte, ce qui est normal. Le CDC a emporté des prélèvements à cultiver et nous aurons des résultats dans vingt-quatre heures. Mais là, je vous rapporte juste ce que j'ai entendu dire. Mon travail, c'est de m'occuper des malades.

– Bien sûr, acquiesça Pia. Alors comme ça, le CDC en a terminé avec le labo...

– Le Dr Springer m'a dit il y a une heure que la plupart de ses agents étaient déjà repartis pour Atlanta.

Le téléphone du Dr De Silva bipa. Elle regarda l'écran et écarquilla les yeux en découvrant le texto qu'elle venait de recevoir.

– Mince ! Je dois y aller. Ravie d'avoir fait votre connaissance.

– Je peux voir le Dr Rothman ?

– Je ne vois pas de raison de vous en empêcher. Mais vous ne verrez pas grand-chose, répondit l'interne. Comme je disais, il est délirant. Si vous entrez dans sa chambre, veillez à mettre la tenue réglementaire. Et ne sortez rien de la pièce.

Le Dr De Silva s'éloigna. Pia tourna les talons pour aller vers la chambre de Rothman. George lui emboîta le pas.

– Qu'est-ce que tu fais ? Tu ne peux pas entrer dans cette pièce. Il est malade. Il ne peut pas te parler. Pourquoi prendre un tel risque ?

Pia ne répondit pas. Dans le sas, elle s'habilla conformément aux règles de précaution établies par le CDC et affichées sur le mur.

George continua d'essayer de la dissuader, mais elle l'ignora. Résigné, il prit une tenue protectrice pour lui-même. Quand ils entrèrent dans la chambre, ils sentirent le flux d'air, dirigé vers l'intérieur, les accompagner.

Pia s'approcha du lit. Plusieurs intraveineuses étaient posées dans le bras du malade, dont celle des antibiotiques.

– Docteur Rothman ? Docteur Rothman… ?

Le chercheur remua légèrement et ouvrit à moitié les yeux.

– Docteur Rothman, vous m'entendez ?

– Qu'est-ce que tu fais, bon sang ? marmonna George dont l'anxiété grimpait en flèche.

Ni Pia ni lui n'étant en stage de médecine interne, ils n'avaient aucune excuse, aucune raison de se trouver dans cette pièce. Et pourquoi Pia essayait-elle de parler au chercheur ? Il était délirant, avait dit le Dr De Silva ! Outre les ennuis qu'ils risquaient d'avoir avec l'hôpital, George se faisait aussi du souci à cause de la souche de salmonelle qui avait infecté les deux hommes. Le Dr Rothman avait l'air terriblement malade. Son teint était cendreux et des mèches de cheveux humides de sueur adhéraient à son front.

– Il n'a pas bonne mine du tout, observa Pia.

– Tu m'en diras tant.

– Ah mince, regarde un peu ça ! Il perd ses cheveux !

Pia désigna des touffes de cheveux sur l'oreiller. Mais George n'était pas intéressé par le phénomène. Rothman commençait à s'agiter. Il tirait sur les sangles de sécurité qui le retenaient au matelas et ses lèvres semblaient chercher à articuler des mots. Pia saisit sa pancarte, au bout du lit, pour l'examiner.

– Sa température est en augmentation. Pas beaucoup, mais elle grimpe tout de même.

– Pia… Allons-nous-en ! murmura George comme un souffleur au théâtre.

– Vas-y, George. Moi, je reste encore un peu.

Ayant travaillé avec Rothman pendant plus de trois ans, Pia avait appris beaucoup de choses sur la fièvre typhoïde et la bactérie qui la provoquait, *salmonella typhi*. Elle connaissait les symptômes de cette maladie qui attaquait l'appareil digestif et se concentrait sur les follicules lymphoïdes de l'intestin grêle que l'on appelait les plaques de Peyer. La blouse de Rothman était tirée sur le côté. Pia l'écarta un peu plus pour voir son abdomen. Avec trois doigts, elle appuya lentement sur le haut de son ventre. Rothman gigota et dodelina de la tête.

– Il a l'air de vraiment souffrir, dit-elle. Peut-être qu'il a mal dans le ventre. Ce n'est pas bon signe.

George était ivre d'angoisse. Par les fenêtres en verre armé des deux portes de la chambre, il voyait des gens aller et venir dans le couloir. Il s'approcha de la première et en baissa le store dans l'espoir de donner un peu plus de temps à Pia.

Celle-ci avait recommencé à appuyer sur le ventre de Rothman. Quand elle relâcha tout à coup la pression qu'elle exerçait sur sa peau, un spasme violent agita le buste du chercheur, comme s'il éprouvait une douleur très pénible.

– Tu as vu ça ? dit-elle, étonnée. Il se crispe. Tu ne dirais pas qu'il se crispe ?

Elle répéta la manœuvre et obtint la même réaction.

– Il se crispe, c'est très net. Il a mal.

– Tes petites expériences vont nous valoir de nous faire renvoyer de la fac, si nous ne partons pas d'ici tout de suite. Nous allons trop loin, surtout avec des patients aussi célèbres…

– C'est de la défense péritonéale, dit Pia qui ne l'écoutait pas. C'est un signe de péritonite, une inflammation de la membrane de la cavité abdominale. Ça veut dire que la bactérie a pénétré l'intestin grêle.

Elle se tourna pour appuyer sur le bouton de l'interphone.

– Le Dr De Silva est-elle dans les parages ? demanda-t-elle à l'infirmière qui prit l'appel. Envoyez-la immédiatement ici.

George se dandina d'un pied sur l'autre. *Là, elle déconne complètement*, pensa-t-il.

Une minute plus tard, le Dr De Silva entra dans la pièce. Elle palpa le ventre de Rothman et confirma l'observation de Pia.

– Et regardez, il perd ses cheveux, dit Pia.

– Ça, c'est peut-être le chloramphénicol. Mais de toute façon, la défense péritonéale nous indique que le chloramphénicol ne contrôle pas l'infection. Nous allons devoir changer d'antibiotique. J'appelle Springer tout de suite pour avoir son opinion. Merci de m'avoir prévenue.

Le Dr De Silva sortit de la pièce.

– Son état empire, dit Pia, observant Rothman d'un air triste.

– La défense péritonéale, ce n'est pas bon signe, dit George. Je sais bien. Mais tu as fait tout ce que tu pouvais. Allons-nous-en. Tu l'as entendue, elle va appeler Springer.

Après avoir retiré leurs tenues protectrices, George et Pia trouvèrent le Dr De Silva, au bureau des infirmières, en conversation téléphonique avec Springer. Pia tendit l'oreille, écoutant les propos de l'interne. Visiblement, c'était surtout Springer qui parlait à l'autre bout du fil.

– O. K… La ceftriaxone… Oui, bien sûr nous arrêtons le chloramphénicol… Entendu. À tout à l'heure. Et j'appelle le Dr Miller, bien sûr.

Raccrochant, le Dr De Silva aperçut Pia. Elle composa un autre numéro. Pendant qu'elle attendait que la communication s'établisse, elle couvrit le combiné et dit :

– Le Dr Springer arrive. Il veut se rendre compte par lui-même de la défense péritonéale… Oh, bonsoir. Je veux parler au Dr

Miller... Docteur Miller, ici le Dr De Silva, au service des maladies infectieuses. Je m'occupe du Dr Rothman et du Dr Yamamoto. Le Dr Springer voudrait avoir votre opinion. Nous observons des signes de défense péritonéale chez le Dr Rothman et nous allons peut-être devoir opérer... L'ablation de l'intestin infecté, oui... Non, uniquement le Dr Rothman... Sa température a un peu augmenté. Les autres indicateurs, pouls, pression artérielle, oxygénation, sont inchangés... D'accord, merci.

Le Dr De Silva raccrocha et respira profondément. C'était une femme menue, d'origine sri-lankaise, qui se targuait de bien mener sa barque. Qu'une étudiante ait décelé un symptôme important qui lui avait complètement échappé l'embarrassait.

– Je l'avais examiné quelques minutes avant que vous ne passiez le voir et sa température était constante, dit-elle, à moitié pour Pia, à moitié pour elle-même, puis elle regarda Pia et ajouta : Mais il est vrai que ce genre de chose peut apparaître très vite. Le Dr Miller est interne en chirurgie. Vous le connaissez ? Il arrive, lui aussi. Qui est votre mentor, alors ? Je devrais au moins lui faire savoir que c'est vous qui avez le mérite de la découverte de la défense péritonéale. Comment se fait-il que vous ayez pensé à chercher ce symptôme, d'ailleurs ? Je suis impressionnée.

– En fait, je ne suis pas en médecine interne en ce moment.

– Ah ? En stage au service des maladies infectieuses, alors ? Mais je n'ai jamais vu votre nom...

– Je ne suis pas non plus en stage aux maladies infectieuses.

George essayait désespérément de réduire Pia au silence. Planté derrière le Dr De Silva, il faisait frénétiquement le signe d'arrêt de jeu d'un entraîneur de foot.

– Eh bien... Pourquoi êtes-vous venue ici, alors ? demanda le Dr De Silva.

– C'est juste parce que… je sais beaucoup de choses sur les salmonelles.

– Ah bon ? Mais qui vous a appris ces choses ?

– Le Dr Rothman, dit Pia tandis que George lui agrippait le bras et l'entraînait de force en direction des ascenseurs.

George éprouva un profond soulagement quand ils sortirent de l'hôpital. Il espérait que le Dr De Silva, surchargée de travail comme elle l'était, ne parlerait pas trop des deux mystérieux étudiants en médecine qui lui avaient rendu visite – et dont l'un lui avait apporté une aide précieuse. Tout bien réfléchi, il était à peu près sûr qu'elle ne dirait rien. La médecine universitaire était un environnement ultracompétitif. Même si De Silva n'avait commis aucune faute, elle était sans doute vexée que Pia ait détecté avant elle la défense péritonéale de Rothman.

Cependant, le soulagement de George devait être de courte durée.

– Je veux retourner au labo, annonça Pia en s'immobilisant tout à coup sur le trottoir.

Ils venaient d'atteindre le carrefour de la 168e Rue et de Haven Avenue.

– Je veux voir s'il y a le moindre indice, là-haut, qui permettrait de comprendre comment il a pu être infecté. Rothman est tellement prudent ! Ce qui s'est passé est incompréhensible. Il est tellement minutieux, tellement maniaque dans tous les aspects de son travail ! Il est méthodique, organisé comme personne – son système est impeccable. Ça n'a pas de sens !

Malgré elle, Pia continuait de nourrir l'idée que Rothman s'était peut-être infecté volontairement. Mais pourquoi embarquer le Dr Yamamoto dans cette folie ? C'était impossible, n'est-ce pas ? Elle voulait chasser une fois pour toutes cette hypothèse de son esprit.

Si Rothman mourait, elle prendrait la chose comme une sorte de trahison – mais elle ne voulait pas que ce soit une trahison venue de *lui*. Une trahison du destin, elle pourrait sans doute la surmonter. Une trahison personnelle de Rothman, ce serait complètement différent.

George étouffa un grognement de protestation. La visite de la chambre de Rothman avait déjà été une belle erreur. La visite d'un labo dont le CDC avait officiellement interdit l'accès, ce serait une énorme bêtise.

– Le labo est fermé, dit-il d'un ton catégorique. Sur ordre des autorités sanitaires. Rentrons. Je t'ai gardé le sandwich que tu n'as pas mangé tout à l'heure.

Pour prouver ses dires, il le tira de sa poche.

– Je vais au labo, affirma Pia.

– Mais c'est de la folie ! Qu'est-ce que tu imagines que tu trouveras là-bas que le CDC n'a pas déjà vu ?

– Je ne sais pas. Mais je ne peux pas ne *rien* faire. Ne m'accompagne pas, si tu ne veux pas, mais j'y vais de toute façon ! Bien sûr, deux paires d'yeux vaudraient sûrement mieux qu'une seule.

George hésita. Il comprenait que Pia lui demandait son aide, quoique de façon totalement biaisée – et c'était une première. N'empêche, ce n'était pas une décision facile pour lui. Il ne voyait pas de mal à tordre le cou à certaines règles, mais il refusait de les violer comme Pia voulait le faire. Il pensait aussi à son avenir. Il ne pouvait pas se permettre de se faire renvoyer de Columbia. Depuis toujours, il souhaitait devenir médecin. Et il y avait aussi sa famille à prendre en considération…

Mais il n'eut pas le temps de réfléchir davantage. Pia tourna subitement les talons et partit au pas de charge en direction de la tour Black.

– Tu n'as pas peur de choper la fièvre typhoïde ? demanda-t-il quand il la rattrapa.

– J'étais là-haut ce matin. Je ne suis pas malade. Et nous n'aurons qu'à mettre des tenues protectrices comme dans la chambre de Rothman.

Pia entra dans l'immeuble et George la suivit sans plus rien dire. Il avait l'impression bizarre d'avoir pris une décision sans avoir rien décidé du tout. Ils présentèrent leurs plaques d'identité à l'agent de sécurité et se dirigèrent vers les ascenseurs.

Comme George s'y était attendu, plusieurs longueurs de ruban jaune barraient la porte du laboratoire.

– Ça, c'était couru d'avance. Impossible d'entrer, tu vois !

Pia ne répondit pas. Elle décolla ce qu'il fallait de ruban et essaya d'ouvrir la porte. Verrouillée. Ce n'était pas cela qui risquait de l'arrêter. Bien souvent, au cours des trois années passées, elle avait dû venir au labo le soir pour relever les données d'une expérience en cours ou vérifier le calibrage d'un appareil automatisé. Elle sortit de sa poche la clé que Rothman lui avait donnée dans cette éventualité, ouvrit la porte et entra dans le labo.

– T'es dingue ! protesta George.

Il la suivit à contrecœur, refermant la porte derrière lui. La grande salle, plongée dans l'obscurité, était silencieuse.

– Relax ! dit-elle. Les caméras de sécurité sont en panne. Les électriciens travaillent dessus depuis des semaines. Et, de toute façon, qui pourrait bien débarquer ici maintenant ? Je veux juste vérifier l'équipement de stockage réfrigéré de l'unité NSB3 et jeter un œil sur le registre des entrées-sorties. Ne râle pas, s'il te plaît. Oui, je sais que les gens du CDC ont probablement déjà regardé tout ça. Ils ont peut-être même emporté le registre. Malgré tout, je veux m'assurer qu'ils ne sont pas passés à côté de quelque chose.

Pia alluma une petite lampe près de la cafetière commune, cela lui suffisait comme lumière. Elle passa rapidement dans son bureau et dans celui de Rothman. George la suivit comme son ombre. D'après ce qu'elle voyait, rien n'avait bougé dans son espace personnel. Chez Rothman non plus. Elle désigna la table de travail à George : la boîte à courrier, les dossiers, les photos de sa famille – tous parfaitement alignés.

– Tu vois comme il est ordonné, dit-elle.

George ne pensait qu'à ficher le camp. Quand un ventilateur du système d'aération se mit en marche dans le plafond, il sursauta et faillit pousser un cri d'effroi. Malgré tout, il suivit Pia jusqu'à l'unité NSB3. Ils enfilèrent des combinaisons protectrices dans le sas et Pia entra un code sur le clavier de la porte de l'unité proprement dite. Elle alluma les lumières. Le système de climatisation fonctionnait, mais un calme étrange régnait sur les lieux. Le CDC n'avait pas emporté le registre des entrées-sorties. Elle l'ouvrit et fit glisser son doigt jusqu'aux lignes du jour. L'avant-dernière entrée était celle de Panjit Singh, quand il était passé au labo à l'aube pour préparer le matériel. Ensuite, il y avait les entrées de Rothman et de Yamamoto. Rien d'anormal là-dedans. Elle reposa le registre et se dirigea vers la chambre de stockage réfrigéré. Elle s'apprêtait à l'ouvrir, lorsqu'un bruit, du côté de la salle principale du laboratoire, attira son attention.

– T'as entendu ? murmura-t-elle.

– Non. Quoi donc ? répondit George nerveusement.

Pia lui fit signe de se taire, marcha jusqu'à la porte de l'unité et l'entrouvrit. Elle entendit des voix d'hommes, ténues mais très claires. Qui semblaient se rapprocher.

– Par ici, dit-elle d'un ton pressant. Viens !

– Merde, marmonna George qui avait lui aussi entendu les hommes. Merde de merde de merde !

Pia lui ordonna de la boucler et traversa l'unité à grands pas. Comprenant où elle allait, George la précéda et atteignit le premier la sortie de secours située au fond de la pièce. La porte hermétique grinça quand il la poussa, car elle n'avait pas été ouverte depuis son installation au moment de la rénovation du labo, deux ans plus tôt.

Pia suivit George. Si elle avait été seule, elle serait peut-être restée sur place pour braver la tempête. Mais elle se souvenait que George avait très peur de l'autorité. Quant à savoir pourquoi il avait ce genre de crainte, elle n'en avait aucune idée.

La sortie de secours donnait sur la pièce de stockage du labo. Pia et George retirèrent leurs tenues protectrices et franchirent une autre porte qui ouvrait sur une salle du département de microbiologie dont dépendait le laboratoire de Rothman. Le personnel de l'équipe du soir, qui était en train de mener diverses expériences, fut assez étonné de voir deux jeunes gens traverser la pièce en courant – et encore plus surpris de les voir poursuivis, une minute plus tard, par trois individus en combinaison Hazmat.

Pia et George franchirent d'autres portes de communication. Le département de microbiologie jouxtait le département d'anatomopathologie, un endroit qu'ils connaissaient bien pour y avoir passé beaucoup de temps en première année. George ouvrait la marche, mais sans trop savoir où il allait. Il avait juste en tête d'éviter de se faire prendre. Il entra dans la grande salle d'anatomie éclairée par des veilleuses. Plusieurs cadavres couverts de linceuls en toile cirée reposaient sur des tables pour les étudiants de première année du moment. Posés à la verticale sur la plus grande table de cours, il y avait aussi plusieurs torses sectionnés au milieu de la poitrine, puis tranchés en deux en coupe sagittale – de façon à offrir la moitié de l'œsophage et la moitié du cerveau au regard des étudiants. Le blanc des yeux de ces demi-têtes réfléchissaient sinistrement la lumière ténue des veilleuses.

George et Pia s'accroupirent derrière la longue table et se regardèrent avec anxiété. Ils n'avaient nulle part où se cacher. Quelques instants plus tard, les néons du plafond s'allumèrent en clignotant. Trois hommes en combinaison Hazmat se déployèrent entre les tables de dissection. Pia se redressa. L'estomac dans les talons, George l'imita.

Les trois hommes appartenaient à la sécurité de Columbia. Ils semblaient furieux. Ils exigèrent de voir leurs plaques d'identité, puis l'un d'eux passa un appel sur sa radio. George était blême. Pia réagissait avec son aplomb habituel.

– Bon, venez avec nous, dit finalement l'homme à la radio.

Il saisit George par le bras pour l'entraîner vers la porte tandis qu'un de ses collègues agrippait Pia.

Le petit groupe s'achemina à travers le labo de microbiologie clinique, puis emprunta un ascenseur de service pour descendre au rez-de-chaussée. George paniquait complètement. Il ne voyait pas comment Pia pourrait convaincre quiconque de les excuser pour ce qu'ils venaient de faire. Traversant le campus, le groupe s'attira de nombreux regards et commentaires de la part des gens qu'il croisait ; certains se demandaient à haute voix s'ils assistaient à une farce d'étudiants.

Les trois agents de sécurité firent descendre George et Pia au sous-sol de l'hôpital. Là, ils longèrent un long couloir jusqu'au service de sécurité. Ils passèrent devant une salle remplie d'écrans que surveillaient deux hommes à l'air blasé, tournèrent dans un autre couloir et pénétrèrent dans un petit bureau dont la porte était ornée d'une pancarte, écrite à la main, qui disait : « Directeur ». David Winston, l'homme qui avait dirigé les opérations d'évacuation du labo au moment où Rothman et Yamamoto avaient été emmenés sur des brancards, se tenait devant deux écrans fixés au mur. Il se tourna et reconnut aussitôt Pia qu'il avait soutenue dans la rue quand elle avait eu un malaise.

– Encore vous ? dit-il d'un ton étonné. Mais je vois que vous avez l'air d'aller beaucoup mieux que la dernière fois que nous nous sommes rencontrés.

– Monsieur Winston, dit Pia. Mon ami et moi voulions simplement récupérer certaines de mes affaires dans mon bureau.

Winston saisit un porte-bloc posé sur sa table. Il consulta une liste.

– Mademoiselle Grazdani et...

Il leva les yeux vers George, qui dit :

– George Wilson.

– George Wilson. Vous n'êtes pas dans le personnel du laboratoire du Dr Rothman. Vous êtes étudiant de quatrième année, vous aussi ?

George hocha la tête.

– D'accord. Vous aussi, monsieur Wilson, vous prendrez des antibiotiques, dit Winston, et il reposa le porte-bloc avant d'ajouter d'une voix plus sévère : Dans ce genre de situation, voyez-vous, nous avons un règlement très clair. Vous êtes entrés par effraction dans un lieu dont l'accès est interdit au public et qui est peut-être contaminé par une bactérie très dangereuse. Je vous ai vus entrer dans le laboratoire de mes propres yeux. Les caméras ne fonctionnent pas à l'intérieur du labo, c'est vrai, mais dehors, dans le couloir, elles sont en état de marche. Tout à coup, je vois deux personnes qui pénètrent dans ce labo et je suis obligé d'envoyer trois de mes gars, en combinaison intégrale, pour les intercepter. Et ces deux personnes, je découvre que c'est vous. Maintenant, le règlement veut que j'appelle la doyenne. Comme vous pouvez l'imaginer, elle adore que je la dérange pour l'informer que nous avons un problème avec certains de ses étudiants. Mais ça, ce n'est que le début des festivités. Ensuite, je devrai appeler mes amis du commissariat du 33e district, à qui je raconterai très franchement que j'ai intercepté deux individus entrés par effraction dans un lieu interdit au public…

George était atterré. Si la police intervenait dans cette histoire, il était fichu.

– Je ne sais pas pourquoi vous êtes allés dans ce labo, vous deux, et je ne me soucie guère de connaître la réponse à cette question. Le CDC a déjà déclaré qu'il n'y avait pas de danger de contamination, c'est vrai, mais le ruban jaune était encore sur la porte. Ça vaut particulièrement pour vous, mademoiselle Grazdani, qui avez reçu des consignes très strictes ce matin. Franchement, je suis sidéré. Mais je dois dire que depuis que je suis à la tête de la sécurité de cet hôpital, je n'ai jamais vraiment compris les étudiants en médecine.

Pia ouvrit la bouche pour parler, mais Winston lui signifia d'un geste autoritaire de garder le silence. Il décrocha le téléphone, appela la doyenne, lui expliqua la situation, puis l'écouta deux bonnes minutes avant de couper la communication.

– Elle arrive. À votre place, je ne sais pas qui je préférerais avoir à affronter – elle ou les flics du 33e district.

Winston accompagna George et Pia jusqu'à une petite pièce, au bout du couloir, où il les laissa seuls. George était trop inquiet pour parler. Pia, incapable de tenir en place, se mit à faire les cent pas. Au bout d'une petite demi-heure qui leur parut durer une éternité, une grande femme brune vêtue d'un survêtement de sport et d'une doudoune fit son apparition. Elle s'appelait Helen Bourse, elle occupait le poste de doyenne des étudiants depuis plus de dix ans, et elle était très appréciée au sein de l'université, en dépit du fait qu'elle était connue pour ne pas avoir le caractère facile.

– Qu'est-ce que c'est que cette histoire ? commença-t-elle, l'air mécontent. Vous deux, vous m'avez obligée à faire des efforts de diplomatie inouïs pour convaincre Mr Winston de ne pas vous faire arrêter. Je veux que vous me persuadiez que j'ai eu raison d'agir ainsi.

– Je suis désolé, madame Bourse, dit George.

Il jeta un coup d'œil vers Pia : elle avait son air opiniâtre des grands jours. Craignant qu'elle ne tienne tête à la doyenne, il décida de parler pour eux deux et ajouta :

– *Nous* sommes vraiment désolés.

– Au nom du ciel, que faisiez-vous là-bas ? rétorqua Helen Bourse. Dans un labo qui était sous scellés et qui est peut-être contaminé.

George ouvrit la bouche pour répondre, mais Pia le devança :

– La seule partie du labo qui risquait d'être contaminée, c'était l'unité NSB3. Nous avons pris toutes les précautions nécessaires. Je voulais examiner les lieux moi-même. Connaissant le Dr Rothman comme je le connais, je ne comprends tout simplement pas comment il a pu être infecté par la *salmonella typhi*.

– Vous n'étiez donc pas là-bas pour récupérer vos affaires comme vous l'avez dit à monsieur Winston, répliqua Bourse. Et quoi ?! Vous vous prenez pour des épidémiologistes, vous deux, tout à coup ? Une équipe au grand complet de *vrais* épidémiologistes a examiné le labo aujourd'hui. Une équipe composée de spécialistes de notre hôpital et de membres du CDC. Ils ont passé le labo au peigne fin, en particulier l'unité NSB3.

– Et qu'ont-ils trouvé ?

– Rien, mais ce n'est pas la question.

– J'ai travaillé dans ce labo, à diverses périodes, pendant plus de trois ans. Je voulais l'examiner moi-même, répéta Pia. Si quelque chose avait changé, j'aurais sans doute pu mieux m'en rendre compte que les gens d'Atlanta.

Helen Bourse sentit sa colère refluer. Elle se rendait compte que Pia n'avait pas tout à fait tort. Cependant, ce seul argument ne justifiait pas l'attitude abracadabrante de ces deux étudiants qu'elle savait par ailleurs très doués. Pourquoi avaient-ils pris le risque d'entrer dans ce laboratoire ? Au bout de quelques instants, elle demanda :

– Qu'avez-vous découvert, alors ?

– Rien, mais nous avons été interrompus par l'arrivée des agents de sécurité. Avez-vous le rapport des épidémiologistes ?

– Sûrement pas celui du CDC. Il est trop tôt. Mais j'ai parlé au chef de notre propre staff. Apparemment, comme je disais, ils n'ont rien trouvé d'anormal.

Le Dr Bourse savait que le Dr Rothman était davantage lié à cette étudiante qu'à quiconque dans toute la communauté de Columbia. Elle savait d'ailleurs beaucoup plus de choses au sujet de la jeune femme que celle-ci ne devait le supposer. Elle avait notamment lu avec attention les rapports du comité d'admission. Jusqu'à ce soir, jusqu'à ce que Winston l'appelle, elle avait toujours eu de grands espoirs pour Pia Grazdani. Et elle ne voulait pas se dire qu'elle s'était trompée. Elle avait donc l'intention d'essayer de circonscrire les retombées, dans la mesure du possible, de cette escapade nocturne totalement insensée. Tel était le fardeau de son rôle de doyenne des étudiants. Plus tôt dans la soirée, elle avait dû régler un problème encore plus difficile : un étudiant de troisième année avait été surpris à voler des médicaments dans une réserve de l'hôpital.

Le Dr Bourse fixa son attention sur le deuxième malfaiteur. Lui, au moins, contrairement à Pia, il soutenait son regard.

– Et vous, monsieur Wilson, quelle excuse avez-vous ? demanda-t-elle avec une certaine résignation dans la voix.

– Je n'ai aucune excuse, dit-il d'un ton égal. J'aidais mon amie, tout simplement.

Le Dr Bourse dévisagea le jeune homme. Un étudiant exceptionnel, lui aussi. Et beaucoup plus apprécié par ses pairs, de manière générale, que la jeune femme – laquelle se montrait distante, sinon hautaine, avec à peu près tout le monde. La doyenne était au courant de l'espèce d'obsession amoureuse que George nourrissait pour Pia ; elle le croyait donc sur parole. Une fois encore, cependant, elle s'émerveilla de voir un jeune homme apparemment intelligent et raisonnable adopter le comportement d'un adolescent énamouré et mettre ainsi en danger son propre avenir. Si elle n'avait pas empêché le chef de la sécurité, Winston, de le faire arrêter, l'incident de ce soir aurait pu l'empêcher de concrétiser son rêve de devenir médecin.

– Très bien, dit-elle.

Elle prit une profonde inspiration et leva les yeux vers le plafond, trois secondes, pour mettre de l'ordre dans ses idées.

– Voilà le programme. Vous allez retourner à vos chambres, immédiatement, et y rester. Vous ne rencontrerez personne et vous ne parlerez de cette histoire à personne. À la résidence universitaire, vous surveillerez votre température et vous prendrez vos antibiotiques comme vous en avez reçu l'ordre. George, je veillerai à ce que la pharmacie vous en fasse apporter. Ensuite, je vous verrai tous les deux à mon bureau, demain matin, à sept heures. À ce moment-là, mademoiselle Grazdani, nous parlerons de votre stage au laboratoire Rothman. Vous, monsieur Wilson, vous retournez en radiologie. Vous deux, vous direz aussi une petite prière pour moi et vous remercierez le dieu de votre choix que j'aie été ce soir d'humeur si conciliante. Maintenant, je vais régler cette affaire avec monsieur Winston. S'il veut bien m'écouter !

Quand la doyenne eut quitté la pièce, George émit un profond soupir et s'assit sur une chaise.

– Oh mon Dieu ! J'ai cru que nous étions morts. Si la police n'y met pas son grain de sel, ça reste un truc interne. Ça n'apparaîtra pas dans nos dossiers. Comme si ça n'était jamais arrivé.

George regarda Pia, qui ne répondit pas. Son visage n'avait aucune expression. Il se douta qu'elle repensait déjà au labo.

– Tu ne peux pas laisser tomber ? demanda-t-il d'une voix lasse.

– Évidemment que je ne peux pas laisser tomber ! répliqua-t-elle. Il a bien dû se passer quelque chose. Et quelque chose d'extraordinaire, par-dessus le marché.

– Et si c'était un des techniciens qui avait fait une bêtise, soit accidentellement, soit de manière volontaire ? Je veux dire… Rothman était une espèce d'éléphant dans un magasin de porcelaines, non ? J'imagine qu'il y a des tas de gens, ce soir, qui ne se lamentent pas vraiment de le savoir malade.

Pia secoua la tête.

– La plupart des membres du personnel du labo le trouvaient désagréable, c'est vrai, mais ils l'admiraient aussi énormément. Je n'imagine aucun d'eux impliqué dans un truc aussi sournois.

– Alors quelle explication tu as ?

– Je n'en ai aucune. Je ne sais même plus quoi penser, admit Pia.

Mais son esprit battait la campagne. Sa première préoccupation était de savoir si Rothman s'en sortirait. Parallèlement, elle songeait aux deux hypothèses susceptibles d'expliquer le drame : soit Rothman s'était infecté accidentellement, soit il avait voulu se rendre malade. Mais une autre idée commençait à prendre forme dans sa tête. Il y avait une troisième possibilité, en effet, qu'elle n'avait pas encore envisagée…

28

CENTRE MÉDICAL DE L'UNIVERSITÉ COLUMBIA
NEW YORK
24 MARS 2011
05 H 05

Il n'était que cinq heures du matin, mais Pia renonça à essayer de se rendormir et se leva. La veille, elle était rentrée du bureau de la sécurité aussi épuisée mentalement que physiquement. George lui avait donné le sandwich à la dinde qu'il avait gardé pour elle – un peu écrasé d'avoir été trimballé un bon moment dans sa poche de blouson, mais mangeable. Arrivée dans sa chambre, elle en avait avalé deux petites bouchées avant de le jeter à la poubelle, puis elle s'était couchée. Elle n'avait pas bien dormi et elle s'était réveillée à quatre heures et demie, anxieuse au sujet de Rothman et de Yamamoto. Mais elle ne se souvenait pas de ses rêves, c'était déjà ça.

Elle se doucha, s'habilla rapidement. Il était essentiel que Rothman guérisse. Que deviendrait-elle, quel avenir aurait-elle, s'il disparaissait ? Elle voulait se rendre tout de suite à l'hôpital, même s'il était très tôt, pour le voir – s'assurer qu'il tenait le coup. Elle espérait que le nouvel antibiotique avait fait merveille, que l'infection était vaincue. Peut-être Rothman n'était plus délirant. S'il pouvait parler, elle voulait lui demander s'il avait la moindre idée de ce qui avait pu se passer dans l'unité NSB3 la veille au matin.

Quand elle sortit de la résidence universitaire et commença à marcher dans Haven Avenue en direction de l'hôpital, elle éprouva un grand sentiment de solitude. Le jour n'était pas encore levé et elle avait l'impression d'être seule au monde. À l'intérieur de l'hôpital, cependant, l'ambiance était très différente : le niveau d'activité n'y baissait jamais.

Au service des maladies infectieuses, Pia s'immobilisa, perplexe, et regarda autour d'elle en se demandant si elle ne s'était pas trompée de couloir. La chambre qu'elle croyait être celle de Rothman était en cours de désinfection et de préparation pour un nouveau malade. Elle regarda le numéro au-dessus de la porte. Non, c'était bel et bien sa chambre. Il devait donc avoir été déplacé. Peut-être parce que son état s'était amélioré grâce au nouveau traitement. Pia s'interdit de penser que la disparition de Rothman pût avoir une autre explication. Elle s'avança jusqu'à celle de Yamamoto : vide et en cours de nettoyage, elle aussi.

Elle gagna le bureau des infirmières pour essayer de découvrir où les deux chercheurs avaient été envoyés. Les infirmières étaient très occupées, car elles se préparaient au changement d'équipe du début de journée.

– Excusez-moi, dit-elle à une femme qui était en train de remplir un formulaire derrière le comptoir. Je cherche le Dr Rothman et le Dr Yamamoto.

Comme elle prononçait ces mots, une terrible frayeur la saisit. *Ils n'ont pas été déplacés parce qu'ils allaient mieux...*

– S'il vous plaît, dit-elle, essayant de garder espoir. Dites-moi où ils sont...

– Qui êtes-vous ? Vous êtes de la famille ?

– Je travaille avec le Dr Rothman. C'est mon mentor. Je vous en prie, où est-il ?

L'infirmière contourna le comptoir, prit Pia par le bras et l'entraîna jusqu'à la salle d'attente, qui était déserte à cette heure. Elle n'alluma pas la lumière. L'aube pointait derrière les fenêtres. Les deux femmes se firent face dans la semi-obscurité. Pia tremblait sur ses jambes ; elle avait peur de s'effondrer par terre comme une poupée de chiffon.

– Pour le moment nous n'avons prévenu que les familles, dit l'infirmière. Je suis désolée, ils nous ont quittés. Le Dr Rothman le premier, puis le Dr Yamamoto, il y a environ une heure.

– Comment ça, ils nous ont quittés ?

Bien sûr, Pia avait compris les propos de l'infirmière. Mais peut-être, malgré tout…

– Ils sont décédés, ma jolie. Je suis désolée. Le Dr Rothman est mort pendant qu'on le préparait pour le bloc opératoire. Je n'en sais pas plus. Je ne peux pas vous en dire davantage. Voilà. Je vous laisse, maintenant. Je dois y aller.

L'infirmière lui tapota affectueusement le bras, puis quitta la pièce.

Pia s'accroupit, sa bouche s'arrondissant sur un cri silencieux. Elle croisa les bras autour de ses genoux et se recroquevilla sur elle-même comme pour se cacher quelque part dans son propre corps. Elle avait l'impression d'avoir reçu un horrible coup de poing en plein ventre. Elle était désorientée et furieuse – furieuse contre l'hôpital, furieuse contre le monde entier, furieuse contre Rothman lui-même. S'il fallait juger un homme par ses actes, qu'avait-il fait, lui ? Elle était abandonnée. Trahie. Pia se redressa subitement, sortit de la salle d'attente, quitta le service des maladies infectieuses, prit l'ascenseur, déboucha dans la rue, hébétée, perdue. Le ciel s'éclaircissait à l'est, mais le soleil n'était pas encore apparu à l'horizon.

29

CENTRE MÉDICAL DE L'UNIVERSITÉ COLUMBIA
NEW YORK
24 MARS 2011
06 H 30

Pia longea Fort Washington Avenue en titubant comme si elle était saoule, les mains crispées sur le ventre. Croyant qu'elle allait vomir, elle se pencha au-dessus d'un conteneur à ordures, mais elle n'eut que des haut-le-cœur, plusieurs fois de suite, et ne réussit pas à rendre. Elle se redressa et respira profondément pendant une minute. Il fallait qu'elle se ressaisisse, il le fallait absolument, mais qu'allait-elle faire ? Qu'allait-elle devenir ? Dans l'immédiat, cependant, elle avait une obligation et un problème à régler – et elle était presque heureuse de l'avoir pour se changer les idées : elle se souvenait qu'elle devait être au bureau de la doyenne à sept heures. Elle prit la direction de la résidence universitaire pour aller chercher George.

George avait réglé son réveil à six heures et quart. Il dormait d'habitude sans problème, même si ce n'était que trois ou quatre d'heures d'affilée parce qu'il était de garde à l'hôpital ou parce qu'il avait trop de travail pour s'offrir davantage de sommeil. Cette nuit, hélas, il n'avait quasiment pas réussi à fermer l'œil car il n'avait pas cessé de retourner les événements de la veille dans sa tête. À un moment, il avait même complètement renoncé à dormir et passé toute une heure dans son fauteuil inconfortable, buvant lentement un Jack Daniel's qu'il s'était servi à la bouteille qui lui avait duré toute sa carrière d'étudiant en médecine. Par la fenêtre, il voyait une partie du pont George-Washington et un morceau de la rive du New Jersey.

Avec cette visite au laboratoire de Rothman, avait-il commencé par se dire, Pia avait bien failli ruiner tous les projets qu'il avait jamais faits. Il s'était aussitôt repris. Non. Ce n'était pas la faute de Pia s'il l'avait suivie. Il devait endosser la responsabilité de ses propres actes ; il avait lui-même décidé de l'accompagner. Problème : il tenait trop à elle pour la laisser se lancer seule, aveuglément, dans des aventures périlleuses. Car il était clair, que cela plût ou non à Pia, qu'elle avait besoin de lui. N'empêche, il savait qu'il y avait une limite à ne pas franchir. Il devait penser avant tout à lui-même, à ses propres intérêts. Il devait veiller à ne pas passer le point de non-retour.

Il n'avait dormi qu'un peu plus d'une heure quand le réveil sonna. Il appuya sur le bouton de rappel sans même s'en rendre compte. Neuf minutes plus tard, il refit la même chose. Il aurait recommencé une troisième fois si Pia ne l'avait pas réveillé en frappant à sa porte. Il se leva, très heureux qu'elle lui rende visite. Mais dès qu'il ouvrit le battant et vit son expression, il fronça les sourcils.

– Qu'est-ce qui se passe, Pia… ? Heu, attends, quelle heure il est ? Nous avons la doyenne…

Elle entra dans la chambre comme un zombie, se laissa tomber à plat ventre en travers du lit et marmonna quelque chose dans l'oreiller.

– Qu'est-ce qui ne va pas ? demanda-t-il.

Ayant vu l'heure au réveil, il s'habilla à toute vitesse. Puis il s'assit près de Pia et écarta les cheveux qui lui tombaient en travers de la joue. Elle avait l'air complètement désespérée.

– Parle-moi, insista-t-il d'une voix douce. Que se passe-t-il ?

– Il est mort. Ils sont morts tous les deux.

– Qui ? Rothman ? Yamamoto ?

– Oui.

– Oh, Pia, je suis désolé. Je suis tellement désolé, dit-il, glissant un bras autour de ses épaules pour l'étreindre. Oh, c'est horrible. Je ne sais pas quoi dire. Mon Dieu, c'est vraiment tragique. D'après ce que tu m'avais dit, ils étaient sur le point de produire quelque chose d'énorme. C'est un terrible revers pour la médecine régénérative. Et qui va peut-être se compter en années. Il n'y aura peut-être personne pour remplacer ces deux hommes avant une bonne dizaine d'années.

Pia grogna. George la lâcha. Elle se tourna pour le regarder. Elle n'avait plus l'air désespérée du tout : elle semblait en colère.

– Là, tout de suite, tu vois, je me contrefous de cette putain de médecine régénérative ! Merde ! cria-t-elle.

Elle se leva brusquement et quitta la chambre au pas de charge. George la suivit, fourrant les pans de sa chemise dans son pantalon pendant qu'il se précipitait dans le couloir. Elle n'était pas devant les ascenseurs ; il entendit ses pas dans l'escalier.

– Pia, attends !

Il se lança après elle, sautant les marches deux par deux. Dans la rue, il la vit se diriger à toute allure vers l'hôpital.

– Pia ! dit-il quand il la rattrapa enfin.

Elle agita une main comme pour lui signifier de disparaître de sa vue.

– Écoute, je suis désolé.

Elle s'immobilisa, les bras le long du corps et les poings serrés, et poussa un cri d'exaspération. Puis elle se tourna pour le regarder froidement.

– George, ne me dis pas que tu es désolé. S'il te plaît, *ferme-la* ! cria-t-elle.

Et elle s'éloigna. Planté au milieu du trottoir comme un amant éconduit, George poussa un profond soupir. Les condoléances n'étaient sans doute pas son fort, ouais, mais il n'estimait pas mériter un tel traitement. Il repensa à ses méditations nocturnes. Si cette fille avait besoin de lui, surtout en ce moment, elle avait vraiment une drôle de façon de le montrer.

30

CENTRE MÉDICAL DE L'UNIVERSITÉ COLUMBIA
NEW YORK
24 MARS 2011
07 H 00

Pia et George arrivèrent séparément au bureau de la doyenne des étudiants. Ils s'assirent aux deux bouts du canapé en cuir de la salle d'attente, chacun fuyant le regard de l'autre, sans se dire un mot. Pia s'accommodait très bien de ce genre de silence. Mais George, qui aimait communiquer avec à peu près tout le monde, trouvait pénible de ne pas lui parler. D'un autre côté, il n'avait aucune envie de se faire encore rembarrer – ce qui ne manquerait pas d'arriver s'il ouvrait la bouche, puisqu'il voulait à nouveau s'excuser de l'avoir bouleversée avec ses remarques sur le décès de Rothman. Il était comme ça : il endossait la responsabilité de tout ce qui lui arrivait.

À sept heures passées de quelques minutes, Helen Bourse apparut à la porte de son bureau et les invita d'un geste à entrer.

– Je vous remercie de votre ponctualité, dit-elle.

Elle désigna les deux chaises qui se trouvaient devant sa table. Dans le dossier de Pia, qu'elle avait étudié la veille au soir, elle avait trouvé une note disant que la jeune femme, en deuxième année, avait eu des difficultés à se présenter à l'heure aux travaux dirigés de chirurgie du matin – même après s'être entendu dire qu'un tel comportement était inacceptable. Ses retards n'étaient en général que de cinq à dix minutes, mais ils se produisaient régulièrement.

L'enseignante zélée qui avait rédigé la note précisait qu'il s'agissait, à son avis, d'une faute sérieuse.

Le Dr Bourse s'assit dans son fauteuil et dévisagea les deux étudiants.

– En premier lieu, je dois vous annoncer une mauvaise nouvelle, dit-elle d'un ton grave. Et je n'ai pas de mots pour l'adoucir. Le Dr Rothman et le Dr Yamamoto sont morts ce matin. Ils allaient être emmenés au bloc pour être opérés, car ils souffraient tous les deux d'une péritonite qui évoluait très rapidement, mais ils n'ont pas tenu le coup.

– Je sais, dit Pia.

– Vous *savez* ? Comment ça ? demanda le Dr Bourse, perplexe.

– Je suis passée au service des maladies infectieuses ce matin. Je me suis réveillée de très bonne heure. J'espérais que le nouvel antibiotique qu'on leur donnait avait fait un miracle et je voulais prendre de leurs nouvelles. C'est là qu'on m'a dit qu'ils étaient morts.

Le Dr Bourse regarda attentivement la jeune femme. Elle avait parlé d'une voix étouffée et semblait complètement démoralisée. Mais, une fois encore, elle n'en avait fait qu'à sa tête ; elle avait ignoré l'ordre qu'elle avait reçu de prendre sa température et de rester dans sa chambre jusqu'à ce matin.

La doyenne soupira. Pia, comme toujours, détournait les yeux.

– Bon, je vais essayer d'oublier que je vous avais dit de ne pas bouger de votre chambre à la résidence. Je suppose que vous vous êtes rendue à l'hôpital parce que vous étiez proche du Dr Rothman ?

Pia hocha la tête. Elle faillit avouer à la doyenne que le chercheur était presque devenu le père qu'elle n'avait jamais eu, mais elle retint sa langue. Elle n'avait guère l'habitude de déballer ses états d'âme.

– J'espère au moins que vous n'avez pas essayé de retourner au labo ?

George tourna subitement la tête vers la jeune femme. Il ne lui était pas venu à l'esprit qu'elle avait pu chercher à retourner au labo toute seule.

– Non, je n'y suis pas allée, dit calmement Pia.

George lâcha un discret soupir de soulagement.

– Avez-vous pris votre température, l'un et l'autre, comme je vous l'avais demandé ?

Les deux étudiants hochèrent la tête. George avait été obligé d'abandonner son thermomètre quand Pia avait quitté sa chambre dare-dare, un petit moment plus tôt, mais il n'avait pas besoin de l'avouer à la doyenne.

– Et je suppose que votre température était normale. Très bien. Les décès de ces deux chercheurs portent un coup terrible au centre médical et à toute l'université Columbia. Je connaissais un peu le Dr Yamamoto, qui était un remarquable scientifique. Je connaissais mieux le Dr Rothman, bien sûr, et je sais que vous vous entendiez bien avec lui, mademoiselle Grazdani. Il s'intéressait à votre parcours et vous accordait bien plus de privilèges qu'à aucun autre étudiant…

Et qu'à aucun de ses collègues, ajouta Bourse en pensée.

– L'intérêt qu'il vous portait est une preuve de vos compétences et de votre potentiel en tant que chercheuse, ajouta-t-elle. Il est clair que le Dr Rothman croyait en vous.

À présent, Pia regardait ses pieds.

– Bien sûr, il est affreusement ironique que cet homme qui a passé tant de temps à étudier le pouvoir pathogène des salmonelles soit mort à cause de ces bactéries qu'il avait fini par si bien comprendre…

Bourse laissa ces paroles faire leur chemin dans l'esprit des deux étudiants, puis elle reprit :

– Tenant compte de la voie que vous suiviez avec le Dr Rothman, mademoiselle Grazdani, je me suis organisée pour que vous continuiez à faire de la recherche, dès aujourd'hui, avec le Dr Roselyn Gorin. Comme vous le savez sans doute, c'est une des personnalités les plus talentueuses de notre campus. Elle a reçu un prix Lasker et elle fait un travail révolutionnaire sur la différenciation des cellules souches en cellules adultes. Roselyn est aussi une de mes amies. C'est une personne merveilleusement chaleureuse et compréhensive. Je viens de lui parler, il y a à peine dix minutes, et elle est très heureuse de vous prendre dans son équipe. *Heureuse*, ce n'est pas le mot juste, dans les circonstances actuelles, mais... elle ne demande pas mieux que de nous aider.

Le Dr Bourse offrit un sourire enthousiaste à Pia.

– Aujourd'hui ? répliqua cette dernière. C'est impossible. Je ne peux pas commencer aujourd'hui.

George lui jeta un regard réprobateur. Il avait remarqué que la doyenne semblait agacée par sa réaction.

Le Dr Bourse prit le temps de maîtriser ses émotions. En effet, elle n'était pas contente du tout. Roselyn était une amie, oui, mais à vrai dire elle n'avait pas été folle de joie à l'idée de prendre une nouvelle étudiante dans son laboratoire – surtout une étudiante qui venait de chez Rothman et qui s'était déjà bâti, à tort ou à raison, une petite réputation bien à elle. Bourse avait envie d'ordonner sèchement à la jeune femme de revenir sur terre, mais elle se retint.

– Je vous suis très reconnaissante de ce que vous faites pour moi, ajouta Pia, essayant d'avoir l'air sincère.

Le Dr Bourse haussa un sourcil.

– Vraiment, je vous remercie, reprit Pia d'un ton insistant, comme si elle sentait qu'elle poussait le bouchon trop loin. Mais j'ai appris la nouvelle de leurs décès il n'y a même pas une heure et je suis déboussolée. J'ai besoin de deux ou trois jours pour me remettre les idées en place.

Bourse soupira de nouveau. Pia Grazdani n'était assurément pas une personne facile. En même temps, son attitude était compréhensible. La disparition des deux chercheurs était une véritable tragédie. Elle bouleverserait beaucoup de monde. Le Dr Yamamoto était un homme très apprécié. Quant au Dr Rothman, même si peu de gens avaient de bonnes relations avec lui, sa mort était quand même une immense perte pour l'université. Après tout, il était *la* célébrité scientifique du centre médical.

– D'accord, mademoiselle Grazdani. Nous sommes jeudi. Lundi matin, à sept heures tapantes, je veux vous voir reprendre vos responsabilités d'étudiante de médecine de quatrième année. Je vous rappelle aussi que vous devez vous tenir à l'écart du laboratoire du Dr Rothman. Je vous accorde une permission exceptionnelle pour… pour décès d'un proche. Pas un congé pour vous remettre à jouer l'épidémiologiste. Nous avons de *vrais* épidémiologistes, très qualifiés, pour faire le travail qu'il y a à faire de ce côté-là. Vous comprenez ?

Pia hocha la tête.

– Veuillez dire « je comprends », s'il vous plaît, ordonna le Dr Bourse.

Elle voulait être absolument certaine que la jeune femme avait saisi le message.

– Je comprends, dit Pia d'une voix presque inaudible.

– Monsieur Wilson, vous retournerez dès ce matin en radiologie…

– Bien sûr, madame la doyenne, l'interrompit maladroitement George.

– Et vous cesserez aussi d'aider mademoiselle Grazdani à faire des bêtises. Vous pourriez peut-être vous demander pourquoi un jeune homme comme vous, qui avez toujours si bien travaillé, sans jamais faire le moindre faux pas, vous vous êtes laissé entraîner dans le genre de scène à laquelle nous avons eu droit hier soir. *Gnothi seauton*, monsieur Wilson. C'est du grec. Savez-vous ce que cela veut dire ? « Connais-toi toi-même. » C'est un précepte que nous, les médecins, ne devons jamais oublier.

George hocha la tête. Le Dr Bourse ajouta :

– Je doute que vous ayez eu vous-même l'idée d'entrer par effraction dans le laboratoire du Dr Rothman. Et j'espère qu'à l'avenir vous ferez en sorte que vos actions soient davantage guidées par votre intellect que par votre ça. Ou, pour le dire autrement, davantage guidées par votre cortex frontal que par votre hypothalamus.

George hocha de nouveau la tête, vigoureusement.

– Tout est bien clair ? demanda le Dr Bourse.

Les deux étudiants acquiescèrent.

– Merci. Vous pouvez vous en aller.

Le Dr Bourse regarda George ouvrir la porte et la tenir pour Pia, laquelle sortit de la pièce sans même lui accorder un regard – comme si l'attitude du jeune homme lui était due.

Elle se rencogna dans son fauteuil, réfléchissant à l'étrange relation qui unissait ces jeunes gens. Son travail consistait en grande partie à bien connaître la population des étudiants en médecine de Columbia. Bien sûr, les amours entre étudiants n'étaient pas particulièrement encouragées, mais elles n'étaient pas pour autant mal vues – aussi longtemps qu'elles n'avaient pas une influence négative sur leur travail. Dans cette histoire, l'attirance que George éprouvait pour Pia était assez facile à comprendre : la très grande beauté, l'intelligence et la personnalité très énigmatique de la jeune femme n'échappaient à personne. Quant à savoir si elle était elle-même attirée par George… Bourse n'avait pas de réponse à cette question.

Les relations intimes entre le personnel de l'université et les étudiants étaient par contre officiellement réprouvées. Mais il était difficile de les interdire : les protagonistes de ces histoires étaient des adultes consentants et les étudiants avaient en général plus de vingt-cinq ans. Des rumeurs persistantes avaient couru dans la fac au sujet de Pia Grazdani et du Dr Rothman. Là encore, la beauté ensorceleuse et l'intelligence de la jeune femme semblaient expliquer d'elles-mêmes que le chercheur ait pu vouloir la séduire. D'un autre côté, personne n'avait jamais compris comment Rothman avait pu plaire à Pia. Néanmoins, ces rumeurs n'avaient jamais été confirmées. S'il était clair que le célèbre scientifique avait favorisé Pia et lui avait donné des responsabilités extraordinaires pour une étudiante, rien ne prouvait qu'il avait agi de cette façon pour des raisons équivoques. Et maintenant qu'il était mort, songea le Dr Bourse, l'énigme de leur relation resterait pour toujours un de ces petits mystères insolubles de la vie.

31

CENTRE MÉDICAL DE L'UNIVERSITÉ COLUMBIA
NEW YORK
24 MARS 2011
12 H 10

Après avoir vu la doyenne, Pia passa toute la matinée à ruminer dans sa chambre. Elle n'arrivait pas à se calmer. Elle était la proie d'émotions et de pensées conflictuelles qui la démoralisaient complètement à certains moments, l'aiguillonnaient et la remotivaient à d'autres. Elle était encore en colère contre Rothman parce qu'il était tombé malade. Contre Springer, aussi, le patron du service des maladies infectieuses, qu'elle considérait comme responsable de sa mort parce qu'il avait choisi un antibiotique obsolète pour le soigner – les analyses réalisées par Rothman lui-même sur la sensibilité de *salmonella typhi* à cet antibiotique ne lui paraissaient pas justifier un tel choix. Et pourquoi avait-il fallu que ce soit elle, une petite étudiante de quatrième année, qui décèle les premiers signes de la péritonite qui avaient annoncé le décès du chercheur ?

Pia savait qu'elle était bouleversée avant tout par le simple fait que Rothman était mort. Qu'ensuite elle était déprimée à l'idée de ce que cet événement pouvait signifier pour son propre avenir. Elle avait beaucoup d'expérience pour ce qui était d'analyser froidement une situation difficile, d'en décortiquer les divers éléments et de réfléchir aux conséquences qu'ils étaient susceptibles d'avoir sur sa propre vie. Mais les émotions qu'elle éprouvait en même temps la déstabilisaient énormément ; elle ne savait pas quoi en faire.

Pia avait été complètement convaincue par l'argument de Rothman selon laquelle elle n'était pas faite pour la médecine clinique. Au fond, elle n'aimait pas beaucoup les gens, surtout quand ils étaient souffrants et se plaignaient. Elle avait peu de patience pour la maladie et *aucune* patience pour les jérémiades. Un matin, en troisième année, au terme d'une garde de trente-six heures, elle avait dû faire une prise de sang à un jeune policier à l'air costaud, mais qui avait une peur bleue des aiguilles. Il s'était mis à se tortiller sur la table d'examen – il gigotait tellement, à vrai dire, qu'elle avait été dans l'incapacité de trouver une veine sur son bras. Elle lui avait alors sèchement ordonné de « cesser de geindre comme un bébé ». Par chance, personne ne l'avait entendue. Et le policier ne s'était pas plaint de son attitude. L'équipe du service s'était juste demandé, pendant les quelques jours qu'il avait ensuite passés à l'hôpital, pourquoi il semblait prendre tant de peine à éviter Pia.

Maintenant qu'elle avait perdu Rothman, elle ne savait pas si elle aurait la force de faire un doctorat – pourtant obligatoire si elle voulait devenir chercheuse. Au-delà de ce problème, la question de savoir par quel étrange coup du sort Rothman avait pu mourir ne cessait de la hanter. Elle se rendait compte qu'il pouvait s'agir d'un accident, mais… connaissant Rothman comme elle le connaissait, cela lui paraissait extrêmement improbable. Il était trop prudent, trop organisé – obsessionnel. Et deux chercheurs *malades en même temps* ? Cela n'avait aucun sens ! Aucune des explications qu'elle avait en tête ne tenait la route. L'idée que Rothman ait pu se tuer délibérément était absurde. L'hypothèse selon laquelle quelqu'un aurait pu *vouloir* infecter les chercheurs – Panjit, par exemple, qui en avait eu l'occasion – paraissait encore plus tirée par les cheveux.

Pia se sentait de plus en plus nerveuse… et de plus en plus décidée à faire quelque chose. Elle comprenait qu'elle ne pouvait pas rester indéfiniment enfermée dans sa chambre. Mais que faire ? Elle marcha un moment de long en large dans la pièce – dans l'espace relativement exigu, à tout le moins, où elle pouvait se déplacer. Elle retourna s'allonger sur son lit, mais cette position lui était insupportable. Elle songea à appeler Will ou Lesley – mais pour leur dire quoi ? Elle sortit dans le couloir pour aller jusqu'aux distributeurs. Bon, elle n'avait pas soif. Son esprit battait la campagne, surchauffait, bouillonnait.

Tout à coup, Pia sut ce qu'elle pouvait faire pour se recentrer sur elle-même. Pour se remettre les idées en place. George tournait constamment autour d'elle et ne cessait de proposer de l'aider. Il y avait bel et bien un service qu'il pouvait lui rendre, comme il l'avait déjà fait en quelques occasions par le passé. Au fond, il n'était pas si différent de tous les hommes qu'elle avait connus. Elle avait cru qu'il serait rebuté, ou déçu, par ce qu'elle attendait de lui – mais non : le lendemain il était de nouveau là, attaché à elle en dépit de tout.

Pia regarda l'heure. George devait être en pause déjeuner. C'était l'avantage des services aussi plan-plan que la radiologie ou l'anatomopathologie : le programme des journées était parfaitement prévisible. Elle décida de l'appeler. Où donc était son portable ? Quand elle le dénicha dans la poche de son manteau, elle s'aperçut que la batterie était à plat. Elle brancha l'appareil sur le chargeur et composa le numéro de George. Comme elle l'avait espéré, il était en route pour la cafétéria.

– J'avais l'intention de passer chez toi tout à l'heure pour voir si tu allais bien, dit-il.

George était heureux que Pia l'appelle. Ils ne s'étaient pas séparés en très bons termes après la rencontre chez la doyenne et le sentiment d'insécurité que sa relation avec la jeune femme lui procurait avait très vite refait surface.

– Tu m'as proposé de m'aider, dit-elle. C'est toujours valable, ou bien tu es encore furax que je t'ai placé dans une situation difficile ?

– Je ne suis pas furax contre toi, répondit George. Je suis *inquiet* pour toi.

Pia leva les yeux au ciel.

– Alors tu vas m'aider ?

La conversation était un peu étrange. Pia avait envie que George réponde : « Oui, j'arrive tout de suite. » Mais il dit :

– Pas si c'est pour remonter au labo.

– Non, George. Ce que je voudrais, c'est tu viennes ici, à ma chambre…

– Tout de suite ?

– Tout de suite, oui ! Je suppose que tu es en pause déjeuner ?

– D'accord. J'arrive.

Pia se prépara. À la minute où elle s'attendait à le voir débarquer, elle entendit frapper à la porte. Elle ouvrit le battant en grand.

George écarquilla les yeux. Il n'en revenait pas. Il jeta des regards nerveux de part et d'autre du couloir pour s'assurer que personne ne voyait le spectacle qu'il avait devant lui, dans l'embrasure de la porte : Pia était nue comme un ver.

– Je ne m'attendais pas vraiment à ça, bafouilla-t-il tandis qu'elle lui prenait la main pour l'attirer dans la chambre.

Comme les fois précédentes, Pia lui montra qu'elle savait exactement ce qu'elle voulait. Et comme les fois précédentes, George ne résista pas. Dans ce genre de circonstances, semblait-il, elle était plus forte que lui et il était incapable d'aller contre sa volonté. Elle tira sur la ceinture de son pantalon ; il en défit lui-même la boucle. Elle lui ôta son tee-shirt et son pull dans un même geste, puis elle le poussa vers le lit, l'obligea à s'allonger sur le dos et lui tendit un préservatif. Comme les fois précédentes. Il était prêt, presque douloureusement, et Pia le chevaucha immédiatement. Les yeux fermés, elle leva le visage vers le plafond tandis qu'elle remuait les hanches sur lui, d'abord avec douceur, puis de plus en plus fort et de plus en plus vite. George savait que c'était purement sexuel : Pia voulait une poussée d'endorphines et l'obtint rapidement, frissonnant quand elle parvint à l'orgasme.

Aussitôt après, elle posa les mains sur la poitrine de George et se sépara de lui. Elle le regardait droit dans les yeux, mais ne semblait pas le voir.

– Merci, dit-elle. J'avais besoin de ça.

Elle se dirigea vers la salle de bains, ouvrit les robinets de la douche et entra dans la cabine.

George glissa les mains derrière la nuque et baissa quelques instants les yeux sur son entrejambe. Puis il retira le préservatif, entra dans la salle de bains et le jeta dans les toilettes. Il appuya sur le bouton de la chasse d'eau. En termes de contraception, cette capote n'avait servi à rien. Pia avait déjà terminé de se doucher et se séchait avec une serviette. George ne put s'empêcher d'admirer son corps musclé, ses seins aux galbes exquis, sa peau de miel sans le moindre défaut.

– Ça te tuerait de m'embrasser ? marmonna-t-il.

Il n'arrivait pas à croire ce qui venait de se passer. Il ne savait plus quoi penser. Il avait été utilisé comme un objet, il s'en rendait bien compte, mais il ne comprenait pas pourquoi.

– Je n'aime pas embrasser, répliqua-t-elle. Ça ne me fait rien du tout.

George vit à son expression qu'elle avait déjà l'esprit ailleurs. Il n'aurait servi à rien qu'il dise quelque chose comme : « Bon, et moi là-dedans ? » Il l'entendait déjà répondre : « Quoi, et toi ? » Chaque fois qu'ils avaient fait ce qu'ils venaient de faire, il avait espéré que c'était le signe qu'ils allaient dans la bonne direction ensemble, que leur relation sortait enfin de l'ornière, qu'ils se rapprochaient l'un de l'autre, ce genre de chose. Cela n'avait jamais été le cas. Et aujourd'hui encore, rien n'avait changé. Pia avançait seule sur sa propre voie. Par bien des aspects, George n'avait aucun rôle dans l'histoire ; n'importe quel autre homme aurait pu s'allonger sous elle.

– Merci, répéta Pia d'un ton dégagé avant de sortir de la salle de bains.

George soupira. Elle n'avait décidément aucune pudeur.

– Merci pour quoi ? ironisa-t-il. Je n'ai rien fait du tout.

– Mais si ! Tu m'as redémarrée comme il faut redémarrer un modem de temps en temps. Tu m'as donné la possibilité de voir les choses plus clairement que je ne les voyais tout à l'heure. Et de savoir ce que je dois faire, maintenant, plutôt que de rester paralysée dans cette chambre.

– C'était ça, alors ? Mais moi, je veux… Je veux que toi et moi…

George avait de nouveau l'impression d'être un adolescent paumé. Pia s'habillait rapidement. George était encore nu et se sentait de plus en plus mal à l'aise. Il enfila son caleçon.

– Et dis-moi, alors, marmonna-t-il. Qu'est-ce que tu vas faire ?

– M'attirer encore des ennuis, je présume.

– Ça veut dire quoi, ça ?

– Tu devrais t'en aller, George. Que les gens soient prêts ou non à en convenir, je ne pense pas que Rothman ait été traité comme il le fallait. Il y a quelque chose qui cloche, pour commencer, dans le fait qu'il est tombé malade, et il y a quelque chose qui cloche dans les soins qu'il a reçus. Du chloramphénicol ? De nos jours, on ne prescrit presque plus jamais cet antibiotique. On en est aux céphalosporines de troisième génération. Pourquoi avoir donné à Rothman un vieux produit qui peut par-dessus le marché provoquer des effets secondaires absolument catastrophiques ?

– C'est toi qui me l'as expliqué. Ils ont choisi cet antibiotique à cause des propres études de Rothman sur la sensibilité de la bactérie…

– C'est ce qu'ils prétendent. Mais il n'aurait pas dû mourir, point final ! Et pourtant, il est parti en... quoi, quinze, seize heures ? Sa maladie s'est aggravée pendant qu'il était soigné. Alors que le traitement a commencé tout de suite, alors qu'il a été pris en charge dès l'apparition des premiers symptômes. Je pense que ce traitement a fait empirer la maladie.

– Bon, d'accord, je comprends que tu sois énervée. Mais la doyenne t'a ordonné de ne pas te mêler de ces affaires. De ne pas jouer à l'épidémiologiste. Tu veux te faire éjecter de la fac en quatrième année, ou quoi ?

– J'ai du temps libre et je ne vais pas rester les bras croisés. Sinon, je deviendrai dingue. Je vais discuter avec Springer. Je veux comprendre pourquoi le traitement apporté à Rothman n'a pas eu le résultat escompté. Personne ne m'a interdit de parler avec Springer, n'est-ce pas ?

– Springer ?! s'exclama George. Tout le monde sait qu'il déteste les étudiants en médecine. Il a une réputation *horrible*, à peine moins mauvaise que celle de Rothman. La moitié des étudiants qui sont obligés de passer en stage dans son service essaient de changer d'affectation dès la première semaine. Et l'autre moitié grimpe sur le toit pour se jeter dans le vide. Et n'oublie pas, si je puis me permettre, que tu lui as *déjà* tapé sur le système.

– Ne t'inquiète pas. Je serai diplomate. Comme toujours.

– Diplomate, Pia ? C'est exactement ce qui m'inquiète.

32

CENTRE MÉDICAL DE L'UNIVERSITÉ COLUMBIA
NEW YORK
24 MARS 2011
14 H 05

Assise dans l'étroite salle d'attente du Dr Helmut Springer, Pia se rendait compte que sa détermination ne vacillait pas. Son petit rendez-vous avec George avait eu le mérite de lui remettre les idées en place et de l'aider à choisir une ligne de conduite. Elle tenait absolument à élucider deux mystères : celui de la raison pour laquelle les chercheurs étaient tombés malades et celui de l'incapacité crasse de l'équipe médicale de Columbia, pourtant si réputée, pourtant si performante, à leur apporter des soins susceptibles de les sauver. Certes, une étudiante de quatrième année n'était pas en position de contredire le jugement des meilleurs spécialistes, mais elle ne comprenait pas pourquoi le Dr Rothman et le Dr Yamamoto étaient décédés – surtout seize petites heures seulement après avoir été admis au service des maladies infectieuses. L'hôpital de Columbia n'était pas une clinique au fin fond de la cambrousse, mais une des toutes premières institutions médicales du monde !

Elle se doutait que Springer ne serait pas ravi de la voir, mais elle espérait lui soutirer des informations susceptibles de l'aider à comprendre ce qui s'était passé. Ce type était tout de même un spécialiste des maladies infectieuses de renommée internationale. Elle savait qu'il avait la réputation de mépriser les étudiants en médecine et elle n'oubliait pas que leur discussion de la veille ne s'était pas très bien terminée. Mais elle était optimiste. S'il ignorait qu'elle avait été la première à détecter le début de péritonite de Rothman, elle le lui dirait ; cette observation devait tout de même compter pour quelque chose.

Au bout de quarante-cinq minutes, la réceptionniste du service lui annonça enfin que le Dr Springer avait un petit moment pour la recevoir. Pia entra dans son bureau. Springer était assis derrière sa table, face à la porte. Il n'y avait pas de chaise pour les visiteurs ; c'était sa façon à lui d'abréger les discussions.

– Docteur Springer, je suis désolée de vous déranger une fois de plus. Et je sais qu'hier je vous ai offensé. Je vous présente mes excuses. Mais je suis étudiante en médecine et je ne mérite pas d'être dans cette fac si je ne peux rien apprendre de mes expériences. Je suis désolée, aussi, d'avoir mis en doute…

– Oui, d'accord, l'interrompit Springer.

La jeune femme lui donnait l'impression de débiter un texte appris par cœur et il ne voyait guère de repentir dans son expression. De plus, il était pressé car il était attendu aux urgences par ses internes. Il s'éclaircit la voix pour ajouter :

– Il me semble, d'après notre discussion, que vous estimez en savoir davantage que les meilleurs spécialistes des maladies infectieuses. J'aimerais vous détromper sur ce point. Je tiens aussi à préciser que je n'aurais jamais pris le temps de vous recevoir si vous n'aviez pas détecté les premiers signes de la péritonite du Dr Rothman. Le Dr De Silva m'a raconté qu'une mystérieuse étudiante en médecine, qu'elle avait tout d'abord prise pour une stagiaire du service, avait observé la défense péritonéale en palpant le ventre du Dr Rothman. Un symptôme qui n'était pas apparu jusqu'alors, faut-il préciser. Nous fermerons les yeux sur le fait que cette étudiante en médecine n'était pas, de fait, stagiaire dans le service, nous oublierons aussi qu'elle n'avait même aucune raison de se trouver dans le service et qu'elle n'avait absolument pas le droit d'entrer dans la chambre du patient. Bien entendu, je me suis aussitôt douté que cette étudiante, c'était vous.

Pia mit quelques secondes à comprendre que Springer, en dépit du ton sarcastique sur lequel il débitait son petit laïus, lui faisait un compliment. Elle se sentit alors encouragée à répondre :

– C'était moi, je le reconnais. Peut-être n'aurais-je pas dû entrer dans sa chambre. Mais la découverte de la défense péritonéale était importante. L'état de cet homme empirait, de toute évidence, et cela soulève la question de savoir pourquoi on avait choisi de lui donner l'antibiotique avec lequel il était traité.

– Ah, je vous en prie ! répliqua Springer, rougissant de colère. C'est sur cette question que nous en sommes restés hier. Je viens de vous signifier que nous vous sommes reconnaissants de votre aide et voilà que vous revenez à la charge avec cette absurdité. Une fois encore, compte tenu des paramètres qui étaient ceux de nos malades, rien ne dit que le chloramphénicol ne faisait pas parfaitement son travail. Et comme nous l'avons déjà observé je ne sais combien de fois, nous savions, d'après les résultats de travaux réalisés par le Dr Rothman *lui-même* sur la sensibilité aux antibiotiques de *salmonella typhi*, que le chloramphénicol était l'antibiotique adapté pour cette souche particulière de salmonelle. Nous avons fait l'hypothèse que le travail du Dr Rothman dans ces études avait été aussi précis et rigoureux que d'habitude.

Pia n'en croyait pas ses oreilles. Springer essayait-il de rejeter la responsabilité de ce qui s'était passé sur Rothman ? Elle le trouvait particulièrement grossier d'avoir l'idée d'accuser la victime.

– Si ces études justifiaient l'utilisation du chloramphénicol, comment se fait-il qu'il n'ait sauvé ni le Dr Rothman, ni le Dr Yamamoto ?

Springer ferma quelques instants les yeux.

– La réponse à cette question est simple. La souche de salmonelle concernée avait une telle virulence qu'elle a submergé aussi bien l'antibiotique que les défenses du patient. Et souvenez-vous, mademoiselle Grazdani : les antibiotiques, contrairement à ce que raconte la légende, ne guérissent pas le patient. C'est le système immunitaire qui fait ce travail. Et il est clair que, dans le cas de Rothman et Yamamoto, leurs systèmes immunitaires ont été totalement dépassés. C'est aussi simple que cela.

Pia ouvrit la bouche pour répondre, mais Springer ajouta d'un ton tranchant :

– Écoutez, nous avons déjà parlé de ce problème. Maintenant ça suffit. Et permettez-moi d'ajouter qu'un directeur de service hospitalier n'a pas ce genre de conversation avec un étudiant en médecine. Un directeur de service n'a ce genre de conversation avec personne. Si des questions se posent sur le diagnostic ou le traitement d'un patient, il y a des procédures à respecter, des comités à consulter, le cas échéant. Et dans l'affaire qui nous occupe ici, il est évident qu'il n'y a aucune question à poser. Comment se fait-il, par tous les diables, que j'en arrive à me justifier devant vous ? Ce n'est pas de cette façon que nous travaillons au Centre médical de l'université Columbia !

Pia ne se rendait pas compte que Springer commençait à monter sur ses grands chevaux. Elle était dans son bureau, elle le tenait, elle voulait des réponses.

– Pourquoi Rothman et Yamamoto n'ont-ils pas été suivis de plus près ?

– Ils étaient suivis de très, très près. Ils avaient chacun leur infirmière particulière.

– De très près ? répéta Pia d'un air dubitatif. Comment se fait-il, alors, que les symptômes de la péritonite qui commençait à affecter Rothman aient été relevés par une étudiante qui passait par là ?

– Coïncidence extraordinaire. Mais ce symptôme aurait très vite été observé, de toute façon. N'en doutez pas. À présent, puis-je vous être utile à autre chose ? Y a-t-il un autre point, concernant le fonctionnement de cet hôpital, que vous souhaiteriez critiquer devant moi ?

Le sarcasme de Springer passa complètement au-dessus de la tête de Pia.

– Cette affaire me rend perplexe, dit-elle. En fait, c'est un des pires cas de salmonellose ou de fièvre typhoïde que j'aie jamais vus.

– D'après l'expérience considérablement étendue que vous avez de ces maladies, railla Springer.

– D'après mon expérience, oui.

– Hum… Mais où voulez-vous en venir, au juste ? Je suis sûr que vous avez quelque chose en tête. Soyez gentille, éclairez donc ma lanterne.

– Une des premières choses que j'ai apprises à la fac de médecine, c'est que les diagnostics les plus évidents ne sont pas forcément les bons…

– Et les novices en médecine que sont les étudiants, oui, d'accord, ont parfois la capacité à faire de bons diagnostics *non évidents*, l'interrompit Springer. Parce que les cerveaux des novices retiennent plus facilement les symptômes rares que les signes des cas classiques, ce qui leur permet d'imaginer des diagnostics inhabituels. Je connais la musique, voyez-vous.

– N'est-il pas possible que le diagnostic soit faux, docteur Springer, dans l'affaire qui nous occupe ?

– Non, mademoiselle Grazdani. Le diagnostic est sûr, dans l'affaire qui nous occupe, il n'y a pas à en douter. Mais je meurs d'envie de savoir ce que vous avez à l'esprit. Alors s'il vous plaît : éclairez une fois de plus ma lanterne. C'est tellement enrichissant.

– D'accord. Ne serait-il pas possible que nous ayons assisté, chez Rothman comme chez Yamamoto, à une forme rare de réaction aux anticorps ou aux antigènes comme l'organisme peut parfois en avoir – un phénomène de Schwartzman, par exemple ? Et en ce cas, n'aurait-il pas été logique d'utiliser de la dexaméthasone ou un autre agent anti-inflammatoire du même type, enfin quelque chose de très puissant, pour essayer de contrer cette réaction ?

– Si c'est ça, votre grande révélation, je suis désolé de devoir vous dire que vous êtes à côté de la plaque. Car nous avons utilisé la dexaméthasone, dans la soirée, quand il est devenu évident que l'état des deux hommes se dégradait inéluctablement. Peut-être auriez-vous dû consulter leurs dossiers, avant de faire ce genre d'accusation.

– Bien sûr. Si j'avais eu accès à ces dossiers, je n'aurais pas fait cette erreur. Mais je n'accuse personne, docteur Springer. Je veux juste découvrir la vérité.

– Comme nous tous, mademoiselle Grazdani.

Springer éprouvait à présent une immense lassitude. Parler avec cette jeune femme était un exercice terriblement frustrant – et il avait beaucoup de gens à voir, dans l'après-midi, qui l'enquiquineraient tout autant. En outre, pour ce qui concernait Rothman et Yamamoto, il devrait aussi affronter les médias et les familles des chercheurs. Sa journée lui déplaisait de plus en plus, car, au bout du compte, c'était surtout du sort des patients de son service qu'il se préoccupait.

– Pensez-vous qu'il pourrait y avoir eu une autre bactérie ? demanda Pia. En plus de la salmonelle, je veux dire. Une bactérie ou un virus qui auraient été couverts, ou camouflés, par *salmonella typhi* ? Et cette bactérie-là ne pourrait-elle avoir résisté au chloramphénicol et entraîné la mort de Rothman et de Yamamoto ?

La colère envahissait Springer. Là, c'était trop. Il fusilla la jeune femme du regard – mais elle fixait ses pieds, l'air parfaitement serein, attendant qu'il réponde. Enfin, incapable de contenir ses émotions, il explosa :

– Sur ma vie, je ne peux pas imaginer scénario plus ridicule que celui que vous évoquez ! Le diagnostic que nous avons établi répondait aux postulats de Koch. La bactérie responsable de la maladie était *salmonella typhi.* Sa présence a été confirmée par hémoculture et avec d'autres méthodes. Nous avons déterminé de quelle souche il s'agissait avec une analyse génétique et avec d'autres analyses. Nous sommes absolument certains que l'organisme agresseur était la souche alpha de *salmonella typhi* que le Dr Rothman avait fait développer dans l'espace avec la coopération de la NASA. Il n'y avait pas d'autre pathogène, pour l'amour du ciel ! Les hémocultures n'ont fait apparaître que la salmonelle. Rien d'autre ! Rien du tout !

Sans se laisser démonter, Pia changea de sujet :

– Et la perte de cheveux ? Les infections graves à la *salmonella typhi* provoquent-elles la chute des cheveux ?

Springer bouillait de rage et ne tenait plus en place sur son siège. La jeune femme, elle, était parfaitement calme.

– Le stress induit par n'importe quelle maladie grave, en particulier une maladie qui provoque de fortes fièvres, peut entraîner une alopécie. Mais pourquoi parlez-vous de ça, de toute façon ?

– Avant de découvrir la défense péritonéale, j'ai remarqué que Rothman perdait ses cheveux. Le Dr De Silva a attribué ce symptôme au chloramphénicol.

– Je n'étais pas au courant de ce détail, répliqua Springer. (Puis, tout à coup, il ajouta avec colère :) Oh, pour l'amour du ciel ! Attendez ici !

Il se leva d'un bond, contourna la table et sortit du bureau. Pia resta à sa place. Trois minutes plus tard, Springer revint et se rassit dans son fauteuil en lui décochant un regard venimeux. Songeant qu'elle ne tirerait sans doute plus grand-chose de leur conversation, elle lorgna la porte.

– Je vous ai dit d'attendre, ordonna Springer. Ne bougez pas !

Perplexe, Pia demeura immobile au milieu de la pièce. Un lourd silence tomba entre eux, entrecoupé par la respiration hachée de Springer. *Il est à cran*, se dit-elle. *Je ne vais nulle part*. Elle regarda de nouveau la porte.

– Docteur Springer, je vous remercie sincèrement de m'avoir accordé cette entrevue...

– Ne bougez surtout pas ! cria-t-il.

Pia leva les yeux au ciel, confuse. *D'abord, il avait l'air d'avoir hâte de se débarrasser de moi, maintenant il exige que je reste à ma place...*

Tout à coup, la porte du bureau s'ouvrit sur la doyenne des étudiants.

– Ah, docteur Bourse ! s'exclama Springer. Il m'est impossible, absolument impossible de faire mon travail si je suis harcelé par une étudiante en médecine qui estime qu'elle devrait diriger le service à ma place. Elle se balade dans nos couloirs et voit nos patients sans autorisation, ce qui pourrait nous valoir toutes sortes de problèmes juridiques. Elle met en doute mes propres compétences – plusieurs fois de suite, par-dessus le marché –, elle revient sur les décisions qui ont été prises concernant le Dr Rothman et le Dr Yamamoto et, pour finir, elle suggère de façon totalement abracadabrante que leurs décès pourraient être dus à un autre organisme que celui qui a été identifié. D'abord, elle critique l'antibiotique que nous avons choisi, ensuite, elle invente un deuxième pathogène. C'est scandaleux ! Il faut en finir !

Pia regarda Springer sans dissimuler le mépris qu'il lui inspirait. Il avait pris la fuite, comme un trouillard, pour aller chercher la doyenne. Elle jeta un coup d'œil vers Bourse, qui se tenait devant elle les mains sur les hanches, l'air aussi étonné que mécontent.

– J'aimerais que le Dr Springer comprenne que je n'essaie absolument pas de me mettre à sa place, dit-elle pour sa défense. J'essaie juste de trouver des réponses à certaines questions qui me paraissent importantes. Parce que j'ai le sentiment qu'il y a quelque chose qui cloche dans cette histoire…

Springer et Bourse écarquillèrent les yeux. Ils n'en croyaient pas leurs oreilles. La jeune femme avait un toupet phénoménal. Pour qui se prenait-elle, à la fin ? se demandaient-ils chacun de leur côté. Springer revint de sa stupeur le premier :

– Vous voyez ce que je veux dire ? ! Cette jeune femme est insensée. Je vais dire à Groekest d'envisager de revenir sur la proposition qui lui a été faite de suivre un double cursus en tant qu'interne et doctorante. Il est absurde d'accorder de tels privilèges à des gens qui ne les méritent pas.

Quand Springer cita le nom du patron du service de médecine interne, Helen Bourse fit signe à Pia de quitter le bureau. *Sur-le-champ*, semblait dire son expression. Pia ne demandait pas mieux que de s'en aller. Bourse fit ensuite un geste d'apaisement à l'intention de Springer, espérant lui faire comprendre qu'elle contrôlait la situation, et dit :

– Je reviens très vite. Désolée.

Bourse quitta le bureau et rattrapa Pia dans le couloir. La jeune femme était peut-être complètement folle, mais Bourse savait que Springer était un homme atrabilaire et brutal. Avant que Pia ait pu dire quoi que ce soit, elle s'écria :

– Qu'est-ce que c'est que ce comportement ? Avez-vous perdu la tête ? Quand nous nous sommes vues ce matin et que je vous ai donné quartier libre pour vous remettre sur pied, je ne vous ai pas donné l'autorisation d'aller insulter le patron du service des maladies infectieuses. N'avez-vous aucun savoir-vivre, à la fin ? Bon sang ! Springer n'aime pas beaucoup les étudiants, de manière générale, et cet incident l'aura complètement poussé à bout. Jamais je ne l'avais vu dans cet état.

Pia voulut répondre, mais Bourse n'avait pas terminé :

– Vous êtes en train de vous faire une réputation d'enquiquineuse à vitesse grand V, mademoiselle Grazdani. Et votre dossier n'aura pas bonne mine si ces problèmes y sont consignés. N'oubliez jamais que vous êtes ici, dans cette université, en tant qu'*invitée*. Et les invités ne se comportent pas comme vous le faites ! Et s'ils se comportent mal, on leur demande, en général, de s'en aller. Je vous ai accordé quelques jours pour vous remettre de la mort tragique de votre professeur, pas pour que vous vous arrogiez le droit de créer de nouveaux problèmes dans l'hôpital.

– Alors vous ne pensez pas que ces questions méritent d'avoir leurs réponses ? objecta Pia d'un ton égal.

– Non ! S'il pense, lui, que tout est dit, je pense que tout est dit, rétorqua Bourse en désignant la porte de Springer.

Pia ouvrit la bouche pour répondre, mais la doyenne demanda :

– Avez-vous de la fièvre ?

– Non.

– Alors retournez à votre chambre. Si j'entends dire que vous ne lâchez pas prise sur cette regrettable affaire, si vous provoquez de nouveaux problèmes, j'envisagerai sérieusement de revenir sur l'accueil qui vous a été fait dans cette université. Pour vous ce serait une tragédie, dans la mesure où vous n'avez plus que quelques mois avant de décrocher votre diplôme. Et ce serait une tragédie pour nous aussi, parce que nous serions obligés de reconnaître que nous avons fait une erreur en vous admettant ici il y a près de quatre ans. Je ne pense pas que le Dr Springer ira trouver lui-même le

Dr Groekest, mais ce n'est pas tout à fait impossible. Alors soyez prudente, mademoiselle Grazdani ! Désormais, vous êtes *officiellement* en terrain très glissant. Je n'ai pas dû être assez claire la dernière fois que nous avons parlé. Suis-je claire, à présent ?

– Oui, répondit Pia. Tout à fait claire.

33

CENTRE MÉDICAL DE L'UNIVERSITÉ COLUMBIA
NEW YORK
24 MARS 2011
16 H 45

Pia aurait pu dire d'elle-même qu'il lui était presque aussi naturel d'avoir des problèmes relationnels que de respirer. Elle avait passé la plus grande partie de sa vie en conflit avec les uns ou les autres et sous la supervision de gens qui ne la connaissaient pas, ne se souciaient pas de mieux la connaître et se fichaient bien, en général, de voir sa situation s'améliorer. Enfant, elle s'était souvent demandé pourquoi elle se retrouvait quasi systématiquement dans la peau de l'accusée. Elle n'était jamais la cause des problèmes auxquels elle était mêlée ; à chaque fois elle se défendait, simplement, parce qu'une personne plus âgée et plus puissante qu'elle lui voulait du mal. Mais ce fait était toujours ignoré par ceux qui jugeaient et punissaient. Et elle était la seule à être condamnée.

À l'âge de douze ans, elle avait déjà cessé de s'interroger sur l'étrange relation qu'elle avait avec le monde. Les choses étaient comme elles étaient et ne changeraient jamais, voilà tout. Puis, au fil de l'adolescence, elle avait peu à peu compris comment fonctionnaient les individus qui avaient de l'influence sur sa vie. Le Dr Springer appartenait à une catégorie qu'elle connaissait bien. Il défendait férocement sa propre réputation et était prêt à adopter toute position, même aux dépens de la raison et des faits, qui lui permettait de se protéger. Il était également ultra-susceptible et il n'avait aucun courage. Quand Pia l'avait poussé à bout, il avait littéralement pris la fuite pour se planquer derrière quelqu'un qui avait davantage de cran et de résistance que lui – le Dr Bourse. La doyenne, quant à elle, était bien différente. Elle n'avait pas peur et elle n'était pas du genre à adopter la solution facile qui consistait à se débarrasser du problème auquel elle était confrontée – Pia, en l'occurrence.

Pia avait passé l'après-midi à ruminer anxieusement sa rencontre avec Springer. Au fond, leur conversation ne lui avait rien appris. Elle avait aussi réfléchi au fait que personne ne semblait se préoccuper des questions d'ordre médical qu'elle avait posées. Et elle n'avait pu se défaire de l'idée à moitié folle, ou paranoïaque, que le Centre médical de l'université Columbia, en général, et le service des maladies infectieuses, en particulier, ne s'étaient pas correctement occupés de Rothman et de Yamamoto. Qui pouvait prouver qu'un membre du personnel n'était pas impliqué dans l'infection des deux hommes ? se demandait-elle. Elle commençait à se dire que certains individus – menés par Springer – essayaient peut-être aussi d'étouffer l'affaire.

La disparition de Rothman continuait de lui procurer des émotions douloureuses. Elle ne pouvait s'empêcher de penser que si elle ne l'avait pas laissé prendre une place si importante dans son existence, elle n'aurait pas été dans une situation si difficile à l'heure qu'il était. Autoriser les gens à entrer dans sa vie, se dit-elle, c'était se condamner à souffrir à un moment ou un autre.

On frappa à la porte de la chambre. Pia s'arracha à ses méditations.

C'était George, bien sûr.

– Tu as vu Springer, alors ? demanda-t-il. Comment ça s'est passé ? J'étais tellement inquiet que je n'ai pas pu me concentrer sur mon boulot de toute la journée.

– Ça a été un vrai désastre.

– Je suis désolé. Je suis désolé, aussi, de ne pas t'avoir proposé de t'accompagner. Vraiment. Tu ne devrais pas faire tous ces trucs toute seule.

– George, je t'en supplie, arrête de dire tout le temps que tu es désolé ! Je n'ai jamais pensé que tu aurais dû m'accompagner. Ça ne m'a même pas traversé l'esprit, si tu veux savoir. Springer était beaucoup plus en colère contre moi qu'hier. Il est allé chercher la doyenne pour me faire dire de cesser de me mêler de ses affaires. Et il a menacé d'aller voir Groekest si je n'arrêtais pas.

– Et ?

– Et quoi ?

– Tu vas arrêter ?

– Comment pourrais-je arrêter ? Ce sont eux qui se comportent bizarrement, pas moi. Ils cachent quelque chose, George. Ils ont un truc derrière la tête, j'en suis sûre.

– Si je puis me permettre, tu as l'air carrément parano quand tu parles comme ça…

– Tant pis, dit Pia avec un haussement d'épaules. Et souviens-toi que même les gens paranos ont de véritables ennemis.

– Alors, tu as eu une scène de plus avec la doyenne ?

– Hélas oui.

– Qu'est-ce qu'elle a fait ?

– Elle m'a engueulée grave. Elle m'a fait un sermon pour me dire que j'étais une enquiquineuse. Et elle m'a menacée de me faire mettre à la porte de la fac.

– Merde ! dit George, effaré.

Pia regarda sa montre.

– Bon. Je vais remonter au labo de Rothman, mais j'attends qu'il soit assez tard. Je ne veux pas risquer de croiser quelqu'un là-haut. Surtout pas la doyenne.

– Aux dernières nouvelles, la doyenne ne s'occupait pas des caméras de surveillance de la fac, fit remarquer George. Par contre, il y a toute une équipe de mecs pas faciles qui se chargent de ce boulot, et la dernière fois que nous sommes montés au labo, ils nous sont tombés sur le paletot en cinq minutes. Bourse a dit très clairement que tu ne devais pas retourner là-bas, Pia ! Et elle vient encore de te passer un savon. Peut-être qu'ils ont raison, tous ces gens. Tu es folle.

– Je crois que j'ai de la facilité pour la science, George. Et dans cette histoire, il y a des faits, des éléments qui ne tiennent pas debout. Aucun scientifique ne tournerait le dos à une énigme pareille.

– Résous cette énigme pour moi, veux-tu : Que deviendras-tu quand tu auras été mise à la porte de l'université ? Qui seras-tu ? Tu seras une *ex*-scientifique. Enfin même pas. Plutôt une *ex-quasi-scientifique*. Parce que tu n'as pas encore ton diplôme, Pia, si je puis me permettre de te rappeler ce détail. Et je ne pense pas qu'à notre époque les ex-quasi-scientifiques soient très recherchés sur le marché du travail. Avec un peu de chance, tu auras ton diplôme dans quelques mois. Oui, la mort de Rothman est une expérience douloureuse, et même abominable, mais là tu risques d'aggraver les choses et de fiche ta carrière à la poubelle avant même qu'elle ait démarré !

– Ma carrière ? Pour le moment, je ne sais même pas si j'ai une carrière. Et je ne pourrais pas me regarder dans la glace si j'abandonnais maintenant. Est-ce que tu sais si le labo de Rothman est encore officiellement fermé ?

– Comment pourrais-je savoir ça ? Par contre, je suis certain qu'il t'est fermé à *toi.*

– Les épidémiologistes doivent avoir terminé leur travail, dit Pia, ignorant la remarque de George. S'ils ne sont plus au labo, il n'y a aucune raison pour que je ne puisse pas m'y rendre. J'ai des affaires à moi là-bas, tu sais. C'est un fait. La doyenne était en colère que nous y soyons allés pendant qu'il était officiellement fermé. Si ça n'a pas changé, je n'entrerai pas, je te le promets. Mais si le ruban jaune n'est plus là, je fonce. Au grand minimum, il faut que j'examine le contenu de la chambre réfrigérée de l'unité NSB3. Nous n'avons pas eu le temps de la regarder l'autre fois, tu te souviens ? Je suis une des rares personnes à avoir une clé de la porte de cette pièce. Ce connard de Spaulding ne le sait pas. Je veux m'assurer que tous les échantillons qui devraient s'y trouver sont bien à leur place.

– Qui est-ce, Spaulding ?

– Le premier technicien du labo. Rothman et lui se disputaient régulièrement à propos de l'organisation de la chambre réfrigérée. Rothman trouvait que c'était le bazar, Spaulding n'était pas d'accord. Rothman avait dans l'idée de se débarrasser de lui. Mais ça, ce n'était pas vraiment anormal. Tout le personnel pensait être à deux doigts de se faire virer. Spaulding était le seul à répliquer et je me demande ce qu'il pense de la mort…

– C'est très intéressant, tout ça, et peut-être découvriras-tu un truc pas normal dans la chambre réfrigérée. Mais… et après, Pia ? Souviens-toi, ce n'est plus le labo de Rothman. Malheureusement, c'est fini, fini pour toujours. Et pour *toi aussi* ce sera fini, si tu continues de faire ce que tu as en tête. Penses-tu vraiment, *sérieusement,* que le premier technicien du labo pourrait avoir quelque chose à voir avec la mort de Rothman ? Parce que c'est ce que tu sous-entends, non ? C'est complètement dingue !

– À vrai dire, je ne sais pas vraiment ce que je pense. J'ai quelques idées bizarres dans la tête, je l'avoue. Du genre... que les deux scientifiques auraient comploté ensemble pour s'offrir un double suicide.

George regarda Pia d'un air consterné.

– Je plaisante. Je plaisante ! s'empressa-t-elle d'ajouter. Mais il y a tellement de choses qui me tournent dans la tête en ce moment tellement d'hypothèses que je ne peux rien exclure. Peut-être s'agit-il de quelque chose que quelqu'un n'a *pas* fait, plutôt que d'un acte volontaire. Comment on appelle ça ? Un péché par omission. Ce que je *sais*, en tout cas, c'est qu'il y a un truc, dans toute cette affaire, qui n'est pas normal.

– Bien sûr, Pia, dit George d'une voix grave. Rien, dans cette affaire, n'est *normal*, comme tu dis. Deux hommes sont morts. C'est complètement *anormal*. Mais ça ne veut pas dire qu'il n'y a pas une explication logique, et simple, à ce qui s'est passé.

Pia réfléchit quelques instants. Elle songea à s'ouvrir à George – à lui parler de l'état d'esprit qui était le sien depuis la mort de Rothman. Mais elle avait toujours répugné à se livrer de cette façon. Elle avait essayé avec Rothman et il n'y avait qu'à voir où ça l'avait menée ! Elle leva les yeux vers George. Il n'avait cessé de la regarder, depuis le début de la conversation, alors qu'elle avait essentiellement fixé le sol. Il avait l'air moins empressé à son égard que d'habitude. Plus sérieux. Pia prit une profonde inspiration. Elle pouvait quand même *essayer*.

– Je ne veux pas penser que Rothman a pu tomber malade volontairement, ou par maladresse, bref par sa propre faute. Mais j'ai besoin d'avoir la certitude que ce n'est pas le cas. S'il avait fait une telle chose, ça voudrait dire qu'il m'aurait laissé tomber. De façon très concrète, il m'aurait trahie. Rothman comptait beaucoup pour moi. Et il m'est très difficile d'admettre que quiconque puisse avoir tant d'influence sur ma vie. Maintenant qu'il a disparu, j'ai l'impression d'avoir été brutalement renvoyée à la case départ. Et je ne veux pas que ce soit sa faute.

George hocha la tête, mais il avait du mal à suivre le raisonnement de Pia. Même si Rothman s'était accidentellement infecté, pourquoi cela devait-il signifier qu'il l'avait « trahie » ?

– C'est Rothman qui avait eu l'idée de me lancer sur la voie de la recherche. J'allais travailler sous sa direction. Qui va faire ça pour moi, maintenant ? Je devais faire mon doctorat dans son labo. Où vais-je aller, maintenant ?

George était un peu déconcerté. Là, il trouvait Pia étrangement égocentrique. Ne pensait-elle qu'à son propre sort quand elle songeait à la mort de Rothman et de Yamamoto ?

– Je suis sûr que l'université te trouvera un autre labo, dit-il. Elle t'a déjà dégotté un autre stage. Will et Lesley sont déjà recasés, eux aussi.

– Peut-être qu'on me trouvera quelque chose, ouais. Et peut-être pas.

George hésita un moment avant de parler à nouveau. Il savait que Pia risquait de mal prendre ce qu'il voulait dire. Il décida de se lancer malgré tout.

– Pia, je suis désolé, mais je ne pige pas comment Rothman pourrait t'avoir « trahie ». Il est tombé malade et il est mort. Parfois, j'ai du mal à te comprendre. Je ne pense pas que tu devrais t'impliquer davantage dans cette histoire. Si tu penses que la mort de Rothman n'était pas un accident et que des gens tentent d'étouffer l'affaire, je ne vois pas… je ne sais pas où tu vas te retrouver.

– Sauf si j'ai raison.

– Tu parles de meurtre, là. Qui pourrait vouloir assassiner deux des chercheurs les plus doués du pays ?

Retournant la question dans sa tête, George ne vit qu'une seule raison pour laquelle quelqu'un – ce Spaulding, par exemple – aurait pu prendre un tel risque : la jalousie. Mais il pressentait que cette idée lui vaudrait des ennuis s'il l'évoquait devant Pia.

– Écoute... heu, je sais que ce ne sont pas mes affaires, et je ne t'ai jamais dit quoi que ce soit qui puisse te faire penser que j'étais jaloux des types, quels qu'ils soient, qui étaient proches de toi, mais, heu... ta relation avec Rothman, eh ben...

Il s'interrompit en voyant Pia éclater de rire.

– Oh, non ! s'exclama-t-elle. C'est *ça*, la raison pour laquelle tu crois que je m'implique dans cette histoire ? Tu penses que je couchais avec Rothman ?

– Non. Heu. Oui. Peut-être. Je ne sais pas. Ça pourrait expliquer pourquoi tu es dans un tel état après son décès. Et, heu... c'est ce que racontent pas mal de gens sur le campus.

– Il faut donc que je couche avec un type pour me soucier de la cause de sa mort ? Merci, George. Rothman et moi nous avons fini par être très proches, c'est exact, mais pas de cette façon. Tu es vraiment un mec. Je vais te le dire plus clairement, si ça peut t'aider : non, il n'y avait rien de physique entre moi et le Dr Rothman. *Que dalle*. Crois-moi, je sais très bien quand un homme s'intéresse à moi de cette façon, et ce n'était pas, mais alors *pas du tout* le cas de Rothman. De plus, en dépit de ce que son apparente asociabilité pouvait donner à penser, il avait un mariage heureux et il était très dévoué à sa famille.

George ne savait plus quoi dire. La pensée qu'il avait exprimée avait pris vie d'elle-même dans son esprit. Dès qu'il l'avait énoncée, cependant, il avait compris qu'elle ne tenait guère la route. À présent, il était embarrassé.

– Bon, c'est décidé, je vais au labo, annonça Pia. J'y ai bel et bien des affaires que j'ai besoin de récupérer. J'ai tout de même travaillé là-bas plus de trois ans et demi. Et ne t'inquiète pas. S'il y a le ruban, je reviens aussitôt comme une gentille fille.

– Et s'il n'y a pas le ruban ?

– Je jette un œil sur la chambre réfrigérée et je récupère mes bidules.

– Je t'accompagne jusqu'à la tour Black. Et je t'attendrai à la bibliothèque.

– Rien ne t'oblige...

– Après Springer, c'est le moins que je puisse faire. Vraiment.

– J'imagine que je ne peux pas t'interdire de venir.

George esquissa un sourire. Il savait que ces mots, dans la bouche de Pia, équivalaient presque à une invitation en bonne et due forme.

34

CENTRE MÉDICAL DE L'UNIVERSITÉ COLUMBIA
NEW YORK
24 MARS 2011
17 H 07

Pia et George gagnèrent la tour Black et franchirent le contrôle de sécurité en montrant leurs plaques d'identité. Comme il était dix-sept heures passées, ils allaient à contre-courant de la plupart des étudiants, des chercheurs et des divers employés de l'immeuble qui avaient bouclé leur journée de travail. Ils se séparèrent aux ascenseurs, Pia annonçant à George qu'elle le retrouverait à la bibliothèque dès qu'elle aurait terminé sa visite.

Dans la cabine, Pia songea qu'elle aimait autant ne plus être avec George. Elle agirait plus vite seule qu'avec lui. À l'entrée du laboratoire, elle fut contente, mais pas vraiment surprise, de ne plus voir le ruban jaune. Autre bonne nouvelle : la porte n'était pas verrouillée ; cela signifiait que le labo était officiellement rouvert. Elle fit la grimace, cependant, quand elle s'aperçut que plusieurs employés avaient eux aussi décidé de venir y reprendre leurs marques. Marsha Langman était en train de faire le ménage sur sa table de travail – envahie pendant une journée entière par les analystes du CDC qui avaient étudié les archives du labo. Le premier technicien, Arthur Spaulding, était lui aussi présent.

Pia était profondément déçue de voir cet homme. Maintenant, il était exclu qu'elle visite l'unité NSB3. S'il la voyait entrer là – et surtout dans la chambre réfrigérée –, il ferait très probablement une scène. Elle se maudit en silence de ne pas être venue au labo plus tôt, avant tout le monde. Ni Marsha, ni Spaulding, ni aucun des autres techniciens qu'elle apercevait ne la saluèrent. Ils ne semblaient pas pour autant la snober. Chacun avait simplement l'air d'être dans sa bulle ; chacun vaquait à ses occupations comme s'il était en pilote automatique. Le traumatisme qu'ils avaient subi, la disparition de leurs deux patrons, ne semblait pas les avoir rapprochés les uns des autres.

Elle se dirigea vers son minuscule bureau, dont la porte était ouverte, en songeant qu'elle allait peut-être simplement récupérer quelques affaires et quitter les lieux. Elle reviendrait plus tard dans la soirée pour visiter la chambre réfrigérée. Quand elle franchit le seuil de la pièce, elle faillit se heurter à l'électricien qu'elle avait vu la veille – O'Meary, d'après l'insigne sur sa poitrine.

Quant à lui, il connaissait de toute évidence son nom :

– Mademoiselle Grazdani ! Je suis bien content de vous revoir. Nous avons appris il y a un petit moment que nous pouvions revenir dès demain matin terminer le travail. Je suis là pour jeter un coup d'œil au matériel et m'assurer que tout est en ordre.

Il se pencha vers Pia pour ajouter à voix basse :

– Très franchement, je ne suis pas vraiment content de revenir dans ce labo après ce qui s'est passé hier. Mais bon, il faut que le boulot soit fait ! Vous pensez qu'il n'y a plus de danger, maintenant ? Le patron nous a assuré que nous ne risquions rien, mais...

– Non, je crois qu'il n'y a plus aucun danger, l'interrompit Pia. À vrai dire, je ne crois pas qu'il y ait jamais eu le moindre danger.

– Ça, je suis bien heureux de vous l'entendre dire.

O'Meary se redressa de toute sa hauteur et pointa un pouce vers le plafond :

– Ça y est, nous sommes sûrs d'avoir repéré ce qui cloche dans l'installation. C'est là, juste au-dessus de nos têtes. Nous devrions pouvoir vous libérer demain, en milieu de journée.

Pia ne répondit pas. Il y avait près d'un mois que les électriciens étaient ici. Elle doutait que le problème fût un jour réglé. Mais cela n'avait plus d'importance. De toute façon, le lendemain elle ne viendrait pas. Ni aucun autre jour à venir.

– J'espère que nous ne vous dérangerons pas trop, ajouta O'Meary par politesse.

Il essaya de contourner Pia pour quitter le bureau. Elle le retint par la manche.

– Dites… je sais que vous n'avez passé que peu de temps dans ce labo, mais… Hier matin, avez-vous vu quoi que ce soit d'anormal ? Avant la cavalcade, je veux dire. Avez-vous remarqué quelque chose, ou quelqu'un, qui vous a paru bizarre ?

– Le Dr… Heu, comment déjà ? Springer ! Il m'a déjà posé cette question. Les gens du CDC aussi. Et eux, ils ont vraiment pris leur temps, précisa O'Meary en soupirant.

– Je suis certaine qu'ils ont fait les choses à fond, mais je vous pose la question parce que vous avez été ici toute la matinée, vous vous êtes baladé dans tout le labo avec vos câbles et vos outils… Peut-être avez-vous vu quelqu'un de bonne heure, par exemple, qui n'était pas présent plus tard ? Quelqu'un qui n'avait pas l'air d'appartenir au personnel ?

O'Meary plissa les yeux, un léger sourire sur les lèvres.

– Vous êtes flic, maintenant ?

– Non, je ne suis pas flic.

– Hum… Je n'ai rien vu d'anormal. Mais je n'ai pas travaillé dans l'unité biologique de sécurité où les deux chercheurs sont tombés malades, alors je ne peux pas vous répondre pour les gens qui étaient là-dedans. Mais dites, vous êtes sûre, vraiment sûre qu'il n'y a plus de danger ? Les gens du CDC parlaient de l'incident en disant des choses du genre « avant la contamination… ». Le danger est écarté pour de bon, vous pensez ?

– J'en suis absolument certaine. Je suis revenue, vous voyez. Et croyez-moi, je ne prendrais aucun risque avec cette bactérie.

– Alors pourquoi vous me posez toutes ces questions ? Vous me rendez nerveux.

– Je mène juste ma petite enquête perso. Il paraît que les gens du CDC n'ont rien découvert d'anormal, ni dans l'unité NSB3, ni dans le reste du labo. Hier matin, avez-vous vu le Dr Rothman ou le Dr Yamamoto ?

– Peut-être mais, pour être franc, je ne crois pas que je connaissais leurs visages. Et hier, il y avait des tas de gens qui entraient et sortaient du labo, vous savez. Des livreurs, des techniciens, des...

– Connaissez-vous Arthur Spaulding, le premier technicien ?

– Ouais. On me l'a présenté quand je suis arrivé pour commencer à bosser ici.

– Quand vous étiez dans le bureau de Rothman, l'avez-vous vu ? Dans cette pièce-là, je veux dire.

– Bien sûr. Il y est passé plusieurs fois...

– Et qui d'autre avez-vous vu plus d'une fois dans ce bureau ?

– La secrétaire, Martha.

– Marsha.

– Marsha, ouais, si vous voulez. Vous savez, vous avez vraiment des manières de flic...

– Je ne suis pas flic. Je suis juste une étudiante qui se pose certaines questions. Pardon de vous avoir retardé. Mais... Si vous repensez à quelque chose, venez me trouver, d'accord ?

– Vous serez ici, dans ce bureau ?

– À vrai dire, non. Je vais vous donner mon numéro de portable. S'il y a un truc qui vous revient, un truc qui vous a paru bizarre, n'importe quoi, appelez-moi s'il vous plaît. J'utilise rarement mon téléphone, mais je consulte régulièrement ma boîte vocale.

Et j'ignore les messages que j'y trouve s'ils ne m'intéressent pas, ajouta Pia en pensée. Elle évitait, en général, de donner son numéro de téléphone aux gens qu'elle ne connaissait pas. O'Meary écrivit dans un petit carnet les chiffres qu'elle lui dictait.

– O. K., c'est noté.

Par-dessus l'épaule de l'électricien, Pia vit Spaulding saluer Marsha et quitter le laboratoire. Elle faillit pousser un cri de joie. La voie était libre. Elle pouvait aller jeter un œil dans la chambre réfrigérée.

Par précaution, Pia fit un tour complet du labo pour voir qui était encore sur place. Marsha était toujours à sa table et deux agents d'entretien aidaient un technicien à faire le ménage dans la salle principale, mais elle ne vit personne qui fût susceptible d'entrer dans l'unité NSB3. Elle passa dans le bureau de Spaulding pour récupérer, dans le tiroir de sa table où elle savait le trouver, le registre des échantillons microbiologiques stockés dans la chambre réfrigérée. Après avoir rapidement enfilé une tenue de protection dans le sas, elle marcha jusqu'au fond de l'unité NSB3 et utilisa sa propre clé pour ouvrir la porte de la chambre réfrigérée. Le lourd battant se referma derrière elle tandis qu'elle pénétrait dans la pièce. Elle fronça les sourcils : la lumière y était allumée. C'était étrange, car Spaulding était un type terriblement maniaque qui ne manquait jamais d'éteindre derrière lui. Pia s'interrogeait confusément sur le sens de cet oubli, lorsqu'elle sentit la porte s'ouvrir derrière son dos. Elle se retourna et son cœur fit un bond dans sa poitrine : elle était nez à nez avec Arthur Spaulding. Lequel semblait tout aussi surpris qu'elle de la voir.

Elle se ressaisit aussitôt et feignit l'indignation pour demander :

– Qu'est-ce que vous faites ici ? !

– Je suis revenu éteindre, répliqua-t-il. Mais bon sang, c'est plutôt à moi de demander ce que *vous*, vous fichez ici ? Il n'y a que Nina, Panjit, Mariana et moi qui ayons l'autorisation d'entrer dans la chambre froide. Vous le savez très bien. Comment êtes-vous entrée, d'ailleurs ?

– J'ai une clé, dit Pia, et elle brandit l'objet devant le visage de Spaulding. Une clé que le Dr Rothman m'a lui-même donnée. Avec l'autorisation d'entrer ici.

Spaulding la lui arracha.

– Vous n'êtes peut-être pas au courant, mais il n'est plus ici pour vous donner la moindre autorisation.

– Et je parie que ça vous fait plaisir, rétorqua Pia.

Mais elle regretta aussitôt ces paroles.

– Désormais, et jusqu'à nouvel ordre, c'est moi le responsable de ce labo ! affirma Spaulding. Et je révoque vos soi-disant autorisations. Je reprends ça, aussi...

Il agrippa le registre qu'elle avait glissé sous son bras. Elle le lui céda et resta quelques instants immobile devant lui. Maintenant qu'elle s'était remise de la surprise de son retour inattendu, elle n'éprouvait que de la colère. Elle n'avait jamais aimé cet homme.

Elle le contourna pour pousser la porte.

– Vous n'êtes plus la petite princesse de ce laboratoire, Pia chérie ! lança Spaulding. Vous n'avez même plus le droit d'y mettre les pieds. La doyenne le confirmerait, j'en suis sûr, si je lui posais la question.

Pia ne répondit pas. Dans le sas, elle retira combinaison, masque, surbottes, charlotte, et les abandonna par terre. Furax, elle regagna son bureau pour récupérer les quelques affaires et dossiers qu'elle y avait accumulés en trois ans de présence au laboratoire de Rothman. Elle les fourra rapidement dans un carton vide. Sans un regard pour cette pièce qu'elle avait longtemps appelée son « cagibi », elle marcha vers la sortie du labo. Marsha Langman ne leva même pas les yeux quand elle passa devant sa table. *Bande de connards*, pensa Pia.

Vexée, Pia descendit au rez-de-chaussée et sortit de la tour Black pour regagner la résidence universitaire. Puis elle se souvint que George l'attendait à la bibliothèque. Elle regagna les ascenseurs et le trouva dans la salle de lecture. Elle se planta devant lui, attendit une seconde et tourna les talons. Il abandonna la revue médicale qu'il était en train de lire pour la rattraper dans le couloir. Il avait compris à son expression qu'elle était à la fois en colère et malheureuse. Mais pourquoi ?

– Alors, tu me racontes ce qui s'est passé ? Tu n'as pas été partie bien longtemps. Le labo était encore fermé ?

– J'aurais peut-être préféré ça. J'espère que tu as faim, parce que moi, j'ai vraiment les crocs.

– Ouais, j'ai faim, acquiesça-t-il. Allons à la cafétéria de la résidence.

– Parfait, grommela Pia.

Ils sortirent de la tour Black. La nuit était tombée, il faisait froid. Ils marchèrent d'un bon pas.

– Tu ne m'as toujours pas dit ce qui s'est passé au labo, relança George.

– Ce qui s'est passé, c'est que ce salopard de Spaulding m'a surprise dans la chambre réfrigérée et m'a foutue à la porte en me disant dc ne pas revenir. Ce con avait oublié d'éteindre la lumière. Il est revenu pour ça. Dommage pour moi qu'il ait ce caractère anal. Mais ça se comprend, en même temps. C'est un tel *trou-du-cul* !

– Qu'il soit en colère contre toi, c'était un peu couru d'avance, non ? Et quelle importance qu'il t'ait mise à la porte du labo ? Lundi, tu travailleras dans un autre labo, de toute façon. Vois les choses du bon côté. Ça te fait une personne de moins à qui envoyer une carte de vœux en décembre prochain.

– Je n'envoie jamais de cartes de vœux.

– Évidemment, Pia. Tu sais très bien ce que je veux dire. Alors maintenant, le labo t'est vraiment interdit ? Sérieux ?

Pia hocha la tête.

– Ouais, je suppose.

– Il n'y a donc pas grand-chose de plus que tu puisses faire. À moins que tu n'envisages de t'introduire dans le bureau de Springer.

Pia regarda George d'un air confus.

– Je plaisante ! s'empressa-t-il d'ajouter. Il n'y a rien de plus que tu puisses faire, je te dis. Tu as parlé au médecin qui se chargeait des soins de Rothman et de Yamamoto, et maintenant tu ne peux plus retourner au labo. Tu dois accepter ce qui s'est passé et laisser les autorités faire leur travail. Il y a une enquête en cours, c'est évident. Tu dois laisser tomber. D'accord ?

Pia n'avait prêté aucune attention aux propos de George.

– Pia, tu m'entends ?

Loin d'avoir l'intention de laisser tomber, Pia se demandait à présent si Spaulding cachait quelque chose. Cependant, que pouvait-elle faire à ce sujet ? Et qu'allait-elle devenir ? Sans son mentor et sans le programme qu'il avait défini pour elle, pouvait-elle encore envisager une carrière de chercheuse ? Elle avait longtemps pensé que, lorsqu'elle serait médecin, elle aurait la sécurité, le *sentiment* de sécurité, qu'elle avait tant recherché toute sa vie. Mais Rothman lui avait fait prendre conscience que la gêne qu'elle éprouvait en présence des patients, sinon en présence des gens de manière générale, n'était pas de bon augure pour une telle carrière. Elle était à un croisement de son existence, elle n'avait pas de réponse… et ses méditations la rendaient encore plus anxieuse.

Pia soupira et George lui demanda ce qui n'allait pas. Elle ignora la question. Elle comprenait tout à coup que sa volonté, ou plutôt son obstination à trouver des réponses sur les causes de la mort de Rothman lui permettait aussi d'éviter de penser à sa propre carrière et aux décisions difficiles auxquelles elle était confrontée. Mais après tout… ce n'était pas une mauvaise ligne de défense. Le futur pouvait attendre. Pia s'immobilisa, retenant George par le bras. Ils se trouvaient juste devant la résidence universitaire.

– Non, je ne vais pas laisser tomber, dit-elle. Je dois découvrir comment cette tragédie a pu se produire. Il y a trop de questions sans réponses. Et chaque fois que je me penche sur l'affaire, je me heurte à d'autres questions irrésolues. D'autres gens qui ont un comportement étrange. Ces mecs qui se disent spécialistes des maladies infectieuses ont insisté pour utiliser un antibiotique qui existe depuis plus de cinquante ans. Les patients sont morts en quelques heures en dépit du diagnostic établi et des soins qui leur étaient donnés. Et personne, je veux bien dire *personne*, n'aimait Rothman. Tous ses collègues étaient jaloux parce qu'il avait un Lasker et un Nobel. En plus, il était bien parti pour en décrocher un autre. Quant à Spaulding… d'accord, il était en rogne de me trouver dans la chambre réfrigérée, dont il a la prétention assez insensée d'être le gardien. Et il a compris que j'étais passée dans son bureau, puisque j'avais le registre des échantillons congelés à la main, ce qui n'a pas dû arranger les choses. Mais son comportement était carrément bizarre, tu sais. Comme si… comme s'il s'était approprié le labo. Ce connard n'est qu'un putain de technicien ! Il n'est même pas chercheur. Et puis que penser du fait que c'est moi, une simple étudiante, qui ai détecté la péritonite de Rothman ? S'ils l'avaient emmené au bloc plus vite, il serait peut-être en vie à l'heure qu'il est.

– Qu'est-ce que tu veux que je réponde, là ?

George essayait de croiser le regard de Pia, mais elle détournait la tête comme elle en avait l'habitude.

– Je te donne vraiment l'impression d'être parano, avec tous mes doutes, toutes mes questions ? demanda-t-elle. Ne réponds pas ! Peu importe ce que tu penses. Je n'arrêterai pas de chercher à comprendre, parce que je crois que personne d'autre n'est prêt à le faire.

– Combien de fois faut-il te rappeler que nous sommes dans un des tout meilleurs hôpitaux du monde ? Tu crois réellement, sincèrement, que tu as des raisons de contredire ce qui a été fait pour Rothman et Yamamoto ? Tu vas te planter, Pia. Te retrouver le nez dans la poussière. C'est ce que tu veux ? Tu as envie de tuer ta carrière dans l'œuf ?

Elle réfléchit quelques instants.

– Peut-être.

– Tu as des pulsions autodestructrices, ou quoi ?! Même si tu persistes dans cette… cette enquête… appelle ça comme tu voudras… je ne vois pas bien quelles pistes tu peux suivre. Springer, Bourse, Spaulding… Ils t'ont tous mise en garde.

– Je n'ai pas peur de Spaulding, l'interrompit Pia. Il a pris ma clé de la chambre réfrigérée, mais je sais où Rothman rangeait la sienne. Il se comportait bizarrement, je te dis. Comme s'il avait quelque chose à cacher.

– Je te l'ai déjà dit. C'est de la folie. Écoute… si tu persistes, pourquoi ne vas-tu pas voir du côté des autopsies ? Les décès de Rothman et de Yamamoto ont probablement une explication clinique simple. Ou même une explication complexe, je ne sais pas ! Mais c'est plutôt de ce côté-là que tu vas trouver des réponses. Tu n'iras nulle part en continuant de faire chier tout le monde dans l'hôpital. Les autopsies ont sans doute été faites aujourd'hui même, pour que les corps, brûlants comme ils sont, puissent être rapidement enterrés ou incinérés.

– Brûlants ? répéta Pia, l'air étonné.

– Ouais, *brûlants* parce que contaminés à la salmonelle, répliqua-t-il sèchement.

Pia était parfois un peu lente à la comprenette. Elle fronçait les sourcils, perplexe, comme si son cerveau peinait à assimiler l'information.

– T'as pigé ? demanda-t-il.

– Ouais, « brûlant », marmonna-t-elle. Comme on dit parfois de quelqu'un qui a un sale virus qu'il est « brûlant ».

– Voilà. Aucun service d'anatomopathologie ne veut conserver longtemps ce genre de cadavre. Tu veux que je te dise : tu devrais aller trouver un des internes du service, dès ce soir, pour lui demander de quoi il retourne. Tu n'as pas encore plombé l'accueil qui risque de t'être fait en anatomopathologie, j'espère ?

– Tu sais, c'est une bonne idée... Je n'y avais pas pensé.

– Si tu veux regarder de ce côté, je t'accompagne. Pour t'empêcher de partir en vrille une fois de plus, précisa George en souriant.

Il ne la critiquait pas. Il plaisantait, plutôt – et à leurs dépens à tous les deux –, car il savait très bien que, si elle était décidée à faire d'autres bêtises, il n'y pourrait rien. Elle avait déjà amplement prouvé de quoi elle était capable de ce côté-là.

– Mais pas question pour moi de retourner au labo, ajouta-t-il. Si tu veux faire ça, débrouille-toi toute seule. Spaulding doit avoir prévenu la sécurité. Qu'est-ce que ça signifierait, d'ailleurs, s'il manquait un échantillon dans la chambre froide ? Ça prouverait quoi ? À part le fait, bien sûr, que Spaulding ne travaille pas aussi bien qu'il le pense. Ce que tu sais déjà de toute façon.

– Je ne pense pas que Spaulding ait prévenu quiconque. Même s'il a essayé de prendre sa grosse voix devant moi, il n'a pas l'autorité pour se plaindre à mon sujet. Mais pour le moment, rassure-toi, je ne pense pas à retourner au labo. Je crois que je vais suivre ton conseil et aller jeter un œil au service d'anatomopathologie. Comme je disais, je n'y avais pas pensé. C'est une excellente suggestion, George.

– Alors, je te suis. Je me sentirais coupable si je n'y allais pas et si tu déconnais une fois de plus et réussissais à te faire éjecter de la fac.

– Peu importe, dit-elle distraitement. Je me fiche de ce qui peut m'arriver.

Elle était intriguée. Elle se demandait pourquoi elle n'avait pas pensé à cette piste.

35

CENTRE MÉDICAL DE L'UNIVERSITÉ COLUMBIA
NEW YORK
24 MARS 2011
20 H 50

Le vent soufflait brutalement dans le canyon de la 168e Rue, accéléré par son passage dans Haven Avenue. Pia et George étaient frigorifiés. Ayant rebroussé chemin devant la résidence universitaire, ils avançaient aussi vite qu'ils pouvaient en direction du centre médical. La pluie s'était mise à tomber et George se débattait avec un parapluie de mauvaise qualité ; quand les baleines se retournèrent pour la troisième fois, il renonça et le jeta dans une poubelle.

Une fois dans l'hôpital, ils descendirent dans les entrailles labyrinthiques du bâtiment centenaire pour trouver la morgue. Le sous-sol sentait mauvais, il était mal éclairé et encombré de vieilleries. La morgue servait de gare de triage pour les cadavres. La grande majorité d'entre eux étaient récupérés par les entreprises de pompes funèbres désignées par les familles des défunts. Une camionnette de l'Institut médico-légal de New York venait chercher les corps des personnes dont le décès pouvait soulever certaines questions.

Pia et George avaient du mal à associer cet endroit sale et mal entretenu avec l'hôpital et le centre médical, juste au-dessus de leurs têtes, qu'ils connaissaient. Certains bâtiments du campus étaient certes un peu miteux extérieurement, mais toujours impeccables et ultramodernes à l'intérieur. La morgue, elle, paraissait… à l'abandon. Et à cette heure de la soirée, aucun représentant du royaume des vivants ne semblait s'y trouver. L'atmosphère était déprimante. De vieilles portes en bois qui évoquaient des portes de frigo à viande bordaient les couloirs, la plupart ornées d'une pancarte métallique proclamant que seul le « personnel autorisé » avait le droit de les ouvrir. Ils n'entendaient rien d'autre qu'un bourdonnement électrique sourd et un clapotis au niveau du sol en ciment.

Au bout du couloir principal, ils débouchèrent sur la salle d'autopsie : un amphithéâtre de trois rangées de gradins qui aurait pu servir de décor pour un film d'horreur situé à l'époque victorienne. Plusieurs des bancs en bois étaient cassés. La fosse, au centre, avec ses deux antiques tables d'autopsie, servait de lieu de stockage à une petite montagne de tuyaux, d'éviers et de cuvettes de toilettes qui, ayant fait leur temps, avaient été abandonnés là. Sachant que le centre médical manquait d'espace de travail, George se demanda à voix haute pourquoi cet endroit n'avait pas été réaménagé.

Enfin, Pia et George entrèrent dans la morgue proprement dite. De part et d'autre de la pièce, il y avait des caissons réfrigérés encastrés dans les murs. Une quinzaine de cadavres occupaient l'espace central sur des brancards rangés au petit bonheur, certains recouverts de draps, d'autres exposés à l'air libre. Sur quelques personnes on avait laissé les différents câbles et canules utilisés pour les traiter et les surveiller quand elles étaient encore en vie. Deux personnes portaient des vêtements de ville, trois étaient nues, les autres avaient encore les tenues d'hôpital dans lesquelles elles avaient expiré. Il y avait aussi deux corps dans des housses mortuaires noires.

Pia et George se demandaient pourquoi ils n'avaient encore croisé aucun membre du personnel, lorsqu'une voix peu amène s'exclama derrière leur dos :

– Qu'est-ce que vous voulez ? Je suis le technicien de nuit.

Ils se retournèrent en sursautant. L'homme n'avait pas l'air content du tout. Il avait une bonne cinquantaine d'années, il était petit et portait une blouse blanche qui jadis avait peut-être été propre. Sa tête ronde était trop grosse pour son corps ; une mèche de cheveux graisseux traversait le dessus de son crâne chauve. Il louchait à travers les verres de ses petites lunettes rondes. Le service du casting du film d'horreur de l'époque victorienne avait fait de l'excellent travail en le sélectionnant.

– Et comment êtes-vous entrés ? ajouta-t-il, toujours aussi agressif, avant que Pia ou George ait pu répondre à sa première question.

– Nous sommes arrivés par ici, répondit Pia, désignant le couloir qu'ils avaient emprunté.

– C'est l'entrée de service. Les visiteurs sont censés passer par-devant. Personne ne vient jamais par l'entrée de service.

– Nous voulons des renseignements sur deux autopsies que vous avez sans doute faites aujourd'hui, dit George. Les personnes sont deux scientifiques qui sont décédés en tout début de matinée. Le Dr Rothman et le Dr Yamamoto. Vous avez sans doute entendu parler d'eux.

Le technicien de morgue éclata de rire comme s'il n'avait rien entendu d'aussi drôle depuis une éternité.

– Il y a au moins cinquante ans que personne n'a fait d'autopsie ici, répliqua-t-il d'un ton sarcastique. Et je n'ai pas entendu parler de ces deux docteurs, non. Ils ne sont pas ici, si c'est ce que vous voulez savoir. S'il y a eu des autopsies, elles ont été faites au service d'anatomopathologie. Ils en font encore, là-haut, parfois, pour la formation des étudiants. Vous devrez voir ça avec l'interne.

L'homme pointa un doigt vers un autre couloir.

– Et vous sortez par-devant, s'il vous plaît, ajouta-t-il d'un ton catégorique.

– O. K., dit George. Merci !

Ils s'éloignèrent et trouvèrent les ascenseurs. Quand les portes de la cabine s'ouvrirent devant eux en grinçant, George jeta un dernier regard en direction de l'amphithéâtre.

– T'arrives à croire qu'il existe encore des mecs pareils, toi ?

– J'ai vu des endroits flippants, mais là, c'est le pompon.

– Tu crois qu'il lui arrive de sortir de ce trou ?

– Je ne sais pas. Ouais, tu as raison. On a l'impression qu'il vit ici.

– Je serai content de ne jamais revoir cette tête-là.

– Tu m'étonnes. Si nous revenons, ça voudra dire que nous sommes morts.

De retour dans le monde des vivants, George et Pia appelèrent l'interne de garde du service d'anatomopathologie. Le Dr Simonov, comme il s'appelait, accepta de les recevoir et leur demanda de le retrouver au labo de pathologie clinique. Quand ils y parvinrent, Simonov était en train de prendre une pause dans un petit bureau sans fenêtre, un mug de café noir posé devant lui sur la table.

– Alors ? Qu'est-ce que je peux faire pour vous, les jeunes ? Ce n'est pas souvent que des étudiants en médecine me demandent de l'aide. Qu'est-ce qui vous arrive ?

Simonov était russe, mais il avait fait ses études de médecine aux États-Unis et vécu assez longtemps dans ce pays pour perdre presque complètement son accent.

– Nous nous demandions si les autopsies du Dr Rothman et du Dr Yamamoto avaient été faites aujourd'hui, dit George.

Il avait suggéré à Pia de le laisser parler. Elle avait haussé les épaules.

– Ils sont morts tôt ce matin, ajouta-t-il. Quand…

– Oui, je sais, l'interrompit gentiment Simonov. Tout le monde connaît ces chercheurs. Pourquoi vous vous intéressez à leurs autopsies ?

– Nous sommes obligés de nous demander pourquoi ils sont morts si vite, dit Pia avant que George ait pu ouvrir la bouche pour répondre. Leur maladie a progressé extrêmement rapidement, comme un rouleau compresseur, en dépit du traitement puissant qu'ils ont reçu, et nous...

– Autant que je vous le dise tout de suite, aucune autopsie n'a été faite ici, l'interrompit Simonov. De manière générale, il n'y a plus beaucoup d'autopsies dans ce service. C'est dommage, mais c'est comme ça. Nous manquons de fonds. Mais vu les circonstances, de toute façon, Rothman et Yamamoto n'auraient pas été autopsiés ici. Étant morts d'une maladie infectieuse contractée sur leur lieu de travail, ils ont été automatiquement pris en charge par l'IML. C'est tout simple. Nous, nous avons juste mis les corps dans des housses mortuaires scellées. L'IML est ensuite passé les prendre.

Il était sur le point d'expliquer qu'IML signifiait « Institut médico-légal », mais Pia dit :

– Je sais ce qu'est l'IML. Et ensuite ? Vous connaissez les résultats des autopsies ?

– Les résultats ! répéta Simonov, pouffant de rire. Nous les aurons peut-être dans trois semaines. Ou plus tard encore. Là-bas, ils reçoivent des tas de cadavres, vous savez ? Et, en général, ils prennent leur temps.

– Là-bas, répéta Pia, songeuse. Où se trouve l'IML, exactement ?

– Vous voulez y aller ? Je ne vous le conseille pas. Mais bon, à vous de voir. L'IML est dans l'East Side, au carrefour de la Première Avenue et de la 30e Rue, près du Centre médical de l'université de New York.

– Merci. Si je téléphone, vous pensez que quelqu'un répondra à mes questions ?

– Là, tout de suite ?

– Disons demain.

– Qu'est-ce que j'en sais, moi ? Peut-être que l'IML n'a jamais été interrogé par des étudiants en médecine comme vous avez l'intention de le faire. D'un autre côté, il est voisin du Centre médical de l'université de New York. Autant que je sache, peut-être même qu'il a un programme de stage pour les étudiants qui s'intéressent à la médecine légale.

– Qui faut-il appeler, à votre avis ? Dois-je demander quelqu'un en particulier ?

– Je connaissais un des légistes, autrefois, mais il n'est plus là-bas. L'IML a un service de relations publiques. C'est lui que j'appellerais, à votre place. Vous pourriez peut-être demander à parler au légiste qui s'est occupé de ces affaires, pourquoi pas ?

– Pensez-vous que l'IML nous donnera les résultats des autopsies ? demanda George.

– Si vous décrochez le téléphone, vous voulez dire ?

Simonov lâcha un petit rire entendu et reprit :

– Vous pensez que, dans cette grande ville pleine de bureaucratie, on peut juste passer un coup de fil, comme ça, et obtenir les infos que l'on veut ? Jamais de la vie. De plus, cette affaire va faire grand bruit. Les deux chercheurs étaient très connus. Les médias vont en parler et il va sans doute y avoir des procès pour savoir qui est responsable, si le labo était aux normes, ce genre de choses. À vrai dire, comme il s'agissait d'une maladie infectieuse, les autopsies sont probablement déjà faites, mais l'IML ne publiera aucun résultat tout de suite. Il attendra trois, sinon quatre semaines après la fin des analyses toxicologiques. Il ne laissera personne accéder au dossier. Et... Non, il ne communiquera sûrement pas les résultats des autopsies à deux étudiants en médecine.

– Vous avez probablement raison, dit Pia.

Elle en savait davantage que la plupart des gens sur le fonctionnement des institutions de la ville.

– Si je peux me permettre un conseil, trouvez autre chose pour vous occuper, reprit Simonov. Mais c'est à vous de voir. Si vous insistez pour avoir des réponses, ne téléphonez pas. Allez directement là-bas. Si vous vous présentez en chair et en os à l'IML et si vous avez la chance de parler à quelqu'un qui vous prenne en pitié ou qui vous aime bien, vous apprendrez peut-être quelque chose.

Simonov lança un clin d'œil à Pia. Elle comprit le sous-entendu, mais ne releva pas.

– Si vous êtes vraiment décidés, oui, allez là-bas, ajouta-t-il. Mais ne tablez pas trop là-dessus. Quant à téléphoner, vous pourriez tout aussi bien composer le 311.

Il faisait référence au numéro que les New-Yorkais pouvaient appeler pour signaler tous les problèmes auxquels ils étaient confrontés dans leur vie quotidienne – un chat coincé en haut d'un arbre ou un tournage de cinéma trop bruyant dans leur rue. Simonov saisit son mug avant d'ajouter :

– Et si vous appelez le 311, dites-leur qu'il y a encore un énorme nid-de-poule dans ma rue. Depuis Noël !

De retour dans la nuit pluvieuse, Pia et George longèrent la 168e Rue en se tenant aussi loin que possible du caniveau. Chaque fois qu'un taxi jaune passait à leur hauteur sur la chaussée, une gerbe d'eau jaillissait en direction du trottoir.

– Cette visite n'a servi à rien du tout, marmonna Pia.

– Je ne suis pas d'accord. Simonov nous a rappelé que l'histoire va faire couler beaucoup d'encre. Il a aussi souligné le fait qu'il va très probablement y avoir une enquête poussée en prévision des actions en justice qui risquent d'être engagées par les uns ou les autres. Je crois que ce sont des informations qui devraient te faire plaisir. Il est temps de laisser tomber, Pia.

– Dans tes rêves, George. Je continue. Jusqu'à ce que je trouve des réponses.

– Tu es impossible.

Une soudaine bourrasque de vent venue de Haven Avenue les obligea à marquer le pas quelques instants. Ils étaient au niveau de Fort Washington Avenue. Tournant la tête, Pia s'aperçut qu'ils étaient aussi à la hauteur de la tour Black.

– Il est quelle heure ? demanda-t-elle.

George tira sur la manche de son manteau pour voir sa montre.

– Dix heures passées. L'heure d'aller se coucher, précisa-t-il.

Cette idée lui plaisait beaucoup. Il se rappelait qu'ils avaient eu des relations sexuelles le jour même – Pia, en tout cas, avait eu des relations sexuelles – et, en éternel optimiste qu'il était, il se demandait si elle n'était pas disposée, maintenant qu'il l'avait accompagnée à l'hôpital pour se renseigner sur les autopsies, à envisager une deuxième séance du même type. George ferma les yeux et rassembla son courage :

– Ça te dit de venir à ma chambre ? Et de rester avec moi cette nuit ? Ou alors on peut aller dans ta chambre, comme tu préfères.

– Pour quelle raison ?

– Eh ben… D'abord, parce qu'on a terminé un peu vite cet après-midi. Peut-être qu'avec un peu plus de temps…

– Ouais, c'est une idée, marmonna Pia qui semblait à présent préoccupée. Tu as remarqué où nous sommes ?

George regarda autour de lui, perplexe.

– Nous sommes juste à côté de la tour Black, reprit Pia. Et il est plus de vingt-deux heures, comme tu disais. Je veux passer en vitesse au labo et jeter un œil sur cette fichue chambre réfrigérée. Je ne serai pas satisfaite tant que je n'aurais pas fait ça, et là, c'est le meilleur moment. Je suis déjà allée au labo quinze fois, le soir, de cette façon.

– Non, Pia ! dit George d'un ton ferme. C'est beaucoup trop risqué.

– Je ne pense pas qu'il y ait le moindre risque, au contraire. Retourne à la résidence. Je n'en ai que pour vingt minutes à tout casser.

George regarda le bâtiment de la résidence universitaire qui se profilait au bout de la rue dans la nuit brumeuse. Il regarda de nouveau Pia. Elle lui souriait, très sûre d'elle. Plus important, elle n'avait pas dit non quand il avait suggéré qu'ils passent la nuit ensemble.

– Tu crois vraiment que c'est sans danger ? Que personne ne va débarquer à l'improviste au labo ?

– Certaine. Et il ne me faut pas plus de vingt minutes. Je t'appelle dès que je serai revenue à la résidence.

– Et tu te souviens que, quelles que soient les découvertes que tu feras là-haut, elles ne prouveront rien du tout ?

– Je sais bien, George.

Il réfléchit à toute allure. Peut-être était-ce une bonne idée, en effet. Peut-être Pia finirait-elle par renoncer à cette enquête autodestructrice si elle se sortait cette satanée chambre réfrigérée de la tête.

– D'accord, dit-il d'un ton soudain résolu. Je viens avec toi. Avec moi, tu iras peut-être même un peu plus vite.

Il lui prit la main pour l'entraîner vers l'entrée de la tour Black. Elle résista.

– Tu es sûr ? demanda-t-elle.

– Oui, complètement sûr, assura George.

Il imaginait déjà Pia se glissant nue dans son lit pour l'étreindre.

Elle haussa les épaules.

– Ouais, ça ira peut-être plus vite à deux. D'accord, allons-y.

Sans ajouter un mot, ils pénétrèrent dans la tour Black. L'agent de sécurité connaissait bien Pia et ne broncha pas. Ils prirent l'ascenseur. Elle ouvrit la porte du labo avec sa clé – une clé que

Spaulding n'avait pas pensé à lui réclamer. Le registre des échantillons congelés était là où elle s'attendait à le trouver, dans le tiroir de la table de travail du premier technicien. Une fois dans l'unité NSB3, elle utilisa la clé de Rothman, qu'elle avait récupérée dans son bureau, pour ouvrir la chambre réfrigérée.

Ils n'avaient rencontré personne, tout allait bien, mais George était ivre de nervosité. Il songea que sa tension artérielle devait atteindre des sommets. Pia, par contre, était d'un calme olympien et semblait simplement très concentrée sur sa mission.

Pia demanda à George de lui lire les nombres inscrits dans le registre, pour chaque type d'échantillon, pendant qu'elle comptait les échantillons de la chambre réfrigérée. Comme elle l'avait envisagé, il en manquait trois – en tout cas par rapport aux entrées du registre. Il aurait dû y avoir trente échantillons de la sous-espèce de *salmonella typhi* cultivée en apesanteur, quinze de souche « alpha » – celle qui avait infecté Rothman et Yamamoto – et quinze de souche « bêta ». Il manquait un échantillon bêta et deux alpha. Dans la salle principale de l'unité, près de la hotte, Pia trouva une petite pile de boîtes de Petri dans l'incubateur. Toutes portaient une étiquette alpha ou bêta.

Quand ils eurent quitté l'unité NSB3 et retiré leurs combinaisons, Pia trouva aussi deux conteneurs à bouchon comme ceux qui étaient utilisés dans la chambre réfrigérée, sans étiquette, à côté de l'évier de Spaulding.

Elle rangea le registre, alla remettre la clé dans le bureau de Rothman, puis dit à George :

– Bon, nous avons terminé.

La cadence effrénée du cœur de George ralentit enfin quand ils eurent quitté le laboratoire. Pendant qu'ils marchaient vers les ascenseurs, il demanda :

– Ça veut dire quoi, tout ça, Pia ?

– J'avoue que je ne sais pas très bien. Ça ne signifie peut-être rien du tout, mais bon, toute information a sa valeur. Ce que j'aimerais faire, c'est parler avec Spaulding de ces anomalies. Si je trouve le moyen de l'aborder.

– Bonne chance, marmonna George.

Ils retournèrent sous la pluie à la résidence universitaire. Bien que très fatigué, George se sentait étrangement euphorique. Pia et lui avaient travaillé ensemble – et *bien* travaillé. George savait qu'il lui avait été utile et il était très sensible aux gestes de la jeune femme – comme lorsqu'elle lui posa la main sur le bas du dos pour l'encourager à la précéder dans l'immeuble de la résidence. Elle était manifestement contente de ce qu'ils avaient accompli ensemble. Ils traversèrent le hall et appuyèrent sur le bouton d'appel de l'ascenseur. Les deux cabines étaient dans les étages.

Pia fixait les chiffres indicateurs. George se racla la gorge pour parler, mais Pia n'avait pas envie de l'écouter parler. Elle voulait juste se mettre au lit et essayer de dormir.

– Pia, il faut que tu saches ce que j'éprouve pour toi. J'ai essayé de te le dire cent fois. Plus, même. Pia, tu veux bien me regarder ?

Elle se tourna vers lui à contrecœur. Il avait son expression amoureuse des grands jours.

– Tu sais que si je me fais du souci, c'est à cause de mes sentiments pour toi. Je t'aime, Pia, tu dois savoir ça. Je pense à toi tout le temps.

Quand elle entendit ces mots, un mécanisme s'activa dans son cerveau. Un animal de laboratoire apprend à réprimer certains comportements, comme par exemple toucher un bouton rouge, s'il reçoit un choc électrique douloureux chaque fois qu'il a le comportement en question – même si, auparavant, il recevait une récompense, par exemple une sucrerie, pour le même comportement. Dans l'esprit de Pia, il y avait un rapport direct entre les témoignages d'affection et la douleur. Elle avait appris que les gens qui se montraient affectueux envers elle finissaient par la faire souffrir. Et devaient être évités comme une décharge électrique.

Elle pressa de nouveau le bouton d'appel. Les cabines semblaient bloquées au huitième étage. Elle ne dit rien.

– Notre relation ne peut pas être uniquement à sens unique.

– Comment ça, « notre relation » ? Écoute, George, ce n'est ni l'endroit ni le moment pour ça.

– C'est quand, le moment, alors ? Ça fait des années que je veux te dire que je t'aime.

Une cabine arriva enfin, les portes s'ouvrirent, un groupe d'étudiants hilares et bruyants en débarqua. Une fête avait démarré dans la chambre de l'un d'eux et tout le monde prenait maintenant la direction d'un bar de Broadway.

George attira Pia vers lui tandis que les portes de l'ascenseur se refermaient. Elle leva les yeux au ciel.

– Ah non, George. Pas maintenant.

– Je suis désolé, mais je veux parler maintenant. Je sais que tu ne veux pas entendre ça, mais je ne te comprends pas.

– Moi non plus, je ne me comprends pas.

– Mais nous avons besoin l'un de l'autre, tu ne crois pas ? Moi, je sais que j'ai besoin de toi.

– Avoir « besoin » de quelqu'un, je ne sais pas ce que ça veut dire. Et quelqu'un qui a besoin de moi, je ne veux pas de cette responsabilité.

La seconde cabine arriva et un étudiant hirsute se précipita vers la sortie de l'immeuble pour rattraper ses copains. Pia entra dans la cabine et maintint les portes ouvertes.

– Monte, George, bon sang !

Elle appuya sur le bouton du onzième, son étage, puis sur celui du septième. Message reçu. George entra à contrecœur dans la cabine. Pia réprima un soupir. Elle avait déjà des tas de questions difficiles dans la tête – Rothman, les sœurs, l'Afrique, le reste de sa vie – et voilà qu'il lui en imposait une de plus. L'espace d'un instant, elle se demanda confusément ce que c'était que « penser tout le temps à quelqu'un », comme George disait penser à elle. Ce concept lui était complètement étranger. Elle jeta un coup d'œil vers George, qui fixait le sol. À quoi pensait-il en ce moment ? Elle n'en avait aucune idée. L'ascenseur s'arrêta au septième étage, Pia tendit la main pour appuyer sur le bouton de maintien d'ouverture des portes. George hésita un instant, puis sortit de la cabine.

– Bonne nuit, dit-elle.

George se retourna vers elle et hocha la tête tandis que les portes se refermaient. Pia jugea qu'il avait l'air pathétique.

36

CENTRE MÉDICAL DE L'UNIVERSITÉ COLUMBIA
NEW YORK
24 MARS 2011
23 H 15

George connaissait le sens du mot deuil. Son propre père, Morgan Wilson, était mort quand il avait trois ans. Il n'avait aucun réel souvenir de cet homme. Même quand il pensait à lui de toutes ses forces, la seule chose qui lui venait à l'esprit était un vague sentiment de bien-être. Il pouvait rappeler quelques souvenirs à sa mémoire, tout de même, mais il savait qu'il s'agissait de souvenirs assemblés à partir de photographies que lui avait montrées sa mère, Jean. Il avait aussi un petit film Super 8, tourné au cours d'un voyage que George avait fait avec ses parents chez ses grands-parents, Sally et Preston, en Arizona. Il l'avait regardé un nombre incalculable de fois. Sur ces images, son père le tenait sur ses genoux, l'étreignait et l'embrassait sur la joue – et il lui paraissait toujours incroyablement jeune et séduisant. Sa disparition avait procuré à George une douleur et une mélancolie qui l'avaient longtemps hanté. Et qui lui revenaient dans certains moments difficiles – comme ce soir à cause de Pia.

George quitta son lit. Il s'y était effondré après la rebuffade de Pia. Il fallait qu'il sorte de sa chambre, ne serait-ce qu'un moment. Il songea aux distributeurs de boissons et d'aliments lyophilisés du rez-de-chaussée. Il avait besoin de voir des gens, des gens normaux. Et en bas, il y avait souvent un ou deux étudiants en train d'acheter des sodas ou des chips.

Pendant qu'il marchait vers les ascenseurs, il essaya de se concentrer sur le sentiment positif qu'il savait pouvoir tirer de l'amour que lui portait sa famille. Il y pensait chaque fois qu'il se sentait seul. Il savait que Pia n'avait rien d'équivalent, puisqu'elle était orpheline – et cela rendait son comportement envers lui encore plus incompréhensible. Pourquoi rejetait-elle si obstinément l'amour qu'il voulait partager avec elle et qu'il avait enfin eu le courage d'exprimer ? C'était insensé. Inexplicable.

George appuya sur le bouton de l'ascenseur. Les portes s'ouvrirent presque aussitôt. Dans la cabine il y avait Will McKinley – peut-être la seule personne au monde qui pût le rendre encore plus malheureux qu'il ne l'était déjà.

– George ! Quelle coïncidence ! Tu descends chercher un truc à grignoter ? Viens !

Will saisit George par le bras et le tira vers l'intérieur de la cabine. Le bouton du rez-de-chaussée clignotait. George n'eut pas la force de résister.

– Ça ne va pas ? demanda Will. Tu as mauvaise mine.

– Je suis fatigué, c'est tout. J'ai eu une journée un peu pénible.

– Comment va Pia ? Tu l'as vue ? Elle a dû être salement touchée par ce qui est arrivé à Rothman.

– Ouais.

– Lesley et moi nous avons essayé de l'appeler, mais elle ne répond pas.

– Garder le contact avec les gens, ce n'est pas trop le truc de Pia.

L'ascenseur arriva au rez-de-chaussée. Will sortit de la cabine, entraînant George avec lui.

– Écoute, s'il y a quoi que ce soit que je peux faire pour aider Pia, préviens-moi. Vraiment. Lesley et moi, nous voulons qu'elle tienne le coup. C'est une fille bien.

George hocha la tête. Will se dirigea vers les distributeurs. Quand il se rendit compte que George ne le suivait pas, il se retourna et lui fit signe d'approcher.

– Viens ! Ce soir, c'est moi qui invite.

George soupira, pivota sur lui-même et appuya sur le bouton d'appel. Les portes de la cabine s'ouvrirent. Certes, il voulait avoir de la compagnie, mais sûrement pas celle de Will.

37

CENTRE MÉDICAL DE L'UNIVERSITÉ COLUMBIA
NEW YORK
24 MARS 2011
23 H 30

À l'instant où les portes de l'ascenseur s'étaient refermées sur George, Pia l'avait déjà relégué à la place qu'elle était prête à lui accorder dans son esprit : bien après ses soucis immédiats. Elle n'aimait pas se montrer brusque envers lui, mais elle n'avait pas envie de s'engager dans une longue et difficile conversation. De plus, elle était épuisée parce qu'elle n'avait pas bien dormi la veille. En arrivant à son étage, hélas, elle avait eu un petit coup de malchance. Elle avait croisé Lesley dans le couloir et avait dû se résigner à parler avec elle de Rothman et de Yamamoto. Elle avait toléré ces palabres quelques minutes, car elle était curieuse de savoir si Lesley pouvait avoir des idées intéressantes au sujet de ces décès, mais elle avait pris congé quand il avait été clair que Lesley ne lui dirait rien d'important.

Elle glissa la clé dans la serrure de sa chambre, ouvrit la porte, entra dans la pièce et poussa le battant derrière elle, avec le talon, pour le claquer. Dans le noir, elle tâtonna le long du mur, de la main gauche, à la recherche de l'interrupteur. Dès que la lumière s'alluma, elle jeta son trousseau de clés, de la main droite, en direction de sa table de travail. Tout ce qu'elle voulait, maintenant, c'était une douche rapide et une bonne nuit de sommeil. Elle n'avait pas arrêté depuis le matin et la journée du lendemain promettait d'être chargée puisqu'elle voulait se rendre à l'Institut médico-légal.

Pia se dirigea vers la fenêtre pour en fermer les rideaux. Elle retira son manteau, sa blouse, et les posa sur le dossier de son fauteuil. Ensuite, elle quitta son pull, ouvrit le placard et se débarrassa de ses chaussures en les jetant dans le compartiment inférieur – d'abord la gauche, puis la droite. Elle fit ensuite descendre sa jupe noire sur ses jambes, dégrafa son soutien-gorge et le laissa tomber par terre avec la jupe. Elle avait hâte d'être sous la douche. Et elle voulait de l'eau brûlante. Elle traversa la chambre, posa la main sur la porte de la salle de bains et fut un peu surprise de la trouver fermée : elle ne fermait jamais cette porte, même quand elle était aux toilettes.

Avant qu'elle ait pu s'étonner davantage de cette anomalie, le battant s'ouvrit tout à coup sur la silhouette d'un homme de haute stature. L'instant d'après, il la frappa du plat de la main, très brutalement, sur le sternum. Elle s'effondra en arrière et sa tête heurta durement le sol. Un cri s'éleva de sa gorge, mais il fut étouffé par son agresseur qui déjà s'était assis à califourchon sur elle. Après lui avoir bloqué les bras avec ses genoux, il plaqua une main sur sa bouche. Pia essaya de se concentrer pour garder les idées claires, mais elle avait des bourdonnements inquiétants dans les oreilles. L'homme qui la maintenait au sol portait une cagoule intégrale. Elle distingua une seconde silhouette derrière lui : un autre homme. Il portait l'uniforme du service de sécurité de l'hôpital et son visage était aussi dissimulé par une cagoule.

Pia gigota furieusement sous l'homme pour essayer de se dégager. Il tendit la main droite vers son collègue qui lui passa un rouleau de ruban adhésif industriel.

– Non ! Coupes-en un morceau pour moi, ordonna-t-il.

Il avait un fort accent étranger. Quand son collègue se fut exécuté, il prit le morceau d'adhésif à deux mains et le plaqua sur les lèvres de Pia avant qu'elle ait pu émettre le moindre son.

– Arrête de bouger comme ça, dit-il. On ne va pas te faire de mal.

Pia gesticula encore un peu, puis cessa de lutter. Sous le poids de l'homme, elle avait de la peine à respirer. Elle manquait d'oxygène et éprouvait des élancements pénibles, dans la tête, à l'endroit où son crâne avait heurté le sol. Enfin, elle ne sentait plus ses bras écrasés par les genoux de son agresseur. Elle fixa ses yeux à travers les fentes de la cagoule et hocha la tête.

– Bien, dit-il. Maintenant, je vais te laisser te mettre debout. Ne fais pas de bêtises.

Quand l'homme se redressa, ses genoux s'enfoncèrent davantage, brièvement, dans la chair des bras de Pia. La douleur lui fit venir des larmes aux yeux. Il recula et elle se leva. Elle se sentait atrocement vulnérable. Elle ne portait que sa culotte. Malgré les cagoules, elle voyait bien les yeux des deux hommes glisser sur son corps. Ils avaient l'intention de la violer, c'était évident. Pia croisa les bras pour frotter ses biceps endoloris et couvrir ses seins.

Pia pensa : *Je n'ai que trois mètres d'ici à la porte.*

Pia pensa : *Ils ne s'attendent pas à ce que je réagisse.*

Pia pensa : *Je ne veux pas être violée une seconde fois.*

Pia baissa les yeux quelques instants. Elle voulait que les deux hommes se détendent. Qu'ils se sentent maîtres de la situation. Soudain, elle se dressa sur la pointe des pieds, frappa du pied droit sur le sol et, en un seul mouvement, utilisant ses bras pour s'équilibrer puis pour s'élancer en avant, ficha son pied droit, talon en avant, dans l'entrejambe de l'homme qui se trouvait devant elle. Il se courba en deux et recula en trébuchant, bousculant son collègue. Bien campée sur ses jambes, Pia s'élança à nouveau et frappa le deuxième homme au visage, deux fois de suite, avec des coups de poing adaptés à l'espace réduit dans lequel elle évoluait. Hélas, les deux hommes n'étaient pas assez durement touchés. Pia réussit à leur asséner deux autres coups qui leur laisseraient des bleus, mais ils se ressaisirent rapidement et répliquèrent. Le premier, l'entrejambe en feu, feinta deux fois de suite avant de lui envoyer un violent crochet du droit en pleine mâchoire. Elle s'évanouit.

Quand Pia reprit connaissance, elle avait épouvantablement mal à la tête et ne pouvait pas remuer ses membres. Elle comprit bientôt pourquoi : elle était ligotée à son fauteuil de travail avec du ruban adhésif, bras tirés derrière le dossier et chevilles jointes au sol. Entrouvrant les yeux, elle vit un des hommes s'approcher d'elle, puis lever tout à coup le bras. Elle tressaillit, redoutant un nouveau coup – et reçut une abondante giclée d'eau froide au visage. L'homme avait utilisé le Tupperware dans lequel elle mangeait parfois ses céréales le matin.

– C'est ça, ta réaction, quand je te dis de ne pas faire de bêtises ? demanda l'homme. T'es complètement cinglée !

Il approcha son visage encagoulé de celui de Pia. Il avait les yeux d'un bleu très vif. Elle essaya de parler, mais elle ne réussit qu'à pousser un grognement rauque.

– Tu sais te battre, c'est bien. Mais nous avons plus d'expérience que toi et nous sommes deux. Nous avons du respect pour toi, aussi, car nous sommes pères de famille. Mais nous connaissons des types jeunes qui sont moins… C'est quoi le mot, déjà ? Civilisés ! Autant dire que ce sont des animaux. S'ils étaient à notre place, tu n'aurais plus qu'à prier.

L'homme parlait à voix basse. Le charivari de leur bagarre avait dérangé l'occupante de la chambre du dessus qui avait tapé sur le sol pour réclamer le silence. Les deux hommes ne voulaient pas l'embêter davantage.

– Je vais te dire une chose, et je vais te la dire une seule fois. Nous sommes ici pour te transmettre un message. Arrête ce que tu fais. Arrête de poser des questions. Ton docteur, il a été imprudent, voilà. Par sa faute, son collègue et lui se sont retrouvés infectés et ça a mis le centre médical dans une situation délicate. L'affaire va se régler rapidement, sans faire de vagues, et tout le monde pourra bientôt aller de l'avant.

Pia se balançait d'avant en arrière dans le fauteuil, les yeux brillants de fureur. Sa tendance à se rebeller refaisait déjà surface.

– Arrête de remuer comme ça !

Pia n'obéit pas. L'homme la gifla – pas très fort, mais en portant le coup de telle façon que sa joue blessée la fit encore plus souffrir qu'auparavant. Elle se figea.

– Tu seras tenue à l'œil. Pas par nous, mais par nos amis. Si tu ne cesses pas de fourrer ton nez partout ou si tu appelles la police, nos autres amis, les animaux, viendront t'enlever. Et là, au bout d'un jour ou deux, tu leur demanderas de te tuer. Tu les supplieras. Tu comprends ?

Pia regarda fixement l'homme. Il approcha son visage du sien. La cagoule effleura sa peau. Elle sentit son souffle tiède à travers la laine humide. Il ajouta dans un murmure :

– Tu comprends ?

Pia hocha la tête.

– Tu ne diras à personne que nous t'avons rendu visite. Si tu parles de ça à quiconque, comme par exemple au petit mignon avec qui tu te balades dans le centre médical, il sera tué lui aussi. Toutes les personnes à qui tu te confieras seront tuées. Et si tu vas voir la police ou les responsables de l'université, tu seras tuée. C'est très facile. Arrête de fouiner, reprends ta vie comme avant et tout ira bien.

L'homme se redressa. Son collègue, armé d'une seringue, fit un pas en avant et planta l'aiguille dans la cuisse de Pia : elle haleta sous l'effet de la douleur et perdit presque aussitôt connaissance. Les hommes coupèrent le ruban adhésif qui la retenait au siège et l'arrachèrent autour de ses bras et de ses jambes – sa peau était rouge et enflée sous les morceaux d'adhésif. Quand ils tirèrent sur celui qui couvrait sa bouche, la blessure qu'elle avait à la lèvre depuis qu'elle avait été frappée se déchira. Un filet de sang se mit à couler sur son menton. Le premier homme l'essuya avec un mouchoir qu'il trouva dans une boîte sur la commode. Il l'empocha après l'avoir utilisé. Il prit ensuite Pia dans ses bras et l'allongea sur le lit en veillant à tourner sa tête sur le côté. Il savait que le somnifère qu'ils lui avaient injecté avait tendance à provoquer des vomissements.

Les hommes retirèrent alors leurs cagoules et se préparèrent à quitter les lieux. Si Pia avait été consciente, elle aurait aussitôt remarqué que l'un d'eux – le chef – avait une vilaine cicatrice à la lèvre supérieure. L'autre avait un nez remarquable, extrêmement fin et pointu. Le premier homme entrouvrit la porte et, découvrant un couloir désert, sortit calmement de la chambre. Son collègue le suivit. Ils se coiffèrent de leurs casquettes d'agent de sécurité, ajustèrent leurs uniformes, puis se dirigèrent rapidement vers les ascenseurs.

38

CENTRE MÉDICAL DE L'UNIVERSITÉ COLUMBIA
NEW YORK
25 MARS 2011
08 H 07

Pia se réveilla par étapes. Avant l'aube, d'abord, elle commença à revenir à elle, reprit presque conscience, puis sombra de nouveau dans les ténèbres. Plus tard, alors que la lumière du jour filtrait entre les rideaux, elle entendit sa propre respiration et perçut une douleur intense à l'arrière de son crâne, ainsi qu'un élancement le long de sa mâchoire. Enfin, elle ouvrit tout à coup les yeux, saisie par une violente angoisse : il y avait des hommes dans sa chambre qui la pourchassaient ; elle devait fuir. Elle essaya de se lever, mais son corps ne lui obéit pas. Elle ferma les yeux.

Puis elle se souvint. Deux hommes, cachés dans la salle de bains, l'avaient attaquée. Ils lui avaient planté une aiguille dans la jambe ; c'était la dernière chose qu'elle se rappelait. Elle porta la main à sa cuisse ; elle avait mal à cet endroit aussi. Elle plia la jambe pour regarder la trace de la piqûre. Elle avait donc été frappée, puis droguée. Il ne fallait pas s'étonner qu'elle se sentît si mal. Elle tendit la main vers son entrejambe, toucha son sexe : rien. Elle poussa un soupir de soulagement.

Hébétée, perdue dans les brumes du somnifère qui lui avait été injecté, Pia ne savait pas très bien quoi faire. L'image du visage de George lui traversa l'esprit. Elle se souvint de leur conversation devant l'ascenseur, des aveux de George et de son expression quand elle avait répondu qu'elle ne pensait pas à ces choses-là pour le moment. La veille au soir, elle avait voulu que George lui fiche la paix ; maintenant, elle regrettait qu'il ne soit pas avec elle.

Les effets du somnifère s'estompaient peu à peu et la douleur qu'elle éprouvait dans la mâchoire s'intensifiait. Elle se redressa sur le lit. Le vertige la saisit. Elle réussit à se mettre debout, puis à gagner la salle de bains à petits pas. Elle se regarda dans le miroir. Son visage faisait peine à voir. Une zébrure rouge vif couvrait la plus grande partie de sa joue gauche, le long de la mâchoire inférieure, et il y avait une entaille à la commissure de ses lèvres. Sa lèvre inférieure était enflée et ensanglantée. Une auréole rouge, due au ruban adhésif que ses agresseurs avaient utilisé pour la bâillonner, cernait sa bouche comme un affreux sourire de clown. Elle se souvenait de s'être battue ; elle avait notamment frappé un des hommes à l'entrejambe. Pour sa peine, elle avait reçu un coup de poing en plein visage. Pia se pencha vers le miroir pour scruter ses yeux. Ils étaient bouffis et bordés de cernes sombres. Il y avait une éternité, semblait-il, qu'elle n'avait pas eu une vraie nuit de sommeil. Quelques heures de coma sous l'effet d'un somnifère, cela ne comptait pas pour du sommeil. Pia contempla son reflet dans la glace, cherchant la réponse à la question qui la hantait depuis qu'elle avait repris ses esprits : Et maintenant, qu'allait-elle faire ?

Elle se nettoya le visage tant bien que mal, à l'eau froide, puis prit une longue douche très chaude. Elle enfila son sweat-shirt le plus confortable et un bas de pyjama. Elle trouva un flacon d'Advil dans son sac de voyage, en goba quatre comprimés qu'elle fit descendre avec deux verres d'eau. Puis elle appela George sur son portable. Il ne répondit pas ; elle ne laissa pas de message sur sa boîte vocale : elle craignait de lui tenir des propos incohérents. À la place, elle envoya un texto : « Il s'est passé quelque chose. Viens, s'il te plaît. Le plus vite possible. P. »

Puis elle s'allongea sur le lit pour patienter.

Le téléphone de George vibra de nouveau dans sa poche, plus brièvement que la première fois. Un texto. Il s'écarta du groupe avec lequel il était en train de faire le tour du service de radiologie et lut le message. Il décida d'attendre sa prochaine pause, qui ne tarderait pas, pour répondre à Pia. Elle avait probablement trouvé le moyen d'incriminer quelqu'un d'autre dans sa théorie du complot. Et lui, il appréciait de n'être qu'un simple étudiant en médecine depuis le début de la journée. Il glissa le téléphone dans sa poche avant de rejoindre ses collègues.

George appela Pia après avoir bu un café dans la salle de repos des radiologues. Il était neuf heures quarante-cinq. Au début, il crut que la connexion était très mauvaise, car il ne comprenait rien à ce qu'elle lui disait. Il sortit dans le couloir et se posta près d'une fenêtre.

– Pia, tu m'entends ? Le son est très faible. Qu'est-ce qui se passe ?

Pia essayait de dire : « S'il te plaît, viens chez moi », mais elle avait de la peine à articuler.

– Répète ? ! Je n'entends pas bien.

Elle fit un effort pour lui redire la même chose.

– Tu veux que je vienne, c'est ça ?

– Oui !

George était perplexe. Pia avait une voix très étrange. Il se demanda si c'était à cause de leur conversation de la veille au soir.

Non – connaissant Pia, cela semblait peu probable. Il fronça les sourcils. Était-elle saoule, alors ? Elle parlait comme si elle avait la bouche pleine de coton…

– D'accord, j'arrive, dit-il.

Il demanda à un collègue de prévenir l'interne qu'il était appelé quelque part dans l'hôpital pour une urgence, puis il prit la direction de la résidence. En chemin, il s'aperçut qu'il avait moins hâte de la voir que d'habitude – moins envie, peut-être. La veille, il avait pris la décision de se dire qu'il faisait probablement fausse route avec cette fille et qu'il devait en tirer les conséquences. Il n'était pas tout à fait sûr de pouvoir s'en tenir à sa décision, mais il voulait essayer. Pour sa propre tranquillité d'esprit.

Dix minutes plus tard, il frappait à la porte de Pia. Quand il vit son visage, tous ses doutes, toutes ses résolutions et ses récriminations se volatilisèrent. Il redevint en une fraction de seconde le chien docile qu'il était depuis trois ans.

– Oh la vache ! s'écria-t-il. Qu'est-ce qui t'est arrivé ?

Pia secoua la tête et désigna le couloir. George entra dans la chambre, ferma la porte sur lui, attrapa le fauteuil de Pia et la fit asseoir.

– Prends ton temps. Raconte-moi ce qui s'est passé.

– Deux hommes m'attendaient ici. Hier soir, dit-elle, produisant un gros effort pour parler de façon intelligible.

– Hier soir ? Cette horreur, ça date d'hier soir ? Pourquoi tu ne m'as pas appelé ? !

– Ils m'ont injecté un somnifère. Je viens juste de me réveiller.

– Oh, putain ! s'exclama George qui n'en revenait pas. Et c'était qui, ces hommes ? Ils t'ont fait quoi ? Est-ce qu'ils t'ont… ?

Il se tut. Il n'était pas sûr de vouloir connaître la réponse à cette question.

– Non, ils ne m'ont pas violée, si c'est ce que tu veux savoir. Ils m'ont donné un avertissement. Ils veulent que je cesse de m'intéresser à l'affaire Rothman.

– Quoi ? Oh mon Dieu, Pia. C'est exactement ce que je craignais et…

George se tut de nouveau. Il avait failli ajouter : « et je te l'avais bien dit ». Il demanda :

– Tu veux t'allonger ?

– Non. Maintenant ça va.

– Je vais appeler la sécurité du centre. Et puis la police.

– Non ! Pas ça !

Pia secoua vigoureusement la tête : ce mouvement lui procura une vive douleur dans le crâne et la mâchoire. Elle respira profondément. Le somnifère lui embrouillait encore un peu les idées.

– Pas de sécurité, pas de police, dit-elle d'un ton catégorique. Je dois prendre leur avertissement au sérieux. Ils m'attendaient ici, dans ma chambre. Ils ont dit qu'ils allaient me surveiller. En fait, ils me surveillaient déjà ! Tu vois ce que ça signifie, George ? J'avais raison. Il y a un complot derrière les décès de Rothman et de Yamamoto.

– Attends une seconde, objecta George. Je voudrais comprendre. Ces deux hommes, qui étaient dans ta chambre et qui t'ont battue, t'ont spécifiquement dit « Cessez de vous intéresser à l'affaire Rothman » ?

– Pas tout à fait dans ces termes-là, mais c'était le sens, oui.

George était horrifié, bien sûr, mais sa première réaction, instinctive, restait le scepticisme.

– Tu les connaissais ? Tu les avais déjà vus, je veux dire ?

– Ils avaient des masques. Des cagoules intégrales. Mais ils portaient l'uniforme des agents de sécurité de l'hôpital. Merde, quoi ! Peut-être qu'ils font bel et bien partie de la sécurité de l'hôpital.

Tu piges ? Ça voudrait dire que Columbia veut étouffer l'affaire. Spaulding, la doyenne, Springer, tous ces gens…

Pia se mit debout, tout à coup, comme si elle voulait prendre la fuite.

– Oh, voyons, protesta George. Nous sommes à New York. En Amérique. Dans les films hollywoodiens, si tu veux, ou bien dans les dictatures du tiers-monde, des gens tuent leurs propres docteurs et tabassent les étudiants en médecine. Mais pas chez nous ! Je n'arrive pas à croire que tu puisses imaginer un truc pareil. Reviens sur terre, Pia.

– Quelqu'un a bien fait ça, tout de même ! s'exclama-t-elle d'une voix tremblante de colère et de peur en pointant un doigt vers son visage. Je sais ce dont les institutions sont capables, George. Je sais ce dont les gens qui dirigent les institutions sont capables vis-à-vis des personnes qu'ils sont censés protéger. Si tu avais grandi dans le système où j'ai grandi, tu serais peut-être un peu plus cynique. Crois-moi : chacun ne pense qu'à ses propres intérêts. Et avec certains individus, si tu te mets en travers de leur route, voilà ce qui t'arrive…

Sa voix se brisa et un sanglot secoua ses épaules.

– Hé, fit George, et il se pencha vers elle. Hé, Pia…

Il tendit les bras. Elle se blottit contre lui et il l'étreignit un moment.

– Je crois quand même que nous devrions appeler la police, reprit-il. Tu as aussi besoin d'une ambulance…

Pia le repoussa en s'exclamant :

– Non ! Ce dont j'ai besoin, c'est de réfléchir au sens de cette agression. Si nous prévenons les flics, ils appelleront l'administration et la sécurité de l'hôpital. Si ça se trouve, ce sont elles qui sont derrière cette attaque.

Pia se prit la tête entre les mains pour ajouter d'un ton plaintif :

– Mais avec cette drogue qu'ils m'ont donnée, je n'ai pas les idées assez claires.

– Nous devrions peut-être aller dans ma chambre.

– Ils te connaissent. Nous ne serons pas plus en sécurité chez toi. Et ils ne feront rien de plus contre nous dans l'immédiat. Je reste ici.

George regarda autour de lui.

– Tu penses qu'ils te surveillent de si près que ça ?

– Concentre-toi deux secondes. Chaque fois que nous avons fait un mouvement, nous avons été attrapés. Deux fois au labo…

– Non. Une fois, il ne s'est rien passé.

– O. K., mais nous n'avons rien trouvé d'important, tu te souviens ? Et on nous a laissés nous balader dans la morgue parce qu'il n'y avait rien à trouver là-bas non plus.

– J'ai tout de même du mal à croire que tous ces gens complotent. Bourse ? Springer ? Le Dr De Silva, qui soignait Rothman ? Pourquoi, Pia ? Pour quelle raison, ce complot ? Et rien ne prouve, n'oublie pas, que ces décès ne sont pas simplement des accidents.

– Permets-moi de te redire une chose. Tu n'as pas idée à quel point les gens détestaient Rothman. Je voyais ça tous les jours. Personne ne l'aimait. Il était malpoli, irrespectueux, il paraissait méchant. Et eux, ils étaient jaloux parce que l'hôpital lui accordait tout ce qu'il voulait parce qu'il avait un Nobel et qu'il allait sans doute en recevoir un autre. Il avait des tas d'ennemis, pour des tas de raisons, y compris parmi les gens de son propre labo !

– Ouais, d'accord, mais on ne tue pas un mec pour l'unique raison qu'on ne l'aime pas. C'est beaucoup trop… C'est… c'est tellement théâtral !

– Et comment tu expliques ça, alors ? cria Pia, désignant une fois de plus son visage. J'ai été attaquée ! On m'a donné l'ordre de ne plus m'intéresser à cette affaire. Maintenant, je suis absolument certaine que Rothman a été assassiné. Sa mort n'est pas un accident. Quelqu'un a voulu le supprimer. La seule chose que je ne pige pas, c'est pourquoi ils ne m'ont pas tout simplement tuée, hier soir, au lieu de me donner cet avertissement. Ils doivent davantage craindre ce qui se passerait si je disparaissais que le fait que je refuse de prendre leur avertissement au sérieux. Comme l'ont dit les deux types, tout ira bien si je me tiens tranquille…

Pia regarda George pour ajouter d'une voix plus calme :

– Et si je m'enfuis, ils s'en prennent à toi et ils te font parler pour savoir où je suis et ce que je fais.

George eut soudain des sueurs froides. D'après ce qu'il entendait, il risquait d'être le prochain à recevoir la visite de ces hommes. Mais comment était-ce possible ? Cette histoire était tellement tirée par les cheveux ! Lui aussi, il avait besoin de temps pour réfléchir.

– Je peux aller chercher de la glace pour ton visage, si tu veux ? proposa-t-il.

– Oui, bonne idée. Merci.

George sortit de la chambre et alla à la machine à glaçons qui se trouvait au bout du couloir. Elle était hors service. Il pouvait descendre à la cafétéria, où il était sûr de trouver une machine en état de marche, mais cela signifiait qu'il devait laisser Pia seule quelques minutes. Il retourna à la chambre. Elle sursauta quand il ouvrit la porte.

– Merde ! s'écria-t-elle. Tu ne peux pas frapper ? !

– Désolé. La machine d'ici est H.S. Je vais chercher de la glace en bas. Je reviens tout de suite.

39

CENTRE MÉDICAL DE L'UNIVERSITÉ COLUMBIA
NEW YORK
25 MARS 2011
11 H 20

Quand George revint avec la glace, Pia était assise à sa table de travail. Elle prenait des notes sur un carnet à feuillets jaunes pour essayer d'élucider les événements des dernières quarante-huit heures. Il enveloppa des glaçons dans une serviette qu'il tendit à la jeune femme pour qu'elle l'applique sur sa joue, déposa le reste des glaçons dans le lavabo de la salle de bains, puis s'assit sur le lit et la regarda noircir les pages du carnet.

Pia mettait sa prodigieuse mémoire à l'épreuve pour distinguer les faits des conjectures. Partant de l'agression bien réelle dont elle avait été victime dans sa propre chambre, elle établit un historique des événements dont elle souligna ceux qui lui paraissaient, comme son agression, de nature criminelle. Pendant qu'elle travaillait sur le *quoi* et le *comment*, elle réfléchit aussi au *qui*. Elle essaya de dresser une liste des protagonistes de l'affaire avec toutes les informations dont elle était certaine. À part les deux hommes qui l'attendaient dans sa salle de bains la veille, quels pouvaient être les autres membres du complot qui avait conduit au décès du Dr Rothman et du Dr Yamamoto ?

Au bout d'une demi-heure, elle cessa de prendre des notes et soupira.

– Je ne vais nulle part. Le cerveau pourrait être n'importe qui ! Par ailleurs, il s'est déjà passé des tas de choses dans cette histoire, oui, mais en fait… nous n'en savons probablement même pas la moitié.

– Que dirais-tu d'essayer d'établir une chronologie très précise ? suggéra George. C'est ça qu'on voit dans les séries télé policières, non ? Les flics écrivent sur un grand tableau blanc : « Dix-huit heures quarante-deux, le suspect quitte le bar d'O'Leary. » Ce genre de chose…

– Ouais, mais à moins de mettre tout le monde dans le même panier, nous ne savons pas vraiment qui sont les suspects. Et nous ne pouvons pas enquêter sur tous les fronts. Imagine, par exemple, que nous disions que Springer est impliqué, d'une façon ou d'une autre, dans l'affaire. Les seuls moments de son emploi du temps dont nous sommes sûrs, ce sont ceux où j'étais avec lui ! Et je ne peux pas décrocher le téléphone pour lui réclamer de me décrire son emploi du temps des deux derniers jours.

– Voilà une bonne raison d'appeler la police, observa George. La police mène l'enquête comme elle le doit et elle peut interroger les gens – Springer, par exemple – autant qu'elle veut.

– Il y a un complot, c'est évident, reprit Pia qui suivait le cours de ses propres pensées. Mais une des choses que nous ne savons pas, c'est *pourquoi*. Pourquoi des gens ont-ils voulu commettre ces crimes ?

– Tu répètes sans arrêt que Rothman était haï par la moitié du genre humain. Ça ne te suffit pas, comme raison ? Bien sûr, ça soulève la question de savoir pourquoi Yamamoto a aussi été éliminé. Il n'était pas détesté, lui, je crois ?

– Pas du tout ! Les gens l'adoraient, au contraire. Mais… il a peut-être été tué parce qu'il était totalement dévoué à Rothman. Ces deux bonshommes étaient comme cul et chemise, tu sais. Ils bossaient tout le temps ensemble. S'ils n'étaient pas dans l'unité NSB3 ou dans l'unité des bains d'organes, ils travaillaient dans le bureau de Rothman. Ils mangeaient même ensemble. Quand ils prenaient le temps de déjeuner, ce qui n'était pas tous les jours le cas. Yamamoto était aussi la seule personne qui avait le droit d'utiliser la machine Nespresso de Rothman et de boire les bouteilles d'eau minérale de son frigo. C'étaient des frères siamois, je te dis !

– D'accord, il y a beaucoup de choses que nous ne savons pas sur les opinions et les emplois du temps des gens qui pourraient être impliqués dans l'affaire. Mais alors... Qu'est-ce que nous savons *vraiment, pour de bon*, en dehors du fait que tu as été agressée hier soir et qu'on t'a ordonné de cesser de t'intéresser à cette histoire ?

Pia le regarda quelques secondes, l'air songeur. Puis elle reprit son stylo et souligna plusieurs lignes sur les pages du carnet.

George consulta sa montre. Il savait qu'il devait retourner à l'hôpital, mais il se faisait davantage de souci pour Pia que pour le service de radiologie. L'interne avec qui il travaillait aujourd'hui était assez décontracté, c'était même peu dire – il ne s'était probablement pas aperçu de son absence. En fait, George tenait à rester avec Pia pour s'assurer qu'elle avait bien les idées claires. Elle avait reçu un coup violent à la tête et il craignait qu'elle ait une commotion cérébrale. Il voulait la surveiller. Si elle se mettait tout à coup à se comporter de façon étrange, il pourrait l'aider. Tant qu'ils restaient ensemble dans sa chambre, se dit-il en guise de justification supplémentaire, elle ne risquait pas de s'attirer de nouveaux ennuis.

Pia pivota dans le fauteuil pour lui faire face.

– Tu sais sur quoi nous savons le plus de trucs, à vrai dire ?

George haussa les épaules.

– Heu...

– L'aspect de l'affaire sur lequel nous avons le plus d'infos, c'est la maladie de Rothman et de Yamamoto. Même sans les résultats des autopsies, et même sans leurs dossiers médicaux. J'étais au labo quand ils sont tombés malades, je les ai vus à l'hôpital, j'ai parlé à l'interne qui s'occupait d'eux, j'ai moi-même examiné Rothman, j'ai relevé de nouveaux symptômes et j'ai parlé de tout ça avec le patron du service concerné.

– Oui, c'est juste. Et tu en conclus quoi ?

Ils avaient déjà parlé et reparlé de toutes ces choses, mais, vu les circonstances, George ne demandait pas mieux que d'en remettre une couche. Pia déchira les feuilles du carnet qu'elle avait remplies et les froissa pour en faire une boule compacte qu'elle jeta vers la corbeille à papier. Elle manqua son coup.

– O. K., dit-elle tout en se remettant à écrire sur le carnet, plus lentement que la première fois. Nous avons une chronologie précise de la maladie des deux scientifiques. Le démarrage a été extrêmement rapide. Rothman ou Yamamoto ont appelé à l'aide en appuyant sur le bouton de l'alarme. L'équipe médicale a débarqué au labo presque aussitôt. Je l'ai vue arriver de mes propres yeux. Il n'a pas dû s'écouler plus de dix minutes entre le moment où ils sont tombés dans les pommes et l'arrivée des brancardiers. Ensuite, Springer s'est pointé. Il est entré dans l'unité NSB3 et il a parlé avec le personnel du labo pendant qu'on emmenait Rothman et Yamamoto au service des maladies infectieuses. Là, chambre stérile et démarrage immédiat du traitement. Je dirais que tout ça n'a pas pris plus de quinze minutes. Et je me souviens que Springer nous a expliqué que c'était une fièvre typhoïde classique, avec des symptômes clairs : fièvre, état délirant et ainsi de suite. Le diagnostic a été facile, précis, et d'autant plus rapide que tout le monde savait que Rothman et Yamamoto travaillaient sur les bactéries responsables de la fièvre typhoïde. Il n'y a eu aucun délai, aucun temps mort. Une heure après l'apparition des premiers symptômes, ils étaient sous antibiotique.

Pia marqua une pause pour déplacer le carnet qu'elle posa sur son genou. Elle reprit, continuant de prendre des notes :

– Le truc étrange, c'est qu'ils ont eu tous les symptômes d'un coup. Apparemment, nous n'avons pas eu la séquence habituelle dans laquelle le patient a d'abord un symptôme, puis les autres, petit à petit, au fil des heures. Rothman et Yamamoto ont été comme foudroyés par la maladie. À ma connaissance, ce n'est pas comme ça que la fièvre typhoïde se déclare. Ensuite, les patients ont eu le soir même cette inquiétante défense péritonéale… Tu te rends compte ? La maladie a évolué tellement vite !

– Mais tu as dit que c'était une souche hypervirulente. Non ?

– Oui, d'accord. C'est la souche alpha, une de celles que Rothman a fait cultiver en apesanteur, qui les a tués. Mais tout de même…

– Tu as aussi dit que les propres études de Rothman sur la sensibilité de la bactérie aux antibiotiques donnaient à penser que cette souche aurait dû être vaincue par l'antibiotique qui lui a été donné.

– C'est juste. À cause de cette étude, Rothman et Yamamoto ont d'abord reçu du chloramphénicol. Ensuite, Springer a essayé la ceftriaxone.

– Où veux-tu en venir, au juste ? Tu penses qu'il doit s'agir d'une autre souche ?

– Non, pas du tout. C'est forcément la souche détectée, la souche alpha, qu'ils avaient dans l'organisme. Les postulats de Koch ont été satisfaits. Il n'y a aucun doute possible.

– Le labo de Springer a-t-il pu cultiver cette souche à partir des prélèvements sanguins des patients ?

– Oui. Et ils ont confirmé le résultat avec des analyses génétiques.

– Pia, je suis un peu perdu. C'est quoi, ici, le mot de la fin ?

– J'ai dit à Springer qu'il y avait peut-être eu une seconde bactérie impliquée dans la maladie de Rothman et de Yamamoto. Une bactérie ou un virus encore plus agressifs que *salmonella typhi*. Et capables de résister aux antibiotiques. Ça pourrait expliquer l'évolution incroyablement rapide de la maladie de Rothman et de Yamamoto.

– Et qu'a-t-il pensé de cette idée, Springer ?

– Il est devenu complètement dingue, répondit Pia d'un air dégoûté. Et la discussion a pris fin, puisqu'il est sorti de son bureau pour aller chercher des renforts. C'est-à-dire la doyenne.

Elle reposa carnet et stylo sur la table.

– Hum…, fit George, songeur. Alors tu penses qu'il pourrait y avoir deux bactéries concernées ?

– Là, tout de suite, c'est la seule hypothèse qui me paraît tenir la route. Les deux hommes sont morts beaucoup trop vite ! Surtout sachant qu'on leur a donné immédiatement un antibiotique, puis un autre quelques heures plus tard – et que ces deux molécules sont spécifiquement conçues pour aider l'organisme à lutter contre les salmonelles. Je sais que mon idée est contraire aux règles habituelles du diagnostic, dont la principale est qu'il faut chercher un unique agent causatif même quand les symptômes paraissent multiples. Mais je n'ai pas d'autre façon d'expliquer ce que nous avons observé chez Rothman et Yamamoto.

Elle se pencha vers le carnet pour relire ses notes.

– Nous avons tous les symptômes : fièvre, délire, prostration, sudation, baisse du niveau des leucocytes – ça, c'est classique avec les salmonelles –, et puis défense péritonéale. Ensuite, perforation intestinale et décès !

George se leva pour aller à la salle de bains. Pia l'ébahissait. Il n'en revenait pas qu'elle se souvienne des postulats de Koch – un truc qui remontait à leurs cours de microbiologie de seconde année. Lui, ça lui était complètement sorti de la tête. Il récupéra les glaçons qui n'avaient pas encore fondu dans le lavabo et les mit dans une serviette sèche qu'il apporta à Pia. Elle lui tournait le dos et avait les yeux fixés sur son carnet.

– Tiens, je t'ai changé les glaçons, dit-il.

Pia fit pivoter le fauteuil. George ne put retenir une grimace quand il vit sa joue.

– C'est pas joli-joli, dit-il. Tu as très mal ?

– Non, ça va. Et la glace me fait du bien.

Pia donna à George la première serviette, qui commençait à goûter, saisit celle qu'il lui tendait et l'appliqua sur sa joue. À l'instant où elle faisait ce geste, l'image de Rothman gisant sur son lit d'hôpital lui envahit l'esprit. Elle le revit délirant, en sueur, grimaçant de douleur, remuant la tête sur l'oreiller…

– Il perdait ses cheveux ! s'exclama-t-elle, levant les yeux vers George. Il perdait ses cheveux ! Ça veut dire quoi, ça ?

40

CENTRE MÉDICAL DE L'UNIVERSITÉ COLUMBIA
NEW YORK
25 MARS 2011
12 H 15

Pia se leva brusquement, posa la serviette remplie de glaçons sur la table et se mit à marcher de long en large dans la chambre. George l'observa avec perplexité. D'abord, elle avait eu une expression étrange, quasiment celle d'une folle, quand elle avait eu cette espèce de révélation à laquelle il ne comprenait rien. Maintenant, elle tournait autour de lui comme un chat s'apprêtant à gober une souris.

– De quoi tu parles ? demanda-t-il.

– Rothman perdait ses cheveux ! Souviens-toi : juste avant de découvrir la défense péritonéale, j'ai vu des poignées entières de cheveux sur l'oreiller.

– Oui, je me rappelle. Tu as même fait remarquer ça à l'interne et elle t'a dit que ça devait être un effet du chloramphénicol.

– Exactement.

Pia s'immobilisa devant George.

– Je peux utiliser ton ordinateur ?

Le portable qu'elle possédait était vieux et poussif. Quelques mois plus tôt, George avait investi dans un Dell équipé d'un processeur ultrarapide.

– Bien sûr. Allons-y !

Il saisit la serviette remplie de glaçons et la tendit à Pia. Elle secoua la tête. Il emporta la serviette à la salle de bains pendant que Pia quittait son pantalon de pyjama et son sweat-shirt pour enfiler une jupe et un chemisier. Elle avala aussi quatre Advil.

Ses notes à la main, Pia se dirigeait vers la porte lorsqu'une soudaine bouffée d'anxiété l'arrêta. Elle regarda autour d'elle. C'était ici, dans cette chambre, qu'elle avait été agressée, mais elle s'y sentait malgré tout plus en sécurité que dehors. Ses agresseurs se cachaient quelque part, prêts à revenir la maltraiter. Peut-être même la surveillaient-ils comme ils avaient menacé de le faire...

George perçut son inquiétude. Il posa une main sur son épaule et l'étreignit doucement. Ils échangèrent un regard pour se rassurer. Pia inspira profondément, puis sortit de la chambre en éteignant la lumière.

– Prenons les escaliers, dit-elle.

Ils descendirent quatre étages, longèrent le couloir et s'immobilisèrent devant la porte de George. Ils avaient la même pensée à l'esprit : si les agresseurs connaissaient George, ils connaissaient sans doute aussi son numéro de chambre.

– À ton avis ? demanda-t-il.

Il n'était pas absurde d'imaginer que les deux hommes aient pu décider par précaution de rendre visite au jeune homme.

– Là, je crois que nous devenons trop paranos, dit-elle.

– Mais comme tu l'as si bien dit, même les gens paranos ont de véritables ennemis. Attends ici !

George inséra doucement la clé dans la serrure, déverrouilla la porte et l'ouvrit en grand. Pia et lui étaient prêts à prendre la fuite à la moindre alerte. Mais tout avait l'air normal. George entra dans la chambre, l'inspecta d'un lent regard circulaire pour s'assurer que rien n'avait été dérangé, puis ouvrit la porte de la salle de bains d'un coup de pied. Il poussa un soupir de soulagement.

– C'est bon !

– Au travail, dit Pia.

George alluma l'ordinateur portable. Il s'assura que la connexion internet sans fil fonctionnait bien avant de céder son fauteuil à Pia et de s'asseoir sur le lit. Sa chambre était identique à celle de la jeune femme.

Pia ouvrit la page d'accueil de Google, tapa *perte de cheveux*, *alopécie* comme synonyme technique, et *chloramphénicol*, puis examina les résultats que lui proposait le moteur de recherche.

– Je ne trouve aucun document qui dise que la perte de cheveux est un effet secondaire du chloramphénicol. Il y a même des adeptes des médecines alternatives qui vendent cet antibiotique comme produit à utiliser *contre* la perte des cheveux. Tu vois ! Le Dr De Silva avait carrément tort quand elle m'a dit que Rothman perdait sans doute ses cheveux à cause du chloramphénicol.

George ne répondit pas. Pia continua de surfer sur le Web.

– Springer a attribué ce symptôme à la fièvre et au stress, reprit-elle après avoir parcouru rapidement quelques pages. Et... en effet, le stress peut apparemment provoquer l'alopécie, d'après ce que je vois. Mais je ne crois pas que ça fonctionne dans notre cas. Je veux dire que Rothman et Yamamoto étaient sans aucun doute stressés par la fièvre et tout ça, d'accord – mais pour que le stress fasse perdre leurs cheveux aux gens, il faut sans doute des mois, ou au moins des semaines. Pas quelques petites heures.

Pia poursuivit ses recherches. De l'endroit où il était assis, George ne distinguait pas les pages affichées à l'écran, mais il voyait leurs couleurs se refléter et danser sur le visage de Pia tandis qu'elle cliquait de lien en lien. Enfin, elle s'arrêta plus longuement sur une page à dominante bleutée et se pencha en avant dans le fauteuil.

– Ah ! Nous y voilà. Perte de cheveux et stress. Ouaip ! J'avais raison. Écoute ça : « À moins que le patient ne s'arrache lui-même les cheveux, le stress, même sévère, ralentit simplement l'activité du follicule pileux… Blablabla… Les cheveux ne tombent pas immédiatement, mais sur une période de plusieurs mois. »

Elle tourna la tête vers George.

– Tu vois, l'explication de Springer ne valait pas mieux que celle du Dr De Silva.

– Qu'est-ce que tu en déduis ?

– Comme je n'ai jamais entendu dire que les salmonelles provoquaient l'alopécie, nous devons trouver une autre explication à ce phénomène. Ce qui me renvoie à l'idée du deuxième agent agresseur – bactérie ou virus. S'il y avait un autre microbe impliqué, cependant, il faudrait qu'il provoque des symptômes identiques, ou très similaires, à ceux de la fièvre typhoïde. Bien sûr, puisque tous les symptômes observés étaient ceux de la fièvre typhoïde ! Tu me suis ?

– Ouais, je crois.

– Ça veut dire que nous devons trouver un agent qui imite la fièvre typhoïde sur le plan symptomatique, mais qui provoque *aussi* la perte des cheveux et peut tuer le patient en quelques heures même en présence de chloramphénicol. Et peut-être aussi de ceftriaxone. Comme je n'ai pas accès aux dossiers hospitaliers de Rothman et de Yamamoto, je ne suis pas sûre que la ceftriaxone leur a été donnée, mais nous allons supposer que c'est le cas.

– Tu sais ce que je regrette ?

– Moi, je regrette de ne pas avoir pu examiner Yamamoto après avoir vu Rothman. Ne serait-ce que pour m'assurer qu'il présentait les mêmes signes cliniques et les mêmes symptômes.

– On pourrait peut-être poser la question au Dr De Silva ?

– Je ne crois pas qu'elle serait très heureuse de me reparler. Continuons !

Pia leva les yeux vers le tableau en liège fixé au mur, au-dessus de la table de George. Le prospectus publicitaire d'une société de taxis y était punaisé à côté d'une photo de la mère et de la grand-mère de George. Il y avait aussi une carte postale de Hongrie.

Tout à coup, Pia fit de nouveau pivoter le fauteuil pour regarder George.

– Quelles sont les causes habituelles de l'alopécie, en dehors de celles que j'ai déjà citées ?

– Oh, Pia, grogna-t-il. Ça me rappelle les interros de médecine interne. Et je préférerais les oublier, parce que ça n'a jamais été mon point fort.

– Allez, quoi ! Quels sont les trucs qui provoquent la chute des cheveux ?

– Heu… les changements hormonaux, l'alopécie Areata, le stress comme tu disais…

Pia faisait des moulinets avec la main pour l'encourager à citer d'autres facteurs. George réfléchit.

– Les maladies dermatologiques du cuir chevelu, en particulier la pemphigoïde cicatricielle. Ouah ! Ça, c'en est une bonne. C'est le genre de réponse qui m'aurait valu un quart d'heure de gloire pendant les visites. Le problème, c'est qu'en général je calais complètement.

– Quoi d'autre ? ordonna Pia, agitant de nouveau la main.

– Heu… certains médicaments. Certaines substances…

Pia hocha la tête, les yeux brillants, comme s'ils jouaient aux devinettes et comme si elle connaissait déjà la réponse à la question qu'elle avait posée. George commençait à s'impatienter et voulait laisser tomber, mais il eut tout à coup une autre idée.

– Et la chimiothérapie et les radiations ? proposa-t-il.

– Tout juste ! s'exclama Pia.

Il fronça les sourcils. Hum… en effet, ces trucs-là faisaient tomber les cheveux des patients. Mais quel rapport avec les maladies de Rothman et de Yamamoto ?

– C'est à ça que je pense aussi, ajouta-t-elle avec enthousiasme. Les radiations ! Quand tu étais en stage de cancérologie, je présume que tu as vu des patients traités aux radiations ?

George hocha la tête.

– La chimiothérapie et les radiations détruisent les follicules pileux. Et les cheveux tombent immédiatement ! précisa Pia, survoltée.

– Où veux-tu en venir ?

– J'ai dit que je me demandais si Rothman et Yamamoto n'avaient pas été infectés par un autre microbe – en plus de la salmonelle. Un microbe qui n'aurait pas été sensible au chloramphénicol ou aux céphalosporines de troisième génération qui leur ont été donnés.

– Ouais. La ceftriaxone, en l'occurrence.

– Maintenant, je me dis qu'il n'y avait pas d'autre microbe. Bon sang, George, tu l'as dit toi-même ! Tu te souviens ? Tu as dit qu'on avait sans doute autopsié les corps dès le jour de leur décès parce qu'ils étaient « brûlants ». Sur le moment, j'ai trouvé le mot un peu étrange, mais en fait tu avais raison. Je ne crois pas qu'ils étaient *brûlants* parce qu'ils étaient pleins de bactéries dangereuses. Je pense qu'ils étaient brûlants parce qu'ils avaient été irradiés.

41

INSTITUT MÉDICO-LÉGAL DE LA VILLE DE NEW YORK
520, PREMIÈRE AVENUE, MANHATTAN
25 MARS 2011
12 H 32

Laurie Montgomery, médecin légiste à l'Institut médico-légal de New York, discutait depuis un petit moment dans son bureau avec un vieil ami, le commissaire Lou Soldano, lorsque le téléphone sonna. Elle vit sur l'écran que c'était le directeur de l'IML, s'excusa auprès de Lou et prit l'appel. Bientôt, elle leva les yeux au ciel tandis qu'elle écoutait son supérieur. Lou sourit.

Laurie avait repris le travail à l'IML depuis déjà onze mois, après s'être remise de l'épisode très pénible du kidnapping de son bébé, John Junior – un événement qui avait lui-même suivi le meurtre d'un célèbre scientifique japonais, Satoshi Machita, par la Mafia new-yorkaise et un groupe de yakuzas japonais. L'affaire avait fait les gros titres des journaux et de la télévision pendant plusieurs jours au moment de l'enlèvement de l'enfant. Qui heureusement avait été sauvé. Laurie avait décidé de reprendre le travail après avoir recruté une garde d'enfant, Paula, une dame adorable et hypercompétente qui s'était installée à la maison avec la famille. Depuis que Paula s'occupait de JJ, elle avait l'esprit parfaitement tranquille. En ce moment même, son mari et collègue médecin légiste, Jack Stapleton, travaillait dans son propre bureau de l'IML, et JJ était avec Paula dans leur maison de la 106e Rue. Laurie et Jack pouvaient aussi se féliciter d'avoir des amis comme le commissaire Lou Soldano : c'était lui, au moment du kidnapping, qui avait coordonné la mission de sauvetage qui avait permis de récupérer JJ sans délai.

D'après ce qu'il entendait de la conversation de Laurie avec son boss, le Dr Harold Bingham, et sachant ce qu'il savait au sujet de cet homme, Lou comprit qu'il allait devoir patienter un moment. Il sortit le *New York Post* de sa sacoche et le feuilleta pour retrouver un article qui l'avait beaucoup intrigué. DEUX CÉLÈBRES CHERCHEURS TUÉS PAR DES GERMES DE L'ESPACE, disait le titre. Il le relut rapidement. Il avait l'intention de montrer ce papier à son amie ; c'était même une des raisons pour lesquelles il était passé la voir à l'IML aujourd'hui.

– Désolée, dit Laurie quand elle eut raccroché. C'était Bingham.

– J'avais compris. Pas de souci. Tu as entendu parler de ça ?

Il retourna le journal et le posa devant elle, tapotant le titre qui l'intéressait.

– Oui, répondit-elle. Je n'ai pas lu cet article précisément, mais le *Times* a aussi parlé de l'affaire.

– Cette histoire est complètement dingue. Et assez terrifiante. Ces deux chercheurs de Columbia se sont contaminés eux-mêmes, dans leur labo, avec un virus développé dans la station spatiale. Les corps sont censés avoir été amenés ici, à l'IML. C'est vrai, tout ça ?

– Oui, sauf que l'agent contaminant n'était pas un virus. C'était une bactérie qui s'appelle la salmonelle. Une de ses nombreuses souches, plus particulièrement, qui porte le nom de *salmonella typhi*. C'est celle qui provoque la fièvre typhoïde. Et si tu veux tout savoir, c'est Jack qui a fait les deux autopsies hier. C'est une histoire vraiment regrettable. Il paraît que ces deux chercheurs travaillaient sur les cellules souches et étaient sur le point de réussir à fabriquer des organes humains.

– Ouais, j'ai lu ça. Et les autopsies ? Il y avait quelque chose de particulier ? Le journal évoque certaines hypothèses assez étonnantes. Un des deux chercheurs, la grosse tête, n'était pas à proprement parler apprécié de ses collègues.

– Jack m'a juste dit qu'il avait été très impressionné par la pathologie qu'il avait relevée chez les deux hommes. Jamais il n'avait vu des intestins en si mauvais état. En général, la fièvre typhoïde ne fait pas de tels dégâts. Cette histoire provoque pas mal de remous. D'ailleurs, Bingham vient de m'en parler. Il s'attend à ce qu'un certain nombre de gens y mettent leur grain de sel, et il m'a dit que, si jamais il y avait une conférence de presse, il préférait que je m'en occupe. Il sait que Jack déteste cet exercice et n'est pas toujours très fin diplomate.

Lou rit, car il savait que la diplomatie n'était vraiment pas le fort de Jack.

– Vous allez bien ensemble, tous les deux, parce que vous vous complétez, dit-il, puis il demanda : Et si on déjeunait ensemble ? Tu as le temps de sortir grignoter quelque chose ?

– Je suis désolée, aujourd'hui les patients tombent comme des mouches.

Lou rit de nouveau. Heureusement, le grand public n'avait pas connaissance des traits d'humour noir qu'on entendait régulièrement entre les murs de l'IML.

– O. K. Ce sera pour une autre fois.

Il arracha son corps trapu à la chaise sur laquelle il était assis, enfila son imperméable et fit ses adieux à Laurie.

42

CENTRE MÉDICAL DE L'UNIVERSITÉ COLUMBIA
NEW YORK
25 MARS 2011
13 H 18

Après avoir écouté Pia lui exposer sa théorie, George commença par se dire qu'elle avait perdu la tête. D'après elle, Rothman et Yamamoto avaient été tués par une substance radioactive, le polonium 210, masquée par la bactérie, *salmonella typhi*, qui leur avait été injectée en même temps. George lui demanda, non sans ironie, dans quel James Bond elle avait pêché pareille idée. Mais Pia était très sérieuse.

– Ce crime a déjà été commis, répliqua-t-elle. De la même façon, je veux dire. Nos assassins s'en sont inspirés pour supprimer Rothman et Yamamoto. Il y a un homme, un Russe, qui a bel et bien été tué avec du polonium il y a quelques années. Il s'appelait Alexandre Litvinenko. Ça s'est passé à Londres. En 2006. Tu ne te rappelles pas ? Tous les journaux en ont parlé.

– Non, ça ne me dit rien, admit George.

Pia lui fit signe d'approcher et lui montra les onglets des différents articles qu'elle avait trouvés sur le Web à propos de cette affaire.

– Alexandre Litvinenko avait longtemps travaillé pour le KGB, puis pour le FSB, l'organisation qui a remplacé le KGB à la fin de l'ère soviétique, expliqua-t-elle. Un jour, il a fui la Russie et il a reçu l'asile politique en Angleterre. Il écrivait des bouquins très critiques à l'égard du président russe, Poutine. Un espion de ce genre, ayant eu la carrière qu'il avait eue, on pourrait penser qu'il devait être hyperprudent. Mais voilà : un jour, il prend le thé avec plusieurs bonshommes, des anciens du KGB comme lui, dans le bar d'un hôtel de Londres. Quelques heures plus tard, il tombe malade et il est hospitalisé. Au bout d'un moment, on découvre qu'il a un syndrome d'irradiation aiguë. Et la substance qu'il a dans l'organisme, c'est du polonium 210. Son état empire peu à peu, les médecins ne peuvent pas grand-chose et il meurt trois semaines plus tard.

– Trois semaines, répéta George. Rothman et Yamamoto sont morts en une seule journée.

– Ouais, mais les effets du polonium sont proportionnels à la dose qui est absorbée par la victime. Et nous ne savons pas quelle dose Rothman et Yamamoto ont reçue.

Nous ne savons pas s'ils ont été empoisonnés avec du polonium, point barre, pensa George, mais il ne dit rien. Pia était lancée et très sûre d'elle.

– Les Britanniques mènent l'enquête et remontent jusqu'au bar de l'hôtel, reprit-elle. Là, ils trouvent des radiations partout, en particulier dans la théière utilisée pour servir les Russes. Pour finir, ils ont confirmé que Litvinenko était mort d'empoisonnement au polonium. Le légiste a dû enfiler une combinaison Hazmat pour faire l'autopsie. L'appareil digestif de Litvinenko était carrément « brûlant », pour reprendre ton mot. Il a fallu l'enterrer dans un cercueil doublé de plomb.

– D'accord, je peux comprendre qu'un espion utilise cette méthode abracadabrante pour tuer un autre espion. Mais pourquoi faire ça à des chercheurs ? Si tu veux te débarrasser d'eux, pourquoi te donner tant de mal ? Il te suffit de leur loger une balle dans la tête.

– C'est là que c'est super-rusé. Ceux qui ont fait ça ne voulaient pas qu'on puisse penser à un assassinat. Ils voulaient que les décès de Rothman et Yamamoto passent pour accidentels. Les symptômes du syndrome d'irradiation ont été camouflés par ceux de la fièvre typhoïde provoquée par la salmonelle : température élevée, prostration, délire, baisse des leucocytes, problèmes gastriques, etc. Les symptômes des maladies causées par le polonium et par *salmonella typhi* sont quasi identiques. La seule différence, c'est la perte des cheveux. Les assassins – je parle au pluriel parce que je suppose qu'il y a plusieurs individus dans le coup – comptaient sur le fait que personne ne penserait à chercher un agent comme le polonium. Pour la simple raison que le diagnostic de fièvre typhoïde s'imposerait comme une évidence. Le polonium est très particulier parce qu'il se désintègre en émettant des particules alpha, lesquelles ne sont détectables que si on les recherche *spécifiquement*. Mais personne ne risquait de les chercher, justement, puisque le diagnostic de typhoïde coulait en quelque sorte de source !

Pia était très enthousiaste. À ses yeux, tout se tenait. Elle reprit :

– En plus, les particules alpha ne risquaient pas de rendre d'autres gens malades. Et il est clair que ça ne s'est pas produit. Quand elles se déplacent, elles ne vont pas bien loin. Elles ne parcourent qu'un centimètre, environ, et il suffit d'une feuille de papier pour les arrêter. Ce n'est que si le polonium 210 est ingéré ou inhalé qu'il est dangereux – et là, il est *vraiment* dangereux. Une forte dose est très rapidement fatale. Et une forte dose, ça veut dire un millionième de gramme de polonium.

Pia se rencogna dans le fauteuil, l'air exalté.

– Qu'est-ce que tu en penses ?

George était un peu dépassé par la quantité d'informations qu'elle venait de lui livrer. Tout ça paraissait très logique, oui, mais il ne pouvait s'empêcher de se demander si Pia ne s'emballait pas un petit peu trop.

– Il faut donc supposer que la perte de cheveux de Rothman n'a aucune autre explication, dit-il. Mais... je suppose que ta théorie explique pourquoi les antibiotiques n'ont pas sauvé les malades. Ou bien peut-être qu'ils ont agi comme il fallait, ces antibiotiques, mais les radiations ont été les plus fortes *de toute façon...*

– Oui, tout à fait, acquiesça Pia. C'est monstrueux ! C'est diabolique ! Le mec qui imaginé ce plan est très futé. Et c'est probablement un médecin. Ou un scientifique qui connaît bien le domaine médical.

Songeur, George se leva et fit les cent pas dans la chambre. Tout bien considéré, il ne voyait aucune faille sérieuse dans la théorie de Pia.

– Ouais, je pense que c'est possible, convint-il. Maintenant, il faut prévenir les autorités et les laisser aller au bout de cette histoire.

– Ah non ! Hors de question. Nous ne savons pas qui est derrière ces meurtres.

– Pia, il faut supposer que les types qui t'ont attaquée sont mêlés à l'affaire...

– Évidemment ! Il doit s'agir d'un complot énorme. Tu sais à quoi ça sert, le polonium ? On l'utilise dans les mécanismes de déclenchement des armes nucléaires. Aucun pays ne veut admettre qu'il en produit et c'est la Russie qui est censée en être le premier producteur au monde. Je viens de lire ça, il y a cinq minutes. Ça veut dire que le FSB n'a qu'à passer un coup de fil pour s'en procurer. Mais comment tu fais venir du polonium à New York ? Beaucoup de gens doivent être impliqués dans cette affaire. Des gens puissants, par-dessus le marché, qui peuvent avoir accès à ce genre de produit. Et je crois les deux types qui m'ont interdit de m'adresser à la police. Je ne parlerai pas aux autorités tant que je n'aurai pas assez de preuves pour alerter en même temps les médias.

– Les médias ?

– Je te l'ai dit, George, je ne fais pas confiance aux « autorités », dit Pia, dessinant des guillemets en l'air avec ses doigts. Si je livre l'histoire aux médias, par contre, personne ne pourra l'enterrer.

– Et quelles preuves veux-tu trouver, au juste ?

Pia se rapprocha de l'ordinateur et fit une nouvelle recherche. George patienta.

– Voilà, dit-elle. Le polonium 210 a une demi-vie, ou période radioactive, de cent trente-huit jours. Ça veut dire qu'il faut cent trente-huit jours pour qu'il perde la moitié de sa radioactivité. Si Rothman et Yamamoto ont bien été tués avec ce produit, il doit y en avoir des traces quelque part, soit dans le labo, soit dans les chambres où ils étaient hospitalisés. Même si l'assassin a été très prudent pour le leur faire avaler ou inhaler, il y en a forcément des résidus ici ou là. Comme dans l'affaire londonienne de 2006.

George rejoignit Pia devant l'ordinateur.

– Comment s'y prend-on pour détecter le polonium ?

– Ici, dit-elle, pointant un doigt sur la droite de l'écran. Les particules alpha peuvent être détectées avec un compteur Geiger. C'est simple, tu vois.

– Et où va-t-on trouver un compteur Geiger ? demanda George d'un ton sarcastique. Ah ben, on n'a qu'à prendre le mien ! Tiens, il est sûrement dans le tiroir qui est sur ta droite.

– Très drôle. Les compteurs Geiger ne sont pas si rares que ça, tu sais, surtout dans un centre médical comme le nôtre. Le service de médecine nucléaire doit en être équipé. Et si nous allions là-bas tout de suite demander si nous pouvons en emprunter un ?

– Je ne peux pas m'empêcher de remarquer que tu viens de dire « nous ». Est-ce une invitation officielle ?

– Bien sûr, répondit Pia avec un haussement d'épaules.

– Hum, merci, dit George.

De toute façon, jamais il n'aurait laissé Pia aller à l'hôpital sans lui. Il tendit la main pour lui effleurer la joue.

– Pendant que nous serons là-bas, nous devrions peut-être te faire passer une radio. Je connais un radiologue qui nous rendra ce service sans problème.

Pia repoussa son bras.

– Je ne veux pas prendre ce risque.

– Comme tu voudras. C'est toi qui as mal, après tout. Alors voilà le programme. Je vais t'aider à trouver un compteur Geiger, mais avant ça je dois aller voir mon interne et lui donner une excuse pour mon absence.

– Très bien. En fait, je serais plutôt contente de prendre quelques minutes de repos. Je ne sais pas ce que ces types m'ont injecté dans la jambe, mais je me sens encore crevée. Vaseuse. Je vais faire un petit somme pendant que tu règles tes affaires. Ça t'ennuie si je m'allonge ici, sur ton lit ? Appelle-moi quand tu seras prêt, d'accord ?

Pia quitta le fauteuil de bureau et s'allongea sur le lit. Elle ferma les yeux en poussant un profond soupir. Elle se sentait à la fois épuisée et survoltée.

George attrapa sa lampe de poche sur la tête de lit, s'assit à côté de Pia et lui fit ouvrir les yeux. Son réflexe pupillaire était normal.

– Hum, gémit-elle en tournant la tête de côté. Dégage cette lumière, tu veux ? Qu'est-ce que tu fais ?

– J'avais peur que tu aies une commotion cérébrale.

– Merci, t'es optimiste.

– Il faut quand même y penser. Surtout si tu te sens épuisée.

– C'est vrai. Mais je crois que je vais bien. Je suis juste fatiguée.

– Bon, je file en radiologie présenter mes excuses à l'interne. Je reviens très vite. Coince la chaise qui est là sous la clenche de la porte. O. K. ? Tu as ton téléphone ?

Pia hocha la tête.

– Vérifie qu'il est chargé. Mon chargeur est sur la table. Et appelle-moi en cas de besoin.

George aurait préféré appeler la police, ou bien louer une voiture pour emmener Pia le plus loin possible de New York. Mais il n'était plus temps de reculer. S'il prenait correctement ses précautions vis-à-vis de l'hôpital, il pourrait rester auprès de Pia le temps d'aller au bout de cette histoire. Avec un compteur Geiger, ils découvriraient la preuve de ce qu'elle avait avancé – si cette preuve existait. Et s'ils ne trouvaient rien… elle serait obligée de renoncer à la théorie du polonium comme à toutes les précédentes. À ce moment-là, peut-être renoncerait-elle aussi à jouer les limiers.

43

CENTRE MÉDICAL DE L'UNIVERSITÉ COLUMBIA
NEW YORK
25 MARS 2011
14 H 01

Quelqu'un frappait doucement à la porte. Pia se redressa en sursaut sur le lit et éprouva un léger vertige. Regardant autour d'elle, elle prit conscience qu'elle se trouvait dans la chambre de George. Elle venait de dormir un moment. Les événements de la veille au soir lui revinrent en mémoire. Elle se leva, chancela quelques instants sur ses jambes – elle avait l'impression d'avoir la gueule de bois –, puis marcha jusqu'à la porte.

– C'est qui ? demanda-t-elle.

– C'est moi, répondit George.

Elle retira la chaise qu'elle avait calée sous la clenche, ouvrit le verrou, puis se dirigea vers la salle de bains. Comme toujours la pièce était très propre – George était un peu maniaque. Devant la glace, elle grimaça en touchant l'horrible ecchymose de sa joue gauche, puis elle soupira quand elle remarqua que la blessure remontait si haut sur sa pommette qu'elle lui vaudrait sans doute bientôt un œil au beurre noir. Par réflexe, elle ferma son œil blessé pour s'assurer qu'elle voyait normalement de l'autre œil. Elle examina sa lèvre entaillée et décolla un caillot de sang séché au bord de sa narine. Enfin, elle ouvrit les robinets pour se laver le visage.

– Quelle heure est-il ? cria-t-elle.

Elle n'avait déjà plus le vertige et ses idées s'éclaircissaient.

– Quatorze heures, répondit George. Tu veux manger quelque chose ?

– Non ! Pas le temps. Il faut avancer. Plus nous attendons, moins nous aurons de chances de trouver quoi que ce soit. La demi-vie du polonium est relativement courte. Et surtout, il suffit d'un coup de chiffon, comme avec la poussière, pour s'en débarrasser.

– Tu restes sur l'idée du polonium, alors ?

Pendant qu'il revenait vers la résidence universitaire, George avait à moitié espéré y retrouver une Pia beaucoup moins convaincue qu'auparavant de la vraisemblance de son incroyable scénario.

– Carrément ! répondit-elle. Elle est parfaite. Tu étais d'accord que tout se tient, non ?

– Oui, on dirait que ça se tient, convint-il. À condition de ne pas trouver d'autre explication au fait que Rothman perdait ses cheveux. Mais les aspects pratiques de notre enquête sont tellement… décourageants. Et tu es sûre et certaine que Rothman perdait ses cheveux ?

– Oui ! J'en suis absolument certaine. Et toi aussi, tu l'as vu.

Pia sortit de la salle de bains. Elle avait l'air très déterminé. George sentait qu'elle était fière de son propre pouvoir de déduction – et fascinée par l'élégance diabolique du complot mis sur pied pour assassiner Rothman.

– Te rends-tu compte à quel point il est difficile de mettre en œuvre un coup pareil ? demanda-t-elle. En comparaison, l'assassinat de Kennedy paraît presque facile.

– Lee Harvey Oswald est censé avoir agi seul, fit remarquer George.

– O. K., mauvais exemple. Ici, c'est vrai, il doit s'agir d'un complot très important, dans lequel sont impliqués beaucoup de gens. Une fois que nous aurons confirmé que le polonium a bien été utilisé, en tout cas, il faudra que je fasse attention à ne pas laisser les autorités dénaturer l'histoire. Parce que je suis sûre que c'est ce qui arrivera. Je devrai trouver le moyen de faire connaître ma version de l'histoire, c'est-à-dire la vérité.

– Si tu as une preuve tangible comme le polonium, Pia, la police te protégera.

– Tu délires ! La police, c'est bien d'elle dont j'ai le plus peur. Plus j'y pense, tu sais, plus je me dis que les cerveaux du complot doivent être d'autres chercheurs. Ou des médecins. L'aspect scientifique de l'opération est impressionnant. Je veux dire… les gens qui ont inventé ça doivent avoir d'excellentes connaissances médicales, forcément ! Sinon, comme tu disais, pourquoi ne pas avoir simplement abattu Rothman et Yamamoto d'une balle dans la tête ?

Pia fronça les sourcils et agita les mains comme pour signifier qu'elle effaçait tout ce qu'elle venait de dire.

– Je mets la charrue avant les bœufs. Nous devons chercher les radiations qui sont dans le labo. S'il y a encore des radiations quelque part, ce sera là-bas, j'en suis certaine. Et pour ça, nous avons besoin du compteur Geiger. Mais nous allons d'abord passer en vitesse à ma chambre. Je dois trouver du fond de teint. J'ai la tête de quelqu'un qui vient de se faire renverser par un camion. Ça risque de faire tiquer les gens.

– Dépêchons-nous, dit George. En fait, je n'ai pu me libérer que deux petites heures. J'avais oublié que j'ai un cours que je ne peux pas rater à seize heures.

Pia et George n'eurent aucune difficulté à emprunter un compteur Geiger au service de médecine nucléaire. L'interne qui leur donna l'appareil précisa même qu'il n'était plus utilisé dans le service et attendait d'être envoyé au recyclage. Bonus supplémentaire, ce modèle particulier de compteur était mieux adapté à la détection des particules alpha – celles du polonium – que les appareils plus récents. Ainsi équipés, ils gagnèrent le laboratoire de Rothman pour y rechercher d'éventuelles radiations.

Devant la porte, cependant, ils hésitèrent.

– Je dois avouer que je n'aimerais pas du tout croiser Spaulding, dit Pia. Lui, il pourrait peut-être nous causer des ennuis. Les autres techniciens ne me portent pas vraiment dans leur cœur, mais je ne pense pas qu'ils nous empêcheraient de nous balader dans le labo.

– Tu veux que j'entre pour voir s'il est là ?

– Bonne idée.

George mit moins d'une minute à accomplir sa mission. Il reparut pour annoncer à Pia que, d'après la secrétaire, Arthur Spaulding était sorti déjeuner et ne reviendrait pas de sitôt.

Ils entrèrent dans le labo. Marsha Langman leva les yeux. Pia lui dit qu'elle venait récupérer des affaires dans son bureau. Marsha haussa les épaules et se replongea dans son travail. Pia se demanda confusément comment la secrétaire occupait ses journées maintenant qu'elle n'avait plus rien à faire pour Rothman.

Pia marcha droit vers la porte de l'unité NSB3. Ils enfilèrent rapidement des tenues protectrices. Ils devaient agir vite et ils espéraient ne croiser personne. Pia voulait commencer dans cette unité parce que Rothman et Yamamoto y avaient passé toute la matinée le jour fatidique où ils étaient tombés malades.

Le compteur Geiger se présentait sous la forme d'un boîtier jaune de la taille d'une grosse torche électrique, avec une poignée sur le dessus et un capteur de particules, à l'avant, qui ressemblait à un micro. Pia saisit la poignée de la main gauche, alluma l'appareil et fit lentement glisser le capteur au-dessus des paillasses. Le compteur lâcha quelques crépitements, dus au rayonnement habituel de l'environnement, toutes les quelques secondes. À la grande déception de Pia, cependant, il ne détecta pas de particules alpha – même au niveau de la hotte sous laquelle les scientifiques travaillaient sur les salmonelles.

George et Pia n'échangèrent pas un mot tandis qu'ils retiraient les tenues de protection. De retour dans la salle principale du labo, ils firent un détour par le petit bureau de Pia pour ne pas éveiller les soupçons de Marsha. Pia ayant annoncé qu'elle venait récupérer ses affaires, elle avait intérêt à jouer la comédie jusqu'au bout. Sans surprise, O'Meary se trouvait encore dans la pièce, juché sur l'escabeau, le buste dans le faux plafond. Il se baissa quand il entendit les étudiants.

– Ah, mademoiselle Grazdani, vous revoilà ! Oh mon Dieu ! Votre visage, qu'est-ce qui vous est arrivé ?

Pia ne répondit pas. L'électricien fit la moue, puis sourit pour dire :

– Bonne nouvelle ! C'est absolument confirmé, j'ai trouvé le court-circuit qui a fichu le système en l'air. Il est quelque part par ici, entre votre bureau et celui du Dr Rothman. Cette fois, nous aurons vraiment débarrassé le plancher ce soir. Désolé pour tout ce dérangement.

Pia ne fit aucun commentaire.

– Hé, dites ! C'est un compteur Geiger, ça, non ? demanda l'électricien, désignant l'appareil qu'elle avait à la main.

– Oui, répondit-elle. Nous avons fait du marquage isotopique dans le labo. Nous devions vérifier qu'il n'y avait aucun résidu radioactif. Et c'est bien le cas.

– Ça fonctionne comment, au juste, ces appareils ?

– Regardez ça sur le Web. C'est ce que j'ai fait.

George était un peu gêné de voir Pia se montrer si brusque envers cet homme. Venant lui-même d'une famille de cols bleus, il avait des affinités naturelles avec les gens comme cet électricien.

Déçue de n'avoir trouvé aucune contamination dans l'unité NSB3, Pia commençait à se sentir découragée. Cependant, il restait un dernier endroit qu'elle voulait inspecter : le bureau de Rothman, où les deux scientifiques avaient toujours passé beaucoup de temps ensemble. Problème, il y avait Marsha... Pia craignait que la disparition de Rothman ne lui ait pas fait perdre sa mentalité de chien de garde.

Elle fit signe à George de la suivre et sortit de son bureau en essayant d'imaginer une stratégie pour contourner Marsha. Elle eut alors la bonne surprise de découvrir que le problème s'était miraculeusement résolu de lui-même : la secrétaire n'était plus à sa table. Sans doute était-elle sortie déjeuner à son tour.

Pia et George entrèrent dans le bureau de Rothman. La direction de l'hôpital devait avoir pris certaines décisions, car des cartons de déménagement encombraient la pièce, déjà plus ou moins remplis des livres, documents et objets personnels du chercheur. Pia passa la sonde du compteur Geiger au-dessus de la table de travail, au-dessus de la paillasse et le long des étagères murales. Elle n'oublia pas la table basse et le canapé dans lequel s'asseyaient les visiteurs – bien souvent des journalistes qui espéraient faire tomber le célèbre masque de froide réserve de Rothman. Ils étaient inévitablement déçus. Ensuite, Pia et George passèrent à la salle de bains. Rothman avait eu droit à cette installation privée après avoir décroché son prix Nobel. Aucun autre labo du Centre médical de l'université Columbia ne possédait de salle de bains. Là encore, le compteur Geiger n'émit que de légers crépitements de rayonnement de fond, comme dans l'unité NSB3.

Pia l'avait presque oubliée, mais il lui restait une ultime pièce à visiter. Moins une pièce, d'ailleurs, qu'un cagibi où Rothman rangeait des documents, quelques outils scientifiques et, surtout, des fournitures : les étagères murales y étaient bourrées de paquets de serviettes en papier, de cartons de tubes à essais et de vases à bec, de rames de papier et de stylos, etc. C'était dans ce cagibi, en outre, que se trouvaient le petit réfrigérateur et la chère machine Nespresso de Rothman. *Peut-être*, pensa Pia avec espoir. *Peut-être. Il faut essayer…*

Quelques cliquetis hésitants s'élevèrent du compteur Geiger quand elle le braqua vers la machine à café. Pia fronça les sourcils. Au milieu de la petite table, entre la machine et le matériel nécessaire à la préparation des cafés – le carton de dosettes, les sucrettes, etc. –, il y avait quatre tasses en porcelaine blanche posées à l'envers sur un torchon plié en deux : deux petites, pour les espressos, et deux plus grandes. Le compteur lâcha de nouveaux cliquetis quand Pia passa le capteur au-dessus des deux plus grandes tasses. Ayant fait signe à George de les retourner, elle plongea le capteur dans l'une, puis dans l'autre. Les cliquetis reprirent, plus prononcés. Le compteur Geiger détectait de la radioactivité comme il ne l'avait fait nulle part ailleurs dans le labo.

– Litvinenko a été contaminé avec une tasse de thé, dit Pia, très excitée. Peut-être que nos tueurs se sont servis de ces tasses ! Ça expliquerait aussi que Rothman et Yamamoto aient été contaminés en même temps. Et que personne d'autre n'ait été affecté, bien sûr.

– Les cliquetis ne sont pas phénoménaux, observa George. L'appareil réagit peu. Tu crois que c'est quand même le signe de quelque chose ?

– Ouais, c'est faible, reconnut Pia. Mais c'est net. Enfin, je crois. Le compteur détecte bel et bien des particules alpha. Les tasses ont sans doute été nettoyées, mais il reste des traces de polonium. Je pense que c'est probant. Fichons le camp d'ici.

Pia saisit une des deux grandes tasses par l'anse et la glissa avec précaution dans une enveloppe matelassée de format A4 qu'elle avait trouvée parmi les fournitures des étagères. Elle mit l'enveloppe dans le cabas en toile qu'elle avait pris pour transporter le compteur Geiger.

George et Pia sortirent de la réserve, traversèrent le bureau de Rothman et débouchèrent dans la salle principale du labo. Une mauvaise surprise les y attendait. Marsha n'était apparemment pas sortie déjeuner, contrairement à ce qu'ils avaient espéré, et Spaulding était revenu de sa pause. L'air indigné, ils barrèrent le passage aux deux étudiants.

– Quel culot ! s'exclama Spaulding, les mains sur les hanches. Je vous avais dit de ne jamais remettre les pieds ici. Et qu'est-ce que vous fichez avec ça ?

Il désigna le compteur Geiger.

Pia fit signe à George de la suivre. Elle n'avait aucune intention de parler aux cerbères du labo. Elle voulut contourner Spaulding, mais celui-ci lui agrippa le bras. George essaya de s'interposer.

– Ça va, George, dit Pia d'une voix très calme. Monsieur Spaulding, cessez de me toucher ou je porte plainte contre vous pour harcèlement sexuel.

Spaulding la lâcha aussitôt.

– À qui appartient ce compteur Geiger ? bafouilla-t-il, furieux et déconcerté à la fois. C'est celui du labo ?

– Ne vous inquiétez pas. Nous l'avons emprunté tout ce qu'il y a de plus officiellement, et dans le service adéquat.

– Mais pourquoi l'avez-vous apporté ici, dans mon labo ? J'exige une explication !

– Cet appareil, monsieur Spaulding, c'est un détecteur de couillons. Oh, dites donc…

Pia braqua le capteur vers le visage de Spaulding. Le compteur émit ses crépitements de rayonnement de fond habituels.

– Finalement, il a l'air de bien fonctionner, ajouta-t-elle.

Elle contourna Spaulding et jeta un regard froid à Marsha avant de quitter les lieux.

44

CENTRE MÉDICAL DE L'UNIVERSITÉ COLUMBIA
NEW YORK
25 MARS 2011
14 H 48

George était soulagé d'échapper à Spaulding et il espérait que la doyenne, le Dr Bourse, n'entendrait pas parler de leur visite au laboratoire. Pendant qu'ils attendaient l'ascenseur au bout du couloir, il demanda :

– C'était la troisième fois que tu te colletais avec ce type, non ? Vous voilà deux à un, si je compte bien. À l'avenir, tu devrais vraiment l'éviter.

– Ça ne sera pas difficile. Je n'ai plus aucune raison de retourner au labo, dit Pia. (Elle soupira.) Nous avons capté quelques déclics sur les tasses, mais… ce n'est pas vraiment ce que j'espérais. À bien y réfléchir, je ne sais pas si ces déclics sont concluants. Nous avons besoin d'une autre preuve.

– J'avais peur que tu parles à Spaulding du registre des échantillons congelés.

– J'y ai pensé. Quel connard, ce mec, tout de même ! Et pour qui il se prend ? Il n'est absolument pas en position de m'interdire l'accès au labo. « Premier technicien », tu sais, c'est un truc qu'il a inventé. Enfin, peu importe. Je ne sais pas si les différences que nous avons relevées entre les valeurs du registre et le nombre des échantillons effectivement présents dans la chambre réfrigérée signifient quelque chose. Même si quelqu'un a piqué un échantillon de *salmonella typhi* pour infecter Rothman et Yamamoto, nous n'avons aucun moyen de savoir qui et comment...

– Mais tu crois que Spaulding pourrait avoir joué un rôle dans la mort de Rothman ? l'interrompit George. C'est ça que tu veux dire ? Tu as encore cette idée en tête ?

– Je ne sais pas. S'il est impliqué, en tout cas, il n'est qu'un tout petit engrenage dans le mécanisme. Il n'est pas assez intelligent pour avoir inventé ce truc tout seul.

Une pensée inquiétante vint à l'esprit de Pia. S'il y avait un vaste complot derrière les décès de Rothman et de Yamamoto, et si Spaulding avait été recruté, cela signifiait que n'importe quel membre du personnel du centre médical pouvait y être mêlé – et constituer une menace pour elle. Un frisson d'angoisse la saisit. Elle se sentait tout à coup extraordinairement vulnérable, peut-être davantage qu'à aucun autre moment de sa vie. Cependant, elle ne devait pas craquer. Et, quelles que soient les difficultés, elle devait continuer de chercher d'autres preuves.

– Je peux dormir chez toi ce soir ? demanda-t-elle. Je ne veux pas rester seule.

– Bien sûr.

George était très heureux qu'elle lui pose cette question. Il regrettait juste un peu que les circonstances ne soient pas différentes.

Quand ils débouchèrent dans la rue, George s'attendait à voir Pia regagner la résidence universitaire. Mais elle l'accompagna en direction de l'hôpital. La pluie tombait et un vent puissant balayait les rues. Les gens marchaient courbés en avant, cols remontés contre le froid mordant.

George relança la conversation :

– Alors comme ça, les cliquetis des tasses à café ne te suffisent plus ? Tu ne penses pas que tu as assez d'éléments pour alerter les médias ?

– Tu rigoles ? C'est carrément insuffisant. Les quelques déclics que nous avons entendus ne sont peut-être même pas probants du tout. Voire, ils sont normaux. Plus j'y pense, je te dis, moins je suis sûre de ce qu'ils peuvent signifier. Je veux me rendre au service des maladies infectieuses. Le tueur a peut-être rincé les tasses au labo, mais il n'a pas pu accéder aux chambres de Rothman et de Yamamoto. Enfin je l'espère ! À moins que les cerveaux du complot n'aient aussi des recrues parmi les équipes de nettoyage.

Ce qui est tout à fait possible, à vrai dire, ajouta Pia en pensée.

– Alors, c'est là-bas que nous allons ? demanda George. Au service des maladies infectieuses ?

Il regarda sa montre. Il avait encore près d'une heure avant le début de son cours.

– Oui, répondit Pia.

Arrivés à destination, ils se rendirent très vite compte de la futilité de leur mission. Les chambres de Rothman et de Yamamoto étaient occupées par de nouveaux patients. En outre, ce service était toujours méticuleusement nettoyé du fait de la nature des maladies et des infections qui y étaient traitées. L'hôpital de Columbia était réputé, de manière générale, pour son hygiène – et les mesures sanitaires étaient plus drastiques ici que n'importe où ailleurs dans le complexe.

Après avoir traîné une minute dans le couloir, Pia regarda sa montre et dit :

– Nous perdons notre temps. Retournons à la morgue.

Pour y accéder, ils prirent l'ascenseur jusqu'au sous-sol et passèrent cette fois par l'entrée « officielle » des visiteurs. À cette heure de la journée, il y avait un peu plus d'activité dans les couloirs que le soir où ils étaient tombés sur le technicien qui leur avait évoqué un acteur dans un film d'épouvante. Mais les lieux étaient toujours aussi décrépits et sinistres. Pia et George firent cependant connaissance avec deux hommes au physique plutôt « normal », âgés d'une cinquantaine d'années, dont le boulot consistait à gérer les allées et venues des cadavres. Ils semblaient contents de recevoir des personnes vivantes. Ne voyant pas de badge nominatif sur leurs blouses, Pia ne se sentit pas obligée de décliner son identité ni celle de George. Elle leur demanda s'ils se souvenaient d'avoir manipulé les corps de Rothman et de Yamamoto. Les deux hommes répondirent par l'affirmative : d'une part parce que les scientifiques étaient célèbres, d'autre part parce qu'il avait fallu prendre des précautions particulières avec leurs cadavres, puisqu'ils avaient été terrassés par une bactérie très dangereuse.

– Nous avons mis les corps dans des housses mortuaires dont nous avons désinfecté l'extérieur avant de les transporter, expliqua l'un des deux techniciens. C'est une mesure de sécurité classique.

– Quels brancards avez-vous utilisés ? Vous le savez ? Et si oui, les avez-vous nettoyés après coup ?

– Oui, bien sûr que nous les avons nettoyés, dit l'homme. D'ailleurs, ils sont encore à l'endroit où le nettoyage a été fait.

– Vous voulez bien que j'y jette un œil ?

Le technicien fit signe aux étudiants de le suivre. Ils entrèrent dans une ancienne salle d'autopsie qui possédait un système de ventilation particulier car elle était réservée aux corps dangereux ou en décomposition. Pia passa la sonde du compteur Geiger sur les brancards. Sans résultat.

– Vous cherchez quoi, au juste ? demanda le technicien.

Pia réfléchit rapidement.

– Un des patients avait subi une radiothérapie isotopique. Nous voulons nous assurer qu'il n'y avait pas eu de fuite. Et je constate que ce n'était pas le cas. Alors… merci à vous !

Pendant qu'ils retournaient vers l'ascenseur, George félicita Pia d'avoir eu la présence d'esprit d'évoquer la radiothérapie.

– Il fallait bien que je trouve quelque chose. Peut-être que j'utiliserai le même truc à l'IML, dit-elle, et elle se reprit aussitôt : Ah non, sûrement pas ! Cette explication ne marcherait pas avec un médecin légiste. D'après l'autopsie, il saurait déjà qu'aucun des deux hommes n'avait de cancer.

Elle fronça les sourcils, songeuse, avant d'ajouter :

– Je sais. Je dirai que Rothman et Yamamoto utilisaient des isotopes radioactifs alpha au laboratoire, pour leurs travaux, et que nous voulons être sûrs qu'ils ne s'étaient pas contaminés en plus d'avoir été infectés par la bactérie. Je préciserai que c'est juste une mesure de sécurité supplémentaire.

– Ça paraît convaincant, dit George.

Ils sortirent de l'ascenseur et s'avancèrent dans le hall de l'hôpital.

– Il faut que je mange quelque chose avant d'aller à l'Institut médico-légal, reprit Pia. Ça ferme à dix-sept heures, je crois, mais je vais tomber dans les pommes si je n'avale pas quelque chose. Je ne sais même pas si j'ai mangé hier. Rien du tout aujourd'hui, en tout cas, j'en suis sûre. Où tu en es, toi, pour l'heure de ton cours ?

– J'ai encore quelques minutes de libres.

Ils se rendirent à la cafétéria de l'hôpital. Il y avait du monde, même en ce milieu d'après-midi, ce qui n'était guère surprenant dans la mesure où les maladies et les soins qu'elles exigeaient ne respectaient aucun horaire : personnel soignant, patients, visiteurs, tous devaient saisir l'occasion de manger un morceau quand ils le pouvaient. Pia choisit un sandwich, un fruit et un double *caffè latte* tandis que George prenait juste un café et un cookie.

– Bon, commença George. Et si nous envisagions à nouveau de prévenir la police et de lui parler des cliquetis que nous a donnés le compteur Geiger sur les tasses à café ? Je n'arrive tout simplement pas à croire à la théorie du gros complot. Même s'il s'agit d'un double meurtre au polonium, je suis sûr que l'explication sera plus banale. Il doit y avoir un truc auquel nous n'avons pas pensé. Je ne sais pas, moi, peut-être qu'ils avaient des dettes de jeu ?

– Je ne suis absolument pas d'accord. S'ils ont été tués avec le polonium, il ne peut s'agir que d'une opération de grande envergure, réalisée par des gens qui ont de gros moyens. Tu ne te procures pas du polonium en claquant des doigts. Ces gens ont dû organiser leur affaire avec soin, sur des semaines – des mois, même. Et il doit s'agir de gens puissants. J'ai pour ainsi dire *vécu* à l'intérieur d'une conspiration pendant des années, George. Et je te l'ai déjà dit : si tu avais vu ce que j'ai vu, tu saurais que les gens sont capables de n'importe quoi.

George se rendit compte que plusieurs personnes qu'il ne reconnaissait pas, assises aux tables voisines, les regardaient d'un air intrigué. Le maquillage de Pia ne dissimulait pas complètement ses ecchymoses, surtout sous les néons blancs agressifs de la cafétéria. George se pencha vers elle par-dessus la table et demanda à voix basse :

– Qu'est-ce que tu as l'intention de faire, exactement, avant de renoncer à ce truc ?

– Il ne reste qu'un seul endroit où trouver d'éventuelles radiations : les cadavres de Rothman et de Yamamoto, qui sont à l'Institut médico-légal. Je vais aller là-bas. S'il n'y a pas de radiations, ou si je ne n'arrive pas à accéder à ces cadavres, j'arrêterai tout. Ça te convient ?

– Comment feras-tu pour convaincre les gens de l'IML de t'aider ? demanda George qui n'avait pas oublié leur conversation de la veille avec l'interne du service d'anatomopathologie.

– Je ne sais pas encore, répondit Pia avec une pointe d'irritation. Si je leur expose ma théorie, ils vont me prendre pour une folle.

« Vous vous souvenez de ces deux chercheurs de Columbia dont vous avez eu à autopsier les corps ? Eh bien, je crois que quelqu'un a mis du polonium dans leur café… » J'essaierai peut-être avec l'idée de l'isotope à particules alpha. Je ne sais pas ! Je verrai bien. J'improviserai en fonction de ce que je trouverai là-bas.

– Tu ferais peut-être mieux de retourner à ta chambre. De ne pas aller voir les légistes aujourd'hui, je veux dire. Tu remues ciel et terre depuis deux jours et tu t'es fait tabasser, bon sang ! Je ne peux pas t'accompagner cet après-midi, mais nous pourrions peut-être y aller ensemble demain matin ?

– Demain, c'est samedi. Je ne sais même pas si l'IML est ouvert le samedi. Je ne sais pas non plus combien de temps ils gardent les corps. Je présume que l'IML encourage les familles à récupérer leurs proches le plus vite possible. Et puis, si nous y allons demain, il est probable qu'il y aura moins de personnel et qu'on nous répondra « Revenez lundi. » De toute façon, je ne peux pas attendre. Je veux des réponses.

– Tu as sans doute raison pour ce qui est du manque de personnel le samedi. Mais…

– Arrête, George. J'y vais aujourd'hui. Tout de suite. Et toi, tu vas à ton cours. Ne t'inquiète pas, je n'aurai pas de problème à l'Institut médico-légal.

– Hum… tu as pourtant pas mal de talent dans ce domaine, dit George avec un sourire désabusé.

Pia ignora la remarque.

– Je m'en vais. Tu veux bien garder la tasse à café ? dit-elle en sortant l'enveloppe matelassée du cabas. J'emporte le compteur Geiger, évidemment, et j'espère que j'en aurai besoin.

George saisit l'enveloppe qu'elle lui tendait.

– Pas de souci. Retrouvons-nous dès que tu rentres, d'accord ?

Déjà concentrée sur sa mission, Pia se leva en saisissant son plateau.

– Et sois prudente ! dit-il encore. Essaie de ne pas t'attirer d'ennuis !

Pia le gratifia d'un regard noir avant de s'éloigner.

George l'observa tandis qu'elle passait entre les tables, posait le plateau sur le comptoir, puis quittait la salle. Quand elle eut disparu, il repensa à son idée d'appeler la police. Il en avait bien envie, mais… il savait que s'il faisait cela – et quelle que soit l'issue de l'affaire –, Pia ne lui adresserait plus jamais la parole. Elle considérerait son attitude comme une trahison.

Il termina son café et se mit debout. Il n'était pas en retard pour son cours. C'était déjà ça.

TROISIÈME PARTIE

45

QUARTIER DE BELMONT, DANS LE BRONX
NEW YORK
25 MARS 2011
15 H 28

Aleksander Buda fit ses adieux à son interlocuteur et, gardant le téléphone portable au creux de sa paume gauche, pointa son index droit vers l'écran pour appuyer sur le bouton rouge de fin de communication. Il soupira profondément. L'opération s'était jusqu'à présent déroulée sans le moindre accroc et voilà qu'il y avait tout à coup un problème. Buda avait horreur des problèmes. Ça lui donnait de terribles brûlures d'estomac. Il sortit de sa poche le flacon de comprimés qu'il avait toujours sur lui, en prit plusieurs de différentes couleurs et les mâchonna rapidement l'un après l'autre. Buda avait cinquante et quelques années – cinquante *combien*, il ne savait pas exactement. Sa famille avait quitté l'Albanie avec des baluchons et un petit peu d'argent, mais aucun papier d'identité à son nom. Au fil des décennies, d'abord en Italie puis aux États-Unis, il avait acquis les documents légaux caractéristiques de l'immigrant, puis du citoyen naturalisé américain, avec une date de naissance fixée en 1958, mais il ignorait si elle était correcte.

Buda n'était pas très grand, un mètre soixante-quinze à tout casser, mais il avait les cheveux coupés ras, une cicatrice qui traversait tout le côté droit de son épais visage pour se perdre à la racine de ses cheveux – et, s'il avait voulu les montrer, suffisamment de tatouages de prison sur les bras pour inciter quiconque à réfléchir à deux fois avant de l'importuner. Il s'habillait en général de façon assez banale. Aujourd'hui il portait une chemise brun clair à manches longues, un jean et des baskets. On aurait pu le prendre pour un ouvrier du bâtiment – un métier qu'il feignait d'exercer, d'ailleurs, de temps en temps –, plutôt que pour l'homme qu'il était réellement : le patron d'un groupe de la mafia albanaise de New York.

Les groupes, ou clans, comme celui de Buda, avaient une organisation moins hiérarchisée que les familles de la Cosa Nostra. Les chefs pouvaient y perdre rapidement leur place s'ils n'obtenaient pas de bons résultats. Buda, qui savait aussi bien faire avancer ses pions avec prudence que se montrer d'une brutalité inouïe quand c'était nécessaire, n'avait jamais été défié par personne depuis qu'il avait pris la tête de son groupe. Ses vingt-cinq années d'activités criminelles aussi diverses que violentes lui valaient une solide réputation dans le milieu. Et ses hommes étaient connus pour être aussi implacables que lui.

Les Albanais étaient arrivés tard sur la scène new-yorkaise, mais bien décidés à rattraper le temps perdu. S'ils avaient accepté, à leurs débuts, des postes subalternes dans les organisations italiennes, c'était uniquement dans le but de monter en grade, d'apprendre les ficelles du métier et de se mettre bientôt à leur compte.

En Europe, les mafias albanaises contrôlaient presque complètement le trafic de drogues. Elles dominaient le commerce de l'héroïne dans de nombreux pays en faisant elles-mêmes transiter par la Turquie les matières premières d'Afghanistan. D'Albanie, l'héroïne et les autres drogues pouvaient être distribuées n'importe où dans le monde, notamment aux États-Unis par des points d'entrée comme les terminaux de Port Newark dans le New Jersey. À New York, cependant, la drogue n'était qu'une des branches d'activité des groupes albanais ; ils avaient aussi des sources de revenus plus prosaïques comme l'extorsion, le prêt usurier et les salles de jeux illégales. Aleksander Buda avait placé ses lieutenants aux postes clés des divers secteurs dans lesquels il avait des intérêts, de telle sorte qu'il pouvait garder profil bas et se consacrer personnellement à des projets très lucratifs tels que celui qui l'occupait maintenant.

Buda savait que les groupes albanais avaient un profil bien particulier aux yeux des autorités américaines. Un groupe du Queens avait été décimé par le FBI quelques années plus tôt ; un autre, à Staten Island, avait été démantelé en 2010. Il y avait aujourd'hui plus de deux cent mille, peut-être même trois cent mille Albanais, dans la conurbation new-yorkaise. L'immense majorité d'entre eux – c'est-à-dire tous, sauf quelques centaines d'individus – travaillait dur et respectait la loi. Buda et ses hommes vivaient cachés, mais visibles aux yeux de tout le monde, au milieu de cette diaspora. Les groupes mafieux albanais étaient claniques et secrets, hypersensibles à toute forme d'affront – et ils n'hésitaient pas à se venger par la violence. D'après le Kanun, leur code d'honneur, la parole d'un homme l'obligeait de façon irrévocable et une poignée de main était un sceau indélébile.

Buda avait accepté cette mission et il se rendait compte qu'il allait devoir faire prendre des risques à certains de ses hommes, en public, pour régler le problème qui se posait désormais à lui. Il n'aimait pas ça du tout. La seule idée de sortir de l'ombre aggravait ses brûlures d'estomac.

Après avoir écouté Jerry Trotter lui exposer son plan, le 4 mars, Edmund avait mis deux jours à se décider à appeler le numéro qu'il lui avait donné. Dix, vingt fois, il s'était dit qu'il jetterait ce bout de papier au feu et n'y penserait plus jamais. À plusieurs reprises, il s'était persuadé qu'il s'agissait d'une mauvaise blague, ou d'une mise à l'épreuve – que s'il composait le numéro, il ne trouverait nul autre que Jerry Trotter au bout du fil. Mais le reste du temps, et en général la nuit quand il était seul dans son bureau à boire du whisky, il savait qu'il devait prendre la chose au sérieux et envisager de passer ce coup de fil. *Imaginons que ce type soit vraiment un tueur à gages*, pensait-il alors. *Comment se présente-t-on à un tel individu ? Que faut-il dire ?* Edmund supposait aussi que, pour ce genre de prise de contact, on n'utilisait pas son propre portable…

Edmund décida finalement d'appeler le numéro depuis un téléphone à pièces situé dans une laverie automatique de la Deuxième Avenue, quelque part entre les 60e et 70e Rues – un endroit où il y avait beaucoup d'allées et venues et, apparemment, aucune caméra de sécurité. Il rassembla son courage, glissa de l'argent dans l'appareil et composa le numéro. Quelqu'un décrocha mais ne dit rien. Edmund débita le topo qu'il avait préparé :

– Bonjour. C'est un ami qui m'a donné vos coordonnées. J'ai une proposition à vous faire. Il ne s'agit pas d'une plaisanterie.

Edmund n'eut pas à patienter longtemps : la communication fut coupée.

Une heure plus tard, il rappela du même appareil.

– Serait-il possible que nous nous rencontrions ? Je pense que vous serez intéressé par…

Clic.

Le lendemain, à la quatrième tentative, à dix heures du matin, un homme qui avait un fort accent étranger ordonna :

– Appelez dans une heure. Utilisez les téléphones publics de Grand Central. La rangée d'appareils du fond du hall principal.

Edmund suivit ces instructions.

– Prenez le métro, ligne 6, jusqu'à l'arrêt de Morrison Avenue, ordonna l'homme. Dirigez-vous vers la sortie nord et attendez.

Edmund avait atteint le point de non-retour. Jusqu'alors, il n'avait fait que téléphoner. À présent, il partait à la rencontre d'un homme qu'il savait être un tueur. Il regarda la foule des gens ordinaires, comme lui, qui circulaient en tous sens dans le hall de la gare. S'il donnait suite à cette affaire, il ne serait plus jamais quelqu'un d'*ordinaire*. Au cours des interminables journées et des nuits sans sommeil qu'il venait de passer, il avait pesé le pour et le contre du plan que Jerry lui avait proposé. Disons plutôt *imposé*. Il avait failli décider de ne rien faire du tout. Mais il avait compris que s'il n'agissait pas, il était fichu. L'idée démoniaque de Jerry lui offrait une chance d'échapper à ce sort.

Une autre pensée lui avait envahi l'esprit et il n'arrivait plus à s'en débarrasser : ces deux chercheurs étaient sur le point de détruire tout ce qu'il avait créé. C'était par leur faute qu'il se retrouvait dans cette situation très pénible. Et nom de Dieu, il ne pouvait pas laisser faire ça.

Edmund prit le métro jusqu'à un quartier du Bronx dans lequel il ne s'était jamais rendu auparavant. Il descendit du train sur un quai surélevé et exposé à un vent glacial. À onze heures du matin, il n'y avait quasiment personne en vue. Deux hommes, simplement, descendus comme lui à cet arrêt : un qui s'était trouvé dans son wagon, un dans le wagon suivant. Edmund prit la sortie nord et déboucha dans la rue. Toujours personne. Il regarda l'écran de son téléphone, traversa la chaussée, la retraversa en scrutant la rue des deux côtés.

Tout à coup, une petite camionnette bleu marine apparut. Elle approcha rapidement et s'immobilisa à sa hauteur. Les portières arrière s'ouvrirent. Une voix grave ordonna à Edmund d'embarquer. Il obtempéra. Les portières se refermèrent et la camionnette démarra aussitôt. Edmund n'eut pas le temps de voir quoi que ce soit. Deux hommes l'agrippèrent par les bras, lui collèrent un morceau de ruban sur la bouche et lui glissèrent un sac en tissu rêche par-dessus la tête. Il fut palpé des pieds aux aisselles en passant par son entre-jambe. On lui retira ensuite ses vêtements, tous ses vêtements, y compris son caleçon, et il se retrouva allongé, attaché et bâillonné, sur le plancher de la camionnette. Celle-ci roula en cahotant à travers le quartier, puis s'arrêta quelque part. Pendant un long moment, Edmund n'entendit plus un bruit. Il commençait à avoir très peur.

– O. K., monsieur Edmund Mathews, riche banquier de Greenwich, dit l'homme à la voix grave – il semblait se trouver à l'avant du véhicule. Comment vous êtes-vous procuré mon numéro de téléphone ?

Edmund essaya de répondre, mais le ruban adhésif qu'il avait sur la bouche l'en empêchait. Il gémit et l'homme dit :

– Oh, comme je suis mal élevé ! Pardonnez-moi. Faites en sorte que M. Mathews puisse parler.

Quelqu'un arracha brutalement le ruban adhésif. Edmund poussa un cri de douleur, puis marmonna :

– C'est un ami qui m'a donné votre numéro. Il a refusé de me dire où il l'avait eu.

– Nous verrons ça. Alors que voulez-vous ?

Edmund expliqua ce qu'il voulait. Ce ne fut pas long, mais il dut expliquer deux fois la raison pour laquelle il était essentiel d'utiliser le polonium pour commettre les meurtres.

– O. K., dit l'homme. Voilà ce que nous allons faire. Demain à onze heures, vous irez à la station de métro de Middletown Road. Et vous m'apporterez une avance. En signe de bonne volonté. Disons que vous me donnerez cinquante mille dollars en billets de cent. Et cette avance ne sera pas remboursable. Rendez ses vêtements à notre invité.

Quelqu'un libéra les bras et les jambes d'Edmund. Il s'habilla rapidement. La camionnette se remit à rouler, s'arrêta au bout de quelques minutes et les portières arrière s'ouvrirent. Edmund descendit à l'air libre. Il était au milieu d'un parking sinistre derrière un bâtiment à l'abandon. Il réussit à se repérer ; il se trouvait à dix minutes à pied de l'endroit où il avait été embarqué. Il reprit le métro jusqu'à Manhattan.

Ce soir-là, plus qu'à aucun autre moment, Edmund faillit céder à la peur et à l'envie de tourner le dos à ce plan criminel insensé. S'il appelait le FBI, pensa-t-il, il pourrait lui donner Jerry Trotter et ce tueur à gages – et il ne ferait tuer personne. Mais il n'échapperait ni à LifeDeals, ni à Gloria Croft, ni à sa propre destruction. Solutions, le cabinet d'actuariat, avait livré son rapport final. Le document enfonçait le clou : le business-plan de Russell et d'Edmund volerait en éclats à l'instant où la médecine régénérative deviendrait une réalité. Edmund s'était ressaisi. Il était impératif qu'il tienne le coup et accepte de se battre.

Edmund retourna dans le Bronx et se retrouva à nouveau embarqué dans une camionnette. Un modèle d'une couleur différente. Une fois encore, il fut attaché et déshabillé, mais ses vêtements lui furent rendus plus rapidement que la veille. Détail qu'il apprécia, on ne lui colla pas non plus de ruban sur la bouche. Quand il réenfila sa veste, il sentit que l'enveloppe des cinquante mille dollars ne s'y trouvait plus.

– Merci pour l'argent, déclara l'homme à la voix grave. À présent… Un entrepreneur plus prudent que moi vous éjecterait de la camionnette et se féliciterait de cette journée de travail facile et bien rémunérée. Mais je me suis renseigné sur votre compte, monsieur Mathews, et ce que j'ai trouvé m'a beaucoup intéressé. J'ai aussi pris des renseignements sur les deux personnes que vous voulez éliminer. Et je me suis demandé : *Qu'est-ce que c'est que ces recherches ? Je ne comprends pas. Je ne suis qu'un paysan, un imbécile.* Et puis je me suis dit : Ce M. *Mathews doit être quelqu'un de sérieux.*

Je ne sais pas pourquoi, mais je vous crois sincère. Je pense aussi que votre projet va coûter cher. Très, très cher. Il faut envoyer quelqu'un en Russie acheter cette substance radioactive à des hommes extrêmement dangereux, la ramener ici sans attirer l'attention des autorités. Ensuite, il faut faire avaler la substance aux cibles, avec la bactérie par-dessus le marché, sans que quiconque ne s'aperçoive de rien. Nous pouvons faire tout cela, mais pas pour un million de dollars.

– Combien ?

– Deux. Et demi.

– Seigneur.

– Monsieur le banquier, je vois où vous habitez et je vois l'argent que vous gagnez. Ici vous n'êtes pas sur une place de marché, vous n'êtes pas à Wall Street. Je ne négocie pas. C'est un prix à prendre ou à laisser. Et demain, il sera plus élevé.

– O. K.

– Je m'excuse. Parlez plus fort, s'il vous plaît.

– D'accord ! dit Edmund.

Les deux hommes convinrent de se rencontrer une nouvelle fois trois jours plus tard. De retour à Greenwich, Edmund annonça à Russell qu'il avait besoin d'une énorme somme en liquide – sans lui expliquer pourquoi. Russell voulut savoir ce qui se passait, bien sûr, mais Edmund le rembarra tellement brutalement que Russell ne posa plus aucune question. Il leur fallut deux jours et demi pour rassembler un million et demi de dollars qu'ils prélevèrent sur divers comptes professionnels et privés. Edmund fourra l'argent dans un grand sac de sport et se rendit en voiture à une adresse qui lui fut communiquée à la dernière seconde par téléphone. C'était celle du parking sinistre où il avait été déposé le premier jour. Une fois de plus, il dut monter à l'arrière de la camionnette et subir le même traitement dégradant.

– Je suppose que vous me faites confiance, dit l'homme. Grâce à vous, j'ai maintenant un million et demi de dollars entre les mains, alors que je n'ai encore rien fait pour mériter cet argent. Mais je suis un homme d'affaires et je remplirai ma part du contrat.

Il donna à Edmund des instructions précises pour le paiement du solde, un million de dollars, après que l'opération serait réalisée. Il l'informa aussi que le coup aurait lieu « dans le courant du mois ». Edmund ne dit rien.

– Une dernière chose, avant de nous séparer, reprit l'homme. Il y a une information que j'ai absolument besoin de connaître. Sinon, je regrette, je ne pourrai pas mettre le plan à exécution.

Edmund patienta.

– Qui vous a donné mon numéro de téléphone ? Est-ce votre associé, M. Russell Lefevre ?

– Non.

– Qui, alors ?

Edmund garda le silence.

– Je tiens impérativement à savoir de qui il s'agit, dit l'homme.

Edmund lui donna alors satisfaction.

– D'accord, merci. Et maintenant, libérez M. Mathews.

Sur la banquette avant de la camionnette, un homme se tourna vers Edmund. Il portait des lunettes de soleil et une casquette de base-ball, mais Edmund aperçut une vilaine cicatrice sur son front et sa joue.

L'homme lui tendit la main entre les dossiers des sièges avant.

– Serrons-nous la main, et le marché est conclu.

Ils se serrèrent la main et Edmund n'entendit plus parler de lui. Jusqu'au 24 mars.

Aleksander Buda réfléchit encore un moment aux informations qu'il venait de recevoir, puis il composa le numéro d'Edmund Mathews.

– Nous avons suivi à la lettre les conseils que vous nous avez donnés hier. Ça n'a pas marché et je ne suis pas vraiment étonné. J'ai quelqu'un, sur place, qui me dit avoir vu la fille se balader dans le centre médical, aujourd'hui même, avec un compteur Geiger. Et elle était avec son petit ami. Vous savez ce que ça veut dire ? Votre magnifique plan a été percé à jour.

– Merde.

– Merde, comme vous dites. Ou plutôt : nous sommes déjà dans la merde et si nous ne faisons pas quelque chose tout de suite, nous serons très vite dans la merde *jusqu'au cou.*

Cette conversation téléphonique était beaucoup trop explicite au goût de Buda, mais il avait besoin du feu vert du banquier et il voulait être sûr que l'homme comprenait bien que les complications actuelles entraîneraient un surcoût. Le boulot ne serait pas bien difficile, d'autant que la fille n'était guère discrète, mais Buda aurait une tâche ennuyeuse à régler au préalable. Quand il avait appris qu'elle s'appelait Pia *Grazdani*, il avait tiqué. C'était un nom albanais. Il voulait être sûr que le meurtre d'une Albanaise ne risquait pas de froisser quelqu'un dans la région. Il ne voulait pas déclencher une guerre fratricide sanglante comme celle qui avait fait tant de mal aux groupes new-yorkais dans les années 1990. Il devrait donc enlever la fille, la détenir quelque part, et se renseigner pour voir s'il y avait des Grazdani parmi les hommes du secteur. C'était très improbable, évidemment, mais bon : la prudence s'imposait.

– D'accord, dit Edmund qui se sentait bizarrement détaché de lui-même, comme lorsqu'ils s'étaient serré la main trois semaines plus tôt.

– Ils sont deux, à vrai dire, précisa Buda. Ça vous coûtera dix pour cent supplémentaires.

– Dix pour cent du total ou du solde ?

– Ah, je reconnais là le financier, observa Buda. Dix pour cent du total.

Buda coupa la communication et convoqua Prek Vlasi et Genti Hajdini. Son bureau se trouvait dans une caravane stationnée à l'intérieur d'un vaste entrepôt.

Parlant albanais, il passa un savon à ses lieutenants :

– Hier soir, vous avez totalement foiré votre coup ! La fille continue de nous casser les pieds. Vous ne lui avez rien fait, ou quoi ?

– Tu vois, dit Genti à Prek avec un haussement d'épaules. Nous aurions dû lui passer dessus. C'était la bonne occase. Je te l'ai dit hier soir. Ça ne suffisait pas de la tabasser.

Il se tourna vers Buda pour ajouter :

– Elle est coriace, la salope.

– Je vois ça, dit Buda qui regardait l'ecchymose que son homme de main avait sous l'œil. Et maintenant, toute l'affaire est sur le point de capoter à cause d'elle. Elle a compris comment sont morts les chercheurs. C'est invraisemblable, mais c'est comme ça. Vous devez retourner là-bas et l'enlever pour qu'on s'occupe d'elle. Et vous devez aussi supprimer le petit ami.

– Le petit ami ? dit Prek. Quel petit ami ? Tu veux dire le mec avec qui elle était hier soir ? S'il n'est pas avec elle au moment où on l'attrapera, je ne suis pas sûr qu'on puisse le reconnaître.

– C'est le mec qui lui murmure des sucreries à l'oreille ! répliqua Buda. Trouvez-le ! Débrouillez-vous !

Il s'énervait, mais il savait que Prek avait raison d'être prudent. Tuer le mauvais bonhomme, ça pouvait être vraiment contre-productif.

– Je vais dégoter sa photo sur le serveur de la fac de médecine. Je l'enverrai sur vos téléphones. Il s'appelle… George Wilson, précisa Buda après voir consulté ses notes. Et quand vous enlèverez la fille, Pia Grazdani, ne la touchez surtout pas ! Vous m'entendez, vous deux ? Ne vous comportez pas comme des bêtes. Attendez, en tout cas, que nous ayons confirmé qu'elle n'est liée à personne dans la région. À ce moment-là, elle sera à vous. C'est compris, Genti ? D'après ce que je sais, elle était dans le laboratoire de Rothman il y a un moment. Cette emmerdeuse fourre son nez partout. Conduisez-la à la maison du lac et appelez-moi quand vous serez en route. Emmenez Neri Krasnigi avec vous. J'ai l'impression qu'à trois, vous ne serez pas de trop pour mater cette fille.

Krasnigi était entré récemment dans le groupe. Il était plus jeune, moins expérimenté et nettement plus vicieux que Genti ou Prek. L'ordre de Buda vexa ses deux lieutenants, mais ils n'en laissèrent rien paraître.

Ils sortaient de la caravane, lorsque Buda leur cria :

– Prenez la camionnette blanche pour l'enlèvement, et puis débarrassez-vous-en et prenez la bleue pour aller à la maison.

Prek fit signe qu'il avait entendu et s'éloigna.

Prek et Genti trouvèrent Neri Krasnigi installé dans un vieux fauteuil au fond de l'entrepôt, un exemplaire de l'édition allemande de *Playboy* entre les mains. Prek lui ordonna de le suivre. Les trois hommes embarquèrent dans la camionnette blanche. Ses plaques d'immatriculation étaient en partie masquées par du plâtre peint qui passait pour de la boue séchée.

Ils débouchèrent dans Lorillard Place et prirent la direction d'East Fordham Road. Prek mit Neri au courant de l'opération qu'ils devaient mener à bien dans l'après-midi. Ils allaient s'offrir une spécialité des gangs albanais : le raid éclair. Ils fondraient sur la victime et l'enlèveraient en un clin d'œil, en plein jour et devant cent témoins si nécessaire – dans l'esprit albanais, ces facteurs n'avaient aucune importance. Neri Krasnigi était très excité et demanda à Prek l'autorisation de tirer ; ce serait son premier meurtre professionnel. Ils s'assurèrent tous les trois que leurs automatiques étaient chargés. À l'arrière de la camionnette, ils avaient du ruban adhésif, des couvertures, un tapis, des cagoules, deux uniformes d'agent de sécurité de l'hôpital de Columbia et une bombe de sévoflurane – un anesthésiant en spray à action ultrarapide.

La camionnette blanche entra bientôt dans un parking souterrain. Genti en descendit et prit le volant de la camionnette bleue pour suivre Prek. Ils garèrent un moment plus tard la camionnette bleue près du pont George-Washington et se réunirent à nouveau dans la blanche pour prendre la direction du centre médical de l'université Columbia.

46

CENTRE MÉDICAL DE L'UNIVERSITÉ COLUMBIA
NEW YORK
25 MARS 2011
15 H 54

George l'ignorait, mais à l'instant même où il songeait à appeler la police, Pia avait elle aussi pensé à cette possibilité. Pas très sérieusement, mais l'idée lui avait traversé l'esprit. Il était clair quc si une enquête était nécessaire, la police avait beaucoup plus de moyens qu'elle. Mais que dirait-elle aux inspecteurs qui l'interrogeraient ? Devrait-elle expliquer qu'elle avait relevé la présence de quelques malheureuses particules alpha dans une tasse à café… et que celles-ci constituaient, à ses yeux, la preuve concluante qu'un complot de grande envergure avait conduit le Dr Rothman et le Dr Yamamoto à la tombe ? Bien sûr que non. Elle ne serait pas prise au sérieux. Et elle serait encore plus vulnérable face aux hommes qui l'avaient menacée. Les inspecteurs la prendraient pour une folle, appelleraient la doyenne en pensant bien faire et la renverraient à l'université sans même envisager de la faire protéger. Par ailleurs, Pia entrevoyait un autre problème, potentiellement ennuyeux, si elle prévenait les flics. Ils seraient peut-être tentés de consulter son dossier dans les bases de données informatiques. Et même si les ennuis qu'elle avait eus pendant l'adolescence n'étaient plus censés y apparaître, eh bien… ils y étaient peut-être. Non, elle ne pouvait pas parler à la police. Elle devait, comme prévu, se rendre à l'Institut médico-légal pour tenter, une dernière fois, de comprendre le fin mot de l'affaire. Si son enquête ne livrait aucune preuve concluante, si Pia n'était pas certaine, en ressortant de l'IML, que Rothman et Yamamoto avaient été assassinés, elle renoncerait comme elle l'avait promis à George.

En sortant de la cafétéria, son intention était de marcher directement jusqu'à Broadway pour prendre le métro vers le sud de Manhattan. Mais la température avait baissé et la pluie était plus forte qu'auparavant. Elle décida de faire un bref crochet par sa chambre pour récupérer un manteau et un parapluie. Elle savait que le métro ne la déposerait pas juste devant la porte de l'IML et qu'il lui faudrait marcher au moins quelques minutes – mais sur quelle distance exactement ? Elle n'en avait aucune idée.

À la résidence, elle hésita devant sa porte comme George et elle l'avaient fait un peu plus tôt devant sa porte à lui. L'agression dont elle avait été victime l'avait rendue paranoïaque. Elle se demandait encore comment ces hommes avaient fait pour entrer dans sa chambre.

Elle imita les gestes de George : après avoir déverrouillé la serrure le plus discrètement possible, elle poussa tout à coup la porte – prête à prendre la fuite en cas de besoin. Puis elle entra dans la chambre, regarda autour d'elle et s'assura que la salle de bains était vide.

Habillée d'un manteau bien chaud et munie d'un parapluie, Pia se mit en route pour la station de métro. Elle portait sur l'épaule le cabas qui contenait le compteur Geiger. Regardant l'heure, elle s'aperçut qu'il était presque seize heures : elle ne devait pas perdre de temps si elle voulait atteindre l'IML avant la fermeture.

Marchant d'un bon pas dans la lumière glauque de cette vilaine journée de mars, elle passa devant la tour Black. Elle avait parcouru quelques dizaines de mètres de plus dans la 168e Rue, lorsqu'elle aperçut deux agents de sécurité de l'hôpital qui venaient dans sa direction sur le trottoir. Elle s'immobilisa. Elle ne voyait pas bien leurs visages, mais leurs uniformes étaient identiques à ceux de ses agresseurs. Et ils semblaient à peu près de la même taille et de la même corpulence.

Résistant à l'envie de prendre la fuite qui la tenaillait, Pia regarda autour d'elle. À quelques mètres, sur la droite, il y avait une entrée de l'hôpital. Elle songea à s'y précipiter, pour se perdre dans la cohue du hall. Mais il était déjà trop tard ; elle avait hésité trop longtemps : si elle choisissait cette option, elle serait obligée de croiser les agents de sécurité avant d'arriver à la porte.

Elle jeta un coup d'œil derrière elle. Il y avait peu de gens dans la rue, ce qui était inhabituel. Elle pensa à rebrousser chemin et courir jusqu'à la tour Black, puis se dit que si les deux hommes avaient l'intention de lui nuire, ils pourraient probablement la rattraper avant qu'elle n'ait atteint ce bâtiment. Elle fit face aux gardes et les observa tandis qu'ils venaient dans sa direction. Ils semblaient la regarder avec attention. Un frisson d'angoisse la saisit alors que le souvenir d'une scène similaire lui revenait en mémoire...

Elle avait treize ans, à l'époque, et vivait à Eden Falls depuis environ un an. La nécessité de rester constamment sur ses gardes et la crainte d'être attaquée à tout moment la stressaient de façon insupportable. Deux fois, déjà, elle avait craqué et essayé de fuir le foyer – sans y parvenir. Ce soir-là, elle avait décidé de retenter le coup. Mais elle s'était perdue et avait passé une nuit terrifiante, sans même un clair de lune, dans la forêt des environs. Les heures s'étaient égrenées lentement ; la forêt lui faisait horriblement peur. Elle avait vainement essayé de retrouver le chemin du foyer pour être de retour avant que quiconque n'ait remarqué sa disparition.

Pia avait passé les dernières heures de la nuit assise contre un tronc d'arbre, somnolant nerveusement. Elle s'était réveillée dès les premières lueurs du jour et avait marché plein est, vers le soleil levant. Au bout d'un moment, elle avait débouché dans une rue en pente douce, à flanc de colline, qu'elle ne connaissait pas. Elle avait alors aperçu deux policiers devant elle. Ils marchaient dans sa direction, l'air menaçant, et la fixaient sans ciller, comme des automates. Pia s'était immobilisée, priant pour devenir invisible. Quand ils s'étaient trouvés à trois mètres d'elle, ils s'étaient séparés, l'un partant sur sa droite, l'autre sur sa gauche. Elle avait repris espoir. Peut-être ne l'avaient-ils pas vue ! Ou bien peut-être ne s'intéressaient-ils pas à elle ! Mais au moment où ils étaient passés à sa hauteur, ils s'étaient tout à coup jetés sur elle pour l'agripper par les bras. Une fois de plus, elle s'était retrouvée prisonnière de l'État. Une fois de plus, elle avait senti dans sa chair à quel point elle était vulnérable face au système.

Les mêmes pensées envahissaient à présent son esprit. Les agents de sécurité marchaient sur elle comme les deux policiers d'Eden Falls. Elle ne fit plus un geste et ferma les yeux à l'instant où les agents se séparaient devant elle, semblaient la contourner par la droite et par la gauche… et passaient leur chemin. L'homme qui était à gauche la frôla ; il se tourna et dit quelque chose – s'excusait-il ? disait-il « Ne restez pas plantée là » ? faisait-il une remarque sexiste à son endroit ? Pia n'entendit pas ses propos. Elle poussa un énorme soupir de soulagement et se rendit compte qu'elle avait retenu son souffle pendant de longues secondes.

Elle secoua la tête. C'était embarrassant. L'affaire Rothman l'avait rendue invraisemblablement paranoïaque. Un long frisson lui parcourut le dos. L'épisode n'avait pourtant pas duré une minute. Elle essuya son front brûlant et humide – de pluie ou de sueur, elle n'aurait su dire –, puis se remit à marcher à grands pas vers Broadway. Quand elle eut dépassé l'hôpital, sa respiration et son pouls étaient presque normaux. Sur Broadway, elle se détendit pour de bon. Il y avait nettement plus de gens sur les trottoirs. Ici, elle se sentait en sécurité. Non loin devant elle, l'entrée du métro avalait les piétons comme un monstre insatiable. Une rafale de vent faillit lui arracher son parapluie de la main ; elle se débattit avec l'objet pour le maîtriser et le replier, puis elle se précipita vers la bouche de métro.

47

CARREFOUR DE BROADWAY ET DE LA 168^E^ RUE
NEW YORK
25 MARS 2011
16 H 00

– Putain de merde, la voilà ! cria Genti.

Prek venait de tourner à droite, sur Broadway, pour s'engager dans la 168e Rue le long du Centre médical de l'université Columbia. Le regard de Genti glissait sur une femme qui tenait un parapluie au-dessus de sa tête, lorsque le vent avait tout à coup emporté l'objet. Il avait alors vu son visage : c'était la fille, Pia Grazdani, aucun doute possible. Et elle filait vers l'entrée du métro.

– Arrête-toi ! cria Genti tandis que Prek ralentissait.

– Qui est avec elle ?

– Personne ! cria à nouveau Genti. Laisse-moi descendre. Attends-moi ici !

Genti ouvrit la portière et sauta sur le trottoir dès que Prek eut immobilisé la camionnette. Il se lança à la poursuite de Pia qui était presque arrivée à la bouche de métro, une vingtaine de mètres devant lui. Tout en courant, il s'assura que son pistolet était bien en place dans sa poche de veste. Il n'était pas certain de ce qu'il ferait quand il la rejoindrait – sans doute la menacerait-il de son arme pour l'entraîner vers la camionnette –, mais il verrait bien à ce moment-là.

Pour commencer, il ne devait pas la perdre.

Genti vit Pia disparaître dans le métro tandis qu'il traversait la chaussée au milieu de la cohue de voitures, de taxis, de bus et de camionnettes qui circulaient en tous sens à ce carrefour important de Broadway. Par chance, il atteignit l'escalier en quelques secondes. Au pied des marches, il s'élança dans le hall en scrutant nerveusement la foule devant lui. Où était-elle ? Il ne la voyait plus. Comptait-elle prendre la ligne A, ou la 1 ? Sans doute le métro express, le A, supposa-t-il.

– Excusez-moi, excusez-moi ! disait-il poliment à tous les gens qui le ralentissaient.

Il ne voulait pas se montrer agressif : il savait que les New-Yorkais pouvaient répliquer sans douceur. Comme il prenait rarement le métro, il n'avait pas de carte d'abonnement avec laquelle franchir les tourniquets – et il n'avait assurément pas le temps de s'arrêter aux distributeurs de tickets. Espérant qu'aucun flic ne se trouvait dans le hall pour guetter les resquilleurs, il se plaça derrière un ado et passa le tourniquet avec lui.

Genti devait maintenant choisir : ligne A ou ligne 1. Il changea d'avis et opta pour la ligne 1. Au moment où il atteignait le gigantesque et antique ascenseur qui descendait les passagers dans les profondeurs du métro, il aperçut Pia à la tête d'un groupe de gens qui venaient juste d'y embarquer. Ses portes commencèrent à se refermer. Il vit que la jeune femme se plaçait sur le côté, sans doute pour être la première à quitter la cabine. Il se mit à courir.

– Retenez les portes ! cria-t-il. Attendez !

Genti atteignit l'ascenseur mais les portes étaient déjà presque complètement fermées. Il essaya vainement de les écarter. Un bref instant, sa main se retrouva coincée entre les battants. Il se libéra et regarda autour de lui : l'escalier !

Il renonça à se montrer poli. Bousculant une vieille dame, il s'élança dans l'escalier jonché de détritus qu'il dévala trois ou quatre marches à la fois. Il ignorait que les quais de cette station se trouvaient à une profondeur équivalente à la hauteur d'un immeuble de huit étages. Il continua sur sa lancée, slalomant entre les rares personnes qui montaient ou descendaient les marches. « Dégagez, bordel de merde ! » criait-il à tous ceux qui lui barraient le passage. À bout de souffle, il atteignit le bas de l'escalier pour découvrir que l'ascenseur avait libéré sa cargaison de passagers – et en embarquait déjà une nouvelle fournée pour remonter.

Genti posa les mains sur ses genoux et respira profondément, avalant plusieurs grandes goulées d'air. Il était le premier à reconnaître qu'il n'était pas dans une forme olympique. C'est alors qu'il entendit le crissement aigu des freins d'un métro. Quel quai la fille avait-elle choisi, celui du train qui descendait vers le centre de Manhattan ou l'autre ? Il supposa qu'elle allait dans le centre, comme la majorité des gens. Les claquements secs de l'ouverture des portes des wagons lui parvinrent aux oreilles, l'incitant à se remettre à courir. Il s'engageait dans le passage voûté qui menait des ascenseurs aux quais proprement dit, lorsqu'il vit tout à coup une foule compacte venir à sa rencontre, remplissant le couloir sur toute sa largeur : les dizaines d'hommes et de femmes qui débarquaient du train tout juste arrêté. Il se faufila entre eux, aussi vite que possible, pour gagner le quai. Là, il regarda des deux côtés et aperçut Pia sur la droite.

Genti marcha à grands pas dans sa direction. À présent, il la voyait très bien. Elle était là, à une dizaine de mètres de lui. Elle pénétra dans un wagon.

C'est alors qu'il commit une erreur. Attendant le signal sonore qui précédait toujours, à sa connaissance, la fermeture des portes et le départ du métro, il longea le quai avec l'intention de monter dans le même wagon que la fille. Mais au moment où il parvenait à sa hauteur, les portes se refermèrent d'un coup – sans avertissement. Il frappa du poing sur la porte. Le conducteur, à quelques mètres de là, avait sorti la tête par la fenêtre de sa portière.

– Hé, m'sieur, ouvrez ! cria Genti.

Le conducteur l'ignora, les freins chuintèrent et le métro s'ébranla. Genti regarda dans le wagon. Son regard croisa celui de Pia. Celle-ci ne vit qu'un bonhomme qui avait raté son métro et semblait furax.

Genti se tourna vers le conducteur, qui avait un léger sourire sur les lèvres ; il rentra la tête dans sa cabine tandis que le train accélérait pour quitter la station. Genti fixa ses feux rouges arrière jusqu'à ce qu'ils disparaissent dans les ténèbres du tunnel.

Il avait échoué.

Il retourna vers l'ascenseur en traînant les pieds. Par certains aspects, il était embarrassant qu'il ait ainsi manqué la fille. Mais… il se rassura en se disant que c'était sans doute mieux comme ça. De toute façon, il aurait eu du mal à la faire sortir de la station. Elle aurait pu résister, des gens auraient pu s'interposer… En outre, raisonna-t-il encore, Buda leur avait ordonné de supprimer le petit ami ; il était donc préférable qu'ils attrapent la fille et le garçon en même temps. S'il avait embarqué Pia tout de suite, son copain aurait peut-être pris la fuite et disparu.

Quand il ressortit de l'ascenseur, Genti se sentait déjà beaucoup mieux. Il avait raté Pia, mais ce n'était que partie remise. Par ailleurs, il avait été frappé, comme la veille, par sa beauté. Il avait hâte de l'enlever et de l'emmener dans la maison de Buda – la maison du lac, perdue au milieu des bois. Là, il pourrait bien s'amuser avec elle.

Genti déboucha dans la rue. Il chercha la camionnette blanche des yeux, mais ne la vit pas. Prek l'informa au téléphone qu'il se trouvait un peu plus loin – devant l'Institut de neurologie. Il avait réussi à trouver une superbe place de stationnement à mi-chemin de l'hôpital et de la résidence universitaire, près du carrefour de la 168ᵉ Rue et de Haven Avenue.

Genti marcha d'un bon pas sur le trottoir et vit bientôt la camionnette. Quand il eut repris sa place sur la banquette avant, il raconta à ses collègues comment il avait manqué Pia dans l'ascenseur, puis une seconde fois à l'instant où elle avait embarqué dans le métro. Il précisa qu'il avait été à deux doigts de l'attraper et qu'il était déçu.

– Ce n'est pas forcément une mauvaise chose, dit alors Prek qui s'était fait le même raisonnement que Genti sur la nécessité d'atteindre les deux cibles en même temps. Ici, nous sommes à l'endroit idéal. Avec un peu de chance, elle sera accompagnée de son jules quand elle reviendra. Et nous, nous serons prêts. Je pense que nous avons vraiment intérêt à les choper ensemble.

– Comment on saura quel mec liquider, au juste ? demanda Genti. Des petits copains, elle doit en avoir une flopée.

À cet instant, comme si Aleksander Buda avait lu dans leurs pensées, le téléphone portable de Prek vibra. Il venait de recevoir un e-mail avec une pièce jointe. Prek ouvrit le fichier JEPG et découvrit la photographie du dossier d'admission de George à la fac de médecine. Son poids et sa taille étaient précisés au bas de l'image.

– Un mètre quatre-vingt-cinq, quatre-vingt-six kilos, cheveux blonds, dit Prek. Il est plus grand que la moyenne. Nous ne devrions pas avoir trop de mal à le repérer.

– Peut-être qu'il va se pointer seul, dit Genti.

– Non, j'ai le sentiment qu'ils seront tous les deux. Ils ont l'air de passer beaucoup de temps ensemble en ce moment. Je sais qu'à la place du lascar, en tout cas, je ne la lâcherais pas d'une semelle. Tu verras. Ils se retrouveront dès qu'elle reviendra.

48

CARREFOUR DE LA PREMIÈRE AVENUE ET DE LA 30^E^ RUE
NEW YORK
25 MARS 2011
16 H 40

Alors que les dernières lueurs du jour s'évanouissaient sous les nuages bas et la pluie, Pia s'immobilisa devant l'Institut médico-légal de la ville de New York. Sa façade, vieille d'un demi-siècle, n'était pas séduisante. Les étranges carreaux de faïence bleutée qui la couvraient rappelaient à Pia la porte d'Ishtar de Babylone – elle se souvenait d'avoir vu des images de ce monument, autrefois, à la bibliothèque du foyer, dans une édition de l'*Encyclopædia Britannica* sans doute aussi ancienne que cet immeuble. Elle grimaça en regardant les fenêtres à cadre d'aluminium, très *sixties*, pour ne pas dire passablement démodées, qui se découpaient au milieu des carreaux bleus. L'IML était *vraiment* moche.

Pia avait craint de ne pas arriver à l'heure, mais elle avait eu de la chance avec les métros. Maintenant qu'elle était à destination, cependant, elle se demandait si elle avait vraiment raison de débarquer dans cet établissement comme une fleur pour poursuivre son enquête. Elle n'avait aucun contact à l'IML – personne qu'elle connaissait, ne serait-ce qu'un minimum, et en qui elle pouvait avoir confiance. Cette situation ne lui plaisait pas beaucoup. En outre, elle n'oubliait pas qu'il s'agissait de l'ILM de la ville de *New York*, et qu'elle avait eu de nombreuses expériences négatives avec les institutions de cette ville depuis qu'elle était gamine. New York lui avait peut-être offert le gîte et le couvert, mais elle en avait donné autant à ses ennemis ; elle l'avait aussi laissée se faire maltraiter et violer. Pia n'avait aucune raison de ne pas croire que cette institution new-yorkaise-ci pût être aussi détestable que les autres.

Une autre question la tarabustait depuis un petit moment. Que se passerait-il si elle entrait ici et accomplissait sa mission *comme prévu* : si on l'autorisait à voir le cadavre de Rothman et si elle découvrait qu'il avait été irradié, c'est-à-dire qu'il avait bel et bien été assassiné ? Pia frémit d'anxiété. Cela déclencherait une gigantesque enquête policière. Les médias s'emballeraient. George et elle seraient interrogés à n'en plus finir. *Elle* en particulier. Elle devrait citer et expliquer la myriade de petits doutes, d'indices, de questions qui lui avaient permis de démasquer le complot ; elle devrait aider les enquêteurs, faire des dépositions, peut-être même aller au tribunal. Pia toucha sa joue endolorie et se remémora le passage à tabac dont elle avait été victime la veille au soir – les avertissements qu'elle avait reçus. Mais elle n'avait pas le choix. Ou les réponses qu'elle cherchait se trouvaient dans ce bâtiment, ou elles n'étaient nulle part.

Après avoir pris une profonde inspiration pour se donner du courage, elle ferma son parapluie, le glissa sous son bras et entra dans l'IML.

La réception, mal éclairée, portait tous les stigmates de ses cinquante années d'existence. Avec son canapé de cuir marron élimé, ses quelques chaises usées, mal assorties, et son lino craquelé et taché, elle était même assez miteuse. Sur la table basse, devant le canapé, il y avait deux piles de magazines écornés, froissés, dont plusieurs avaient la moitié de leurs pages arrachées. Un certain nombre de gens, tous noirs, d'âges très variés, occupaient les sièges et se tenaient regroupés près du mur. Pia comprit qu'il s'agissait de trois générations de représentants d'une famille en deuil. Deux adolescentes s'étreignaient dans un angle, pleurant doucement.

Elle marcha jusqu'au bureau de la réceptionniste.

– Excusez-moi…

Un agent de sécurité était assis à une autre table, au fond de la pièce, à côté d'une double porte vitrée. La réceptionniste, une femme ronde, très apprêtée, à l'air engageant, s'appelait Marlene d'après l'insigne qu'elle avait sur la poitrine. Elle leva les yeux et sourit.

– Oui, ma jolie ?

– Bonjour. Je suis étudiante en médecine et j'aimerais parler à l'un des médecins légistes qui travaillent ici.

– Ah, vous voulez des renseignements sur les possibilités de stages offerts par l'IML aux étudiants en médecine. C'est bien ça ?

– Peut-être, répondit Pia qui voulait ne se fermer aucune porte.

– Peut-être ? répéta Marlene, perplexe, mais sans perdre son sourire. De quoi voulez-vous parler avec le médecin légiste, au juste ?

Pia hésita.

– En fait, j'aimerais lui parler d'une certaine autopsie en particulier. De deux autopsies, pour être plus précise, qui ont été faites ici.

– Êtes-vous de la famille des défunts ?

– Non.

– Voyons… si vous n'êtes pas de la famille et si vous voulez des informations sur certains dossiers particuliers, il vaut peut-être mieux que vous parliez à quelqu'un du service des relations publiques.

Pia sentait qu'elle perdait du terrain. Elle ne voulait surtout pas se faire orienter vers un service de relations publiques qui, à coup sûr, lui interdirait de voir le cadavre de Rothman. Essayant de dissimuler son inquiétude, elle dévisagea la réceptionniste et essaya de trouver quelque chose pour la convaincre. Marlene semblait être une personne très affable. L'espace d'un instant, Pia joua avec l'idée de lui avouer la vérité. En partie, du moins. Non, elle ne devait pas faire cela. Les raisons qu'elle pourrait avancer pour justifier sa visite à l'IML paraîtraient forcément bizarres à Marlene.

– En fait, je veux aussi avoir des informations sur les enseignements proposés par l'IML. Les deux autopsies qui m'intéressent sont des cas dont j'ai justement entendu parler à l'université. En cours. Et je suis venue spécialement de Columbia pour en savoir plus.

Pia couvrit d'un sourire la relative incohérence de son récit. Et ajouta pour faire bonne mesure :

– Je commence à m'intéresser à la médecine légale. À *beaucoup* m'y intéresser.

Marlene était un peu perdue. Que voulait réellement cette jeune femme ? Bon, elle avait tout de même fait un long trajet. Venir de Columbia, là-bas, dans le quartier de Washington Heights, tout en haut de Manhattan, jusqu'à l'IML, ce n'était pas de la tarte – surtout un vendredi après-midi. Marlene n'eut soudain pas le cœur de lui refuser de parler à quelqu'un. De plus, cette fille était ravissante et il y avait un certain monsieur qui ne demanderait pas mieux que de bavarder avec elle.

– Très bien, dit-elle. Je vais appeler le Dr McGovern.

– C'est un médecin légiste ?

– Oui. Et il est aussi chargé de la coordination des enseignements à l'IML.

– Merci, dit Pia, ravie.

Marlene lui fit signe de prendre un siège et décrocha le combiné de la console pour contacter Chet McGovern. Pia s'écarta du bureau de la réceptionniste, mais elle ne s'assit pas car il n'y avait aucun siège libre. Il était bientôt dix-sept heures. Elle allait devoir convaincre vite fait ce Dr McGovern de lui donner satisfaction.

Les portes vitrées du fond de la salle s'ouvrirent sur une femme très corpulente qui avait un porte-bloc à la main. Elle se présenta à la famille en deuil sous le nom de Rebecca Marshall, responsable de l'identification des défunts. Le clan au grand complet disparut avec elle derrière une porte marquée IDENTIFICATION.

Pia s'assit sur une des chaises libérées et s'efforça d'être patiente. Quelle attitude adopter devant le médecin légiste ? Valait-il mieux qu'elle joue la timide, ou bien qu'elle se montre déterminée et confiante ? Elle décida d'attendre de voir le genre d'homme qu'était le Dr McGovern. S'il était relativement jeune, elle pourrait flirter un peu avec lui. Elle savait, depuis qu'elle était adolescente, qu'elle ne laissait pas beaucoup d'hommes indifférents – et elle estimait être dans une situation où elle pouvait profiter de sa beauté pour obtenir ce qu'elle voulait. En général, il se produisait plutôt le contraire : son physique lui attirait surtout des ennuis.

Trois minutes plus tard, ses prières furent exaucées : les portes vitrées s'écartèrent sur un homme relativement jeune qui portait une blouse blanche et avait l'air très sûr de lui. Quand il posa les yeux sur elle, son visage s'éclaira. Elle connaissait bien cette réaction, pour l'avoir vue d'innombrables fois. Le légiste semblait avoir une quarantaine d'années, cinquante au grand maximum. Il était blond et plutôt bel homme, dans le style typiquement américain – un peu comme George. Elle songea aussi qu'il devait faire régulièrement du sport pour se maintenir en forme.

Chet McGovern alla vers Pia comme une abeille attirée par une fleur. Pendant qu'ils se présentaient l'un à l'autre, Pia évita de croiser son regard. Elle avait déjà compris à quel genre d'homme elle avait à faire : un irrépressible don juan qui considérait chaque femme séduisante et plus jeune que lui comme un défi à relever. Pour ce qu'elle avait en tête, c'était très encourageant.

Après lui avoir fièrement confirmé qu'il était responsable de la coordination des enseignements proposés par l'IML, McGovern dit :

– Allons à mon bureau et voyons en quoi nous pouvons vous aider, d'accord ? Merci, Marlene.

Il lança un clin d'œil à la réceptionniste tandis que Pia marchait devant lui en direction des portes vitrées. Marlene leva les yeux au ciel.

Dans le couloir, puis dans l'ascenseur, McGovern abreuva Pia de questions sur ses études à Columbia et sur la spécialité qu'elle envisageait de choisir pour l'internat. Il précisa qu'il considérait la médecine légale comme une des spécialités les plus intéressantes – d'ailleurs, n'était-il pas ici pour le prouver ?

Pia joua le jeu. Elle répondit aux questions du bonhomme et fit semblant d'être très intéressée par l'histoire de sa brillante carrière. Ils entrèrent enfin dans un petit bureau et prirent place de part et d'autre d'une table de travail jonchée de documents, de lames d'histologie et d'objets divers.

– Désolé, c'est un peu le foutoir, dit-il avec un grand sourire. Alors, qu'y a-t-il pour votre service, mademoiselle, heu…

Les yeux de McGovern se plissèrent tandis qu'il s'efforçait de se remémorer le nom de Pia.

– Grazdani. Merci de me recevoir comme ça. À l'improviste, je veux dire.

– Tout le plaisir est pour moi.

– Je voudrais savoir ce qu'ont révélé les autopsies du Dr Tobias Rothman et du Dr Junichi Yamamoto, deux chercheurs du Centre médical de l'université Columbia. Ils sont morts le 24 mars – c'est-à-dire hier –, au petit matin, de la fièvre typhoïde. Et ils ont aussitôt été envoyés ici, à l'IML.

Pia s'était exprimée sur un ton monocorde. McGovern semblait un peu déconcerté. Elle ajouta en se forçant à sourire :

– Je suppose que les autopsies ont déjà eu lieu... ?

– Heu... Eh bien, je n'ai pas fait ces autopsies moi-même, je dois dire, et je n'ai pas entendu dire grand-chose à ce sujet, en dehors du fait qu'un des deux hommes était un célèbre scientifique qui avait un prix Nobel. Je savais, par contre, qu'ils étaient morts à cause d'une bactérie extrêmement agressive. Mais laissez-moi regarder ce que nous avons dans nos dossiers...

La jeune femme sourit de nouveau. Elle était splendide. McGovern ne désirait qu'une chose : lui rendre service. Il se tourna vers le clavier de l'ordinateur et pianota pour trouver d'abord les noms des légistes associés aux deux cas qui l'intéressaient, puis pour accéder aux dossiers correspondants.

– Nous y voilà. Oui, je vois ici que les autopsies ont bien été réalisées l'après-midi du 24. Hier, le jour de leur décès.

Il consulta rapidement les deux dossiers.

– Il s'agissait bel et bien d'infections très graves, avec de sévères lésions des intestins – petit et gros. Ça alors, les deux cadavres ont aussi été placés sous la responsabilité du Service de santé au travail, ce qui est d'ailleurs la raison principale pour laquelle ils ont été autopsiés.

– Le Service de santé au travail ? répéta Pia.

Elle craignait que l'intervention d'une énième agence publique ne lui complique davantage la tâche.

– Oui, dit McGovern en levant les yeux vers la jeune femme. C'est la loi. Le Service de santé au travail intervient quand un décès survenu sur le lieu de travail pose des problèmes potentiels de santé publique. Et d'après la loi, l'IML doit lui transmettre les résultats de l'autopsie avant d'en parler à quiconque.

Il reporta son attention sur l'écran.

– Bon ! Les deux autopsies ont été faites par le même légiste, le Dr Jack Stapleton. C'est notre superdocteur de choc qui traite plus de cas que n'importe qui. Il n'en a jamais assez. Il veut toujours plus de travail et de défis à relever. À croire qu'il n'a pas de vie en dehors de l'IML.

Pia vit McGovern lui adresser un petit sourire, l'air de dire : « Moi, par contre, j'ai une vie, vous voyez ? » Puis, tournant les yeux vers l'ordinateur, il reprit :

– Voyons voir… La cause de la mort, dans les deux cas, est donc une maladie infectieuse – fièvre typhoïde – et la mort est considérée comme accidentelle. Savez-vous pourquoi la mort de ces deux hommes est dite « accidentelle » ?

Pia secoua la tête. Elle n'allait évidemment pas répondre qu'elle contredisait le verdict officiel.

McGovern expliqua alors d'un ton professoral :

– Si les deux chercheurs avaient eu la typhoïde après avoir pris leurs repas dans un lieu public, par exemple la cafétéria de l'hôpital, leurs décès auraient été qualifiés de naturels, puisque la typhoïde est un pathogène d'intoxication alimentaire. Mais du fait qu'ils ont contracté la maladie dans leur laboratoire, sur le lieu de travail, les décès sont « accidentels » car ils ne peuvent pas être considérés comme résultant d'un processus naturel courant. Si, pour une raison ou une autre, les chercheurs s'étaient infectés volontairement, leurs décès seraient considérés comme des suicides. Enfin, s'ils avaient été infectés par une tierce personne agissant volontairement, nous devrions parler d'homicides.

McGovern pouffa de rire et écarta les mains, l'air de dire : « Je suis très pédagogue, n'est-ce pas ? »

Pia ne rit pas. Elle ne sourit même pas. Ce type lui paraissait complètement transparent. Son comportement était des plus typique. *Il me parle comme si j'étais une lycéenne*, pensa-t-elle.

L'absence de réaction de la jeune femme déconcerta quelque peu McGovern. Après quelques instants de silence embarrassé, il demanda :

– Avez-vous des questions précises sur les autopsies ? Si c'est le cas, je peux appeler Jack pour que nous l'interrogions ensemble. Je sais qu'il est encore à l'IML.

Chet McGovern aurait adoré que Pia lui soit redevable de l'aide qu'il lui apportait. Une heure plus tôt, il avait appris que le programme de son vendredi soir était tombé à l'eau. Or, il avait horreur de passer seul la meilleure soirée de la semaine. Il s'apprêtait à demander à la jeune femme si elle était libre à l'heure du dîner et si elle avait envie de grignoter un morceau avec lui, lorsqu'il la vit attraper à ses pieds le cabas en tissu qu'elle avait apporté avec elle, puis le poser sur la table. Elle en sortit un boîtier jaune auquel était fixé une sorte de micro. Il reconnut l'objet : c'était un compteur Geiger.

– Eh bien..., commença-t-elle. Pour être honnête, ce que j'aimerais faire, c'est voir si les corps de Rothman et de Yamamoto n'émettent pas de la radioactivité en petite quantité. Si ça vous paraît possible, bien sûr.

– Heu... je suppose que c'est possible, oui...

McGovern ne voulait pas répondre par la négative, mais la requête de la jeune femme l'intriguait. De toute évidence, elle lui cachait quelque chose. Il décida cependant de jouer le jeu.

– Pour quelle raison ces corps émettraient-ils de la radioactivité, à votre avis ? demanda-t-il d'un air détaché.

Pia réfléchit. Ça, c'était la question à un million. Elle savait, en venant ici, qu'elle risquait de se l'entendre poser, mais elle n'avait pas encore décidé quoi répondre. Elle pouvait risquer le tout pour le tout et parler de ce qu'elle avait découvert – ou être plus prudente et inventer quelque chose d'à peu près crédible.

– En fait, je participe à un projet de thèse sur les radio-isotopes utilisés dans la recherche.

Pia avait opté pour la deuxième solution car elle estimait que ce n'était pas le moment de rendre son interlocuteur méfiant sur la véritable raison de sa présence à l'IML. Si elle abattait ses cartes, elle risquait de voir l'IML appeler Columbia pour parler de l'affaire avec quelqu'un – la doyenne, par exemple. Les personnes impliquées dans le complot sauraient alors immédiatement qu'elle n'avait pas cessé de mener l'enquête.

– J'ai travaillé dans le labo du Dr Rothman pendant plus de trois ans et je sais que certains isotopes radioactifs ont été utilisés, pendant toute cette période, pour diverses expériences. Je veux juste m'assurer que le personnel n'a pas pu être contaminé. En examinant le labo, j'ai trouvé une légère source de radioactivité dans le bureau du Dr Rothman, près de sa cafetière. C'est pour ça que je suis venue. J'espère que vous pourrez m'aider. Je fais cette vérification pour que tout le monde ait l'esprit tranquille.

Pia se tut. Elle savait que les propos qu'elle venait de tenir n'étaient pas parfaitement sensés. Mais ils pouvaient paraître convaincants. Elle sourit de toutes ses dents – en espérant que son sourire n'avait pas l'air aussi faux qu'elle le craignait. Elle se rendait compte que McGovern était hésitant, mais qu'il n'avait pas exclu de lui accorder ce qu'elle demandait.

– C'est ça que vous avez dit à Marlene, en bas ? demanda-t-il.

– Je lui ai dit que j'étais intéressée par deux autopsies particulières.

– Je vois... Moi, elle m'a dit que vous vouliez des renseignements sur les stages offerts par l'IML aux étudiants en médecine. Mais peu importe. Je dois vous dire que nous avons des détecteurs automatiques de radiation, en bas, dans la morgue, et aucun d'eux n'a sonné récemment. En tout cas pas hier. J'en suis absolument certain.

– C'est normal, répliqua Pia avec aplomb. Les isotopes que nous avons utilisés au labo étaient des émetteurs alpha de radioimmunothérapie tels que le bismuth 213 et le plomb 212. Et ceux-ci échappent aux détecteurs courants qui ne captent que les rayonnements bêta et gamma.

Pia sourit de nouveau. McGovern hocha la tête d'un air entendu en dépit du fait qu'il n'avait rien compris à ses propos. Il y avait plus de dix ans qu'il n'avait rien lu sur les radio-isotopes. À l'époque, tiens, il était encore étudiant !

Le légiste avait l'air songeur. Pia crut qu'il réfléchissait à ce qu'elle venait de lui expliquer sur les particules alpha. Mais ce n'était pas le cas. À présent, Chet McGovern pensait à tout autre chose. Au début, quand il avait observé cette fille, il s'était dit qu'il exagérait… Mais non, maintenant il était sûr de lui : jamais il n'avait jamais vu une étudiante en médecine aussi séduisante. Et ce n'était pas peu dire, car il avait l'impression que ces filles devenaient plus jolies d'année en année – en tout cas au Centre médical de l'université de New York, la fac dont venaient la plupart des étudiants qu'il rencontrait en sa qualité de coordinateur des enseignements de l'IML. De toute évidence, il fallait qu'il passe davantage de temps à Columbia.

– Donc… vous voulez juste vous assurer que les corps de Rothman et de Yamamoto n'émettent pas de rayonnement alpha ? demanda-t-il pour être certain d'avoir bien compris.

– Voilà. C'est la raison pour laquelle je suis venue avec ce compteur Geiger. Il est programmé pour la détection des particules alpha.

McGovern se tourna vers l'ordinateur.

– Voyons… Le truc, c'est qu'il risque d'y avoir un petit problème. Les corps des cas infectieux comme ceux-là ne restent pas ici très longtemps. Et pour des raisons faciles à comprendre. Ouais ! s'exclama-t-il en tapotant l'écran de l'index. C'est ce que je pensais. Il y a un hic. Comme je le disais, dans les cas d'infection grave – fièvre typhoïde ou autres maladies contagieuses –, les corps ne sont pas conservés à l'IML. Dès que l'autopsie a permis de déterminer la cause du décès, en fait, le cadavre est rendu à la famille pour incinération, par l'intermédiaire de l'entreprise de pompes funèbres qu'elle a choisie. En d'autres termes... Désolé, les corps des chercheurs ne sont plus ici. Vous arrivez vingt-quatre heures trop tard.

Pia marmonna à mi-voix un « merde » que McGovern entendit et apprécia. Dans son esprit, les femmes grossières étaient aussi des femmes fougueuses. Très bien. Maintenant qu'il était établi que les cadavres des chercheurs n'étaient plus disponibles à l'IML, il espérait pouvoir passer à un sujet plus intéressant. Les préparatifs de la soirée à venir, par exemple.

Pia regardait ses genoux. Elle était terriblement déçue. Mais elle ne pouvait guère s'en vouloir. Vingt-quatre heures plus tôt, quand les corps avaient été enlevés, elle n'avait encore jamais entendu parler du polonium 210.

Voyant l'expression de la jeune femme, Chet eut soudain peur qu'elle décide de s'en aller. Elle était manifestement dépitée. Toutefois, il ne pouvait pas la laisser partir maintenant. Ce serait une catastrophe, car il n'avait ni son numéro de portable ni son adresse électronique.

– Le bureau du légiste qui a fait les autopsies est juste ici, au bout du couloir, dit-il. Et c'est un copain. Si vous avez une question précise, je ne demande pas mieux que d'aller l'interroger...

Pia soupira. Elle n'avait pas imaginé que les corps de Rothman et de Yamamoto auraient déjà été emportés par les pompes funèbres. Pouvait-elle demander les noms de ces entreprises à McGovern ? Cela risquait de le rendre méfiant. Quant à parler au légiste qui avait fait les autopsies... À quoi bon ?

49

CENTRE MÉDICAL DE L'UNIVERSITÉ COLUMBIA
NEW YORK
25 MARS 2011
17 H 25

Prek et Genti, assis au chaud dans la camionnette, avaient chargé Neri Krasnigi, le jeune mec que Buda leur avait imposé comme équipier, de patrouiller sur le trottoir de la 168e Rue entre le véhicule, la résidence universitaire et l'entrée de l'hôpital. Ils lui avaient aussi dit de mettre son téléphone portable en mode talkie-walkie pour garder le contact en permanence. La pluie n'était pas très forte, mais Neri avait l'air trempé dans son uniforme d'agent de sécurité de Columbia. Prek savait qu'il avait pris un risque en l'envoyant comme ça dans la rue, car il risquait de croiser un véritable agent de sécurité, mais… c'était un risque acceptable. Il voulait être certain de ne pas manquer Pia Grazdani ou George Wilson, leurs cibles, quand ils apparaîtraient dans la rue.

Prek était aussi content de lui qu'il pouvait l'être dans ce genre de situation. Il était assez fébrile, aussi, comme toujours avant un raid, d'autant qu'il avait déjà avalé deux Red Bull. Et il gardait une troisième cannette à côté de lui pour plus tard. La radio de la camionnette diffusait du hard-rock à volume réduit. Assis au volant, Prek frottait souvent de l'index la cicatrice de sa lèvre supérieure. C'était un tic dont il n'avait même pas conscience.

Buda avait appelé à cinq heures pour voir où ils en étaient. Prek avait dû lui expliquer qu'ils avaient repéré la fille, puis qu'ils l'avaient perdue dans le métro. Quand Buda s'était mis en colère, hurlant un chapelet d'injures, en albanais, qui remettaient en question les origines et la vertu de la mère de Prek, celui-ci avait rougi et écarté le téléphone de son oreille. Neri Krasnigi, assis sur une caisse en plastique à l'arrière de la camionnette, avait entendu les propos de Buda et poussé un gloussement narquois qui lui avait valu un regard noir de Prek. Dès que l'irruption volcanique du patron avait cessé, Prek avait rapproché l'appareil de son oreille.

– Est-ce qu'elle trimballait quelque chose avec elle ? avait alors demandé Buda d'une voix plus calme. Je veux dire un bagage, comme si elle s'en allait quelque part, ou un truc...

– Non. Elle avait juste un cabas et un parapluie. Je suis sûr qu'elle va revenir.

– Y a intérêt ! Et le mec ?

– Toujours aucun signe de lui. Il est peut-être en cours, ou avec des malades, je ne connais pas l'emploi du temps des étudiants de médecine. J'en vois qui sortent de l'hôpital, là, tout de suite, et qui passent sur le trottoir à côté de nous. Bien sûr, il était peut-être déjà retourné à sa chambre avant notre arrivée. Mais la fille est partie seule et je suis sûr qu'ils vont se retrouver à un moment ou un autre. Et nous, on sera prêts.

– Ne foirez pas votre coup, avait grogné Buda avant de couper la communication.

Prek s'était penché pour scruter le plancher de la camionnette à ses pieds, il avait ramassé une cannette vide de Red Bull et l'avait jetée à la tête de Krasnigi à l'arrière du véhicule.

– Connaud, tu trouves ça drôle ? avait-il crié. Enfile un uniforme ! Tu sors faire un tour.

Le cours magistral que George Wilson avait tenu à suivre s'achevait. Hélas, il n'avait guère été intéressant. Le professeur avait une voix soporifique ; George et la plupart des étudiants de l'amphi avaient eu beaucoup de mal à garder les yeux ouverts. Les cours de fin de semaine étaient un vrai problème, dans ces conditions, surtout pendant les moments où les lumières étaient éteintes pour la projection des inévitables diapositives qui illustraient la leçon. Pour lutter contre le sommeil, George avait pensé à Pia. Il s'était demandé si elle avait fait des découvertes intéressantes à l'IML et, surtout, si elle était en sécurité et avait réussi à éviter de s'attirer des ennuis. Il savait que si l'IML appelait Bourse pour se plaindre de son attitude, elle n'aurait sans doute plus aucune chance de devenir médecin – en tout cas pas à Columbia. Il regrettait de tout cœur, pendant qu'il écoutait d'une oreille le ronron du professeur, de ne pas l'avoir accompagnée.

Il rassembla ses affaires et sortit de l'amphi. Une chose était sûre : ce cours ne lui laisserait pas grand souvenir. Dans la rue, il boutonna son manteau et en remonta le col. Il ne pleuvait plus vraiment – il crachinait, plutôt –, mais le vent était glacial. L'inquiétude qu'il éprouvait pour Pia lui nouait le ventre. Il regrettait de plus en plus de l'avoir laissée partir seule. Quand lui donnerait-elle enfin de ses nouvelles ?

Marchant d'un bon pas sur le trottoir, George croisa un agent de sécurité qui semblait patrouiller aux abords de la résidence universitaire. L'homme retint un instant son attention car il n'avait pas de parapluie et son blouson noir à col de fausse fourrure semblait trempé. Et puis, il avait l'air de n'avoir pas plus de dix-sept ans. George le dépassa et l'oublia aussitôt. Arrivé à la résidence, il attendit devant les ascenseurs avec un groupe d'étudiants tout juste revenus de cours comme lui. Pour la quinzième fois, il regarda son téléphone. Pas de texto, d'appel ou de mail de Pia.

Dès qu'il fut dans sa chambre, il se vautra sur le lit. Il était épuisé et affamé. Il se sentait aussi très seul et étrangement anxieux. Il était loin d'être aussi coriace que Pia. Il connaissait encore assez peu de choses sur son enfance, mais il savait qu'elle avait beaucoup souffert. Elle avait vécu des expériences traumatisantes qu'il ne pouvait même pas imaginer. Bien sûr, il avait perdu son père quand il était tout gosse, sa famille manquait d'argent, la vie n'était pas des plus faciles – mais sa mère avait toujours veillé à bien s'occuper de lui, avec beaucoup d'amour. Elle avait surveillé de près ses résultats scolaires, veillant à ce qu'il fasse ses devoirs le soir, le guidant d'année en année, de l'école primaire au lycée, jusqu'à ce qu'il entre à la fac. Elle avait toujours été là pour lui et elle l'avait poussé à travailler dur pour décrocher les bourses dont il avait besoin pour entrer à l'université d'État de l'Arizona, puis à Columbia. L'un dans l'autre, George avait toujours vécu en sécurité et bien entouré – exactement le contraire de Pia. Il se demanda confusément où il aurait été, à l'heure qu'il était, s'il avait eu la même enfance qu'elle. Sans doute se serait-il retrouvé à vendre du hasch dans un fast-food miteux d'un quartier dangereux de la ville.

Tout à coup, George éprouva le besoin d'entendre une voix familière. Il appela sa mère, mais tomba sur son antique répondeur. Il ne laissa pas de message. Il regarda l'heure et appela sa grand-mère, Sally Mason, à Phoenix. Là-bas c'était le milieu de l'après-midi – sans doute un bon moment pour lui parler. Mais elle ne répondit pas. Cette fois, il laissa un message.

Après que la cible, George Wilson, fut passée à côté de lui, Neri se précipita vers la camionnette. Prek baissa sa vitre, regarda le jeune homme et le prit en pitié. Avec ses cheveux tout mouillés et plaqués sur le crâne, il faisait peine à voir.

– O. K., dit Prek. Remonte dans la camionnette. Mais garde l'uniforme pour le moment.

– Merci, dit Neri, très reconnaissant.

Il entra dans le véhicule par la porte latérale. Prek l'observa, dans le rétroviseur intérieur, retirer son blouson. La radio diffusait encore du hard-rock et Genti battait la mesure avec un stylo sur le tableau de bord.

– Il t'a vu, George Wilson ? demanda Prek qui fixait encore le jeune homme dans le rétroviseur pour éviter de se retourner.

– Ouais, il m'a regardé. Droit dans les yeux. Pourquoi ?

– Pour rien. Comme ça.

– Ça n'a pas d'importance, si ?

– Non, je pense pas, dit Prek. Bon, prends cette caisse en plastique, maintenant, et viens t'asseoir ici. Entre nous. Je veux que tu nous aides à observer la rue pour chercher la fille, Pia Grazdani. Trois paires d'yeux, ça vaut mieux que deux.

À présent, les étudiants défilaient en masse sur les trottoirs. Prek avait l'impression d'assister à un déplacement de bétail rentrant des pâturages pour regagner l'étable.

La camionnette était garée le long du trottoir est de Haven Avenue et tournée vers le sud-est. Prek et ses comparses faisaient face aux étudiants qui venaient du centre médical.

– Nous avons déjà un oiseau dans le nid, dit-il. Mais où est l'autre, bon sang ? Qu'est-ce qu'elle fiche, cette garce ?

50

INSTITUT MÉDICO-LÉGAL DE LA VILLE DE NEW YORK
520, PREMIÈRE AVENUE, MANHATTAN
25 MARS 2011
17 H 30

Chet McGovern attendait, non sans une certaine fébrilité, que la splendide étudiante en médecine lui dise si elle voulait qu'il consulte Jack Stapleton, le collègue qui avait fait les autopsies des deux chercheurs terrassés par la fièvre typhoïde. Elle avait paru déçue, sinon déconfite, quelques instants plus tôt, quand il lui avait révélé que les cadavres avaient déjà été enlevés par les pompes funèbres, mais voilà qu'elle semblait reprendre du poil de la bête. Son visage s'animait et ses yeux s'éclairaient comme si une nouvelle idée venait de lui venir à l'esprit.

– Il y a peut-être une chose que vous pourriez demander à votre collègue, dit-elle.

– Oui, quoi donc ? répondit Chet d'un ton sérieux – il voulait dissimuler son enthousiasme pour ne pas effrayer la jeune femme. Que voulez-vous savoir ?

Pia venait de repenser à la défense péritonéale qu'elle avait été la première à détecter chez Rothman. Ce symptôme avait trahi la péritonite qui touchait l'appareil digestif du malade. L'organe cible de la typhoïde était l'intestin grêle. Grâce aux recherches qu'elle avait menées dans la matinée, elle savait que les intestins étaient sensibles aux radiations – surtout les cellules de la membrane du péritoine. Et c'était alors l'ensemble des intestins, de manière générale, qui était touché, pas seulement l'intestin grêle. Si le polonium avait joué un rôle dans le décès des chercheurs, par conséquent, l'autopsie avait peut-être révélé d'importants dégâts tout le long de leurs intestins.

– J'aimerais savoir si les résultats des autopsies étaient normaux par rapport à ce qu'on peut attendre pour une fièvre typhoïde.

– Attendez-moi une minute, je vais trouver Jack, s'empressa de dire McGovern. Ça ne pose aucun problème. Ne bougez pas !

Chet se leva avant que Pia ait pu changer d'avis et fila dans le couloir jusqu'au bureau de Jack Stapleton. Il frappa à la porte et l'ouvrit sans attendre de réponse. Personne.

– Merde !

Il courut jusqu'au bureau de la femme de Jack, Laurie, dont la porte était toujours entrouverte. Il la poussa doucement et eut le plaisir de les trouver tous les deux dans la pièce.

Laurie et Jack aimaient prendre leur temps, après les autopsies de la journée, pour travailler sur leurs dossiers et, parfois, faire des projets pour la soirée. Le vendredi, en outre, la circulation était terrible dans Manhattan jusqu'à dix-huit heures passées, ils avaient donc intérêt à attendre avant de rentrer chez eux. Ils avaient d'autant moins de raison de se presser qu'ils avaient une garde d'enfant à domicile pour veiller sur leur fils. Ils s'offraient donc un moment de tranquillité, en cette fin de vendredi après-midi, qu'ils appréciaient d'autant plus qu'ils étaient tous les deux très occupés pendant la semaine.

– Jack. Dieu merci, tu es encore là ! s'exclama Chet. Salut, Laurie, comment tu vas ? Jack, écoute…

Il jeta un coup d'œil vers le couloir, ferma la porte du bureau et, comme s'il jouait au conspirateur avec ses collègues, ajouta d'un air amusé :

– Jack, j'ai en ce moment dans mon bureau la plus belle étudiante en médecine de quatrième année que j'aie jamais vue. Je veux dire, la plus belle des plus belles ! J'ai besoin que tu m'aides à l'intéresser à l'IML jusqu'à ce qu'elle m'ait filé son numéro. Je n'avais rien de prévu ce soir, et voilà qu'elle se pointe et me demande de lui porter secours. C'est un signe du destin. Il faut que tu me donnes un coup de main, vieux.

Jack ne put s'empêcher de sourire. Il connaissait bien Chet, un ami de longue date avec qui il avait partagé son bureau pendant plusieurs années – avant que l'agrandissement et la réorganisation de l'IML ne permettent à chaque légiste d'avoir son propre espace. Il avait suivi d'innombrables épisodes de sa vie amoureuse très mouvementée. Laurie, de son côté, avait fini par se lasser de l'obsession de la drague chez son collègue. Elle ne put s'empêcher de l'aiguillonner un peu :

– Chet, tu as quel âge ?

– Je sais, je sais, dit-il d'un air faussement contrit.

– Non, sérieux, quel âge tu as ?

Jack jugea préférable de s'interposer entre son ami et son épouse.

– Qu'est-ce que je peux faire pour toi, Chet ?

McGovern entrouvrit la porte et regarda dans le couloir pour s'assurer que Pia ne s'était pas envolée.

– Cette étudiante en médecine, qui vient de Columbia, me pose des tas de questions au sujet des deux cas de fièvre typhoïde sur lesquels tu as bossé hier. Elle s'est présentée à Marlene en disant qu'elle voulait des renseignements sur les stages offerts par l'IML, mais je crois que c'était un prétexte. Ça paraît un peu bizarre, mais elle voulait voir les cadavres pour essayer de déterminer s'ils n'émettaient pas des radiations alpha. Parce que les deux chercheurs utilisaient des radio-isotopes émetteurs de particules alpha dans leur laboratoire. Elle a même apporté son propre compteur Geiger.

Quand je lui ai dit que les corps n'étaient plus chez nous, elle a eu l'air terriblement déçue. Merci d'être toujours si efficace et de signer les autorisations d'enlèvement des corps plus vite que ton ombre, Jack !

– Y a pas de quoi, vieux.

Jack et Laurie échangèrent un sourire entendu. Ils avaient devant eux du McGovern pur jus. Chaque semaine, il y avait une nouvelle fille brûlante à conquérir. Autrefois, Laurie avait un peu pris son collègue en pitié, car elle le croyait solitaire. Mais elle avait changé d'avis. Elle était désormais convaincue que Chet ne voulait pas trouver l'âme sœur. C'était la *chasse* qui l'intéressait. Et il ne s'en lassait jamais.

– Maintenant, elle voudrait te demander si les autopsies ont donné des résultats classiques pour la typhoïde, reprit McGovern.

– Dis-lui que les résultats étaient tout à fait classiques pour la typhoïde, oui, mais qu'il s'agissait d'une typhoïde très grave, sans doute provoquée par une souche de salmonelle extrêmement virulente.

– Et si tu venais lui raconter ça toi-même ? Ça l'impressionnera davantage, je pense.

Jack regarda Laurie, qui haussa les épaules comme pour dire : « Vas-y. » Il se mit debout et suivit Chet jusqu'à son bureau.

Chet fit les présentations. Jack comprenait l'enthousiasme de son ami. Pia Grazdani était ravissante. Ayant vu le compteur Geiger sur la table, il demanda à la jeune femme pour quelle raison elle s'intéressait à ces deux autopsies. Elle lui débita l'histoire qu'elle avait livrée à Chet et il décida de ne pas la contredire en dépit du fait qu'il trouvait son explication un peu tirée par les cheveux. Il dit simplement :

– Si j'ai bien compris, vous vouliez savoir si les observations que j'ai faites pendant les autopsies étaient typiques de la fièvre typhoïde. La réponse est oui, à cette précision près qu'il s'agissait d'une forme extrême de fièvre typhoïde. Les intestins, l'organe cible de la maladie, étaient en très mauvais état. C'est la raison pour laquelle les deux hommes sont morts si vite. Il y avait de multiples perforations dans les cavités péritonéales.

Pia cilla.

– Aviez-vous déjà vu ce genre de chose ?

– Eh bien… non, à vrai dire. Je n'avais jamais vu des dégâts aussi prononcés et étendus. Mais vous devez garder à l'esprit que, de nos jours, la typhoïde se voit très rarement. Surtout les cas graves. Cette maladie n'est plus le fléau qu'elle était avant l'invention des antibiotiques.

Laurie apparut à la porte du bureau. Elle avait décidé de se joindre à la fête. Chet fit les présentations. Pia lui serra distraitement la main et reporta aussitôt son attention sur Jack pour dire :

– La souche de salmonelle sur laquelle le Dr Rothman et le Dr Yamamoto travaillaient, et qui les a rendus malades, était particulièrement virulente parce qu'elle avait été cultivée, en collaboration avec la NASA, dans la station spatiale internationale.

– Ah bon ? fit Jack.

Il nota dans un coin de sa tête de demander à qui de droit pourquoi on ne lui avait pas donné cette précision avant les autopsies.

– Était-ce seulement l'intestin grêle, ou tout l'intestin dans son ensemble qui était touché ? enchaîna la jeune femme.

– Tout l'intestin. Depuis le duodénum jusqu'en bas, y compris le rectum. De ce point de vue, c'était une infection exceptionnelle. D'habitude, comme vous semblez le savoir, il n'y a que l'intestin grêle qui est affecté. Les dégâts étaient tellement exceptionnels, d'ailleurs, que j'ai conservé d'importants morceaux des intestins des deux hommes dans le formol. J'ai pensé que nous pourrions les utiliser pour la formation des étudiants. Car dans cet établissement, nous prenons nos responsabilités vis-à-vis des étudiants très au sérieux ! N'est-ce pas, docteur McGovern ?

Chet, subitement intimidé, marmonna quelque chose entre ses dents. Jack pouffa de rire. Pia semblait confuse mais, en réalité, elle était stupéfaite. Elle n'avait même pas entendu la remarque ironique de Jack à l'adresse de son collègue. Tout ce qu'elle avait retenu, c'était qu'il avait conservé des échantillons des intestins. Les corps avaient disparu, mais le légiste avait gardé dans le formol des morceaux de leurs intestins rongés par la maladie !

– Bon, reprit Jack d'un ton plus sérieux. Je ne peux pas vous proposer de regarder les lames au microscope, car les prélèvements n'ont pas encore eu le temps d'être traités par le labo d'histologie. Les autopsies n'ont été faites qu'hier. Mais si vous voulez voir les intestins, je ne demande pas mieux que de vous les montrer. Pour les lames, je vous préviendrai quand elles seront prêtes, si vous nous laissez vos coordonnées, et vous n'aurez qu'à revenir ici. Ou, si vous préférez, je vous les enverrai à Columbia.

– Oh, absolument, je veux voir les prélèvements ! dit Pia. Et j'aimerais aussi jeter un œil aux lames, le moment venu.

Jack regarda son collègue avec un grand sourire.

– Docteur McGovern, vous n'oublierez pas de prendre les coordonnées de mademoiselle Grazdani.

– Je n'y manquerai pas, répondit Chet qui s'était ressaisi.

– Bon, allons au labo, dit Jack.

Ils sortirent tous les quatre du bureau pour se diriger vers les ascenseurs. Pia emporta son parapluie et le compteur Geiger qu'elle remit dans le cabas.

La directrice du laboratoire d'histologie, Maureen O'Connor, n'avait pas encore quitté les lieux pour le week-end. Jack songea en la regardant que, depuis que les rousses étaient revenues à la mode, les boucles de cette femme semblaient roussir chaque jour un peu plus.

– Quel bon vent vous amène ici un vendredi soir ? demanda-t-elle d'un ton enjoué. Le travail ou l'envie de faire la fête ?

Elle salua tour à tour Jack, Laurie, puis Chet qui lui présenta Pia. Jack dit ensuite :

– J'aimerais voir certains prélèvements que je vous ai donnés hier, si ça ne vous ennuie pas. Je sais qu'il est tard...

– Vous savez bien que pour vous, il n'est jamais trop tard, répondit Maureen d'une voix sucrée.

Laurie leva les yeux au ciel. Maureen chouchoutait Jack. Le labo d'histologie lui fournissait toujours ses lames sans délai. Aucun autre légiste de la maison n'avait droit à ce traitement de faveur.

Jack précisa sa demande et Maureen alla chercher plusieurs flacons dans la salle de stockage. Elle les disposa sur une paillasse du labo.

Après avoir enfilé des gants, Jack sortit les pâles morceaux d'intestin des flacons et les étala sur la paillasse. Il montra à Pia les perforations et les lésions très marquées des parois de l'organe. Alors qu'il s'apprêtait à remettre les échantillons dans les flacons, elle demanda d'un ton aussi détaché que possible :

– Cela vous ennuie si je passe mon compteur Geiger dessus ?

Jack haussa les épaules.

– Allez-y.

Pia sortit l'appareil du cabas. Après avoir ouvert la fenêtre en mica adaptée à la détection des particules alpha, elle alluma le compteur et le braqua sur un des échantillons. Aussitôt, l'appareil émit des cliquetis bruyants qui attestaient la présence de radiations. Elle approcha davantage l'appareil du morceau d'organe : les cliquetis s'intensifièrent et accélérèrent jusqu'à former un bruit continu. L'aiguille de la fenêtre de mesure s'agita follement.

– Ouah ! s'exclama Jack. Qu'est-ce qui se passe ?

Pia ne répondit pas. Elle écarta le compteur de l'échantillon, puis l'en approcha de nouveau. Il n'y avait aucun doute possible. Le morceau d'intestin émettait des radiations – *beaucoup* de radiations. Elle recommença l'exercice une fois encore, par précaution, puis elle éteignit l'appareil et le glissa dans le cabas.

Les trois médecins légistes échangèrent des regards intrigués. Il y avait là quelque chose qui ne tournait pas rond du tout. L'échantillon d'intestin appartenait à un homme dont l'autopsie avait permis de conclure qu'il était mort d'une salmonellose grave, mais il émettait de grandes quantités des particules alpha. Certes, l'étudiante avait dit que des radio-isotopes avaient été utilisés au laboratoire des chercheurs décédés. Mais cela pouvait-il expliquer la réaction du compteur Geiger ?

– Qu'en pensez-vous, alors ? demanda Laurie à Pia d'une voix égale, pour ne pas l'effaroucher. C'est assez surprenant, ce que nous venons de voir. Avez-vous une opinion à partager avec nous… ?

Le cœur de Pia battait la chamade. Confusément, elle se dit qu'elle était peut-être en état de choc. Elle n'était pas prête à avoir la confirmation que Rothman et Yamamoto avaient été tués de la même façon qu'Alexandre Litvinenko à Londres. Et elle était terrifiée à l'idée de ne pas réussir à aller au bout de cette histoire. Alors qu'elle venait de trouver la preuve qu'elle avait tant cherchée, elle n'éprouvait qu'une immense angoisse. Et elle ne pensait plus qu'à une chose : décamper de l'IML et retourner à la résidence universitaire. Elle avait besoin d'être seule. Il fallait qu'elle prenne le temps de réfléchir à cette découverte et à ce qu'elle devait en faire.

– Mademoiselle, que se passe-t-il ? Je crois que vous devriez nous répondre, dit Laurie avec une pointe d'autorité dans la voix. Visiblement, vous venez de faire une observation très inattendue et très significative.

Pia ne dit rien. Elle sentait les yeux des légistes fixés sur elle. Jamais, de toute sa vie, elle n'avait eu la moindre raison de faire confiance aux gens susceptibles d'avoir du pouvoir sur elle. Ces légistes n'étaient pas la police ou le service de sécurité de l'hôpital, d'accord, mais ils travaillaient tout de même pour la ville. Qui étaient les gentils, dans l'histoire, et qui étaient les méchants ? Elle n'en savait rien. Question plus importante encore : y avait-il seulement des gentils ? Il fallait absolument qu'elle quitte cet endroit.

Jack, qui était stupéfait comme tout le monde, dit :

– Vous avez parlé d'isotopes, n'est-ce pas ? De radio-isotopes utilisés dans le laboratoire du Dr Rothman ?

– Hum... je vais devoir vérifier, répondit Pia. Je vous contacterai demain matin. Vous venez ici, le samedi ?

Elle saisit son parapluie et glissa la sangle du cabas sur son épaule, regardant en direction de la porte du couloir.

Chet McGovern essayait de se rappeler ce que Pia lui avait dit sur les émetteurs alpha.

– Tout à l'heure, vous avez parlé de plomb et de bismuth, je crois. Vous évoquiez le plomb 213 et le bismuth 212, n'est-ce pas ?

– Non, c'était l'inverse : plomb 212 et bismuth 213. En effet, j'ai cité ces isotopes. Mais maintenant... je dois retourner au labo vérifier que c'étaient bien ceux-là qui ont été utilisés. Il faut vraiment que je rentre, dit-elle, et elle regarda sa montre pour s'exclamer : Oh mon Dieu, il est bientôt six heures ! J'avais promis d'être rentrée à six heures, justement, et j'ai quarante-cinq minutes de métro pour remonter jusqu'à Washington Heights.

Les légistes voyaient très bien que la jeune femme était terriblement anxieuse. Aucun d'eux n'était convaincu par sa manifestation de surprise quand elle avait regardé l'heure.

– Je crois que vous feriez mieux de rester ici jusqu'à ce que nous ayons tiré cette affaire au clair, dit Laurie. Vous avez peut-être vous-même été exposée aux radiations. Les émetteurs alpha sont dangereux s'ils sont ingérés ou inhalés. Et il y a peut-être d'autres personnes à examiner...

– Je vous remercie beaucoup de l'aide que vous m'avez apportée, l'interrompit Pia d'une voix sèche. Je vous appellerai demain au sujet des isotopes.

Elle fit un effort pour lever les yeux vers Jack et Laurie, mais elle ne put soutenir leur regard. Elle avait hâte de quitter la salle. Elle ne voulait surtout pas être coincée ici quand les légistes appelleraient les autorités – ce qu'ils feraient probablement sans délai. Elle devait mettre fin à cette entrevue selon ses propres termes.

– Mademoiselle, que se passe-t-il ? demanda Jack. Vous débarquez ici avec un compteur Geiger dans votre cabas et le visage tuméfié. Êtes-vous réellement étudiante en médecine ? Qui vous envoie ?

– Personne, dit Pia. Écoutez, je comprends l'impression que je peux vous donner, mais je suis bel et bien étudiante en médecine. Et faites-moi confiance, personne d'autre n'a été contaminé. J'en suis certaine. Mais je ne peux pas rester ici, je dois partir, je suis désolée.

Elle fit un pas vers la porte mais Jack lui barra le passage.

– Vous ne pouvez pas me retenir ici contre mon gré. Je veux m'en aller. Tout de suite.

Laurie toucha l'épaule de Jack. Il fit un pas de côté. Pia s'élança vers la porte.

Chet jeta un regard perplexe à Jack, puis suivit la fille. Il ne savait pas quoi faire. Il n'avait même pas son numéro de téléphone.

Pia et Chet disparurent. Maureen, perplexe, se demandait si elle devait appeler la sécurité.

– Elle a raison, Jack, observa Laurie. Nous ne pouvons pas la retenir contre son gré. Elle a dit qu'elle était à Columbia. Nous n'aurons pas de mal à la retrouver.

– À condition qu'elle n'ait pas menti sur son identité.

Jack et Laurie avaient de nombreuses raisons d'adorer leur travail de médecin légiste. L'une d'elles était qu'il leur offrait constamment des surprises. Et le mystère sur lequel ils venaient de tomber était pour le moins fascinant.

– Qu'est-ce que tu penses de tout ça, alors ? demanda Laurie.

– Je n'en sais rien. Je crois qu'elle nous a caché pas mal de choses. Elle savait déjà qu'elle allait trouver des radiations sur les corps. Elle s'en doutait, en tout cas. Bien sûr, puisqu'elle a même apporté un compteur Geiger pour vérifier ! Mais quand elle a eu la confirmation du truc, elle a complètement paniqué. Elle était morte de trouille.

– Oui, acquiesça Laurie. Elle avait l'air absolument terrifiée. Il faut qu'on sache ce qu'elle va devenir.

– Je suis bien de ton avis.

Jack se tourna vers les échantillons étalés sur la paillasse.

– Jetons un œil sur les prélèvements du second bonhomme, suggéra-t-il.

Maureen était contente d'avoir quelque chose à faire. Elle alla rapidement chercher les flacons de Yamamoto. Sur la paillasse, ses intestins se révélèrent parfaitement identiques à ceux de Rothman. Quant à savoir s'ils étaient radioactifs… Hélas, Pia avait emporté le compteur Geiger avec elle.

– Tu crois qu'on devrait appeler DeVries pour lui demander comment déterminer de quel radio-isotope il peut s'agir ? demanda Jack.

Il faisait référence à John DeVries, le directeur du laboratoire de toxicologie.

Laurie se souvint alors que l'IML avait mis au point un kit d'urgence après les attentats du 11-Septembre. Cet événement avait révélé aux institutions de la ville qu'elles n'étaient absolument pas préparées à faire face aux attaques terroristes de grande ampleur. Un groupe de réflexion de l'IML avait proposé la conception d'un kit d'urgence contenant plusieurs outils susceptibles d'aider le travail des légistes dans toutes les situations possibles – y compris en cas d'attaque nucléaire.

– Je crois qu'il y a un instrument de détection des radiations dans le kit d'urgence, dit Laurie. Et je crois même qu'il peut identifier les radio-isotopes. Tu te rappelles ? Bingham a tenu à ce que nous en ayons plusieurs dans la maison.

Jack ne se souvenait pas de ce détail, mais il faisait confiance à la mémoire de Laurie. Pendant qu'elle quittait le labo d'histologie pour aller chercher le kit, il appela John DeVries, le toxicologue, pour lui demander comment identifier la substance radioactive détectée par le compteur Geiger de l'étudiante.

– Honnêtement, Jack, je n'en ai aucune idée. Dieu merci, de toute ma carrière je n'ai jamais eu à faire ce genre de chose. Autant que je sache, les seuls cadavres radioactifs que nous ayons à l'IML sont ceux de personnes qui ont subi une radiothérapie, et dans ces cas-là nous connaissons déjà les radio-isotopes. Je crois qu'il faudrait utiliser une technique qui s'appelle la spectrométrie d'absorption atomique, mais il faudrait que je me renseigne avant de revenir à vous. Et… c'est vendredi soir, vous savez.

– Je sais bien, John. Merci beaucoup.

Jack rangea son téléphone. Bon, c'était l'impasse de ce côté, pour le moment. Laurie reparut alors avec le kit d'urgence. Il contenait un appareil baptisé Model 935, de la marque Berkeley Nucleonics, capable de mesurer la radioactivité et de différencier les isotopes. Ils en lurent le mode d'emploi ensemble, puis ils l'allumèrent et le braquèrent sur l'intestin de Rothman. Au bout de cinq minutes, ils obtinrent un résultat. L'organe émettait essentiellement des particules alpha, ainsi que quelques rayons gamma en faible quantité. Et ce furent ces rayons-là qui permirent d'identifier l'isotope : il s'agissait de polonium 210.

– Les certificats de décès sont erronés, dit Jack. Mince ! Je suis complètement passé à côté du truc. Les décès de ces deux hommes n'étaient pas accidentels.

– Oui, c'est clair. Tu sais quelque chose sur le polonium, toi ?

– À vrai dire, oui, je sais deux ou trois trucs. D'abord, c'est un produit qui n'a aucune utilité dans le domaine médical. Tu sais à quoi il sert le plus, en réalité ? On le mélange avec du béryllium de façon à ce que les particules alpha du polonium provoquent la libération des neutrons du béryllium pour déclencher la réaction en chaîne des armes nucléaires.

– Mon Dieu ! fit Laurie. Comment tu peux savoir des trucs pareils ?

– Je ne sais pas comment je sais ça, mais je le sais, dit Jack avec un haussement d'épaules. Et je me souviens d'un autre détail. Le polonium a déjà servi à tuer quelqu'un. Ce Russe, à Londres, il y a quelques années… Tu te rappelles ?

– Ah oui ! L'ancien officier du KGB qui avait fui la Russie ?

– Ouais, exactement.

Laurie et Jack s'étaient intéressés à l'affaire d'un point de vue professionnel, à l'époque, comme la plupart des légistes du monde.

– Nous devons prévenir les autorités, dit Laurie. La police ou le FBI, je ne sais pas, mais il faut faire quelque chose.

– Oui, acquiesça Jack. Ces particules ne veulent pas dire que Rothman et Yamamoto fabriquaient des bombes atomiques, mais elles prouvent que ce n'est pas uniquement la fièvre typhoïde qui les a tués. Ils avaient la typhoïde à cause de la salmonelle, mais il est clair qu'ils ont été terrassés par un syndrome d'irradiation aiguë. À vue de nez, pour le moment, je dirais que la typhoïde a servi de masque au polonium qui était sans doute l'agent mortel principal. Bon sang, j'aurais dû tiquer sur le fait que tout l'intestin était touché !

– Ne te fais aucun reproche, dit Laurie. Je peux t'assurer que personne n'aurait pu établir pareil diagnostic.

Jack sortit son portable pour appeler Chet.

– La fille, elle est toujours ici ? demanda-t-il.

Il écouta la réponse de son collègue, puis dit :

– Très bien. Tu devrais revenir ici.

Il coupa la communication et dit à Laurie :

– Elle a filé. Chet a tout essayé pour la convaincre de rester, mais elle est partie dans la rue en courant.

– Je pense qu'il faut absolument la retrouver. Elle est peut-être en danger.

– Je suis bien d'accord. Si la ou les personnes qui sont responsables de cette affaire savent ce qu'elle sait...

Jack n'eut pas besoin de terminer sa phrase. Laurie pensait la même chose que lui.

– Je vais appeler le chef, reprit-il. Cette histoire va faire l'effet d'une bombe. Les médias vont se déchaîner.

– Et moi, j'appelle Lou. Et ensuite Paula. J'ai l'impression que nous allons devoir passer une bonne partie de notre vendredi soir ici.

Jack hocha la tête et se tourna vers Maureen.

– Désolé pour le dérangement, mais maintenant nous devons agir vite. Pourriez-vous rassembler tous les spécimens ? Il va falloir les enfermer dans un conteneur de sécurité.

– Je m'en occupe, répondit Maureen qui partageait l'anxiété des légistes.

Jack et Laurie redescendirent au bureau de Laurie. Pendant qu'il composait le numéro du Dr Harold Bingham, le patron de l'IML, Jack songea aux problèmes qui n'allaient pas manquer de se poser : l'affaire ferait couler beaucoup d'encre, d'une part parce que les victimes étaient deux chercheurs très importants et célèbres, d'autre part parce que la cause de leur décès n'avait pas été correctement élucidée. Certes, elle était désormais connue, mais Bingham serait quand même énervé. En outre, il devrait apaiser les différentes agences gouvernementales qui participeraient à l'enquête et gérer les retombées politico-médiatiques du truc – des tâches dont Jack était bien content de ne pas écoper.

Pendant que Jack parlait avec Bingham, Laurie joignit Lou Soldano sur son portable.

– Lou, c'est Laurie. Tu peux parler ?

– Salut, Laurie. C'est sympa d'avoir si vite de tes nouvelles, dit Lou, et il ajouta d'un ton plus sérieux : Il se passe quelque chose ?

– Nous avons un problème, ici, à l'IML. Il semble que nous ayons un cas d'empoisonnement au polonium. Tu te souviens de cette affaire, à Londres, il y a quatre ou cinq ans ?

– Bien sûr.

Laurie raconta à Lou tout ce qu'elle savait : la mystérieuse étudiante en médecine qui avait débarqué à l'IML avec son compteur Geiger, le fait qu'elle avait été très déçue de ne pas trouver les corps des deux chercheurs, puis son soulagement quand elle avait appris que Jack avait conservé des morceaux de leurs intestins, puis sa très grande nervosité quand son appareil s'était mis à cliqueter.

Lou soupira et dit :

– Si ça se confirme, je veux dire s'il s'agit bien d'un meurtre identique à celui de ce Russe, et si nous lâchons les mots « KGB » et « radiations », ça va être, passe-moi le mot, un merdier pas possible. Les médias et toutes les agences gouvernementales comme la CIA et le FBI vont entrer dans la danse. Et si les Russes sont mêlés à cette histoire, c'est vraiment grave. Jack et toi, n'en parlez à personne…

– Bien sûr, dit Laurie. Jack est en ce moment même au téléphone avec Bingham. Je vais appeler notre service des relations publiques et leur dire de garder le secret.

– Merci. Maintenant, nous devons aussi retrouver cette fille. As-tu des raisons de penser qu'elle pourrait ne pas retourner à Columbia comme elle a dit qu'elle voulait le faire ?

– Attends une seconde, Lou, Chet vient d'entrer dans le bureau, dit Laurie, et elle se tourna vers McGovern pour demander : La jeune femme, elle t'a dit où elle allait ?

– Non. Elle est partie en courant dans la 30e Rue, vers l'ouest. J'ai supposé qu'elle rentrait à Columbia. Pourquoi tu veux savoir ça ? Qu'est-ce qui se passe, Laurie ?

Elle ignora la question et reprit sa conversation au téléphone :

– Lou, je crois qu'elle est partie vers le métro. Il y a dix ou quinze minutes.

– Lou ? s'étonna Chet. Tu parles à Lou Soldano, là ?

Laurie lui fit signe de patienter. Jack, dans l'angle de la pièce, tenait son téléphone contre une oreille, un index fourré dans l'autre oreille, et disait de nombreux « oui, m'sieur », « non, m'sieur » sur un ton à moitié ironique.

– Je vais lancer un avis de recherche, dit Lou. Donne-moi une description de cette fille. Elle avait l'air effrayée, d'après toi ?

– Terrifiée. Et elle avait hâte de ficher le camp d'ici, précisa Laurie.

– Donc, elle en sait sans doute bien davantage qu'elle n'a voulu le reconnaître devant vous. Comment me la décrirais-tu ?

– Peut-être un mètre soixante-dix, mince, et... combien – cinquante-cinq kilos ? Cheveux très noirs, jusqu'aux épaules. Une peau splendide.

– « Peau splendide », ça n'est pas une description, Laurie.

Jack, qui avait terminé sa conversation avec Bingham, éleva la voix pour que Lou l'entende :

– Elle est incroyablement séduisante ! Peut-être un hybride de Française, de Marocaine et de Slave. Chet McGovern bavait devant elle comme un dingue.

McGovern fit signe à Laurie de lui passer le téléphone.

– À mon avis, commissaire Soldano, elle est plutôt d'origine italienne. Peau très mate, d'une belle couleur olive. Les traits fins, les yeux marron presque noirs. Éblouissante. Un vrai top-modèle. Vous croyez qu'elle est en danger ?

Laurie lui reprit le téléphone.

– Lou, c'est moi. Souviens-toi, je t'ai dit qu'elle est étudiante en médecine, en quatrième année, à Columbia.

– C'est juste ! dit Lou d'un ton approbateur. Avec un peu de chance, l'université pourra nous fournir sa photo. Si elle retourne effectivement à Columbia. Maintenant, vous tous, pas un mot à personne. Tenez-moi au courant s'il y a du neuf. Je dois y aller, Laurie. Je vais constituer une équipe. Je vais même alerter notre unité de lutte contre la Mafia. Je pense que c'est une affaire très grave. Ça sent le crime organisé à plein nez. Et les Russes doivent y être mêlés, d'une façon ou d'une autre. Nom de Dieu ! Tu te rends compte ? Le polonium, ça sert à fabriquer des bombes atomiques !

51

BROADWAY, DEVANT LE CENTRE MÉDICAL DE L'UNIVERSITÉ COLUMBIA
NEW YORK
25 MARS 2011
18 H 45

Pia sortit du métro par l'escalier qu'elle avait emprunté quand elle était partie pour l'IML. Elle s'arrêta près d'un plan du métro de New York installé devant l'un des bâtiments de style Art déco du Centre médical de l'université Columbia. La tête lui tournait. Elle avait fui l'Institut médico-légal comme une voleuse et elle était encore complètement déboussolée. Là-bas, à la sortie de l'IML, il faisait sombre, les rues étaient humides et glissantes et il y avait des milliers de gens sur les trottoirs. Ne se sentant pas capable de marcher longtemps sous la pluie pour gagner la station de métro par laquelle elle était arrivée, elle avait bifurqué sur Park Avenue South et pris la ligne 6 à la station de la 28e Rue. Elle avait changé à Grand Central pour prendre la ligne S et remonter jusqu'à Times Square où elle avait encore changé de train, cette fois pour emprunter la ligne A jusqu'à Washington Heights.

Tout au long de ce long et pénible trajet en métro, Pia s'était comportée comme un zombie totalement insensible à son environnement. Quelques personnes, des hommes pour la plupart, avaient essayé de lui parler, mais elle ne leur avait même pas répondu. Elle était sonnée. Dans le brouillard. Son esprit ne cessait de ressasser les événements qui s'étaient produits depuis que Rothman et Yamamoto étaient tombés malades. Elle avait l'impression de vivre un cauchemar éveillé. Elle n'éprouvait aucune satisfaction à l'idée d'avoir confirmé ses soupçons à l'IML. La découverte qu'elle avait faite l'avait terrifiée. Elle n'avait pas la certitude absolue que le poison donné à Rothman et à Yamamoto était le polonium, mais son intuition lui murmurait que c'était le cas. Que faire, maintenant ? Elle n'avait pas de réponse à cette question. Peut-être devait-elle juste prendre la fuite et se cacher jusqu'à ce que les pièces du puzzle se mettent en place, d'une façon ou d'une autre... À l'IML, elle avait ouvert la boîte de Pandore. Qu'elle le veuille ou non, les flics allaient entrer dans la danse, c'était certain – et sans doute d'autres instances judiciaires du pays. Elle était carrément dans la panade.

Pia avait eu l'intention, en sortant du métro, de se dépêcher de regagner la résidence universitaire pour retrouver George, qui lui semblait être son seul vrai point d'appui. Même si elle ne se faisait pas d'illusions – elle savait que George n'aurait pas de solution miracle à lui proposer –, elle voulait au moins parler de l'affaire avec lui. À la vérité, elle n'avait personne d'autre à qui parler. Elle avait brièvement songé à trouver secours auprès des deux autres piliers de son existence, Sheila Brown et la mère supérieure, mais l'histoire était beaucoup trop longue et beaucoup trop complexe. Plus important encore, Pia ne voulait pas leur faire courir le moindre risque. Dans cette affaire, toutes les personnes qui savaient quelque chose étaient potentiellement en danger.

Pia voulait désespérément regagner la résidence, mais elle était encore terrifiée. Dès l'instant où elle avait quitté la relative sécurité du métro, elle s'était sentie affreusement vulnérable. Les hommes qui l'avaient attaquée avaient dit qu'ils la surveilleraient – et elle les croyait. Cela signifiait qu'ils étaient là, quelque part dans les ténèbres, autour du centre médical. Et si l'endroit où elle se tenait à présent, proche du carrefour de Broadway et de la 168e Rue, était bien éclairé et grouillant de passants, la 168e Rue côté ouest était sombre et quasi déserte.

Tenant son parapluie au creux de son épaule, Pia sortit son téléphone portable de sa poche. Elle l'avait éteint avant d'entrer dans l'IML. Dès qu'elle l'alluma, elle vit qu'elle avait plus de dix appels en absence et trois messages sur la boîte vocale. Elle appela George, mais il ne répondit pas. Elle lui laissa un message : « George, c'est moi. Il est sept heures moins le quart. Je suis à l'entrée de l'hôpital près de la bouche de métro de la 168e Rue. Tu veux bien venir me chercher, qu'on rentre ensemble à la résidence ? Bon, je t'attends ici. »

52

HAVEN AVENUE, CENTRE MÉDICAL DE L'UNIVERSITÉ COLUMBIA
NEW YORK
25 MARS 2011
18 H 59

George s'était endormi malgré lui. Sans doute une conséquence du cours barbant auquel il avait assisté. Avec tout ce qui s'était passé ces derniers temps, ses nuits n'avaient pas été aussi reposantes que d'habitude. Non seulement il dormait, mais si profondément qu'il n'entendit même pas son téléphone portable sonner. L'appareil n'était pourtant qu'à trois mètres de lui, sur la table. Il ne l'entendit pas davantage quand il sonna de nouveau un quart d'heure après, mais son cerveau traita tout de même le son perçu par ses oreilles de telle façon que, lorsque le carillon s'éleva une troisième fois dans la pièce, un petit moment plus tard, George ouvrit les yeux et bondit pour prendre l'appel.

– Allô ?

– George, c'est grand-mère. J'ai essayé de t'appeler tout à l'heure, mais tu n'as pas répondu. Comment vas-tu ?

George, tout à fait réveillé à présent, se demanda combien de temps il avait dormi. Il tira sur sa manche pour regarder sa montre. Mince, il était presque sept heures ! Il fut pris de panique. Où donc était Pia ?

– Je vais très bien, grand-mère, mais je vais devoir te rappeler un autre moment. D'accord ?

– Oh ! comme tu veux, mon grand. Mais n'oublie pas, sois gentil, il y a un moment que nous n'avons pas parlé ensemble. Tout va bien ?

– Tout va très, très bien. Je te rappelle, promis. Je dois filer !

George vit sur l'écran qu'il avait deux appels en absence et un message sur sa boîte vocale. Il l'écouta. C'était Pia. Merde, déjà un quart d'heure qu'elle l'attendait ! Il essaya de la rappeler pendant qu'il enfilait ses chaussures. Elle ne répondit pas. Il sortit précipitamment de sa chambre pour courir vers les ascenseurs.

Prek et Genti, assis à l'avant de la camionnette, scrutaient anxieusement les passants qui défilaient devant eux sur les trottoirs. Neri, assis sur sa caisse inconfortable, derrière les deux hommes, en faisait autant. L'exercice, assez facile un peu plus tôt, qui consistait à observer la foule, était devenu beaucoup plus difficile avec la tombée de la nuit. Il y avait un réverbère au carrefour de Fort Washington Avenue et de Haven Avenue, mais il était trop loin pour leur être utile. La rue était sombre et la pluie s'était remise à tomber dru. En outre, depuis le temps que les trois hommes étaient à leur poste, ils avaient des courbatures et le moral en berne.

– Putain, la barbe, grogna Prek. Où est-ce qu'ils sont passés ?

Il n'attendait pas de réponse de ses collègues et n'en obtint aucune.

– Ça devient carrément chiant, ajouta-t-il d'un ton lugubre.

Neri, qui manquait d'expérience pour ce genre de mission, était celui qui souffrait le plus. Il avait perdu l'enthousiasme qui l'animait quelques heures plus tôt et il se sentait abattu, déprimé. Il commençait aussi à s'inquiéter de la suite des événements. Prek lui avait dit qu'il aurait le rôle le plus facile, abattre la cible, mais en fait, Neri n'avait jamais tué personne. Son Beretta M9 semi-automatique se trouvait dans la poche droite de son blouson. Pour la centième fois depuis qu'ils faisaient le guet, il en toucha la crosse à travers le tissu. Il s'était entraîné des centaines de fois à tirer avec cette arme et il jugeait qu'il était plutôt doué. Mais loger une balle dans la tête d'un homme à bout portant, ce n'était pas exactement la même chose que viser des cibles fixes à cinq, quinze et trente mètres. Pourtant, il savait qu'il n'avait pas le choix. S'il voulait gagner le respect de ses collègues, il devait commettre ce meurtre. Il espérait que tout se passerait bien. Comme Prek et Genti, il avait sa cagoule intégrale en laine sur les genoux. Il était prêt à l'enfiler et à passer à l'action en un clin d'œil.

Une voiture de patrouille de la police de New York apparut dans la rue, venant vers la camionnette. Les trois hommes se baissèrent derrière le pare-brise. Prek la vit disparaître dans le rétroviseur extérieur. Une seconde voiture de patrouille fit son apparition quelques secondes plus tard. Prek et ses collègues restèrent cachés, retenant leur souffle.

– Qu'est-ce qu'ils foutent ? marmonna nerveusement Prek.

– C'est vendredi soir, dit Genti. Les flics font plus de rondes que les autres jours. Pas de quoi s'inquiéter.

– Ouais, grogna Prek. Mais j'aime pas voir des flics dans le quartier alors que nous avons un boulot à faire. Où elle est passée, putain, cette salope ?!

– Tous ces étudiants, on a de plus en plus de mal à les distinguer, observa Genti. Vous ne trouvez pas ? Faut qu'ils soient presque sous notre nez pour qu'on voie leurs gueules.

Un groupe de trois étudiants en blouse blanche longea la camionnette, suivi par deux personnes qui marchaient seules. La seconde, une femme, attira l'attention de Genti. Il se pencha en avant, crispant les doigts sur sa cagoule. L'instant d'après, il se rencogna dans son siège. Encore une fausse alerte.

Pia continuait de faire les cent pas le long de la bouche de métro en attendant que George la rappelle. Elle se demandait bien ce qu'il fichait. Ils avaient pourtant prévu de se retrouver dès qu'elle reviendrait de l'IML. À plusieurs reprises, elle s'était dit qu'elle allait rentrer seule à la résidence – mais chaque fois qu'elle regardait du côté de la 168e Rue, si sombre, si déserte, la peur l'étreignait. Elle allait rappeler George une troisième fois, lorsqu'elle sentit une main se poser sur son épaule. Elle sursauta en poussant un cri effrayé et fit volte-face, prête à frapper son agresseur. Mais ce n'était pas un agresseur. C'était Will McKinley. Il venait de sortir du métro et l'avait aperçue près de l'escalier. Quand ils se furent salués et mutuellement présenté leurs condoléances pour les disparitions de Rothman et de Yamamoto, Pia décida de profiter de la présence de Will pour regagner la résidence. Pour le convaincre d'accepter sa compagnie – même si elle se doutait qu'il accepterait volontiers de faire le trajet avec elle –, elle lui proposa de partager son parapluie.

Après avoir brièvement reparlé des décès des deux chercheurs, ils se replièrent chacun sur leur monde intérieur et marchèrent en silence dans la 168e Rue. Pia se demanda comment Will aurait réagi si elle lui avait révélé ce qu'elle avait découvert. Elle était à peu près certaine qu'il ne l'aurait pas crue.

– J'étais surpris de te voir, dit Will au bout d'un moment. Tu venais de sortir du métro, toi aussi ?

– Oui.

Pia fronça les sourcils. Que répondrait-elle s'il lui demandait d'où elle venait ? Elle jugea plus prudent de changer de sujet.

– As-tu vu George, aujourd'hui ?

– Wilson ? Non, mais j'étais parti depuis l'heure du déjeuner. Lesley et moi, nous n'avons toujours pas trouvé de solution de remplacement pour la fin de notre mois de stage. J'en ai profité pour aller faire quelques courses, précisa Will, et il lui montra les sacs en plastique qu'il avait à la main.

Pia aperçut une voiture de police qui venait dans leur direction. Par réflexe, elle inclina le parapluie devant son visage. Les flics étaient peut-être déjà à sa recherche. C'était même tout à fait possible. Mais l'idée de se faire arrêter ne lui plaisait pas du tout et elle voulait absolument l'éviter – en tout cas pour le moment. D'un autre côté, bien sûr, elle devait admettre qu'elle préférait tomber entre les mains de la police qu'entre celles, une fois de plus, de ses agresseurs.

Une baleine du parapluie heurta le front de Will. Sans le vouloir, il interpréta correctement le geste de Pia.

– Hé, quoi, tu cherches à échapper aux flics ? dit-il d'un ton amusé.

– Pas vraiment, répondit-elle avec un rire forcé.

Une autre voiture de police apparut derrière la première. Pia garda le parapluie penché devant son visage.

Ils atteignirent Fort Washington Avenue et attendirent que les feux du carrefour changent de couleur. Ils n'avaient plus que deux cents mètres à parcourir jusqu'à la résidence. Pia se détendit un peu. Ils n'avaient vu aucun homme en uniforme d'agent de sécurité du Centre médical de l'université Columbia. Elle avait hâte de retrouver la relative protection de la chambre de George.

Genti fut le premier à apercevoir Pia et Will éclairés de dos par le réverbère du carrefour. Ils venaient droit vers la camionnette.

– Là-bas, devant, à cinquante mètres !

– Et ils sont ensemble ! s'exclama Prek, ravi. Génial ! On va faire un carton. Bon, attendez mon signal. Neri, t'es prêt ?

– Carrément ! répondit le jeune homme avec bien plus d'assurance dans la voix qu'il n'en éprouvait.

Il saisit son pistolet et en retira la sécurité. Ensuite, comme Prek et Genti, il enfila sa cagoule.

Neri regarda à travers les vitres arrière de la camionnette pour s'assurer que personne n'arrivait de l'autre côté de la rue.

– Attendez ! s'exclama-t-il. C'est qui, le mec qui vient de la résidence ? C'est pas lui, le petit copain ?

– Qui ? Où ça ? dit Prek.

Il se tourna sur son siège. En effet, un jeune homme venait dans leur direction sur le trottoir. Prek activa son téléphone portable. La photo que lui avait envoyée Buda était encore affichée à l'écran. Mais elle n'était pas de très bonne qualité. Il pivota vers le pare-brise pour regarder l'homme qui marchait à côté de Pia Grazdani. Les deux hommes lui paraissaient jumeaux.

– C'est forcément le gars qui est avec elle, non ? dit-il, perplexe. Putain, c'est qui ces mecs ? L'équipe de natation suédoise ? Ils sont tous blonds !

Prek attendit quelques instants que le couple se rapproche.

– C'est lui, putain, c'est sûr ! Regardez, il la tient par les épaules. Le mec qui arrive de la résidence, il est loin ?

Neri regarda de nouveau à travers les vitres des portes arrière.

– Une centaine de mètres.

Prek attrapa le chiffon qu'il avait laissé sur le tableau de bord et l'imbiba de sévoflurane, l'anesthésiant qu'ils utiliseraient pour mater la fille. Il jeta un coup d'œil vers Genti, qui hocha la tête.

– O. K., c'est parti !

À l'instant où Pia et Will arrivaient à hauteur de la camionnette, les trois hommes en bondirent – Prek et Genti par les portières avant, Neri par les portes arrière qu'il laissa ouvertes.

Neri contourna le véhicule, le Beretta la main, et se planta devant Will McKinley. Celui-ci s'immobilisa, bouche bée. Neri pointa l'arme sur sa tête. Au même instant, Will commença à pivoter vers Pia qui poussa un cri d'effroi. Neri fit feu : une balle de neuf millimètres pénétra le crâne de Will au niveau de la tempe. Au même moment, Genti agrippa les bras de Pia par-derrière tandis que Prek lui plaquait le chiffon sur le visage. Elle perdit aussitôt connaissance.

Neri courut s'asseoir au volant tandis que Prek et Genti tiraient la jeune femme vers l'arrière de la camionnette. Genti était en train de l'allonger sur le plancher, lorsque Prek aperçut la douille de la balle de Neri au bord du trottoir. Il la ramassa, puis sauta à l'arrière du véhicule et claqua les portières sur lui. Neri avait déjà enclenché la première vitesse.

– Fonce ! cria Prek.

Neri démarra à vive allure. Il fit demi-tour au milieu de la chaussée et écrasa l'accélérateur pour partir vers le nord dans Haven Avenue. L'attaque des deux étudiants et l'enlèvement de la fille n'avaient pris que sept secondes.

Trois témoins avaient assisté au raid et huit autres personnes avaient entendu la détonation du pistolet. Un des trois témoins avait des raisons personnelles de préférer éviter la police ce soir-là ; il continua de marcher comme si de rien n'était et se perdit au milieu de la foule de Broadway. Le second témoin était un étudiant qui rentrait à la résidence et marchait vingt pas derrière Pia et Will. Il avait vu toute la scène. Au début, il avait cru assister au tournage d'un film. Mais il faisait sombre, il n'y avait pas de caméra en vue et le sang qui coulait de la tête de la victime était bien réel. Il appela les secours avec son téléphone et essaya désespérément de se souvenir de ce qu'il avait appris au cours de ses deux premières années d'études sur les blessures par balle.

Le troisième témoin, c'était George. Il avait aperçu Will et Pia avant l'attaque et s'était arrêté sur le trottoir pour les attendre. Il était soulagé de voir Pia, mais son soulagement avait été de courte durée. Tout à coup, trois hommes avaient bondi de la camionnette, abattu Will et enlevé Pia. La séquence avait été tellement rapide qu'il n'avait même pas eu le temps de réagir.

Il cligna des yeux, plusieurs fois de suite, comme si la scène n'avait été qu'une illusion ou comme s'il allait remonter dans le temps – jusqu'à l'instant où il avait vu Will et Pia marcher vers lui. Mais le miracle ne se produisit pas. Il se précipita vers l'étudiant déjà agenouillé auprès de Will McKinley.

À l'arrière de la camionnette, Prek sortit la seringue de Valium qu'il avait préparée avant l'attaque. Pia était dans les pommes, mais il voulait être certain de la faire dormir profondément, et un bon moment.

– Ne conduis pas trop vite, ordonna-t-il à Neri en élevant la voix. Pour que je puisse la piquer, faut que la caisse cesse de remuer !

Neri obtempéra. Prek fit l'injection à Pia, puis Genti et lui la roulèrent dans le tapis élimé qu'ils avaient apporté dans ce but. Dans l'espace exigu de la camionnette, la tâche n'était pas facile.

Neri tremblait de tout son corps et il était à deux doigts de vomir. La cible l'avait regardé droit dans les yeux. Il secoua la tête et se concentra sur la conduite. Il avait peur de partir dans le décor.

– Hé, Neri ! lança Prek.

– Quoi ?

– Beau travail.

Au nord du pont George-Washington, dans une rue déserte, Neri freina pour s'arrêter juste à côté de la camionnette bleu marine qui les attendait. Les hommes transférèrent rapidement leur chargement d'un véhicule à l'autre.

Prek prit le volant de la camionnette bleue ; Genti s'assit à côté de lui ; Neri se posta à l'arrière pour surveiller Pia.

Prek prit la direction du pont pour quitter Manhattan et gagner le New Jersey. C'était vendredi soir. Comme ils pouvaient s'y attendre, la circulation était infernale. Sur le pont, les véhicules étaient pare-chocs contre pare-chocs et avançaient au pas. Mais les trois hommes s'en fichaient. L'attaque et l'enlèvement avaient été parfaits. Ils se sentaient joyeux et fiers. Ils avaient fait honneur à la grande tradition de la mafia albanaise, observa Prek.

– J'ai même récupéré ça, ajouta-t-il.

Il sortit la douille de Neri de sa poche et la montra à ses collègues.

– On est les meilleurs, oui ou merde ?! cria-t-il en riant.

Tendant son portable à Genti, il lui ordonna d'envoyer un texto à Buda pour l'informer que l'opération s'était passée comme sur des roulettes.

53

QUARTIER DE BELMONT, DANS LE BRONX
NEW YORK
25 MARS 2011
20 H 05

Aleksander Buda appréciait beaucoup le message qu'il venait de recevoir de Prek. Cette opération devait être assez simple à réaliser, mais il s'était tout de même fait du souci. Il avait suffisamment d'expérience pour savoir que les choses pouvaient parfois très mal tourner. Enfin ! Cette fille enquiquinante était maintenant endormie à l'arrière de la camionnette et les hommes étaient en route pour la destination convenue, sa villa d'été. Le petit ami était mort, la camionnette blanche utilisée pour le coup avait été abandonnée. Il n'y avait plus qu'à régler le sort de la fille.

Buda était certain que Pia Grazdani, dont le patronyme, assurément, était albanais, n'appartenait à la famille d'aucun membre des groupes voisins du sien. Si cela avait été le cas, il aurait déjà entendu ce nom ici ou là. Le problème, c'était si elle appartenait à la famille d'un collègue d'un groupe d'une autre région de la côte Est – de New York à Detroit. La coutume exigeait qu'elle soit alors protégée jusqu'à ce que la famille décide elle-même de son sort. Buda avait hésité, tout de même, à se débarrasser d'elle en même temps que du petit ami. L'affaire aurait été réglée proprement, efficacement, une fois pour toutes. Cette fille lui avait assez tapé sur le système, surtout depuis qu'elle avait compris toute seule, allez savoir comment, que les chercheurs avaient été tués avec du polonium. Mais il avait décidé, sagement, qu'il devait avoir la certitude absolue qu'elle n'avait de lien avec aucun groupe dans tout le nord-est du pays. Dans le cas contraire, sa disparition pourrait être prise comme une provocation. Des massacres avaient déjà eu lieu pour moins que cela entre groupes mafieux albanais.

Prudent comme à son habitude, Buda avait mené l'enquête avec discrétion. Il savait que le FBI, qui le surveillait forcément, adorait additionner deux et deux et ne croyait pas aux coïncidences. Si le chef d'un groupe albanais de son calibre se mettait à appeler les uns après les autres les autres chefs de groupe des environs, et si, par-dessus le marché, il leur posait à tous la même question, il y avait de bonnes chances pour que les fédéraux s'en aperçoivent et décident de découvrir de quoi il retournait.

Alors Buda avait envoyé des émissaires dans les groupes du Queens et de Staten Island. Il avait aussi demandé à un ami d'appeler certains groupes de Pennsylvanie – par précaution. Manhattan et Brooklyn avaient aussi été passés en revue. Comme il contrôlait le Bronx, il était tranquille de ce côté-là. Il avait reçu des réponses négatives de tous côtés, même de Detroit. Apparemment, il n'y avait aucun Grazdani dans le nord-est des États-Unis. C'était mal parti pour la fille

Mais il restait un point à contrôler : le groupe de Berti Ristani, basé à Weehawken, dans le New Jersey. Ristani était un type particulièrement dangereux et agressif, prêt à tout pour faire régner sa loi. Songeant à lui, Buda se rendit compte qu'il ne l'avait pas vu depuis un an. Il décida de lui rendre visite. C'était une bonne idée. Non seulement ce serait excellent pour leurs relations, mais, de surcroît, ce petit déplacement lui fournirait un alibi pour la soirée. Il attrapa ses clés de voiture et s'engagea bientôt sur la route de Weehawken. Pas besoin de décrocher le téléphone pour prévenir de son arrivée. Ristani ne quittait jamais son bureau.

54

CENTRE MÉDICAL DE L'UNIVERSITÉ COLUMBIA
NEW YORK
25 MARS 2011
20 H 31

Le commissaire Lou Soldano était très agacé. Il se tenait à l'intérieur du périmètre de sécurité délimité par le ruban jaune mis en place par les premiers agents arrivés auprès du jeune Will McKinley. Les techniciens de scène de crime avaient déjà passé la zone au peigne fin, sans trouver le moindre indice – pas même la douille de la balle qui avait perforé le crâne de l'étudiant. Tout ce qu'ils avaient, c'était un cabas contenant un appareil dont un homme lui avait dit qu'il s'agissait d'un compteur Geiger. Ce cabas était entre les mains de la fille au moment de son enlèvement.

Deux inspecteurs avaient pris les témoignages des témoins, essayant de rassembler autant d'informations que possible sur les agresseurs et leur véhicule. Mais les rapports que Lou avait déjà parcourus étaient affreusement contradictoires quant aux physiques et aux tenues des agresseurs. On n'était même pas absolument certain de leur nombre ! Un témoin jurait qu'il n'y avait eu que deux hommes, tandis que les autres en avaient vu trois. Seule chose sur laquelle ils étaient d'accord, les vilains portaient des cagoules intégrales. La camionnette était « blanc sale » – autre détail commun à tous les témoins – mais personne ne se souvenait de sa marque et de son modèle. Encore moins de son numéro d'immatriculation.

C'était George Wilson qui avait livré le témoignage le plus circonstancié. Il avait aussi raconté quelque chose de très important à Lou : Pia Grazdani avait été agressée dans sa chambre de la résidence universitaire, la veille au soir, et menacée de subir d'autres violences. Quand Lou avait demandé pourquoi elle n'avait pas signalé cet incident, le jeune homme avait répondu qu'elle avait peur de la police à cause de certaines expériences traumatisantes qu'elle avait connues dans son enfance. Il précisa qu'il l'avait exhortée, en de multiples occasions, à contacter les autorités. Et pourquoi n'avait-il pas prévenu lui-même les autorités, alors ? George Wilson avait répondu qu'il avait respecté la volonté de Pia ; elle lui avait instamment demandé de ne pas parler à la police.

Lou n'était pas seulement frustré par la rareté des indices livrés par la scène de crime. Il en voulait aussi aux policiers du commissariat local de ne pas avoir couvert le quartier, avec des agents, comme il le leur avait spécifiquement demandé de le faire. Juste après sa conversation avec Laurie, il avait envoyé un message à ses collègues, avec la description de Pia, en précisant que la jeune femme avait un parapluie et un cabas en toile à la main. Il avait espéré que la police, ou la sécurité de l'hôpital de Columbia, réussirait à la repérer. Il voulait intercepter Pia non seulement pour découvrir ce qu'elle savait, mais aussi pour la protéger. Et voilà que les méchants lui avaient coupé l'herbe sous le pied ! Ça le mettait vraiment en rogne. Si le commissariat du quartier avait suivi ses recommandations, l'attaque dont Pia Grazdani et Will McKinley avaient été victimes n'aurait peut-être pas eu lieu.

Du côté du polonium, les choses allaient un peu mieux. Lou savait que l'IML avait averti les autorités concernées qu'on risquait de trouver des particules alpha en quatre endroits de la ville : le Centre médical de l'université Columbia, l'IML et les deux entreprises de pompes funèbres qui avaient récupéré les cadavres de Rothman et de Yamamoto. Cependant, l'IML ne pouvait mobiliser les forces de police pour lancer une opération de grande ampleur. Cette tâche incombait à Lou. Et pour le moment… son groupe d'enquête n'était pas encore tout à fait en place.

Autre chose qui embêtait Lou, il avait fallu un temps fou pour obtenir une photo de la jeune femme, Pia Grazdani. Il avait lui-même appelé la sécurité de l'hôpital pour avoir la confirmation qu'elle était bien étudiante en médecine à Columbia. Il avait alors demandé de plus amples informations à son sujet, ainsi qu'une photo récente, mais l'hôpital avait eu du mal à répondre à sa requête car ces données se trouvaient dans le bureau de la doyenne des étudiants – et la doyenne était indisponible. Ce n'était donc qu'*après* l'enlèvement que les forces de police avaient reçu la photo de la victime. Cela équivalait à verrouiller l'écurie après le vol des chevaux.

– Nom de Dieu, grogna-t-il pour la énième fois de la soirée.

Dans cette affaire, rien ne se déroulait normalement. L'unique développement positif, c'était qu'une camionnette blanche ressemblant à celle vue par les témoins venait d'être retrouvée près du pont George-Washington. Une équipe de la police scientifique et technique avait déjà commencé à la traiter. Lou ignorait si ce véhicule leur livrerait le moindre indice, mais il voulait être optimiste. Entre-temps, un avis de recherche avait été lancé dans les États de New York, du Connecticut et du New Jersey. Lou espérait avoir de la chance, mais son intuition lui disait que la Mafia était impliquée dans cette affaire – très mauvaise chose. Il savait aussi que les ravisseurs n'avaient pas enlevé la fille pour demander une rançon. En d'autres termes, il avait toutes les raisons de craindre pour sa vie.

Les camionnettes de plusieurs chaînes de télévision apparurent dans la rue et s'arrêtèrent à la limite du périmètre de sécurité. Les antennes paraboliques se dressèrent sur les toits, les portières s'ouvrirent, une troupe impressionnante de cameramen et de reporters envahit la chaussée.

Lou grimaça. Il savait que les médias allaient s'en donner à cœur joie, une fois de plus, et il se demandait combien de temps il faudrait avant que le maire y mette son grain de sel.

D'abord, Will McKinley avait été malchanceux – deux fois de suite, à vrai dire. Puis il avait eu de la chance à deux reprises. Pour commencer, Will avait eu le malheur d'être mêlé à l'affaire Rothman – d'être vu dans la rue en compagnie de Pia et confondu avec George, avec pour conséquence d'avoir été considéré comme un parasite à éliminer. Will avait aussi eu le malheur d'avoir reçu une balle en pleine tête. Quand Neri Krasnigi avait nettoyé son pistolet en début de journée, cependant, il n'avait pas été assez méticuleux. D'assez gros grains de poussière avaient adhéré à la première balle qu'il avait chargée dans la chambre. En d'autres circonstances, ou si les grains de poussière avaient été un peu plus volumineux, l'arme aurait pu exploser à la figure de Neri. Là, au moment où il avait tiré, elle avait fait légèrement long feu et propulsé la balle à environ cinquante pour cent de sa vélocité normale. Ça, c'était un premier coup de chance pour Will.

Will avait eu à nouveau de la chance – si tant est qu'on puisse dire qu'un homme touché en plein crâne par une balle de pistolet a de la chance – car il avait tourné la tête une fraction de seconde avant que Neri tire. Il avait été frappé à la tempe, pas au front, et la balle avait traversé son lobe frontal de part en part. C'était un type de blessure qui connaissait parfois des guérisons miraculeuses. On pouvait aussi considérer qu'il était de bon augure que Will ait été abattu juste devant un hôpital de renom spécialisé dans les accidents traumatiques. Il avait pu être pris en charge quelques petites minutes après l'attaque. À présent, l'équipe médicale qui l'avait soigné et opéré continuait de le surveiller attentivement. Will se trouvait en état de coma artificiel, entouré d'appareils qui le maintenaient en vie. Tout le monde espérait qu'il continuerait d'avoir de la chance.

55

GREEN POND
NEW JERSEY
25 MARS 2011
20 H 45

Prek ralentit l'allure quand il arriva à Green Pond, une communauté de résidences secondaires d'été, réparties autour du lac qui lui donnait son nom, dans le comté de Morris au nord-ouest du New Jersey. Il leur avait fallu près de deux heures pour parcourir un trajet qui n'en prenait normalement qu'une seule : en partie à cause des embouteillages, en partie parce que Prek avait veillé à ne jamais dépasser la vitesse autorisée, même quand la route était déserte devant lui. S'il avait été arrêté par la police, il aurait eu du mal à justifier la présence de certains articles qui se trouvaient à l'arrière de la camionnette.

La surface du lac était noire, car la lune n'était pas encore levée. Prek roula paisiblement sur la petite route vallonnée et sinueuse qui en longeait la rive est. Les villas qui le bordaient, reliées à la route par de longs chemins privés, étaient pour ainsi dire complètement dissimulées par une forêt dense de feuillus. De l'autre côté du lac se dressait une falaise, accessible uniquement par bateau, au sommet de laquelle se trouvaient quelques autres propriétés. Un kilomètre et quelque plus loin, la route se rapprocha légèrement du lac et des maisons. Parmi celles-ci, certaines étaient habitées à l'année. Des lumières chaudes apparaissaient à leurs fenêtres – ainsi que les lueurs vacillantes bleutées des inévitables écrans de télévision. À la pointe sud du lac, enfin, s'alignaient plusieurs villas d'été inoccupées. Leurs pontons d'accostage étaient déserts, leurs bateaux remontés sur la rive et protégés par des bâches.

À la pointe sud du lac, Prek s'engagea sur l'allée de la maison d'Aleksander Buda, située sur une petite péninsule, au bord d'une anse d'environ deux cents mètres de large. Aleksander avait été séduit par cette maison pour ainsi dire coupée du monde et entourée d'un vaste terrain boisé. Il avait été enchanté d'apprendre que les propriétés qui bordaient directement la sienne sur le flanc est de la péninsule étaient inoccupées pendant sept ou huit mois de l'année, chauffage central coupé et tuyauterie vidangée pour l'hiver. Sur le flanc ouest, il n'y avait que deux autres maisons, elles aussi vides, sauf pendant les mois d'été. Enfin, Buda adorait cet endroit pour sa sérénité et son silence – en particulier en hiver quand le lac était gelé.

Prek se gara à l'arrière de la maison, face au chemin d'accès. Il déverrouilla la porte d'entrée qui donnait directement sur l'immense salon-salle à manger du rez-de-chaussée. Après avoir allumé les lumières, il se chargea en premier lieu de réveiller la chaudière à mazout.

– Chérie, je suis rentré ! cria-t-il alors en riant.

Plus les trois hommes s'étaient rapprochés de ce sanctuaire, plus l'atmosphère dans la camionnette avait été joyeuse. La tension était retombée après le raid qu'ils avaient mené devant le Centre médical de l'université Columbia et ils étaient extrêmement satisfaits. Tout s'était bien passé. Buda serait content et fier d'eux.

Ils déchargèrent le tapis dans lequel se trouvait Pia et le portèrent jusque dans la maison. Deux canapés en cuir, un noir et un marron, se faisaient face devant une imposante cheminée en pierre. Prek tira la table basse surchargée de vieux magazines automobiles pour que Genti et Neri puissent poser leur colis sur l'immense tapis d'Orient qui couvrait le parquet entre les canapés. Ils le déroulèrent ensuite lentement jusqu'à ce que la fille leur apparaisse, allongée sur le ventre.

Prek appela Buda. Il voulait le prévenir qu'ils étaient arrivés et que tout allait très bien. Il espérait aussi avoir le feu vert du patron pour en terminer avec la fille. La nuit était noire, paisible, parfaite pour balancer un cadavre dans l'immense marais qui s'étendait, au sud du lac, près d'une forêt qui entourait un centre d'entraînement de l'armée américaine appelé Picatinny – le genre d'endroit sauvage dont l'existence ne pouvait que surprendre la plupart des habitants de New York. Ce marais avait déjà été utile au groupe de Buda en un certain nombre d'occasions.

Hélas, Buda ne répondit pas. Prek, déçu, ne laissa pas de message ; Buda verrait l'appel en absence et comprendrait qu'il avait essayé de le joindre.

Prek fut à nouveau contrarié quand il s'aperçut que, malgré tout le soin qu'ils avaient apporté à l'organisation de l'opération, ils avaient oublié d'emporter des victuailles. Il y avait bien une boutique au bord de la route, à une dizaine de kilomètres de la propriété, mais Prek songea qu'il était préférable d'éviter de montrer leurs trognes en public ce soir, alors qu'ils s'apprêtaient à larguer un corps dans le marais. Il alla jeter un œil à la cuisine. Dans le frigo, il y avait un carton de lait périmé. Les placards étaient encore plus déprimants. Prek ne trouva qu'une boîte de céréales, ouverte, dont un coin était complètement grignoté. Et des crottes de souris jonchaient l'étagère.

Découragé, il retourna dans la grande pièce. Genti et Neri se turent quand ils le virent. Il comprit qu'ils venaient de parler de quelque chose qu'ils ne voulaient manifestement pas partager avec lui.

– Qu'est-ce qu'il y a ? demanda-t-il d'une voix autoritaire.

Les deux hommes regardèrent Pia.

– Dans combien de temps elle va se réveiller ? demanda Neri.

– Elle a dix milligrammes de Valium dans le sang, répondit Prek. Elle va roupiller encore un petit moment. Et quand elle commencera à se réveiller, elle sera groggy. Si nécessaire, nous lui ferons une autre injection. Bon, Buda n'a pas répondu au téléphone.

– Elle est belle, murmura Neri.

– Notre jeune ami était en train de me raconter toutes les choses qu'il aimerait lui faire, dit Genti. On pourrait lui passer dessus à tour de rôle. Ce serait peut-être même intéressant à regarder. Qu'est-ce que t'en dis, Prek ? Tu sais bien que nous aurions dû faire ça dès hier soir, dans sa chambre.

– Je préfère que mes copines participent à l'action, répliqua Prek. De toute façon, nous ne faisons rien du tout tant que Buda ne m'a pas confirmé que nous pouvons nous débarrasser d'elle. Souvenez-vous, elle a un nom albanais. Nous ne devons pas prendre le risque de piétiner l'honneur de quelqu'un, si vous voyez ce que je veux dire.

– Oh, arrête ton char, dit Genti. Quelle chance il y a que ça arrive, un truc pareil ? Il y a deux cent cinquante mille Albanais dans la région ! Et elle… elle, c'est juste une seule nana ! Et puis je n'ai jamais vu une fille aussi belle dans la famille d'aucun mec que je connais. Elle ne ressemble sûrement pas à ta sœur !

Genti et Neri s'esclaffèrent. Prek ne rit pas. Jusqu'à maintenant, tout s'était bien passé, mais… subitement il avait un mauvais pressentiment.

Neri et Genti étaient assis face à face sur les canapés. Neri avait la tête d'un chien en chaleur – et presque la langue pendante. Il se touchait l'entrejambe chaque fois qu'il regardait Pia allongée sur le tapis. En outre, il avait l'air de beaucoup compter sur Genti qui semblait être de son avis pour ce qui était de faire son affaire à la fille.

Genti Hajdini était entré dans le groupe de Buda en même temps que Prek, mais Buda avait rapidement confié davantage de responsabilités, et des missions plus importantes, à Prek. Prek gagnait donc plus d'argent que Genti. C'était aussi lui qui commandait en l'absence de Buda. Prek savait que Genti n'était pas très heureux de cette situation, mais cela créait rarement des problèmes entre eux.

– Le petit jeune a bien travaillé, aujourd'hui, observa Genti.

Il désigna Neri en pointant son index et son pouce à la manière d'un pistolet, puis il imita le bruit d'une balle jaillissant du canon.

– Faudrait peut-être le récompenser, ajouta-t-il. Et nous aussi, faudrait nous récompenser.

Prek ne répondit pas. Le silence se prolongea.

– Qui c'est qu'a décidé que t'étais le chef, d'abord ? lança Neri à Prek.

Celui-ci regarda ses deux collègues. Neri portait encore le blouson d'agent de sécurité qu'il avait sur lui quand il avait abattu l'étudiant dans la rue – Prek supposait donc qu'il avait son arme dans une poche. Quant à Genti, il était peut-être également armé. Le pistolet de Prek était dans la boîte à gants de la camionnette. Neri et Genti pouvaient-ils se liguer contre lui et l'abattre ? Prek n'avait pas la réponse à cette question. Dans les groupes albanais, comme Prek et Genti le savaient très bien, il arrivait parfois des choses bien plus étranges.

Prek soutint le regard de l'impertinent jeune homme.

– Buda ! répondit-il. Quand il n'est pas là, je dirige à sa place. C'est ce qu'il veut. Tu comprends, Neri ?

La fille, sur le tapis, poussa un grognement.

– Écoutez-moi, bande de crétins ! explosa Prek. Buda nous a ordonné d'attendre la confirmation que la fille n'est liée à aucune famille de la région. Imaginez que vous fassiez des saloperies avec elle, et puis que Buda découvre qu'elle est la fille ou la nièce de quelqu'un et que vous n'avez pas réussi à vous retenir ? L'oncle, le père ou je ne sais qui ne seront pas contents du tout. Ils seront en rogne contre Buda, ce qui veut dire que Buda sera très en rogne contre vous !

– Elle est dans les vapes, protesta Neri. Complètement partie. Elle ne saura rien. En tout cas, elle ne sera sûre de rien. C'est du gâchis, tout de même. C'est presque un crime.

– Mais si, connaud ! Elle saura très bien ce qui lui sera arrivé.

– Tu ne t'intéresses plus aux filles, Prek ? demanda Genti d'un ton amusé.

Prek le toisa du regard. Il savait que la question de Genti était une remarque homophobe à peine voilée, mais il décida de l'ignorer.

– C'est une jolie fille, bien sûr, mais des jolies filles y en a partout, répliqua-t-il.

– Je n'en vois qu'une seule dans cette pièce, dit Neri.

– Tu n'aimerais pas te retrouver dans la position du type qui a provoqué un bain de sang entre le groupe de Buda et un autre groupe, dit Prek. Fais-moi confiance !

– C'est dommage, mais tu as raison, convint Genti.

Il quitta le canapé pour s'approcher de Prek. Il lui glissa un bras autour des épaules et le secoua virilement.

– Hé, on te fait marcher ! On déconne ! C'est bien compris, évidemment. On attend les ordres de Buda. Si on a le feu vert, Neri se la fait illico. Moi aussi, je lui passerai dessus, parce que j'en ai envie depuis hier.

Genti s'accroupit auprès de Pia et, de l'index, souleva sa jupe.

– Pas mal, pas mal du tout. Qu'est-ce que vous en dites ?

– J'en dis qu'on ne la touche pas tant qu'on n'a pas l'ordre de Buda de la liquider, répondit Prek d'un ton ferme. À ce moment-là, vous pourrez lui faire ce que vous voudrez. Pour le moment, vous allez m'aider à la porter sur le lit de la chambre à côté. Je ne veux plus la voir ici. Vous êtes de vrais gamins, tous les deux.

Prek saisit les chevilles de Pia.

– Allez ! Donnez-moi un coup de main, ordonna-t-il.

Genti et Neri prirent chacun un bras de la jeune femme. Ils la portèrent dans la chambre et l'allongèrent sans douceur sur le lit.

– Et maintenant, fichez-lui la paix, dit Prek.

Il fit signe aux deux hommes de sortir. Puis il les suivit au salon en se demandant pourquoi Buda tardait tant à le rappeler, nom de Dieu.

56

WEEHAWKEN
NEW JERSEY
25 MARS 2011
20 H 48

– Alors dis-moi, Berti. Et cette fille qui s'appelle Grazdani ? demanda Buda. Penses-tu avoir quelqu'un, dans ton organisation, qui pourrait avoir un lien familial avec elle ? D'après ce que je sais, elle a vingt-cinq, trente ans à tout casser, et elle est splendide. Une vraie bombe.

Le bureau de Berti Ristani, qui se trouvait dans un petit immeuble industriel de Weehawken, avait tout à fait l'air de celui d'un respectable entrepreneur du bâtiment. Des catalogues de matériaux de construction étaient empilés au coin de sa table de travail, la pièce possédait de nombreux classeurs à tiroirs et une armoire à plans d'architecte occupait le mur du fond. Cependant, Buda savait que Ristani était un entrepreneur qui n'entreprenait pas que des édifications de bâtiments.

Berti se laissa aller en arrière dans son fauteuil, qui grinça, protestant contre le poids de son énorme corps. Son visage rubicond, parcouru de vaisseaux sanguins éclatés, se creusa de quelques rides tandis qu'il méditait la question de Buda.

– Ah, oui, dit-il enfin. Tu reviens à l'affaire qui t'a amené ici. Mais je ne te vois jamais, Aleksander. Faut-il vraiment que nous parlions affaires maintenant ? Et si on prenait un verre ensemble ?

– Je dois me tirer cette épine du pied, Berti. Et le plus vite possible. Comprends-moi, j'essaie de faire ce qu'il faut pour ne déplaire à personne. Je ne peux pas laisser cette situation durer trop longtemps.

Berti Ristani, qui n'avait de son côté aucune affaire dont il voulait parler avec Buda, était un peu vexé que son visiteur revienne à la charge au sujet de cette fille. Il avait beaucoup apprécié de bavarder avec lui de leur jeunesse et de leur périple à travers l'Europe après qu'ils avaient quitté l'Albanie. À l'époque, émigrer aux États-Unis n'était pas chose aisée. Mais ils avaient eu de la chance. Non seulement ils avaient eu à peu près la même vie, mais Aleksander Buda était aussi un des chefs de groupe que Berti respectait et appréciait le plus. Il avait été très agréablement surpris de le voir débarquer chez lui à l'improviste.

– D'accord, convint-il. Voyons voir… Pour ma part, je ne connais personne qui s'appelle Grazdani. Mais j'ai deux gars qui ont un nom assez similaire. Sauf que ce n'est pas un nom albanais, mais italien. Tu sais, Buda, je ronchonne un peu mais je dois dire que j'apprécie beaucoup de te voir prendre ces précautions. Les familles albanaises ont eu trop de conflits, par le passé, pour des broutilles de ce genre, et c'est très regrettable. Il faut éviter cela. Merci, donc, d'être venu me parler de cette fille.

– Ce n'est rien, Berti. J'aurais été un imbécile si j'avais agi autrement.

Ristani se pencha en avant et le fauteuil gémit de nouveau. Ayant posé ses avant-bras dodus sur la table, il pressa le bouton de l'interphone et dit :

– Drilon, tu veux bien venir une minute ?

Il regarda Buda pour ajouter :

– Drilon est un de mes gars les plus loyaux. Et son frère, c'est pareil. Il est en vadrouille en ce moment pour un boulot.

– Un boulot ? Quelque chose de particulier, tu veux dire ?

– Non. La routine. Il tient plusieurs salles de jeux dans le sud du New Jersey. Jusqu'à Philadelphie. Les vendredis soir, il aime bien se charger lui-même de la collecte. C'est un mec très, très futé. Drilon, par contre… ce n'est pas vraiment une lumière. Oh, Drilon, te voilà ! Approche, veux-tu ?

Drilon venait de son poste de surveillance près de l'entrée de l'immeuble. Il était habitué à être appelé dans le bureau de son patron, et souvent plusieurs fois de suite, les soirs où il était de service. En général, Ristani voulait à manger. Vu l'heure qu'il était, Drilon ne s'attendait pas à autre chose. Il s'avança dans le bureau et s'immobilisa. Un homme dont il ne voyait que le dos était assis en face de Ristani.

– Drilon, je te présente M. Buda. Il a une question à te poser.

Buda ? Drilon écarquilla les yeux et se demanda s'il avait bien entendu. L'homme se retourna ; Drilon aperçut alors la cicatrice qui lui barrait le front. Pas de doute, c'était bien Aleksander Buda. Un chef de groupe respecté et craint. Un mec à ne pas énerver. Qu'est-ce qu'il voulait ?

– C'est une question très simple, dit Buda d'un ton posé. Connais-tu une femme qui s'appelle Pia Grazdani ?

– Pardon ?

Drilon n'en croyait pas ses oreilles. C'était impossible ! *J'hallucine*, pensa-t-il.

– Pia Grazdani, répéta Buda. Ce nom te dit quelque chose ?

Drilon se figea. Non, il n'hallucinait pas. Tout à coup, les images de souvenirs très anciens, qu'il ignorait avoir encore en mémoire, commencèrent à défiler en accéléré dans sa tête… Ce jour-là, vingt ans plus tôt, Drilon a beaucoup bu. Il revient à l'appartement où il vit avec son frère, Burim, et la femme de son frère, Pia. Et voilà que cette garce se pavane devant lui presque à poil. Elle est carrément appétissante. Burim est absent. Il est parti deux jours pour un boulot ; il fait ça souvent, pour essayer de se faire bien voir dans l'organisation Rudaj, une des plus anciennes mafias albanaises. Drilon veut Pia. Mais cette salope repousse ses avances alors qu'elle a tout fait pour l'allumer. Quand il veut l'embrasser, elle lui plante ses ongles dans la poitrine. Elle le fait même saigner. Là, Drilon voit rouge. Il pète un câble. Il n'avait pas prévu ça, bien sûr, mais, fou de rage, il prend son arme et lui loge une balle dans le front. *Bam !* Terminé. C'est alors qu'il constate que la gamine est là, elle aussi – la petite Pia. Il s'apprête à la descendre à son tour, lorsqu'il entend tout à coup du raffut dans l'appartement voisin : des gens que le coup de feu a effrayés. Alors il assomme la fillette d'un coup de crosse, met l'appartement sens dessus dessous à toute vitesse et emporte les cinq cents dollars que son frère et lui ont planqués dans la gazinière. Il retourne au bar où il avait picolé auparavant, se remet à boire et reste jusqu'à la fermeture, dort ensuite une heure sur un banc dans un parc, puis rentre chez lui et donne l'alerte des cambrioleurs ont assassiné sa belle-sœur !

Tout ça sans conséquence. Zéro problème. Burim croit à son histoire de cambrioleurs. Il est plutôt content d'être débarrassé de sa femme qu'il songeait à larguer de toute façon. Et l'organisation Rudaj s'occupe du nettoyage. Pas de police, pas d'enquête, rien du tout. Aux yeux du voisinage et des gens que les deux frères connaissent, Pia a mis les voiles, destination inconnue, abandonnant sa fille derrière elle.

Drilon revint au présent. Aleksander Buda faisait-il référence à l'une de ces deux Pia ?

– Alors ? relança Buda, qui avait remarqué que Drilon semblait plongé dans ses pensées. Vas-tu répondre ? Tu connais une Pia Grazdani, oui ou non ?

Drilon sentit les poils de sa nuque se hérisser. Il comprit aussi qu'il rougissait. Trois questions se bousculaient à présent dans son esprit : primo, Buda parlait-il d'Afrodita, sa nièce, ou de Pia sa belle-sœur ? Drilon n'avait pensé ni à l'une ni à l'autre depuis plus de vingt ans, mais il avait la certitude que la mère était morte et que la fille… Bah, qui pouvait savoir, après tout ? Secundo, Buda avait-il posé la même question à Burim ? Et tertio, que devait-il répondre, lui, putain ? !

– Heu… non, je crois pas, marmonna-t-il. Pourquoi vous voulez savoir ça, monsieur Buda ?

Berti Ristani intervint d'une voix sèche :

– Il te pose cette question parce qu'il a besoin de connaître la réponse, Drilon. Et moi aussi, je te pose la question. Je n'ai pas appelé ton frère parce qu'il est occupé. Mais je suppose que tu dois savoir si ton frère ou toi vous avez un rapport avec cette fille. Ce n'est pas compliqué, quand même ! Votre nom de famille ressemble beaucoup au sien.

– Attends, je réfléchis, dit Drilon pour gagner du temps. Y a beaucoup de monde, dans la famille…

Burim n'était donc pas au courant ; ça, c'était un point positif. Et peut-être qu'il ne s'agissait pas de la Pia à laquelle il pensait… Mais il n'était pas optimiste. C'était sûrement elle, la petite Pia dont il avait tué la mère – un secret qu'il avait réussi à garder depuis toujours. Maintenant… si Aleksander Buda s'intéressait à elle, c'était sans doute qu'elle avait déjà un pied dans la tombe. Drilon ne voyait donc aucune raison d'avouer la vérité. Personne ne découvrirait jamais qu'il la connaissait.

– Non, je ne crois pas avoir jamais entendu ce nom, dit-il enfin.

– Tu en es certain, Drilon ? répliqua Ristani. Il t'a fallu un moment pour te décider !

– Tu me connais, patron, je ne suis pas très futé. Et comme je disais, y a beaucoup de monde dans la famille. La plus grande partie est restée au pays, d'ailleurs…

– Oui, c'est ce que j'ai entendu dire, répondit Ristani d'un ton radouci.

– Eh ouais, c'est comme ça.

– Et toi, quel est ton nom de famille ? demanda Buda qui avait toujours la même expression concentrée et sérieuse.

– Graziani.

C'était Burim qui avait eu l'idée de laisser tomber leur vrai nom, *Grazdani*, bien des années plus tôt, au moment où Drilon et lui avaient commencé à travailler pour Ristani – après le démantèlement de l'équipe Rudaj qui avait valu à pas mal de gars d'être envoyés en prison. Burim avait pensé à *Graziani* parce que c'était le nom d'un de ses joueurs de foot italiens préférés. Et aussi, bien sûr, parce qu'il était très proche de leur nom d'origine – identique, à vrai dire, à une lettre près.

– Ça ressemble à Grazdani, mais c'est pas pareil, commenta Berti. Graziani, c'est d'origine italienne, pas albanaise. C'est proche, mais pas tout à fait assez. Merci, Drilon.

Celui-ci quitta la pièce. Il transpirait et se sentait très mal à l'aise. Il n'avait qu'une envie, se planquer quelque part afin de ne plus risquer de croiser Aleksander Buda jusqu'à ce qu'il ait quitté l'immeuble.

– Y a-t-il quelqu'un d'autre à qui tu doives poser la question ? demanda Buda à Berti.

– Non. Je connais les familles de tous les autres gars et il n'y a aucun Grazdani parmi eux.

Les hommes se levèrent et se donnèrent l'accolade. Buda eut quelques difficultés à étreindre l'énorme buste de Berti.

– Ne soyons jamais des étrangers l'un pour l'autre, dit ce dernier. À bientôt, mon ami.

Buda quitta le bureau de Ristani, descendit au parking et s'installa au volant de sa voiture. Avant de démarrer, il appela Fatos Toptani, le numéro deux de son organisation.

– C'est moi. J'ai besoin de trouver immédiatement quelqu'un. Un certain Burim Graziani, qui est dans le groupe de Ristani. Il travaille dans le sud du New Jersey… Non, non, vas-y mollo, je veux juste lui poser une question. Ouais… Il y a quelque chose de louche dans tout ça.

Dans son bureau, Ristani attendit quelques minutes que Buda ait quitté les lieux, puis décrocha le téléphone pour passer lui aussi un coup de fil.

57

GREENPOND
NEW JERSEY
25 MARS 2011
20 H 52

Prek était content de quitter l'atmosphère tendue de la maison, même si c'était pour se livrer à la corvée du nettoyage de la camionnette – un truc dont Neri aurait dû se charger, d'ailleurs, mais tant pis. Il devenait dingue à se tourner les pouces en attendant que Buda l'appelle pour lui dire s'ils pouvaient zigouiller la fille ou pas. Et les deux crétins qui lui servaient de collègues l'exaspéraient parce qu'ils n'arrêtaient pas de parler de sexe et de ce qu'ils feraient à Pia quand ils auraient l'autorisation de se la taper.

Dans un placard de la maison, Prek avait trouvé une serpillière, un seau et divers produits de nettoyage ainsi qu'un aspirateur à piles fixé sur un support mural. Il avait rempli le seau d'eau, y avait ajouté une bonne dose de liquide parfumé à la lavande, puis il avait emporté tout son petit matériel dehors. Il voulait être sûr de débarrasser la camionnette de toute trace de la fille. Pour l'extérieur, il enverrait Neri le lendemain matin à la station-service. Il passa l'aspirateur sur le plancher et les sièges avant, puis commença à frotter le tableau de bord. C'est alors que son téléphone sonna.

Pas trop tôt, pensa-t-il.

Neri Krasnigi, vautré depuis un moment sur un des canapés du salon, se leva et marcha jusqu'à la fenêtre. Il vit Prek sortir de la cabine de la camionnette avec un chiffon. *Et maintenant, il fait le boulot d'une femme*, pensa-t-il. *Tant mieux pour lui*. Neri avait deux problèmes : il n'arrivait pas à se sortir Pia de la tête et il se sentait humilié par l'attitude de Prek à son égard. Depuis le début de la mission, ce mec n'avait cessé de lui donner des ordres, de lui jeter des trucs à la figure dans la camionnette, et il l'avait chargé de la partie la plus difficile du boulot – tout ça sans jamais lui manifester le moindre respect. Même quand il lui avait dit qu'il avait fait du bon travail, après le raid, il avait parlé comme s'il s'adressait à un chiot qui a bien fait pipi dans le caniveau.

Neri avait oublié la terreur qu'il avait éprouvée juste après avoir tiré sur l'étudiant. Il se sentait sûr de lui, fort, déterminé – surtout depuis qu'il s'était envoyé la cannette de Red Bull qu'il avait trouvée dans la camionnette. Peut-être pouvait-il saisir l'occasion qui se présentait à lui de s'amuser un peu et de rendre la monnaie de sa pièce à Prek.

Il se retourna vers le canapé noir. Genti s'était endormi. Bien. Pendant que Prek était dehors et que Genti en écrasait, il allait s'offrir un petit coup rapide avec la fille. Que pourrait donc bien faire Prek, de toute façon ? Neri glissa une main derrière son dos. Il avait logé le Beretta sous sa ceinture. Il en caressa la crosse et ce geste lui donna du courage. Après tout, il n'avait de comptes à rendre qu'à lui-même.

Veillant à ne faire aucun bruit pour ne pas réveiller Genti, il se glissa dans la chambre. Il s'approcha du lit et contempla Pia quelques instants. Allongée sur le dos, elle respirait paisiblement. Elle avait l'air aussi comateuse que lorsqu'ils étaient arrivés à la maison. Il retourna dans le salon sur la pointe des pieds pour voir ce que faisait Prek. De la fenêtre de la cuisine, il put constater que les portières arrière de la camionnette étaient ouvertes. Il ne voyait pas Prek, mais celui-ci devait s'activer à l'intérieur. S'il s'amusait tant à jouer les femmes de ménage, eh bien... Neri estima qu'il avait dix ou quinze minutes de tranquillité assurée. De plus en plus enthousiaste, il marcha jusqu'à la porte de la maison et la verrouilla. Puis il retourna rapidement à la chambre. Tremblant littéralement d'excitation, il s'approcha de Pia.

– Mais ça veut dire quoi, concrètement, pour nous ? demanda Prek à Buda.

Il n'était pas sûr de comprendre ce que lui racontait son patron.

– Ça veut dire que nous ne faisons rien du tout avec la fille tant que je n'y vois pas plus clair dans les salades que m'a servies ce connard de Drilon.

– Tu es sûr qu'il mentait ?

Prek ne pigeait pas pourquoi ce mec, Drilon, pouvait avoir eu envie de mentir quand Buda lui avait demandé s'il était lié d'une façon ou d'une autre à Pia Grazdani.

– Ouais. J'en suis à peu près certain. Il s'est comporté de façon vraiment bizarre. Je lui posais des questions simples et directes et lui, il hésitait, il bafouillait, il a mis un temps fou à me répondre. Et quand il a prononcé le nom, *Grazdani*, c'était évident qu'il le connaissait. Par-dessus le marché, c'est quasiment le même nom que le sien ! Si tu changes de nom, putain, changes-en pour de bon !

– Et Berti Ristani, il n'a rien dit ? demanda encore Prek. C'est étonnant, tout de même.

– Non, il n'a pas réagi. Soit il ne s'est aperçu de rien, soit il n'a rien voulu dire devant moi. Je pense que c'est plutôt la deuxième solution, parce que Berti est loin d'être stupide. C'est ce mec, Drilon, qui n'en a pas beaucoup dans la tête.

– Mais pourquoi il aurait menti pour un truc pareil ? Et il devrait bien se rendre compte des conséquences que ça peut avoir.

– Ouais, je me dis la même chose, convint Buda.

C'était la question qui le turlupinait. Pourquoi Drilon Graziani avait-il menti ? Il ne voyait qu'une seule explication : la chose qu'il essayait de cacher par son mensonge, quelle qu'elle fût, était plus importante pour lui que la vie de Pia – même si cette fille était liée à sa famille. Buda ne savait pas très bien pourquoi, mais tout cela donnait soudain plus de valeur à la fille à ses yeux. Voilà pourquoi il était si important qu'il s'entretienne avec Burim Graziani – si ce bonhomme s'appelait effectivement *Graziani*. De plus, Buda supposait que Ristani devait lui aussi s'être rendu compte que Drilon mentait. Et ça, ça pouvait avoir des conséquences bien particulières.

Buda n'aimait pas s'entendre raconter des bobards, surtout de la part d'un subordonné, et il savait que Ristani lui ressemblait sur ce point : il plaignait d'avance Drilon s'il s'avérait qu'il avait menti. Mais cette histoire plaçait aussi Buda dans une position assez délicate. Sa visite chez Ristani avait peut-être planté le germe d'un conflit entre leurs groupes. D'une mésentente, à tout le moins. Il espérait que Ristani ne lui en tiendrait pas rigueur et il voulait tout faire pour arrondir les angles.

– Bon, je ne veux plus parler de cette affaire, grogna Buda.

Même s'il ne disait rien de très important, cette conversation au téléphone le mettait mal à l'aise. Il n'oubliait jamais que le FBI surveillait de près les mafias albanaises.

– Je vais vous rejoindre à la maison. Assure-toi de traiter la fille comme notre invitée jusqu'à ce que l'affaire soit tirée au clair.

– Sans problème, acquiesça Prek.

Il coupa la communication et descendit de la camionnette. Il avait laissé la fille sous la surveillance de Genti, à qui il faisait globalement confiance. Mais il valait mieux qu'il aille jeter un œil dans la chambre.

Aussitôt après en avoir terminé avec Prek, Buda reçut un autre appel sur son portable.

– Aleksander, c'est Berti. Je m'excuse de te déranger.

– Tu ne me déranges pas, Berti, répondit Buda d'un ton agréable.

– J'ai appelé Burim. Je l'ai interrogé au sujet de Pia Grazdani, pour savoir s'il avait déjà entendu ce nom-là. Et tu sais quoi ? Il m'a répondu que oui ! C'est assez incroyable, tu ne crois pas ?

– En effet, répondit Buda – mais il n'était guère surpris.

– Ensuite, Burim m'a rappelé pour m'annoncer qu'un de tes gars essayait de le joindre.

Le sous-entendu de Berti était clair. Buda décida de jouer cartes sur table.

– C'est vrai, j'ai chargé un de mes hommes d'appeler Burim. Tu sais aussi bien que moi, Berti, que Drilon a eu un comportement très bizarre quand nous l'avons interrogé au sujet de la fille. Ça ne regarde que toi, s'il te ment, bien sûr, mais il m'a menti à moi aussi. Et j'ai pensé que si je réussissais à parler avec le frère, je n'aurais plus à te déranger pour cette histoire. J'ai cette femme sur les bras, tu comprends ? Et j'ai besoin de réponses pour pouvoir m'occuper d'elle sans risquer de déclencher une guerre entre les groupes.

– Je comprends tout à fait, Aleksander. Bien sûr, personne ne veut d'un bain de sang. Frères albanais contre frères albanais, il faut absolument éviter cela. Et, bien entendu, j'ai remarqué que Drilon mentait. Je l'ai rappelé après ton départ pour lui reposer la question. Je lui ai dit : « Maintenant, arrête de déconner. » Il m'a répondu que ouais, bon, peut-être qu'en effet qu'il connaissait une Pia Grazdani.

Il était évasif. Il a essayé de me faire croire qu'il avait oublié de qui il s'agissait parce qu'il n'avait pas entendu ce nom-là, ni vu la fille, depuis plus de vingt ans.

Buda était soulagé. Berti voyait les choses comme lui. Leurs relations ne pouvaient que s'en trouver améliorées.

– Alors que fait-on ? demanda-t-il.

– Reste en ligne, je vais te mettre en conférence téléphonique avec Burim.

– Il faut d'abord que je passe un autre coup de fil. Ce sera vite fait

– Pas de problème rappelle-moi dès que tu as fini.

Buda savait qu'il naviguait en eaux troubles, mais il ne perdait pas son calme. Il rappela Prek. Quand il l'eut au bout du fil, il lui dit qu'il devait s'entretenir avec Burim Graziani, le frère de Drilon, avant de pouvoir prendre une décision au sujet de Pia Grazdani. Il précisa qu'il allait parler à ce Burim sans tarder et qu'il aurait donc très vite des nouvelles.

– Garde le cap encore un moment, conclut-il. Je voulais aussi te prévenir que je ne suis qu'à une demi-heure de route de la maison. Là, je suis à Wayne, sur la route 23. Je te recontacte dès que je peux.

Prek marchait vers la maison quand Buda l'avait rappelé. Il rempocha son téléphone et s'immobilisa, tendant l'oreille. La maison était bien silencieuse. Apparemment, ses deux subalternes assoiffés de sexe avaient cessé de se raconter les plaisirs qu'ils prévoyaient de s'offrir aux dépens de la fille. Mais le calme qui régnait était un peu étrange. Soudain inquiet, Prek se dirigea à grands pas vers la porte de la maison. Son intuition lui lançait des signaux d'alarme. Buda avait beaucoup insisté sur le fait qu'ils devaient, jusqu'à nouvel ordre, traiter Pia Grazdani comme une invitée. À présent, il s'en voulait d'être sorti pour nettoyer la camionnette.

Il saisit la poignée. La porte était verrouillée.

– Nom de Dieu…

Il courut jusqu'à la fenêtre de la chambre où dormait la fille. Neri ne s'était même pas donné la peine de tirer les rideaux. Prek poussa un juron, se précipita à la camionnette, récupéra son arme dans la boîte à gants et retourna à la fenêtre qu'il brisa avec la crosse du pistolet. Ivre de rage, il tendit le bras à l'aveuglette entre les éclats de verre qui restaient accrochés au cadre de la fenêtre – et tira une balle en direction de Neri.

58

EMBRANCHEMENT DE LA ROUTE 23, WAYNE
NEW JERSEY
25 MARS 2011
21 H 19

– Il paraît que vous avez essayé de me joindre, dit Burim Graziani.

– Berti, tu es encore en ligne ? demanda Buda.

– Oui, mais je vais vous laisser discuter tous les deux tranquillement. Je raccroche.

Un déclic se fit entendre dans l'écouteur de Buda. Il répondit alors à Burim :

– Oui, j'ai besoin de te parler. Nous ne nous sommes jamais rencontrés, n'est-ce pas ?

– Non, je ne crois pas. Mais bien sûr je sais qui vous êtes, monsieur Buda.

Dans la mafia albanaise, tout le monde connaissait Aleksander Buda. Celui-ci pressentait que la conversation allait être compliquée. Il voulait être sûr, aussi, qu'elle ne serait pas compromettante. Les communications des téléphones portables – même les plus modernes, comme le sien – pouvaient être facilement interceptées.

– Tu comprends donc que je dois être prudent, dit Buda.

– Tout à fait.

Aucun des deux hommes ne voulait entrer le premier dans le vif du sujet. Burim avait été très surpris, sinon choqué, par l'appel de Ristani. Il était alors au volant de sa voiture, de retour du sud de l'État où il avait terminé son travail de bonne heure. La question de son patron l'avait tellement secoué qu'il avait failli emboutir le camion qui le précédait.

– Pia Grazdani ? avait-il répété d'une voix étranglée.

Il avait aussitôt pensé à sa femme – pas à sa fille. Il n'avait pas oublié son caractère de chien, leurs innombrables disputes, sa façon de passer la nuit dehors pour faire la fête en le laissant seul à l'appartement avec le bébé. Il avait éprouvé une telle colère, à l'évocation de ces souvenirs, qu'il n'avait plus écouté ce que Berti lui disait.

– Elle a vingt-cinq ou trente ans et apparemment, elle est très belle... Burim ? Burim, bon sang, tu m'entends ?

La liaison n'était pas bonne ; il y avait des grésillements dans l'écouteur. Burim avait demandé à Berti de répéter ce qu'il venait de dire. Il s'était alors rendu compte que la personne dont Berti parlait n'était pas sa femme, décédée depuis longtemps, mais sans doute sa fille, Afrodita Pia Grazdani.

Aleksander Buda s'éclaircit la voix :

– D'après ce que m'a dit Berti, tu connais Pia Grazdani. Enfin.. tu connais au moins son nom. Y a-t-il un lien de parenté entre vous ?

– Je me souviens d'elle, mais avec un autre prénom, répondit Burim. Afrodita. C'était comme ça que je l'appelais. Son second prénom, Pia, était en fait celui de sa mère. Afrodita était ma fille.

Afrodita ! Cette gamine l'avait enquiquiné presque autant que Pia. Mère et fille avaient le même caractère. Cette morveuse ne cessait de réclamer après lui à un moment où il travaillait dur pour essayer de prendre du galon dans l'organisation Rudaj. Il n'avait vraiment pas le temps de s'occuper d'un enfant. Drilon avait été le seul à pouvoir la supporter. Quand les services sociaux l'avaient embarquée, Burim s'était dit qu'il essaierait de la récupérer lorsqu'il aurait de vrais papiers, après avoir été naturalisé, et puis... Une fois qu'il les avait eus, ces papiers, il avait préféré ne pas avoir sa fille sur les bras. Un peu plus tard, en outre, il avait dû disparaître quelque temps, changer de nom, et il n'avait jamais fait ce qu'il fallait pour régulariser son identité – sauf pour se procurer un permis de conduire à présenter aux flics sur la route.

Burim réprima un soupir. Il comprenait à présent qu'il devrait sans doute expliquer tout ça à Berti Ristani. Un souci qui le préoccupait bien plus que le sort de sa fille.

– Alors tu penses que cette Pia Grazdani pourrait être ta propre fille ? demanda Buda.

Il n'en revenait pas. Il n'arrivait pas à croire qu'un truc aussi invraisemblable lui tombe dessus.

– C'est bien possible. Grazdani, d'abord, ce n'est pas un nom courant. Et puis… si elle a entre vingt-cinq et trente ans, ça correspond.

Burim avait beau essayer, il ne se souvenait pas de la date d'anniversaire d'Afrodita – ni le jour ni même l'année.

– Et toi, alors, pourquoi tu as changé de nom ?

Burim s'expliqua et Buda le comprit très bien. Comme tous les membres de la mafia albanaise, il connaissait l'affaire de la débâcle de l'organisation Rudaj. Quand le FBI était passé à l'attaque, beaucoup de gars avaient dû se mettre au vert.

– Tu as donc perdu contact avec ta fille il y a très longtemps.

– Voilà. Vous savez comment c'est, dans notre métier.

Homme de main dans un groupe mafieux très impliqué dans le trafic de drogues, Burim n'avait guère pu jouer au père modèle. Il jugea qu'il n'avait pas besoin de trop entrer dans les détails. Buda n'avait pas à savoir, par exemple, que les flics avaient débarqué un matin chez lui pour emporter la petite et la placer sous la responsabilité de l'État – et que lui, Burim, ne s'était pas cassé la tête à essayer de la récupérer. C'était facile à comprendre.

– Tu crois qu'elle se souvient de toi ? demanda Buda.

– Elle avait six ans, si je me souviens bien, quand elle est partie. Je suppose que les gamins gardent des souvenirs de cet âge-là.

À présent, Burim ne pouvait s'empêcher de se demander pourquoi un homme comme Buda s'intéressait tant à cette nana qui était peut-être sa fille.

– D'où elle sort, cette Pia Grazdani ? demanda-t-il. Est-ce que je peux savoir pourquoi vous posez des questions à son sujet ?

– Elle est mêlée à une affaire dont je m'occupe en ce moment, répondit Buda. Elle est étudiante en médecine à la fac de Columbia et elle travaillait avec un chercheur qui a eu un accident mortel.

Burim était de nouveau stupéfait. Sa fille, étudiante en médecine ? C'était possible, un machin pareil ? Et dans une université célèbre, par-dessus le marché ? Ça paraissait tout de même très improbable. Si Burim avait dû lui imaginer un avenir, il l'aurait plutôt vue suivre une trajectoire similaire à celle de sa mère et se maquer avec un type comme lui. Ou peut-être même se retrouver sur le trottoir. *Étudiante en médecine ?* Il était surpris d'éprouver un étrange sentiment de fierté.

– D'après ce que dit Berti, elle est jolie. C'est vrai ? demanda-t-il encore.

– Je ne l'ai jamais vue, mais on me dit qu'elle est extrêmement belle. Et, heu… assez fougueuse.

– Vous voulez dire qu'elle aime se battre ?

– Ouais, quelque chose ça.

– Ça correspond, là encore, dit Burim dans un soupir. Sa mère était une vraie tigresse. Qu'est-ce qu'il faut faire, maintenant ?

– Où es-tu, à l'heure actuelle ? Vu la tournure que ça prend, il vaudrait mieux que nous nous voyions pour parler.

Il s'avéra que Burim n'était qu'à une vingtaine de kilomètres de l'endroit où Buda avait arrêté sa voiture, un peu après le Lincoln Tunnel sur l'autoroute du New Jersey.

– Vous connaissez le Swiss House Inn ? demanda Burim.

Buda répondit par l'affirmative. Le restaurant, qui se trouvait au bord de la route 80, était bien situé pour lui comme pour Burim. Et pas loin de Green Pond.

– Je voudrais que mon frère vienne aussi, ajouta Burim.

– O. K., répondit Buda d'un ton détaché.

Mais il était intrigué. Les deux frères ne semblaient pas avoir grand-chose en commun. Pourquoi Burim tenait-il à être accompagné par ce crétin ? Cependant, cela n'avait guère d'importance. Et après tout, c'était une affaire de famille !

– Je viendrai moi aussi avec quelqu'un, ajouta-t-il.

Il avait en tête d'inviter Fatos Toptani à le rejoindre. Si Fatos pouvait rappliquer en vitesse, bien sûr.

– Dans une demi-heure, ajouta-t-il avant de raccrocher.

Il n'était pas très content que la conversation téléphonique ait duré si longtemps, mais il n'avait guère eu le choix. Quelles étaient les chances que ce Burim, l'employé de Berti, soit le père de Pia ? De ce point de vue, Buda était *vraiment* content d'avoir pensé à se renseigner. Tuer la fille d'un homme qui travaillait pour l'un des groupes de la région aurait pu avoir des conséquences désastreuses – même si cette fille avait depuis longtemps disparu de la circulation ; même si son père ne semblait pas excessivement attaché à elle. De surcroît, il s'agissait du groupe de Berti Ristani. Ses hommes, c'était bien connu, étaient accros à la violence. Pour eux, c'était même un sport.

Buda rappela rapidement Berti et lui relata les grandes lignes de sa conversation avec Burim.

– Cette Pia Grazdani est donc peut-être la fille que Burim a perdue il y a une vingtaine d'années, dit Ristani qui était aussi surpris que tout le monde. C'est vraiment une affaire étrange.

– Burim et moi devons nous retrouver dans un petit moment pour bavarder, ajouta Buda.

– Bien, approuva Berti. J'apprécie beaucoup les précautions que tu as prises dans cette affaire, Aleksander. Je ne voudrais pas qu'il y ait des problèmes entre nos organisations.

– Moi non plus, dit Buda, sincère.

Il devait passer un dernier coup de fil avant de prendre la route du restaurant. Il composa le numéro de Prek. Maintenant, il était plus important que jamais que Pia soit traitée avec tous les honneurs. Seul Burim pourrait décider de son sort.

59

GREENPOND
NEW JERSEY
25 MARS 2011
21 H 24

Le téléphone de Prek sonna. Une fois de plus, comme il s'y attendait, c'était Buda. Il l'écouta parler sans dire grand-chose. Puis il le rassura, affirmant que tout allait bien à la maison, et il lui demanda d'apporter quelque chose à manger s'il en avait la possibilité. Buda répondit qu'il commanderait des plats à emporter au Swiss House Inn.

– Alors, quoi de neuf ? demanda Genti quand Prek eut raccroché.

Prek le regarda avec un sourire mauvais.

– Buda est en route, avec Fatos, pour un restaurant qui n'est pas très loin d'ici. Ils vont rencontrer deux hommes, des frères, qui travaillent pour Berti Ristani. Apparemment, Pia Grazdani aurait un lien de parenté avec eux. Un lien très clair, même, puisqu'elle serait la fille de l'un et la nièce de l'autre. Si ça se vérifie, je suppose qu'ils vont discuter un moment et essayer de trouver une solution. Les frères devront promettre qu'elle ne nous embêtera plus. Et ils apprécieront d'apprendre que nous avons correctement pris soin d'elle depuis son enlèvement. Ensuite, ils viendront ici et ils découvrirent que non, en fait nous n'avons pas été foutus de respecter cette fille. À ce moment-là, ils vont loger une balle dans la tête de Neri et toi, Genti, te tirer dans les jambes. Si tu as de la chance.

Neri, recroquevillé à un bout du canapé marron, les mains entre les genoux, regardait Prek d'un air désespéré. Son œil gauche, auquel Prek avait donné un violent coup de crosse de pistolet, était rouge vif. L'hématome se transformerait en un vilain œil au beurre noir – s'il vivait assez longtemps pour ça. Genti était assis à l'autre bout du canapé. Il aurait voulu être du côté de Prek, qui s'était confortablement installé sur le canapé noir, les pieds sur un pouf, mais il comprenait la symbolique de leurs positions les uns par rapport aux autres. Il était en disgrâce – presque autant que Neri.

– Putain, t'es vraiment qu'un crétin, dit encore Prek à Genti.

– Hé ! Moi aussi, je lui faisais confiance, objecta ce dernier.

– Moi, c'est à *toi* que je faisais confiance ! Et tu l'as laissé s'exciter avec tous vos bavardages à la con sur la bonne baise que vous vouliez vous offrir aux dépens de la fille.

– Ouais, ben... Tu ne m'as pas dit : « Je vais à la camionnette, Genti, alors assure-toi que Neri garde son pantalon. » Tu as juste dit que le patron ne savait pas encore quoi faire et qu'il fallait fiche la paix à la fille. Et tu nous as dit ça *à tous les deux*. Je pensais que Neri avait aussi bien entendu que moi.

– Alors du coup, tu t'es allongé, peinard, et tu t'es mis à roupiller !

– T'es allé dehors, Prek. Si tu te faisais tant de soucis pour elle, pourquoi tu n'es pas resté ici ? Mince, c'est autant ta faute que la mienne !

– Ma faute ?! répliqua Prek d'un ton menaçant.

– D'accord, d'accord, c'est pas ta faute. Mais je ne l'ai pas touchée, merde. C'est lui, ce petit connard, qui lui a sauté dessus, conclut Genti en désignant le jeune homme du menton.

– J'ai fait que dalle, dit Neri.

– Quoi ? Répète un peu ça ? grogna Prek.

– Il dit qu'il n'a rien fait, dit Genti. Il t'a déjà dit que tu l'avais arrêté avant qu'il ait pu aller trop loin.

– C'est pas l'impression que j'ai eue.

– Moi, je crois qu'il dit la vérité. Je ne mentirais pas, si quelqu'un m'avait presque mis une balle dans la tête, comme tu l'as fait, avant de me fracasser un œil avec son flingue. Le type qui me traite de cette façon, je ne lui mens pas, c'est sûr. Écoute... dans un cas comme dans l'autre, la fille ne se souviendra de rien...

– Ce n'est pas la question ! s'écria Prek. Il dit qu'il n'a rien fait, mais moi je dis que c'est pas ce que j'ai vu.

– Quelle partie, Prek ?

– Quoi, quelle partie ?

– C'est quoi que tu as vu, au juste ?

Par la fenêtre, Prek avait vu Neri le pantalon baissé, couché sur Pia. Il était en train de la violer ; il n'y avait pas d'autre explication possible. Quand il avait brisé la vitre et fait feu, il avait juste eu l'intention d'effrayer Neri. Mais la balle était passée à moins de dix centimètres de la tête du jeune homme et avait percuté, derrière lui, une armoire encastrée dans le mur de brique. Elle avait cependant eu l'effet voulu : le coup de feu avait réveillé Genti, qui avait déverrouillé la porte de la maison. Prek, fou de rage, s'était alors précipité sur Neri et l'avait frappé au visage comme il l'avait trouvé – le pantalon sur les chevilles.

Neri était profondément humilié et pas qu'un peu effrayé. Il disait la vérité. Il n'avait pas violé la fille. Ce n'était pas faute d'avoir essayé. À son grand désarroi, il avait découvert qu'il avait le même problème avec une beauté endormie par un somnifère qu'avec n'importe quelle prostituée : il ne réussissait pas à avoir une érection. Il avait voulu se prouver quelque chose, mais il avait échoué. Et ce n'était pas tout. Quand il s'était installé au-dessus de la fille, elle avait beaucoup gigoté ; il se demandait si elle était réellement dans les pommes.

Pia se réveillait petit à petit. Elle avait une violente migraine mais elle se souvenait de certaines choses. Elle se revoyait à la sortie du métro, près de l'hôpital, attendant que George vienne la chercher. Mais un peu plus tard, c'était Will, pas George, qui était avec elle. Et... il était arrivé quelque chose à Will. La rue était humide ; il pleuvait. Elle s'était fait mal au genou en tombant. Pourquoi était-elle tombée ?

Elle ouvrit les yeux. Sa vision était floue. Elle se trouvait dans une pièce dont les murs, les meubles étaient un méli-mélo de formes et de couleurs qu'elle avait du mal à distinguer. Elle était allongée sur un lit : elle sentait le matelas sous son dos. Elle entendait des voix, très proches, dans une autre pièce. Des voix masculines. Elle fit un effort de mémoire. Elle avait été embarquée dans une voiture. Non, une camionnette. Et quelqu'un lui avait planté une aiguille dans la cuisse – aïe. Elle tendit l'oreille. Les hommes qui parlaient à côté étaient ceux qui l'avaient droguée. Et elle reconnaissait leurs voix : c'étaient eux qui l'avaient attaquée dans sa chambre de la résidence universitaire. Et ils avaient fait quelque chose à Will. *Et l'un d'eux vient de m'attaquer. Je dois partir d'ici*, pensa-t-elle.

Pia essaya de remuer les bras, les jambes et fut étonnée de constater qu'elle n'était pas attachée au lit. Elle se redressa sur un coude et vit une porte fermée à gauche, une fenêtre à droite. Elle se souvint alors qu'elle avait aussi entendu un bruit très fort. Une détonation d'arme à feu. *Au moment où cet homme était couché sur moi*, se dit-elle. La peur l'aiguillonna. Ses idées s'éclaircirent. Elle devait absolument sortir de cette pièce, même si ce n'était que pour franchir la porte ou la fenêtre – elle devait tenter quelque chose. Surtout ne pas rester ici. Mais… les hommes qui parlaient se trouvaient derrière la porte. La fenêtre, donc.

Pia se tourna vers le bord du lit. Elle essaya se lever, mais ses jambes ne la soutinrent pas et elle tomba à genoux sur la moquette. Elle marcha à quatre pattes jusqu'à la fenêtre. Celle-ci possédait une poignée qu'elle put agripper pour se hisser debout. Quand elle la tourna, les deux battants s'écartèrent subitement vers l'extérieur et elle bascula en avant. Elle se laissa aller, mais après que son buste fut entièrement passé à travers le cadre, il lui fallut un certain effort pour lever les jambes, l'une après l'autre, en tirant sur ses bras, et franchir entièrement le rebord de la fenêtre. Elle s'effondra sur le gravier, au pied du mur. Aussitôt, elle tendit l'oreille, persuadée d'avoir fait tellement de bruit que les hommes qui se trouvaient dans la pièce voisine de la chambre ne pouvaient que l'avoir entendue. Mais non : ils continuaient de parler – de se disputer, plutôt, semblait-il.

– Tu vas raconter quoi à Buda, alors ? demanda Genti qui commençait à vraiment se faire du souci.

– Je devrais lui dire quoi, à ton avis ?

– Qu'il ne s'est rien passé. Regarde-le droit dans les yeux et dis-lui qu'il ne s'est rien passé.

– Je ne veux pas mentir à Buda. Pourquoi je ferais ça ? C'est vous deux qui avez merdé. Vous n'avez qu'à assumer vos conneries.

Neri regarda la porte de la chambre dans laquelle Pia dormait. *J'espère qu'elle ne se rappellera de rien*, pensa-t-il. *Sinon, je suis mort.*

Accroupie sur le sol, Pia lutta contre l'envie qui la tenaillait, atroce, de fermer les yeux, de s'allonger et de se rendormir. Elle avait l'impression que chaque fibre de son corps exigeait qu'elle se repose. Mais elle était en danger. Elle devait réagir ! Elle se força à se redresser et l'adrénaline jaillit à travers ses veines. Ce n'était pas la première fois de sa vie qu'elle éprouvait cette sensation. Ce n'était pas la première fois qu'elle était en danger. Titubant, elle dépassa le coin de la maison. La camionnette était là. Pia hésita. Non, il ne fallait pas : le véhicule se trouvait probablement devant les fenêtres de la pièce dans laquelle se trouvaient les hommes. De toute façon, elle n'était pas en état de conduire ; si elle prenait le volant, elle était sûre de se crasher contre le premier arbre venu.

Elle regarda autour d'elle. Où se trouvait-elle ? Impossible à dire. Elle essaya de faire le point. Elle avait froid, ça c'était clair. Elle venait de sortir d'une maison autour de laquelle elle ne voyait aucune autre habitation, aucune lumière. Elle se retourna et fixa l'étendue noire qu'elle avait aperçue après être passée par la fenêtre. Était-ce de l'eau ? Oui, sans doute. Une rivière ? Un lac ? L'océan ? Elle n'en avait aucune idée. Elle aperçut un quartier de lune au milieu des nuages, assez bas dans le ciel, mais elle n'aurait su dire si l'astre se levait ou se couchait. Elle partit vers la droite, dans la direction opposée à la camionnette. Ses yeux s'habituaient à l'obscurité et elle voyait déjà un petit peu mieux. De l'autre côté de l'étendue d'eau, elle distingua une maison aux fenêtres de laquelle brûlait de la lumière. Deux autres propriétés semblaient se dresser au milieu de la forêt, formes géométriques sombres dans la nuit.

Un chemin de gravier s'éloignait de la maison en suivant une large courbe entre les arbres. Pia marcha sur la terre qui le bordait pour ne pas faire de bruit. Elle se déplaçait encore avec difficulté, mais elle sentait que ses jambes commençaient à lui obéir. Elle atteignit une route goudronnée et regarda à droite et à gauche. Quelle direction prendre ? Elle était quelque part en pleine campagne, de ça elle était maintenant certaine ; elle ne voyait que des arbres autour d'elle. Elle prit une décision arbitraire et partit à droite. Sur la chaussée, elle essaya de courir, mais elle se remit à chanceler comme une alcoolique et dut ralentir. Elle se souvint tout à coup qu'elle avait éprouvé une vive douleur à la cuisse au moment de son enlèvement : les hommes avaient dû lui injecter un somnifère.

La route continua un moment en ligne droite, très plate. Pia vit deux allées de gravier, sur sa droite, qui menaient à des propriétés. Il faisait très sombre et il n'y avait pas de lumière dans les maisons. Elle s'arrêta plusieurs fois, tendant l'oreille pour essayer de déterminer si les hommes s'étaient lancés à sa poursuite avec la camionnette. Subitement, la route s'interrompit et se scinda en plusieurs chemins qui disparaissaient sous les arbres. Les nuages se dissipèrent à ce moment-là et le halo de la lune lui permit d'apercevoir de l'eau sur sa gauche. Elle tiqua. Il y avait donc de l'eau du côté droit… et de l'eau du côté gauche ? Elle commençait à avoir la désagréable impression d'avancer sur une étroite péninsule.

Elle faisait volte-face pour revenir sur ses pas, lorsque la quiétude des bois fut soudain ébranlée par le rugissement d'un moteur. Un frisson d'anxiété lui parcourut la colonne vertébrale. Le bruit venait de la maison dont elle s'était échappée. Deux secondes plus tard, elle aperçut des phares à travers les arbres. Le véhicule accélérait sur l'allée de la propriété. Pia comprit que s'il tournait à droite sur la route, elle était fichue. Elle s'élança sur le chemin de gauche, essayant de marcher le plus silencieusement possible sur le gravier. Elle atteignit bientôt une maison que contournait un sentier dallé. Suivant celui-ci, elle déboucha sur une petite plage de sable et se rendit compte qu'elle était à l'extrémité d'une anse circulaire, large d'environ deux cents mètres, et que le rivage opposé du lac n'était qu'à une cinquante de mètres de l'endroit où elle se tenait. En face, en outre, il y avait la maison aux fenêtres éclairées qu'elle avait déjà aperçue.

Pia réfléchit aux différentes solutions qui se présentaient à elle. Si elle criait, elle risquait bien plus d'être entendue par les hommes de la camionnette que par les habitants de la maison. Elle pouvait aussi se cacher, mais il faudrait bien qu'elle finisse par se remettre en route – au plus tard au lever du jour. Et là, ses ravisseurs la verraient. Elle regardait le lac, lorsqu'elle remarqua que des rochers affleuraient à la surface à mi-chemin de l'endroit où elle se tenait et de la rive opposée. Peut-être le lac était-il peu profond sur toute la largeur du passage ? L'eau serait sans doute glacée, bien sûr, mais... Pia estima que c'était la meilleure chance qui s'offrait à elle d'échapper à ses poursuivants.

Elle retira ses chaussures, sa jupe et son chemisier et, les tenant contre sa poitrine, entra dans l'eau. Elle inspira bruyamment. Comme elle l'avait supposé, l'eau était glaciale. Elle regarda derrière elle, mais ne vit pas les phares de la camionnette. Elle avança dans l'eau. Après deux ou trois mètres de sable, elle sentit de la vase et quelques rochers épars sous ses pieds. Quand elle eut de l'eau à la taille, les rochers avaient complètement remplacé la vase. Elle dérapa dessus, plusieurs fois de suite, et s'éclaboussa le torse et le dos. Tout à coup, les phares de la camionnette glissèrent sur la surface du lac, juste devant elle – puis une seconde fois, quelques secondes plus tard, à trois mètres sur sa droite. Elle avait alors atteint les rochers qui affleuraient à mi-chemin des deux rives. Elle ne sentait plus ses pieds, totalement engourdis par l'eau glacée, et elle avait l'impression d'avoir des poteaux à la place des jambes. *Courage*, se dit-elle. Elle contourna les rochers et continua d'avancer. Elle n'avait plus qu'une vingtaine de mètres à parcourir.

Tout à coup, le lit du lac se fit plus profond et la vase remplaça les rochers. Pia tenta vainement de garder l'équilibre en agitant la main droite dans l'eau tout en tenant ses chaussures et ses vêtements de la main gauche, au-dessus de sa tête. Le corps entièrement immergé, elle essaya de nager en retenant son souffle. Très vite, elle sentit que ses muscles commençaient à ne plus lui répondre. Le froid l'engourdissait des pieds à la tête. Elle haleta frénétiquement. Elle renonça à tenir ses vêtements hors de l'eau et, abandonnant ses chaussures, puisa dans ses dernières forces pour faire quelques brasses vigoureuses. Elle vit avec soulagement qu'elle se rapprochait du rivage, en dépit du fait qu'elle avait l'impression de ne pas avancer du tout.

Enfin, elle sentit du sable sous son pied droit. Dès qu'elle eut repris son équilibre, la tête et le haut du buste hors de l'eau, elle poussa sur ses jambes pour gagner le plus vite possible le rivage. Elle tremblait tellement qu'elle avait de la peine à retenir ses vêtements trempés entre ses doigts. Trois mètres plus loin, l'eau ne lui arrivait déjà plus qu'à la taille. La maison habitée était sur sa gauche. Pia voulut crier, mais elle ne réussit qu'à pousser un croassement rauque. Elle sentait que ses jambes ne lui répondaient presque plus et s'ordonna de ne pas paniquer. Enfin, elle réussit à sortir de l'eau et prit pied sur une étroite langue de sable. Hélas, de gros rochers, des arbres et un sous-bois épais l'empêchaient d'atteindre directement la maison. Regardant autour d'elle, elle trouva un sentier, sur la droite, qui contournait l'obstacle en suivant une large courbe. Elle s'y engagea et rencontra un chemin plus large qui semblait rejoindre la route goudronnée qu'elle apercevait entre les arbres. Elle n'avait d'autre choix que de le suivre. Les graviers et les cailloux lui meurtrissaient douloureusement les pieds. Elle était en culotte et soutien-gorge, ses vêtements trempés à la main. Que penseraient les gens de cette maison ? Elle atteignit enfin la route et tourna à gauche, cherchant des yeux l'allée menant à la propriété. Elle était transie, à bout de forces, mais il fallait qu'elle continue.

C'est alors qu'elle entendit un véhicule, sur la route, derrière elle. À quelle distance ? Elle n'en avait aucune idée. Elle se retourna et aperçut le halo de ses phares. Ils se rapprochaient rapidement. Paniquée, elle se figea au bord de la chaussée. Elle n'avait pas le temps de se cacher et elle savait qu'elle était incapable de courir. Elle essaya d'appeler à l'aide, mais son faible cri fut couvert par le bruit du moteur du véhicule. Tout à coup, les phares l'aveuglèrent. *C'est peut-être quelqu'un d'autre*, pensa-t-elle désespérément. *Ce n'est peut-être pas eux…* Frissonnante de froid et de peur, elle leva une main devant ses yeux et observa le véhicule fuser vers elle, puis ralentir subitement.

Pitié, pitié, pitié.

Pia regarda le flanc du véhicule tandis qu'il s'arrêtait à sa hauteur. Elle eut peine à retenir ses larmes. C'était une camionnette bleue.

60

SWISS HOUSE INN
NEW JERSEY
25 MARS 2011
22 H 09

Garé sur le parking du Swiss House Inn, Aleksander Buda attendait l'arrivée de Fatos. Tous les gars de l'équipe trouvaient hilarant que le mec le plus maigre qu'ils connaissaient s'appelle Fatos[1] – mais aucun d'eux ne lui en faisait la remarque, bien sûr. Fatos avait le physique nerveux et puissant d'un chien de course et des mains déliées qui lui donnaient beaucoup d'adresse au couteau. Il était rarement vu sans sa casquette de base-ball, qu'il portait la visière sur la nuque comme un amateur de hip-hop. Quand Buda avait besoin de renfort, comme ce soir, c'était lui qu'il appelait

Toujours très fiable, Fatos pénétra bientôt sur le parking au volant de sa Cadillac noire. Il se gara à côté de Buda. Les deux hommes se saluèrent à peine d'un hochement de tête. Ils n'avaient pas besoin de beaucoup se parler. Ils ne descendirent pas non plus de leurs véhicules.

Buda scruta le parking à moitié plein d'un regard circulaire. Un type qui était peut-être Burim Graziani était assis au volant d'une Chevrolet Camaro neuve stationnée presque en face de lui, un peu sur la droite. Il roupillait ou faisait semblant. Une autre voiture, une Escalade, apparut alors sur le parking et fit un appel de phares

1. Fatos, de *fat* en anglais : gros.

à la Camaro. Buda en reconnut le conducteur : c'était Drilon Graziani.

– Bon, le gang est au complet, dit-il pour lui-même.

Quand Drilon fut garé, Burim descendit de voiture. Buda l'imita. Fatos et Drilon en firent autant. Ils se réunirent au milieu du parking et se saluèrent.

– Allons manger, dit ensuite Buda. Je meurs de faim.

Le restaurant se trouvait dans une maison en bois à deux étages, d'aspect assez banal, à la façade vert foncé et aux chassis de fenêtres blancs. S'il n'y avait eu l'enseigne au néon, au bord de la route, qui annonçait SWISS HOUSE INN, rien n'aurait permis de deviner qu'elle abritait un restaurant. Mais le parking était bien rempli et l'établissement manifestement apprécié des gens du coin le vendredi soir. Burim en franchit la porte le premier. La patronne, qui se trouvait à ce moment-là derrière le comptoir de réception, lui fit un accueil des plus chaleureux, l'interrogea sur sa santé et annonça que sa table, bien entendu, était déjà prête. Buda supposa que Burim avait appelé pour faire une réservation – et qu'il venait ici régulièrement. D'autres clients, qui attendaient d'être placés, décidèrent sagement de ne pas se plaindre de voir le petit groupe passer devant tout le monde. Avec leurs blousons en cuir trop larges et leurs mines patibulaires, les quatre hommes avaient l'air de ce qu'ils étaient : des mafieux.

Le restaurant était très animé. Au fond, près de la cuisine, dans un espace partiellement isolé de la salle par une cloison, il y avait une table tranquille, idéale pour les discussions confidentielles. Les seules personnes qui passaient à proximité étaient les serveurs dont plusieurs s'arrêtèrent pour saluer Burim.

– On te connaît bien, observa Buda.

Il était un peu déçu. S'il avait su que Burim était un habitué de ce restaurant, il aurait exigé un autre lieu de rendez-vous.

– Je laisse toujours de bons pourboires, répondit Burim, lançant un clin d'œil à Drilon qui était assis à côté de lui.

Buda dévisagea les deux hommes. Drilon transpirait et avait l'air mal à l'aise. Burim, détendu, dégageait une impression de grande confiance en lui. Et il était bel homme. *Il a le physique et l'intelligence qui manquent à son frère*, se dit Buda.

– Que puis-je vous servir, messieurs ?

C'était de nouveau la patronne, qui venait en personne prendre leur commande. Ils demandèrent quatre bières et quatre plats du jour, des escalopes panées. Elle s'éloigna. Buda dit alors :

– Voici de quoi il s'agit, messieurs…

Il marqua une pause pour s'assurer que les deux frères l'écoutaient. Il voulait aller droit au but, sans bavasser.

– Je remplis une mission pour quelqu'un. En cours de route, nous rencontrons un problème inattendu. Le problème, c'est cette fille qui fourre son nez où elle ne devrait pas. Elle mène l'enquête et elle me complique beaucoup les choses. Nous essayons de la dissuader, mais ça ne marche pas. La solution la plus raisonnable, à ce moment-là, c'est d'éliminer le problème. J'en parle à mon client. Il accepte de débourser cent mille dollars pour le boulot, c'est-à-dire pour que nous réglions son compte à l'enquiquineuse.

Buda but une gorgée d'eau et jeta un coup d'œil vers Fatos. Celui-ci savait que le montant du contrat, pour la fille, était en réalité de deux cent cinquante mille dollars. Mais les deux frères n'avaient pas besoin de connaître la vérité.

– Si cette fille est ta fille, comme il semble que ce soit le cas, tu dois assumer tes responsabilités. Nous partagerons l'argent, mais cela veut dire que tu devras faire en sorte d'être absolument certain qu'elle renoncera à enquêter sur l'affaire, à fourrer son nez ici et là, à interroger les gens, etc. Je veux même qu'elle arrête d'y penser. Si la fille n'est pas ta fille, nous n'aurons plus qu'à exécuter le contrat. Et toi, tu devras promettre de ne parler à personne de cette histoire. Dans ce cas de figure, tu toucheras pour ta peine un quart de la somme.

– Où est-elle, en ce moment, la fille ? demanda Burim.

Depuis qu'il avait entendu parler de Pia, il avait hâte de la rencontrer.

– Pas loin d'ici. En sécurité.

– Et c'est quoi, l'affaire dans laquelle elle fourre son nez ? Pourquoi elle vous enquiquine tant, monsieur Buda ?

– Je préfère ne pas en parler. Ah, voilà les escalopes panées !

Deux serveurs posèrent les quatre assiettes devant eux. Buda se souvint alors de la requête de Prek et demanda à ce qu'on lui en prépare quatre autres à emporter.

Il avala deux bouchées de veau. Avant d'en enfourner une troisième dans sa bouche, il dit :

– L'essentiel, c'est qu'elle arrête de faire ce qu'elle fait. Je dois dire qu'elle me met dans une situation très délicate. L'idéal serait qu'elle prenne des vacances. De grandes vacances.

– Je suis sûr que nous pourrons vous donner satisfaction, répondit Burim.

Il ne voyait absolument pas comment il pourrait faire une chose pareille, mais l'idée de toucher l'argent que lui promettait Buda lui plaisait beaucoup.

– Hein, Drilon ? lança-t-il à son frère. C'est pas difficile, ce que monsieur Buda nous demande.

– Ouais. Comme tu dis.

La fourchette à la main, Drilon poussa une nouille sur le pourtour de son assiette. Son passé lui revenait dangereusement à la figure, mais il n'avait d'autre choix que de suivre le mouvement.

– Nous ne demandons pas mieux que de vous aider, reprit Burim. Mais si ça entraîne quelques dépenses…

– Ne t'inquiète pas. Je vous offre le dîner.

– Ah non, ce n'est pas ça. Ici, en plus, vous êtes mon invité. Je veux dire qu'il devrait y avoir des dépenses à faire pour la fille…

Burim avait décidé que cette Pia Grazdani devait être sa progéniture. C'était trop extraordinaire. Il ne pouvait s'agir d'une coïncidence. Mais si elle avait le même genre de personnalité que sa mère, il aurait besoin d'argent pour arriver à la contrôler.

– Bien sûr, répondit Buda qui s'attendait à ce genre de chose. Je crois que pour la fille, dix mille dollars devraient faire l'affaire.

– Pour le désagrément qu'elle va subir, dit Burim, hochant la tête.

Buda fit un signe de la main à Fatos. Celui-ci se carra contre le dossier de la banquette, compta une liasse de billets sous la table et la tendit, pliée en deux, à Burim.

– Qu'elle soit ta fille ou pas, tu garderas cet argent de toute façon pour couvrir tes propres dépenses.

– Vous êtes très généreux, monsieur Buda.

– Et toi, tu es très coopératif.

Burim et Buda se serrèrent la main, puis les quatre hommes échangèrent des poignées de main. Selon la tradition albanaise, ils scellaient par là leur accord aussi sûrement que s'ils avaient signé un document légal. Ensuite, ils achevèrent rapidement de dîner et, nantis des plats à emporter, quittèrent le restaurant. Burim paya et laissa vingt dollars de pourboire. Ils se mirent en route, Drilon montant dans la voiture de son frère et Buda prenant la tête du cortège de véhicules.

Quand il quitta le parking, Burim tapota la poche dans laquelle il avait glissé la belle liasse de billets que lui avait donnée Fatos. Un sourire lui monta aux lèvres. La soirée s'annonçait aussi intéressante que profitable.

61

GREENPOND
NEW JERSEY
25 MARS 2011
23 H 15

Dans la maison au bord du lac, les trois hommes et la jeune femme n'avaient rien d'autre à faire qu'attendre. Prek et Neri étaient assis sur un canapé, Genti et Pia sur l'autre. Prek avait songé à attacher la fille – comme il aurait dû le faire plus tôt –, mais il ne voulait pas donner une mauvaise impression à Buda. Il allait déjà devoir rendre des comptes, alors il ne valait mieux pas aggraver la situation. En outre, la fille ne risquait plus de filer. Dans un placard, Prek avait trouvé un vieux tee-shirt et un sweat-shirt à l'effigie des New York Jets. Pia les avait enfilés sans protester. Ses propres vêtements étaient trempés. Le sweat-shirt lui descendait à mi-cuisse. Genti lui avait aussi dégoté une paire de chaussettes de football qu'elle avait tirées jusqu'à ses genoux. Prek se rendait bien compte qu'elle avait du mal à se réchauffer. Malgré le drap de bain dont elle s'était enveloppé les épaules, elle tremblait encore.

Pia regardait tour à tour les trois hommes. Elle avait envie de sauter à la gorge de Neri. C'était ce jeune mec, elle en était certaine, qui l'avait touchée. Quant aux deux autres – Prek, celui qui semblait commander, avec sa vilaine cicatrice sur la lèvre supérieure, et Genti, avec son nez pointu et dominateur –, elle était certaine de reconnaître leurs voix : c'étaient les hommes qui l'avaient attaquée dans sa chambre, à la résidence universitaire.

Prek avait son pistolet à la main. Il se demandait s'il aurait à l'utiliser dans les heures à venir – et si oui, pour tirer sur qui. Il était furieux et la mort de ses deux collègues lui paraissait justifiée : Neri pour avoir désobéi de façon si effrontée à ses ordres, Genti pour n'avoir pas su l'empêcher de faire une bêtise. La seule personne à qui Prek n'en voulait pas, à vrai dire, c'était Pia. Il l'admirait d'avoir eu le courage d'essayer de s'échapper. Et d'avoir réussi à traverser le lac à la nage. S'il recevait l'ordre de la tuer, il s'exécuterait sans aucun plaisir. Ce serait un pur devoir professionnel.

Prek entendit plusieurs voitures arriver sur le chemin et s'arrêter devant la maison. *On y est*, pensa-t-il en quittant le canapé pour aller à la fenêtre. *D'une façon ou d'une autre, cette soirée merdique va enfin se terminer*. Les portières des trois voitures s'ouvrirent et claquèrent en rafale.

– Va attendre dans la chambre, ordonna-t-il à Pia.

Dès qu'il entra dans la maison, Buda sentit que quelque chose ne tournait pas rond. L'atmosphère était tendue. Genti se mit debout, mais il n'osa pas croiser son regard. Neri resta assis sur le canapé, les yeux baissés. Et Prek semblait très nerveux. Buda songea qu'il devait immédiatement découvrir ce qui se passait.

– Messieurs, excusez-moi, dit-il en se tournant vers Burim et Drilon. J'ai oublié sur la banquette arrière de ma voiture les plats que nous avons achetés au restaurant. Vous voulez bien aller les récupérer ? Je vais en profiter pour dire deux mots à mes hommes.

Burim et Drilon sortirent, fermant la porte sur eux. Buda s'avança vers Prek.

– Qu'est-ce qui se passe, ici, putain ? demanda-t-il avec colère. Neri, lève-toi ! Genti, regarde-moi quand je parle ! Où est la fille ?

– Dans la chambre, répondit Prek. Elle a filé par la fenêtre et elle est partie à la nage dans le lac.

– Quoi ? ! Tu plaisantes ?

– Non. Mais nous l'avons rattrapée aussitôt.

– Quelqu'un l'a vue ?

– Non. Elle n'a été dehors que quelques minutes. Et il n'y a personne dans le coin.

– T'en es certain ? rétorqua Buda avec méfiance.

– Oui. Tu sais bien que toutes les maisons des environs sont vides.

Les trois hommes se tenaient à présent devant Buda comme des écoliers fauteurs de trouble convoqués par le chef d'établissement.

– Qu'est-ce qui t'est arrivé, toi ? demanda Buda à Neri.

L'œil amoché du jeune homme était déjà presque fermé. Il ne répondit pas et regarda Prek.

– C'est la fille qui lui a fait ça ? demanda Buda.

– Non, répondit Prek. C'est moi.

– Pour quelle raison ?

Buda fit un pas vers Prek, les mains sur les hanches. Fatos avait pris position près de la porte, les bras croisés sur la poitrine. Le message était clair : personne n'entrait ou ne sortait de la maison.

– Prek ! dit Buda d'une voix autoritaire. Tu ferais bien de m'expliquer tout de suite ce qui s'est passé. Ou alors toi et moi nous allons avoir un gros souci.

– Il a agressé la fille.

Neri se décomposa. Il avait espéré que Prek inventerait un bobard pour le protéger.

– Avant ou après qu'elle a réussi à s'échapper ?

– Avant.

– Et t'étais où, toi ? demanda Buda à Genti.

Celui-ci ne répondit pas.

– D'accord, dit Buda. Nous verrons ça plus tard. Il faut d'abord savoir si Pia Grazdani est la fille de Burim ou non. Espérons pour vous que c'est pas le cas. Fatos, fais-les entrer.

Burim et Drilon reparurent. Ils posèrent les sacs du restaurant sur la table, puis Buda leur présenta ses hommes.

– Nous avons eu un petit souci, dit-il ensuite. La fille a essayé de s'échapper. Voilà pourquoi mes hommes sont dans leurs petits souliers. Ils l'ont rattrapée, mais ils sont très embarrassés. Et ils peuvent l'être !

Burim regarda Neri d'un air intrigué, mais personne ne lui fournit d'explication sur l'ecchymose que le jeune homme avait au visage.

– Ma femme était une vraie tigresse, dit-il. Cette fille lui ressemble peut-être. Monsieur Buda, je suis prêt à la rencontrer.

Buda fit signe à Burim d'entrer dans la chambre et referma la porte sur lui.

Pia était assise sur le lit, face à la fenêtre. Elle tremblait encore de froid.

– Afrodita, dit Burim. Pia ! C'est vraiment toi ? C'est moi, Burim. Burim Grazdani. Je crois que je suis ton père. Pia, regarde-moi, s'il te plaît.

Pia tourna lentement la tête.

– Oh, mon Dieu ! s'exclama-t-il. Tu es le portrait craché de ta mère !

Burim connaissait l'expression de haine mêlée de fureur qu'il voyait sur le visage de la jeune femme. La première Pia, son épouse, avait souvent eu cette tête-là. Elle était magnifique, mais invivable. Néanmoins, Burim avait maintenant la certitude d'être en présence de sa fille. Sa fille qu'il n'avait pas vue depuis plus de vingt ans. Il éprouvait des sentiments sur lesquels il aurait été bien incapable de mettre des mots.

– On me dit que tu es étudiante en médecine à Columbia. C'est incroyable. Tu dois être très intelligente !

Pia s'était détournée ; Burim parlait à présent à son dos.

– Tu ressembles tellement à ta mère, tu sais ! Non, tu ne le sais probablement pas. Vous avez les mêmes cheveux, les mêmes yeux… c'est fascinant.

Pia ne dit rien. Elle était très confuse. Se pouvait-il réellement que cet homme fût son père ?

– Je pense que c'est un miracle que nous nous retrouvions de cette façon, ajouta Burim. Pia, s'il te plaît, dis-moi quelque chose.

Silence.

– Ton oncle Drilon est ici.

À ces mots, Pia réagit. Elle toussa puis cracha bruyamment par terre au pied du lit. Burim crut qu'elle exprimait de la colère contre lui.

– Pia, je suis désolé de ne jamais être allé à ta recherche, dit-il d'une voix chagrinée. J'étais jeune et stupide. J'ai voulu te récupérer, bien souvent j'y ai pensé, mais je savais que si je me présentais aux gens qui s'occupaient de toi, les autorités risquaient de me renvoyer au pays. Parce que je n'avais pas de papiers. À ce moment-là, je n'aurais plus jamais eu la moindre chance de te revoir. En plus, je travaillais avec l'organisation Rudaj, tu comprends, et un jour il y a eu de gros problèmes, le groupe a éclaté et Drilon et moi nous avons dû nous cacher. Un peu plus tard, quand nous avons commencé à travailler pour Berti Ristani, mon patron d'aujourd'hui, nous avons dû changer de nom et laisser notre passé derrière nous. Je le regrette beaucoup, mais on ne pouvait pas faire autrement. Pia, s'il te plaît…

Pia continuait de regarder la fenêtre. Ainsi, c'était lui, l'homme qu'elle avait attendu toutes ces années, l'homme à cause duquel elle avait tant souffert parce qu'il n'était jamais venu la sauver comme elle l'espérait. Et aujourd'hui, il réapparaissait tout à coup… Mais *pourquoi*, au juste ? Par-dessus le marché, il avait amené ce monstre de Drilon avec lui. Et il était sans doute de mèche avec ses ravisseurs. Quelles étaient leurs intentions à son égard ? Allaient-ils la tuer ? Au point où elle en était, Pia se fichait de mourir.

– Écoute, Pia…, reprit Burim. Je sais que je t'ai abandonnée. Mais là, tout à coup, en te voyant, je me dis que c'est tellement important, pour moi, que tu sois ma fille. Et que tu ailles bien. Que tu sois en sécurité.

– Que j'aille bien ? Que je sois en sécurité ? répéta Pia d'une voix posée. Vivre dans des foyers pour orphelins, tu ne sais pas ce que c'est.

Burim fut momentanément incapable de répondre. Il n'en revenait pas d'entendre le son de sa voix.

– Tu n'as vraiment pas idée de ce que c'est ! cria-t-elle.

– Mais… mais tu vas être docteur, bafouilla Burim. Regarde comment ça se termine, en fin de compte…

– Ha ! Oui, regarde comment ça se termine, pauvre imbécile, rétorqua-t-elle, et elle désigna la pièce d'un geste de la main. Des armes, des gangsters, des *meurtriers*. C'est ça, d'ailleurs, l'enfance dont je me souviens. Et ma mère, elle était avec nous et tout à coup elle a disparu. Qu'est-ce qui lui est arrivé ?

Je ne sais pas.

- Tu mens ! hurla-t-elle, et elle se tourna de nouveau vers Burim.

Buda ouvrit la porte. Sans doute écoutait-il leur conversation derrière le battant.

– Tout va bien ?

– Laissez-nous, s'il vous plaît, dit Burim.

Des larmes se mirent à rouler sur les joues de Pia. Elle fit de nouveau face à la fenêtre Elle ne comprenait pas ce qui se passait. Comment son père pouvait-il être lié aux gens qui avaient assassiné Rothman, Yamamoto et Will McKinley ? Cependant... de toute évidence, ses ravisseurs avaient attendu l'arrivée de Burim. Cela signifiait qu'il avait peut-être le pouvoir de les empêcher de la tuer.

Elle reprit d'une voix plus calme :

– Tu mens. Tout le temps. C'est la seule chose que je sais à ton sujet.

– Je suis ici, maintenant. Pour toi.

– Pour quelle raison ? Pour terminer le travail de ces salopards ?

– Je comprends pourquoi tu peux penser ces choses-là. Mais tu dois me croire, je suis venu ici pour te sauver.

– Sur ton cheval blanc.

– Pardon ?

– Peu importe.

– Je ne te mens pas. Les hommes qui sont à côté ont été payés pour t'empêcher de mener l'enquête que tu menais sur la mort de je ne sais qui.

Pia ne dit rien.

– Comme tu avais un nom albanais, ils ont posé la question autour d'eux pour voir si quelqu'un te connaissait, continua Burim. Alors j'ai répondu : « Oui, peut-être. » Car tu sais, Pia, un Albanais ne peut pas tuer un autre Albanais. Si tu n'étais pas albanaise, si tu n'étais pas ma fille, tu serais déjà morte. Tu comprends ?

– Tu vas finir par me dire que ces mecs sont gentils.

– Heu... oui, ils sont plutôt gentils, répondit Burim avec un haussement d'épaules.

– Ils ont tué mon professeur et un autre chercheur en leur injectant la fièvre typhoïde et une énorme dose de polonium. Ce soir, ils ont tué mon ami d'une balle en pleine tête. Uniquement parce qu'il m'accompagnait dans la rue. Et tu dis qu'ils sont gentils ? Et que je devrais leur être reconnaissante de m'avoir épargnée ?

Pia secoua la tête. Elle ne savait plus si elle était triste ou en colère.

– Je ne peux rien pour les autres personnes dont tu parles. Mais toi, je peux te sauver.

– Et comment vas-tu t'y prendre ?

– Je dois leur promettre que tu ne reprendras pas ton enquête. Et que tu ne parleras pas d'eux à la police.

– Toi, tu vas leur promettre ça ? La dernière fois que tu m'as vue, j'avais six ans. Ils te croiront sur parole ?

– Oui, ils me croiront. Nous nous sommes serré la main et l'honneur de ma famille est en jeu.

– Et si je ne fais pas ce qu'ils veulent, ils me tueront. C'est bien ça ?

- Oui, ils te tueront.

- Et toi, tu me croiras si je dis que je renonce à mon enquête ?

– Si tu me donnes ta parole, oui.

Pia secoua la tête. C'était inouï ! Ainsi, la seule personne susceptible de la sauver était son père – l'homme le moins fiable du monde, l'homme en qui elle n'avait aucune confiance et qu'elle détestait le plus, l'homme qui était à l'origine de toutes ses souffrances. La situation dans laquelle elle se trouvait défiait l'entendement. Malgré tout, elle essaya d'y réfléchir en laissant de côté les émotions que lui inspiraient ses retrouvailles avec son père. Son corps n'avait pas encore complètement évacué le somnifère : jamais, de toute sa vie, elle ne s'était sentie si fatiguée. Elle était bouleversée, furieuse et terrifiée, mais elle devait trouver une solution...

Si elle voulait garder la vie sauve, elle devait promettre de renoncer à son enquête. Pouvait-elle faire cela ? À vrai dire, l'enquête était pour ainsi dire terminée. À l'IML, elle avait prouvé que Rothman et Yamamoto avaient été tués avec du polonium – et elle était certaine que les légistes qui l'avaient reçue se pencheraient sur ce mystère. Par ailleurs, la police devait chercher les tueurs de Will à Columbia. Ainsi que les hommes qui l'avaient enlevée. Oui, son travail était presque achevé. Qu'avait-elle encore à faire ? Il lui restait juste à fournir certaines informations à certaines personnes... Or, son père n'avait pas parlé de cela. Il voulait juste qu'elle renonce à mener l'enquête.

– Tu voudrais me faire croire que l'honneur de ta famille a de l'importance pour toi ? demanda-t-elle.

– Bien sûr que oui ! affirma Burim. Mais si tu ne me crois pas, comprends au moins que je pense à mon propre honneur.

– Alors, j'arrête mon enquête... c'est tout ce que je dois faire ?

– Oui, mais il faut que tu arrêtes *vraiment*. Et tu devras peut-être aussi disparaître quelque temps. Tu dois me croire, Pia. Si tu les contraries, ils te tueront. Quelle que soit l'opinion que tu as de moi, tu dois penser à faire le bon choix pour toi-même. Et tu dois être aussi discrète que possible. Comprends bien que, si tu conduis la police à Buda, tu n'auras aucune chance de pouvoir témoigner contre lui.

Pia hocha la tête, songeuse. Elle n'avait guère le choix, en effet... Pourtant, il y avait peut-être une chose que son père pouvait faire pour elle. Pour rectifier certains des torts qu'elle avait subis. Elle se tourna vers lui.

– D'accord, dit-elle. Mais tu dois savoir que tous les hommes qui sont dans la pièce d'à côté ne se sont pas montrés respectueux envers moi.

– Je suis heureux que tu prennes la bonne décision. Mais que veux-tu dire par « ils n'ont pas été respectueux... » ?

– Quand ils m'ont amenée ici, j'étais sous somnifère. Mais je me souviens que l'un d'eux, au moins, m'a violentée. Le plus jeune, à coup sûr. Peut-être les trois.

Burim réagit comme elle l'avait espéré. Il la fixa quelques instants en silence, l'air outré, puis fit volte-face et ouvrit la porte.

– Monsieur Buda ! cria-t-il. Il faut que je vous parle.

Buda vit que Burim était prêt à en découdre et qu'il jetait des regards furieux en direction de Neri. La fille devait lui avoir révélé ce qui s'était passé avant leur arrivée. Tous les hommes se figèrent. Il y avait de l'électricité dans l'air. Genti, qui avait commencé à ouvrir les sacs du Swiss House Inn, s'écarta de la table.

Burim reprit d'une voix tremblante de fureur :

– Cette femme est bien ma fille. Et elle me dit qu'elle a été violée. Par le plus jeune, à coup sûr, peut-être aussi par les autres. Vous étiez au courant ?

– Écoute, je t'ai dit qu'un de mes hommes avait perdu la tête un petit moment, mais il n'y a pas eu de relation sexuelle…

– Elle…

– Attends ! l'interrompit Buda, levant une main. Je comprends que c'est très choquant pour toi, mais il y avait tellement peu de chances pour qu'elle soit ta fille…

– Ce n'est pas une excuse ! cria Burim. Il aurait peut-être mieux valu qu'elle soit tuée tout de suite, plutôt que d'être insultée de cette façon. Je vous ai serré la main, mais je devrais peut-être revenir sur ma parole.

Buda le regarda droit dans les yeux. Ce mec était-il sérieux ou cherchait-il juste à lui faire cracher davantage d'argent ? Une heure plus tôt, il ne savait même pas qu'il avait une fille et, tout à coup, il se faisait du souci pour sa vertu ? Certains de ces gars étaient vraiment des paysans.

– Je punirai mes hommes, sois-en sûr.

Burim secoua la tête et ouvrit son blouson pour dévoiler son holster d'épaule.

– C'est à moi d'appliquer la punition. Ou bien voulez-vous que j'appelle Berti ?

– Non, bien sûr que non. Si je t'ai demandé de venir, c'est pour éviter ce genre de situation. S'il y a un mort, il y en aura forcément d'autres, parce que c'est toujours ce qui se passe. Punition, oui. Assassinat, non. Je présenterai moi-même mes excuses à ta fille.

– Ça m'étonnerait qu'elle accepte vos excuses ! Elle a le tempérament infernal de sa mère. C'est comme ça que j'ai su qu'elle était ma fille.

– Écoute… Je vais m'excuser et je vous donnerai de l'argent, à elle et à toi. De l'argent que je prendrai aux trois hommes qui sont ici. Mais je ne veux pas qu'il y ait une guerre entre nos groupes à cause de cette histoire. Je regrette cette situation qui n'aurait pas dû se produire. Au bout du compte, c'est ma faute. Mais j'ai besoin que tu respectes ta parole, Burim, et qu'elle renonce à son enquête.

Burim prit le temps de réfléchir. Il comprenait Buda : il ne pouvait accepter qu'un homme d'un autre groupe punisse ses propres hommes. Et il n'était dans l'intérêt de personne qu'un conflit éclate entre leurs organisations. Par ailleurs, Burim ne voulait pas être la cause d'une mésentente entre Aleksander Buda et Berti Ristani.

– O. K., dit-il. Attendez, je vais lui parler.

Burim retourna dans la chambre. Pia comprenait qu'elle devait accepter son aide – même si cette idée lui donnait la nausée. À présent, elle ne pensait plus qu'à partir de cette maison et à retrouver George. Burim ferma la porte et lui rapporta sa conversation avec Buda. Acceptait-elle de renoncer à la vengeance à laquelle elle avait droit ? Pia réfléchit. La justice était deux fois bafouée : les tueurs de Rothman ne seraient pas incriminés et l'homme qui l'avait agressée ne subirait pas le genre de châtiment brutal auxquels ces mafieux étaient habitués. Mais, là encore, avait-elle le choix ?

D'un autre côté… Elle plissa les yeux. Elle pouvait peut-être obtenir autre chose de ces hommes.

– Si c'est comme ça que ça doit se passer, je veux parler au groupe, dit-elle.

– D'accord, répondit Burim.

Ils passèrent dans le living-room. Tous les hommes étaient encore debout, mais un peu moins nerveux qu'un moment plus tôt.

– Je vais accepter votre proposition, dit Pia à Buda. Je ferai ce que vous voulez, c'est-à-dire que je cesserai de mener l'enquête. Mais j'ai plusieurs choses à dire.

Elle traversa la pièce et se planta devant Neri. Le jeune homme se mit à trembler. Il regarda Prek, puis Buda, puis Burim d'un air inquiet.

– Tu n'es qu'une petite merde, dit Pia.

– Je jure que j'ai rien fait ! J'ai pas pu…

Elle lui planta durement son index sur le sternum.

– Ha ! Tu n'es plus si fier quand la fille est réveillée, n'est-ce pas ? Tu sais ce que mon père va te faire ? Il va couper ta petite bite et te la fourrer dans le cul.

– Non, non, j'ai pas…

Pia l'interrompit et lui frappa de nouveau la poitrine avec le doigt.

– Pardon ?

Un sanglot s'échappa de la gorge de Neri. Il fondit en larmes et, joignant les mains devant son visage, regarda Pia d'un air suppliant.

– Tu vois ? dit-elle encore. Je suis beaucoup plus forte que toi. Tu n'es qu'un petit garçon pathétique.

Elle le frappa une fois de plus avec l'index. Il s'effondra dans le canapé qui se trouvait derrière lui, pleurant toutes les larmes de son corps.

Pia se dirigea vers Drilon.

– Toi, ne m'adresse jamais la parole et ne t'avise jamais de te trouver en ma présence !

Drilon regarda Burim et leva les mains en l'air comme pour dire : « Je ne comprends pas. »

Pia retourna vers Buda.

– Maintenant, j'ai une question pour vous.

– Ah oui ? dit Buda en haussant les sourcils.

– Des hommes vous ont payé pour me faire peur, c'est bien ça ?

– Oui.

– Et ces hommes vous ont aussi payé pour me tuer ?

– Oui.

– Ce sont aussi eux qui vous ont payé pour tuer le Dr Rothman et le Dr Yamamoto ?

Buda hésita.

– Oui.

– Pourquoi ont-ils fait cela ? Quand j'ai deviné que les scientifiques n'étaient pas morts accidentellement, je n'ai pas réussi à comprendre pourquoi quiconque avait pu vouloir mettre sur pied une opération aussi complexe pour tuer deux chercheurs en médecine. Leur travail, vous savez… ils étaient sur le point de changer le monde.

Buda regarda Burim. N'était-il pas possible de contrôler cette femme ?

– Les travaux du Dr Rothman et du Dr Yamamoto menaçaient les investissements de certaines personnes, répondit-il.

– Les investissements ? répéta Pia. Vous voulez dire que ces personnes ont fait ça pour de l'*argent* ?

– Heu, je suppose que oui, dit Buda.

Y a-t-il une autre raison de faire quoi que ce soit ? ajouta-t-il en pensée.

Pia, elle, n'en croyait pas ses oreilles. Elle repensa à la discussion franche, libératrice, qu'elle avait eue avec Rothman – un moment très important de son existence. Elle se souvint de la gentillesse de Yamamoto. Et Will : une autre vie brisée. Elle revit l'unité des bains d'organes, la salle à l'éclairage bleuté dans laquelle elle avait travaillé de si longues heures. Jamais elle n'oublierait l'excitation et le bonheur, oui, le bonheur qu'elle avait éprouvé face au spectacle saisissant, et tellement impressionnant, des pancréas et des reins artificiels qui se développaient dans ces bacs. Désormais... il était probable que ce laboratoire resterait fermé un bon moment. La recherche sur les cellules souches continuerait, mais pas à Columbia et pas avec *elle*. Pia se sentait vide et dépossédée de tout.

Il était probable que les tueurs de Rothman et de Yamamoto se trouvaient devant elle, dans cette pièce. Elle ne pouvait rien contre eux, elle le savait ; sa propre vie dépendait de l'impunité des crimes de ces hommes. Mais elle n'était pas complètement impuissante.

– En ce cas, il y a une chose que je veux que vous fassiez, reprit-elle. Je vous promets que je me tiendrai à l'écart de cette affaire et que je ne dirai plus rien.

Pia exposa l'idée qu'elle avait en tête. Buda la trouva excellente. Cette histoire comportait trop de facteurs inquiétants à son goût. Burim convint que la mesure proposée compenserait l'insulte faite à l'honneur de sa fille. Les hommes se serrèrent de nouveau la main et chacun serra celle de Pia.

Buda était content de la solution qu'ils avaient trouvée tous ensemble, même si elle signifiait qu'il avait encore du pain sur la planche. Il devait aussi décider quoi faire de ses hommes – en particulier de Neri qui semblait bouleversé. Prek et Genti avaient commencé à manger les escalopes panées, mais le jeune homme restait recroquevillé sur le canapé.

Buda trouva une vieille paire de baskets de sa femme – trop grandes pour Pia, mais elles feraient l'affaire. Il les lui apporta dans la chambre.

– Que ferez-vous quand vous serez rentrée chez vous ? demanda-t-il.

– Vous croyez que je vais vous le dire ?

– Écoutez, je regrette que les choses se soient passées comme ça...

– C'est un peu trop tard pour les regrets. S'il vous plaît, laissez-moi seule.

Quand Pia revint dans la grande pièce, les hommes s'étaient installés sur les canapés pour bavarder. Un épais nuage de fumée de cigarettes planait au-dessus de leurs têtes. Elle s'approcha de Buda.

– Où est mon téléphone portable ?

Buda regarda Prek, qui haussa les épaules.

– D'accord, je vous le rends. Mais ne l'allumez pas tant que nous ne sommes pas partis d'ici.

– Promis.

Prek se leva. Son blouson était accroché près de la porte. Il en sortit le téléphone de Pia, sa carte d'étudiante et le portefeuille dans lequel elle rangeait sa carte de crédit et un peu d'argent liquide.

– Je sors prendre l'air, dit-elle quand il lui eut donné le tout. Ça empeste, ici.

Elle ouvrit la porte. Burim secoua la tête.

– Comme sa mère, marmonna-t-elle. Exactement la même.

– Nous devrions peut-être aller avec elle, non ? dit Prek. Elle risque de téléphoner à quelqu'un.

– Elle ne fera pas ça, dit Buda. Elle est albanaise. Elle a promis.

– Moitié albanaise seulement, corrigea Burim. Sa mère était italienne. Prek a raison. Je ferais mieux d'aller voir ce qu'elle fait.

Les hommes éclatèrent de rire.

Dehors, derrière la camionnette, Pia avait allumé son téléphone. Un déluge de messages, d'e-mails et de notifications d'appels en absence lui parvint aussitôt. Parmi eux, il y avait un texto de Lesley Wong : « Dieu te garde. Nous prions pour que Will s'en sorte. »

– Pia ?

C'était Burim. Elle éteignit le téléphone et fit le tour de la camionnette.

– Nous allons partir, dit-il.

Pia l'entendit à peine. Elle ne pensait qu'à une seule chose. *Pour que Will s'en sorte…* Il était donc encore en vie ?

62

GREENPOND
NEW JERSEY
26 MARS 2011
00 H 03

Buda donna leurs feuilles de route à ses hommes. Prek et Genti devaient regagner le Bronx. Quant à Neri… Buda voulait se donner le temps de réfléchir quant à ce qu'il ferait de lui. Le jeune homme allait donc rester à la maison pour nettoyer la camionnette. Buda lui expliqua clairement quels produits il devait utiliser et combien de temps il devait passer sur chaque partie du véhicule. Il insista : Neri devait faire un travail exemplaire, en y consacrant l'intégralité du week-end. Avant de partir, il prit les clés de la camionnette. Fatos dut reconduire Drilon au parking du restaurant où il avait laissé sa voiture, car Pia refusa catégoriquement que Drilon monte dans la voiture de Burim avec qui il était prévu qu'elle rentre à Manhattan. Elle refusa aussi d'expliquer pourquoi.

Pia prit place sur le siège passager et regarda droit devant elle pendant que les hommes se faisaient leurs adieux dans l'allée. Burim s'assit enfin au volant et démarra.

– C'est quoi, ton problème avec Drilon ? demanda-t-il quand ils furent engagés sur la route.

– Je ne veux pas parler de ça.

– J'espère que tu le feras quand même. Plus tard. Bon ! Ce soir, en tout cas, nous allons chez moi, à la maison…

Il s'interrompit en entendant Pia ricaner. *Il plaisante, ou il est fou ?*

pensa-t-elle. De son côté elle n'avait qu'une hâte : mettre autant de distance que possible entre elle et cet homme.

– Il est hors de question que j'aille chez toi, dit-elle. Je veux retourner à l'hôpital.

– Je ne peux pas te laisser aller là-bas.

– Bien sûr que si ! J'ai promis de ne plus enquêter sur cette affaire et je tiendrai parole. Tu vas devoir me faire confiance. Et c'est valable ce soir, dans une semaine, dans un mois et pour toujours. Je veux aller à l'hôpital, de toute façon, car je dois vérifier quelque chose.

– Ça va grouiller de flics !

– Il faudra bien que je leur parle à un moment ou un autre. Qu'est-ce que tu crois ? Que je vais disparaître de la circulation et m'installer chez toi, dans le New Jersey, pour jouer à la fifille tellement contente de retrouver papa ? Tu imagines que nous allons reformer une famille ? Détrompe-toi. Ça n'arrivera pas. Aucune chance. Tu ne peux pas débouler comme ça dans ma vie et supposer que je suis heureuse de te retrouver. Tant pis pour toi, si tu ne comprends pas. Nous avons un accord, voilà tout. Tu dois me faire confiance, je dois te faire confiance, mais ça n'ira pas plus loin entre nous. Nous nous sommes serré la main, tu te souviens ?

– Tu ne peux rien dire aux flics, évidemment. Tu le sais. Tu ne peux pas parler de Buda ou de ses hommes. Et tu ne peux pas dire que tu nous as rencontrés, Drilon et moi.

– Ne t'inquiète pas, je n'aurai aucun mal à t'oublier.

Burim ignora la pique et enchaîna :

– Il faut que tu aies une histoire à raconter pour expliquer ta disparition.

– À l'heure qu'il est, la police en sait autant que moi sur le polonium. Mais je ne sais pas qui a commis les meurtres, je sais juste qui les a organisés.

– Ne m'en dis pas plus. Moins j'en sais, de mon côté, mieux ça vaut, répliqua Burim. Bon, ton histoire pour les flics doit commencer à la maison du lac.

– Je suppose qu'ils vont me faire une prise de sang et se rendre compte que j'ai été droguée, dit-elle, songeuse. Alors… c'est simple : je raconterai que les ravisseurs m'ont injecté un somnifère et qu'ils m'ont emmenée dans une maison quelque part en dehors de la ville, mais que j'ai réussi à m'échapper.

– Ce n'est pas bon, objecta Burim. Comment es-tu rentrée à New York ?

– D'accord. Je me suis réveillée à New York et je ne sais pas où j'étais pendant que j'étais endormie.

– Ces vêtements, d'où tu les sors ?

– Je ne m'en souviens pas. D'ailleurs, c'est la vérité.

– O. K. Tu étais dans les pommes. Des gars t'ont baladée, mais tu n'as jamais vu leurs visages. Ils t'ont emmenée dans une maison, quelque part, et t'ont obligée à mettre ces vêtements. Ensuite, ils t'ont conduite dans Manhattan et t'ont laissée là. C'est entendu, dit Burim. Moi, en tout cas, je ne peux pas rouler jusqu'à l'hôpital. On pourrait me voir. Et tu ferais bien de passer par-derrière, à ce propos, pour éviter les caméras du pont George-Washington. Je te déposerai au nord de Manhattan, quelque part près de Broadway. Tu n'auras qu'à prendre un taxi.

– Entendu.

Pia se glissa entre les sièges pour passer sur la banquette arrière ; elle s'y recroquevilla. Burim continua de conduire à bonne allure.

– Pia, dit-il au bout d'un petit moment. Nous devons garder le contact. Ton numéro de portable, c'est quoi ?

Songeant qu'il trouverait facilement ses coordonnées s'il les voulait vraiment, Pia lui répondit. Burim affirma qu'il n'oublierait pas son numéro. Il ne se donna pas pour autant la peine de lui dicter les chiffres du sien.

Burim continua de parler. Il raconta des petites anecdotes sur l'enfance de Pia. Il était convaincu que ses souvenirs étaient justes, que les événements qu'il relatait s'étaient passés comme il les revoyait. Il se doutait que Pia ne l'écoutait probablement pas. Il voulait essayer de renouer des liens avec elle, mais il sentait qu'elle n'était pas prête. Au bout d'un moment, il se tut et ils roulèrent en silence.

Quarante minutes plus tard, Burim déboucha dans Broadway à la pointe nord de Manhattan. Il tourna dans une rue latérale et s'arrêta. Pia descendit de la voiture sans un mot ; elle s'éloigna sans se retourner. Dans le rétroviseur, Burim la regarda gagner le carrefour et lever la main pour héler un taxi. Une voiture s'arrêta. Pia se pencha à la portière, dit quelque chose au chauffeur, puis prit place sur la banquette arrière. Burim lui trouva l'air petite et vulnérable, avec les vêtements trop grands et mal fichus qu'elle portait. Mais il savait qu'elle était forte ; il ne se faisait pas de souci pour son avenir.

63

CENTRE MÉDICAL DE L'UNIVERSITÉ COLUMBIA
NEW YORK
26 MARS 2011
01 H 00

Pia se fit déposer devant la résidence universitaire dans Haven Avenue. La course coûtait douze dollars ; elle tendit au chauffeur le billet de vingt que Burim lui avait donné et n'attendit pas la monnaie. Pendant le trajet de la maison à Manhattan, elle avait pensé essentiellement à Will, ignorant son père qui baragouinait à l'avant. Et elle avait essayé de ne pas songer aux heures très difficiles qu'elle-même venait de passer. Elle se savait maintenant en sécurité, c'était tout ce qui comptait. Elle n'avait pas encore réfléchi à la question de savoir si elle essaierait, un jour ou l'autre, de reprendre contact avec son père, mais elle était certaine qu'elle éviterait toujours d'avoir le moindre rapport avec Drilon : les quelques souvenirs qu'elle avait de lui étaient trop douloureux.

Pia se concentra sur le moment présent. Elle ne craignait pas de parler à la police ; ce ne serait pas la première fois. Elle érigerait un mur autour de ce qui s'était passé à la maison du lac et ne dirait rien du tout à ce sujet. Sur certains autres points, elle pourrait raconter la vérité. Enfin, il y avait quelques informations qu'elle était encore déterminée à faire connaître à *tout le monde*. Pour que personne ne puisse étouffer l'affaire.

Pia entra dans la résidence universitaire et s'avança vers le bureau d'accueil. Il y avait deux flics en uniforme près des ascenseurs, mais elle espérait que l'étrange tenue qu'elle portait – et le fait qu'elle avait caché ses cheveux sous une casquette de base-ball – lui permettrait de ne pas être reconnue trop vite. En dépit de l'heure, il y avait pas mal d'étudiants dans le hall – la plupart revenaient de la bibliothèque, de l'hôpital ou d'une virée en ville. Quelques-uns quittaient la résidence, appelés par leurs services respectifs pour des urgences.

Pia connaissait le jeune homme qui se tenait au bureau d'accueil ; elle voulut l'interroger au sujet de Will McKinley.

– Pia ? C'est vous ? répondit-il quand elle l'eut salué. Hé ! Vous savez que les flics vous cherchent partout ? J'ai entendu dire que vous aviez été *kidnappée*, ou un truc dingue de ce genre.

– Non, ça va bien. Et Will ? Dites-moi ce qu'il devient.

– Le pauvre. Il paraît qu'il a reçu une balle dans la tête. Mais il a survécu. Il a été emmené en neurologie et aussitôt opéré. Quelqu'un m'a dit qu'il était en réanimation.

Sans un mot, Pia tourna les talons et ressortit de la résidence à grands pas. À l'hôpital, elle se dirigea vers le service de réanimation. Il y avait des flics et des agents de sécurité dans les couloirs, mais ils avaient pour consigne de chercher une femme avenante aux longs cheveux noirs, pas une fille bizarrement habillée d'un sweatshirt des New York Jets qui lui descendait jusqu'à mi-cuisse, de chaussettes de football et d'une casquette de base-ball. Pia savait qu'elle avait la dégaine d'une étrange pom-pom girl.

À la porte de la réanimation, elle fut arrêtée par une infirmière qui fronça les sourcils en voyant ses vêtements et l'ecchymose qu'elle avait sur la joue. Pia expliqua qu'elle était étudiante en médecine et montra sa carte pour le prouver. Elle espérait que le personnel de la réa ne savait pas précisément ce qui s'était passé dans la rue quelques heures plus tôt. L'infirmière lui dit qu'elle ne pouvait pas la laisser entrer dans le service, mais qu'elle allait appeler l'interne.

Celui-ci, le Dr Hill, commença par se montrer sceptique à son égard, mais il devint plus prévenant quand elle lui eut expliqué qu'elle était étudiante en médecine et s'intéressait au cas de Will McKinley. De fait, il supposa qu'elle devait être la petite amie du patient.

– Monsieur McKinley est maintenu en coma artificiel après avoir été opéré, dit-il. Il a été touché à la tête, mais la balle a complètement traversé le lobe frontal. C'est une blessure à laquelle on peut survivre. D'un autre côté, il faut souligner qu'un individu qui subit ce genre de traumatisme, s'il s'en remet, ne retrouve pas toujours la personnalité qu'il avait avant l'accident et l'opération.

– C'est un ami, dit Pia. J'étais avec lui au moment où il a été abattu.

– Je vois. Il est très important que vous compreniez qu'il sera… différent. Même s'il semble se rétablir complètement.

– Différent comment ?

– Ce serait trop long à vous expliquer en quelques mots. Regardez sur Google le cas de Phineas Gage, si vous voulez, qui a subi un traumatisme beaucoup plus grave du lobe frontal. Ça s'est passé en 1848. C'est le premier cas recensé et étudié de changement de personnalité consécutif à une blessure au cerveau.

– Je peux le voir ?

– Si vous voulez. Sa famille doit bientôt arriver, mais vous avez sans doute le temps de lui faire une courte visite. Par contre, vous devez enfiler une tenue d'hôpital.

– Bien entendu.

Pia s'éloigna dans le couloir de la réanimation.

Ce fut seulement un peu plus tard que le Dr Hill se souvint d'avoir entendu dire que la police recherchait une jeune femme impliquée dans l'affaire Will McKinley.

Pia trouva George debout près du lit dans la chambre de Will.

– Pia, mon Dieu ! s'exclama-t-il, et il se précipita vers elle pour la prendre dans ses bras. Tu vas bien ? Qu'est-ce qui t'est arrivé ?

– Je vais très bien. Je te raconterai tout ça plus tard. Et Will ? Est-ce qu'il va s'en sortir ?

– Il est trop tôt pour le savoir. Je dois retourner parler aux flics, mais je voulais le voir. J'ai assisté à toute la scène, tu sais. Je l'ai vu se faire tirer dessus et j'ai vu ces types t'embarquer. Je n'arrive pas à croire qu'il est en vie. Et toi ! Qu'est-ce qui s'est passé ?

George dévorait Pia des yeux, attendant qu'elle s'explique, mais elle se tourna pour regarder Will. Il respirait grâce à une machine et il était entouré d'une nuée de câbles et de tubes. Plusieurs appareils équipés de moniteurs se trouvaient de part et d'autre du lit. Son visage était paisible, son teint normal. S'il n'y avait eu tout cet équipement médical autour de lui, il aurait paru dormir. Une infirmière passa dans le couloir, derrière la cloison vitrée. Pia regarda autour d'elle et surprit son reflet dans la fenêtre de la chambre. Elle avait une mine affreuse.

– George, je suis affreusement désolée de t'avoir entraîné dans cette histoire, commença-t-elle. J'espère que tu pourras me pardonner. Si je t'avais écouté, ne serait-ce qu'un peu, cette histoire se serait passée bien différemment, j'en suis certaine.

– Pia, je me sens aussi mal que toi. Pendant que tu m'attendais devant le métro, je dormais. Je n'ai pas entendu le téléphone. J'aurais dû te rejoindre plus tôt. C'est moi qui devrais être sur ce lit.

– Ça, tu sais, ça ne me soulage pas beaucoup. Will ignorait complètement ce qui se passait et je ne lui ai rien dit. Mais à présent, George… je ne sais pas ce qui va m'arriver, alors il y a deux ou trois choses que je veux dire pendant que je peux encore le faire.

Pia prit une profonde inspiration et se lança :

– Je veux te dire merci d'avoir tant fait, d'avoir tant donné de ta personne pour m'aider. Je ne comprends pas vraiment pourquoi tu te décarcasses comme ça pour une fille qui ne t'a rien demandé et qui n'est même pas capable d'apprécier tout ce que tu fais pour elle. Mais c'est vrai qu'il y a des tas de choses que je ne comprends pas.

« Je crois que la première chose que je ne comprends pas, c'est moi-même. Je crois que toi, tu te connais assez bien, et c'est pour ça que tu es capable de dire à quelqu'un que tu l'aimes. Comme tu me l'as dit. Et je suis désolée, aussi, de ne pas t'avoir écouté à ce moment-là. Je suis jalouse que tu puisses faire ce genre de chose et je me demande pourquoi moi, je n'y arrive pas. Je crois qu'il y a quelque chose de cassé en moi, ou bien quelque chose qui me manque, depuis toujours. Et il m'a fallu jusqu'à aujourd'hui pour m'en rendre compte. Pour des tas de raisons, j'ai beaucoup de mal à faire confiance aux gens. Ça, je sais que tu le sais déjà. Je ne sais pas comment aimer quelqu'un, non plus, ou comment accepter son amour. Être aimé, c'est une grande responsabilité. Et avant de rejeter l'amour de quelqu'un, il faut bien réfléchir.

« Mais voilà, tu m'as donné envie d'en apprendre davantage sur moi-même, de voir si je ne peux vraiment pas réparer ce qui est cassé en moi – ou trouver la pièce qui me manque. En cours de psycho de première année, tu t'en souviens peut-être, on nous a parlé un jour de ces gens qui ont des problèmes de personnalité et qui n'acceptent jamais de s'entendre dire que ce sont *eux* qui sont bizarres, pas les autres. S'ils démarrent du pied droit alors que tout le monde part du pied gauche, ils affirment que tout le monde a tort et qu'ils ont raison. Je crois que je suis comme ces gens-là.

Pia sentit une présence derrière son dos. Ce n'était pas l'infirmière qu'elle avait aperçue dans le couloir, mais un homme qui se tenait sur le seuil de la chambre. Il était trapu et il portait une tenue d'hôpital par-dessus ses vêtements de ville. Elle n'aurait su dire depuis combien de temps il était là. Il fit des moulinets avec la main comme pour dire : « Poursuivez. »

Pia regarda de nouveau George.

– Tu sais que j'ai toujours eu de sérieux problèmes avec les sentiments. Je ricanais, autrefois, quand j'entendais des gens déclarer qu'ils étaient amoureux, parce que je ne comprenais pas ce qu'ils voulaient dire. Je ne sais pas si je peux changer et je ne sais pas si on peut apprendre à quelqu'un à aimer, mais... je sais que je veux essayer.

Pia leva la main et effleura la joue de George du bout des doigts.

– S'il te plaît, pardonne-moi.

George ferma les yeux.

– Il n'y a rien à pardonner, bafouilla-t-il. Je suis vraiment heureux que tu sois saine et sauve.

Pia s'écarta de George, contempla quelques instants le visage paisible de Will, puis se tourna vers l'homme en imperméable.

– Mademoiselle, je suis le commissaire Lou Soldano, dit-il. Vous êtes Pia Grazdani, je suppose ?

– Oui.

– Il faut que vous veniez avec moi. Immédiatement.

– Je comprends. Vous permettez que je passe aux toilettes, avant que nous partions ?

– Certainement.

Après avoir dit à George qu'elle le verrait plus tard, Pia sortit avec le policier du service de réanimation.

– Je suis heureux de vous voir, dit-il. Vous allez bien ?

– Oui, ça va, dit Pia.

Elle entra dans les toilettes des femmes proches des ascenseurs, s'isola dans une cabine dont elle verrouilla la porte. Assise, elle rédigea un bref e-mail, sur son téléphone, auquel elle attacha un texte qu'elle avait déjà écrit. Quand elle fut certaine qu'il était bien en route vers son destinataire, elle passa devant les lavabos, se regarda dans le miroir et dit :

– Il va y avoir un beau merdier.

Ayant pris une profonde inspiration, elle alla retrouver le commissaire Lou Soldano qui représentait sa vieille ennemie, la ville de New York.

64

10^{E} RUE EST
MANHATTAN
26 MARS 2011
02 H 13

L'homme, profondément endormi, prit peu à peu conscience qu'un téléphone vibrait juste à côté de son oreille. Il se réveilla enfin, mais il lui fallut deux bonnes secondes de plus pour se rappeler où il était. Il saisit l'appareil. Le numéro affiché n'était pas connu du répertoire électronique. Il prit l'appel, moitié par curiosité, moitié pour arrêter le bruit agaçant du vibreur.

– Chet McGovern, dit-il. Qui que vous soyez, j'espère que vous avez une bonne raison de me déranger en pleine nuit.

– Vous êtes bien le Dr Chet McGovern ? demanda une voix féminine.

– Je crois, oui, mais posez-moi la question demain. Quelle heure est-il, d'ailleurs ?

– Deux heures et quart. Désolée.

– On se connaît ?

– Je m'appelle Jemima Meads. Je vous appelle de la salle de rédaction du *New York Post*.

– Le *Post* ? répéta McGovern, perplexe.

Il se redressa, s'assit et tourna la tête vers la rousse endormie de l'autre côté du lit. Son lit *à elle*. Quelque part dans Greenwich Village. Et son nom… C'était quoi, déjà ?

– Dr McGovern, nous nous intéressons à une rumeur selon

laquelle deux chercheurs de Columbia auraient été tués avec du polonium 210, l'agent radioactif qui a fait parler de lui à Londres, il y a quelques années, dans le cadre de l'assassinat d'un colonel du KGB. Avez-vous quelque chose à dire à ce sujet ?

– Il est deux heures et quart du matin, répliqua McGovern.

Il avait la bouche pâteuse et les idées pas très claires.

– Oui, et je suis vraiment désolée de vous réveiller, mais je veux publier cette histoire la première et je tiens à être sûre d'avoir les bonnes informations.

– Mais je croyais que nous n'avions pas publié la cause des décès...

– Alors vous confirmez ce qui a été dit ? Il s'agit bien du polonium 210 ?

– Non, je n'ai pas dit ça.

– Plus ou moins, tout de même.

– Écoutez... Voyez ça avec Jack. C'est lui qui a fait les autopsies.

– Le Dr Jack Stapleton, votre collègue ?

– Oui.

– D'accord. Merci. Et encore désolée de vous avoir dérangé.

La femme raccrocha. McGovern se rallongea en soupirant. Nom de Dieu. Carrément bizarre, ce coup de fil.

Épilogue

GREENWICH, CONNECTICUT
26 MARS 2011
06 H 05

C'était samedi, mais Russell Lefevre avait quand même mis le réveil à sonner à six heures moins le quart. Il appuya sur le bouton pour couper la sonnerie avant qu'elle ne réveille sa femme. Il se dirigea vers la salle de bains d'un pas traînant, puis, ayant fait de rapides ablutions, descendit au rez-de-chaussée préparer du café et jeter un œil aux journaux sur Internet. Pendant que la cafetière gargouillait, il parcourut les titres des éditions en ligne du *New York Times*, du *Wall Street Journal* et du *Washington Post*. Il avait toujours veillé à très bien se tenir informé de la marche du monde, mais, depuis quelques semaines, la lecture des quotidiens était devenue pour lui une véritable obsession – essentiellement, il s'en rendait compte, parce qu'Edmund s'était muré dans le silence.

Russell avait essayé de l'interroger de nombreuses fois, mais rien à faire : Edmund refusait de parler de la conversation qu'il avait eue avec Jerry Trotter, dans son jardin, au début du mois. Au retour de cette discussion, il avait pourtant eu l'air singulièrement ébranlé. Une semaine plus tard, Trotter avait disparu. Max Higgins avait dit au téléphone à Russell que Jerry était parti « en mission de recherche » en Asie et que personne ne savait quand il reviendrait. Edmund n'avait fait aucun commentaire là-dessus. Ensuite, Russell avait lu que Gloria Croft avait été agressée, un matin, alors qu'elle faisait son jogging dans Central Park. Et Edmund avait dit qu'il n'avait aucune idée de ce qui avait pu se passer.

Deux jours plus tôt, tous les journaux avaient parlé de Rothman et de Yamamoto. D'abord pour dire qu'ils étaient malades, puis pour révéler qu'ils étaient décédés à cause d'un accident tragique survenu dans leur laboratoire. Russell ne savait pas quoi penser de cette histoire. Il était complètement déboussolé. D'abord, Jerry disparaissait, puis Gloria était attaquée, puis les scientifiques mouraient. Séparément, ces deux derniers incidents étaient de vrais coups de chance pour Edmund et Russell, bien sûr. Mais pris ensemble… Il ne pouvait s'agir d'une coïncidence. Edmund avait-il le moindre rapport avec ces événements ? Et ceux-ci étaient-ils liés à la mystérieuse conversation d'Edmund et de Jerry ? Russell ne pouvait même pas imaginer que son associé fût mêlé à la disparition des scientifiques. Mais il n'arrivait pas à trouver le cran de l'affronter pour l'interroger une bonne fois pour toutes.

Russell se servit du café et ouvrit la page d'accueil du *New York Post*. Quand il vit le gros titre qui venait d'être mis en ligne, il faillit s'étrangler :

LES ASSASSINS DES CHERCHEURS DE COLUMBIA ONT-ILS IMITÉ LES MÉTHODES DU KGB ?

Jemima Meads signait un papier exclusif sur Rothman et Yamamoto bourré de conditionnels et de précautions verbales du genre « d'après certains rapports non confirmés ». La journaliste expliquait que plusieurs spécialistes de l'Institut médico-légal de la ville de New York se demandaient si un agent radioactif très rare et très particulier, le polonium 210, n'avait pas joué un rôle dans les décès des deux célèbres chercheurs de Columbia. L'hypothèse avait été posée par deux légistes, les époux Jack Stapleton et Laurie Montgomery qui, joints à leur domicile de l'Upper West Side, avaient refusé de répondre à la journaliste – et l'avaient renvoyée au service des relations publiques de l'IML.

La découverte de l'agent radioactif n'en avait pas moins été signalée au FBI, à la CIA, à la Sécurité du territoire et à l'Unité de lutte contre le crime organisé de la police de New York. Car l'affaire ressemblait étrangement au meurtre, commis à Londres en 2006 par le FSB (nouveau nom du KGB), d'un ancien agent russe très critique à l'égard de Poutine.

Le polonium 210, lut ensuite Russell, est un composé extraordinairement toxique s'il est avalé ou inhalé – des millions de fois plus mortel que le cyanure. Il est cependant extraordinairement difficile de s'en procurer, d'une part car il sert à la fabrication des mécanismes de déclenchement des armes nucléaires, d'autre part car il est connu pour n'être disponible qu'en Russie, au Pakistan et en Corée du Nord.

Pour le moment, écrivait enfin la journaliste, on ignorait encore si la fusillade qui avait eu lieu dans la soirée de vendredi devant le Centre médical de l'université Columbia avait le moindre rapport avec les décès des deux scientifiques.

Russell se précipita vers le téléphone et composa le numéro d'Edmund d'une main tremblante. L'appareil sonna six fois avant que son associé réponde.

– Russell ? grogna-t-il d'une voix ensommeillée. Qu'est-ce que tu veux, nom de Dieu ?

– Edmund, va sur Internet et regarde le *Post*. On dit que les chercheurs ont été assassinés avec un poison radioactif. Oh mon Dieu ! Edmund !

– D'accord, d'accord. Calme-toi. Tu ferais mieux de venir ici pour qu'on en parle, dit Edmund, et il coupa la communication.

Russell avait la nausée. Il but un verre d'eau, réussit à se ressaisir, monta à la chambre et se prépara en deux minutes.

Il prit le volant en direction de la propriété d'Edmund. Son cerveau tentait de mettre de l'ordre dans les idées qui s'y télescopaient, établissant des liens entre les différents éléments de l'histoire dont il avait connaissance, revisitant les coïncidences bizarres qu'il avait relevées au cours des dernières semaines et qui lui avaient toujours semblé cacher quelque chose de sinistre. Accaparé par ses pensées, Russell ne remarqua pas qu'une vieille Toyota Corolla cabossée avait démarré derrière lui et le suivait sur les routes sinueuses de Greenwich.

Edmund avait ouvert le portail avec la commande à distance. Russell pénétra dans l'enceinte de la propriété et roula jusqu'à la maison, jaillit de la voiture et sauta les trois marches du perron pour appuyer avec impatience sur le bouton de la sonnette dont il entendait le carillon étouffé à travers l'imposante porte d'entrée. Où était Edmund ? Il appuya encore et encore sur la sonnette. Derrière son dos, dans le jardin, les oiseaux matinaux chantaient à tue-tête.

Enfin, Russell entendit un verrou tourner dans la lourde porte – et puis, au même instant, un autre bruit : celui d'une voiture qui arrivait à vive allure dans l'allée. Il se tourna, perplexe, pour voir une petite automobile marron en mauvais état s'arrêter dans un crissement de pneus juste à côté de son Aston Martin. Deux hommes en descendirent et se précipitèrent vers lui. Ils portaient des cagoules intégrales et étaient armés de pistolets équipés de silencieux. La porte de la maison s'ouvrit. Russell tourna la tête et dit simplement :

– Edmund.

– Ils nous ont vendus, marmonna son associé.

Les hommes encagoulés ouvrirent le feu. Russell tomba en avant en travers du seuil de la maison. Edmund eut tout juste le temps de comprendre ce qui lui arrivait : deux tueurs tiraient sur lui, il avait tout misé sur cette affaire et voilà, il avait perdu. Trois balles lui perforèrent la poitrine. Il fut propulsé en arrière et s'écroula sur le dos, les semelles de ses luxueux chaussons tournées vers la porte.

Le premier homme monta les marches du perron, regarda Edmund à travers l'embrasure, brandit son arme et lui logea une balle supplémentaire dans le front. Le second homme donna un coup de pied dans le torse de Russell et lui mit à son tour une balle en pleine tête. Puis ils se regardèrent, opinèrent du menton et récupérèrent les douilles de leurs balles sur le sol. Dès qu'ils furent assis dans la vieille Corolla, ils retirèrent leurs cagoules.

Prek Vlasi, au volant, suivit l'allée et franchit le portail. Il tourna à droite sur la route. Appuyant à fond sur l'accélérateur, il regarda Genti Hajdini et frappa du poing sur le volant. Les deux hommes sourirent.

REMERCIEMENTS

Un écrivain a besoin de nombreux amis – cet écrivain-ci, à tout le moins. Ces amis acceptent gracieusement de recevoir de nombreux coups de téléphone, parfois à l'improviste, pour répondre à une question sur un détail particulier, avancer une préférence personnelle ou donner leur avis sur un brouillon de chapitre ou une étude de caractère. Vous savez qui vous êtes, mes amis : merci à tous. Bien sûr, il y a toujours en particulier Joe Cox, dont les connaissances sur le droit des affaires me dépassent, et Mark Flomenbaum, médecin légiste d'exception. Sans oublier Jean Reeds Cook, grande lectrice qui ne me laisse aucun répit. Merci encore.

DU MÊME AUTEUR

Aux Éditions Albin Michel

AVEC INTENTION DE NUIRE
NAISSANCES SUR ORDONNANCE
VENGEANCE AVEUGLE
PHASE TERMINALE
CURE FATALE
RISQUE MORTEL
CONTAGION
INVASION
TOXINE
CHROMOSOME 6
VECTOR
CHOC
RAPT
CRISES
FACTEUR RISQUE
ERREUR FATALE
ÉTAT CRITIQUE
MORTS ACCIDENTELLES
INTERVENTION
RÉMISSION

Composition Nord Compo
Impression CPI Bussière en mai 2012
à Saint-Amand-Montrond (Cher)
Éditions Albin Michel
22, rue Huyghens, 75014 Paris
www.albin-michel.fr
ISBN 978-2-226-24148-1
N° d'édition : 20168/01. – N° d'impression : 121581/4.
Dépôt légal : juin 2012.
Imprimé en France.